화엄경청량소
華嚴經淸凉疏

화엄경청량소

제34권

제9 서다원림법회 ⑥

[제39 입법계품 ⑱ - ㉑]

청량징관 저

석반산 역주

담앤북스

격려사

　　새봄을 맞는 통도사의 성산(聖山)인 영축산(靈鷲山)에 진달래와 벚꽃이 피는 시절, 좋은 소식이 들려왔습니다. 통도사의 새로운 화엄대가(華嚴大家)의 출현이 기대되는 이번 『화엄경청량소』 전 34권 번역은 서봉당(瑞峰堂) 반산 강사 개인의 쾌거(快擧)인 동시에, 해마다 화엄산림(華嚴山林)을 봉행하는 영축총림의 경사(慶事)이기도 합니다. 영축총림의 창사정신(創寺精神)은 자장(慈藏, 590-658) 대국통의 추상(秋霜) 같은 계율정신에 있지만, 국통께서 처음 중국에 가서서 구법(求法)할 무렵에는 오대산 대화엄사로 화엄 유학을 갔다가 문수보살 석상(石像) 앞에서 기도 영험으로 얻은 세존의 정골사리(頂骨舍利)와 부처님 금란가사(金襴袈裟)를 모시고 오면서 시작되었습니다. 옛 기록에 의하면 국통께서는 이후에도 화엄경을 주제로 설법하시면 많은 사람들이 운집했다고 하고, 통도사는 매년 겨울 화엄산림을 봉행하는 화엄도량이요, 영축산으로 출가한 반산스님이 청량소를 번역한 것은 당연한 일이기도 합니다.

　　저자의 말대로 『화엄경청량소』는 신라대 799년에 국내에 처음 소개된 이후 우리 세대가 강원에서 공부할 무렵만 하더라도 화엄경의 교재로 써오던 필독서였습니다. 이런 청량국사의 『화엄경수소연의초』가 2001년 동국역경원의 한글대장경 완간(完刊)에도 불구하고 번역이 되지 못했지만, 이번 최초로 번역 출간한 경사는 화엄학자들의 새로운 연구자료가 되지 않을까 생각됩니다. 반산스님은 월운강백스님의 전강제자(傳講弟子)로 한글 대장경의 산파역을 담당했던 운허(耘虛, 1892-1980)큰스님의 강맥(講脈)을 이은 제자가 되었고, 2002년 본인이 처음 본사에 주지할 무렵 처음 화엄 산림에 등단(登壇)한 이후 해마다 그 실력이 늘어감을 엿볼 수 있었는데, 그 능력의 대부분이 바로 이런 부단한 화엄 연구의 저력(底力)이라는 것을 이번에 알 수 있었습니다. 본인의 말대로 '처음 발심했을 때에 아뇩보리를 곧 얻는다'는 화엄대경(華嚴大經) 경전 구절에서 '청량소 번역을 완성하면 화엄을 모두 알고 깨달음을 얻는다'는 서원으로 발전했다고 말합니다. 그렇게 해서 23년이란 세월을 오롯이 바쳤고, 남들이 하지 못하는 일에 매력을 느꼈다는 반산스님의 말은 그동안의 고충(苦衷)을 충분히 짐작하고도 남음이 있습니다. 저는 본사 주지로서 크게 치하(致賀)드리며 앞으로도 더욱 건강하고 수행에 매진하여 화엄의 큰 선지식이 되어 주기를 바라면서 마음 다해 격려해 마지않습니다.

불기 2564(2020)년 3월 30일
영축총림 통도사 주지 怡山玄門 謹識

역자 후기
출판 교정을 마치며

　어릴 적 해인사 강원에 들어가서 경전 공부를 하면서 그 시절에는 목판본(木版本)을 구해야 공부를 할 수가 있었다. 그런데 화엄경은 한두 권도 아니고 80권이나 되어서 토(吐)를 다는 데도 한참의 시간이 걸렸다. 경문 아래에 소와 초가 함께 달렸는데 강주(講主)스님은 어려운 구절은 화엄경소(華嚴經疏)에 나오는 구절을 소개하면서 강의를 하였다. 청량징관(淸凉澄觀, 738-839)스님을 중국의 대표적인 화엄대가로 소개하면서 현수(賢首)대사의 대를 이은 선지식이라 소개하는데, 어느 날 밤 목판교재를 보면서 이 수소연의초가 신라대(新羅代)부터 전해졌는데 아직도 한글 번역이 되지 않은 점이 궁금하고 궁금했다.
　역자의 화엄여행(華嚴旅行)은 1989년 서울에서부터 시작되었다. 중앙승가대학 총장을 역임하신 종범(宗梵)큰스님이 계시는 절에서 모시고 살면서 대승경전을 공부할 기회가 있었는데, 화엄경 한문본을 교재로 일선 학교 선생님을 비롯한 20여 분의 불자들과 공부하면서부터였다. 그 이후 1993년에 80권 화엄경 공부 모임이 지리산 쌍계사에서 덕민(德旻)강백을 모시고 한다는 소리를 듣고 그곳에 가서 현담(玄談)을 보게 되었다. 그러고는 끝까지 보지 못하다가 언젠가는 저 소초본을 끝까지 공부하리라 생각하고 있었다.

1996년 은해사에 종립승가대학원이 만들어지고 1기생을 모집한다는 소식을 접하고 원서를 내었고, 열 분의 스님들과 도반이 되어 대학원장 무비(無比)큰스님을 모시고 경전연찬을 하기 시작하였다. 원시경전부터 율장까지 조금씩 과제물을 받아 리포트를 내다가 자연스럽게 회의를 하면서 모두들 그동안 한 번도 화엄경에 대해 전문적으로 끝까지 공부할 기회가 없었는데, 이번 참에 화엄대가이신 원장스님께 총평(總評)을 받으면서 돌아가며 발표(發表)와 논강(論講)을 하자고 의견을 모았다. 그러고는 1997년부터 예전에 생각했던 기억을 떠올리며 80권 수소연의초 전산 입력을 시작하였고, 이번 생에 청량소를 완역하자는 생각이 서원이 되고, 제1 세주묘엄품(世主妙嚴品)을 번역하여 졸업논문으로 대체하기에 이르렀다.

그리고 해인사 강원의 사교강사가 되어 제일 어렵다는 십지품을 번역하기로 하였다. 1999년부터 2000년까지 성유식론, 대지도론, 유가사지론을 한글대장경을 참고하며 전산 입력을 하였다. 그러다가 엄청난 소초본의 분량에 막혀서 진척이 없다가 봉선사 월운(月雲)강백스님께서 능엄학림(楞嚴學林)에서 학인들을 대상으로 십지품을 강의하고 있다는 소식을 듣고 다시 봉선사로 자리를 옮겼다. 학림에서 연구원으로 청강(聽講)하면서 2003년 가을 월운큰스님께 전강(傳講)을 하고, 십지품 세 권을 번역 출간하였다.

2004년 다시 통도사 본사(本寺)로 내려와 살면서 도심포교당을 시작하면서 번역사업을 중단할 수밖에 없었는데, 10년의 세월 동안 일반 대중을 위한 강의와 포교용 책자를 내면서 2014년에 다시 기회가 왔다. 쌍계사 승가대학 강주(講主)로 와 달라는 제의를 받고 학인들을 지도하는 틈틈이 다시 번역을 하다 보니 5년의 세월이 지나면서 2018년 백중 무렵

1차 번역이 완성되고, 그 뒤부터 담앤북스 오세룡 대표의 원력(願力)과 합해져서 출판 교정에 들어갈 수 있었다.

이제 출판비가 문제였다. 수년 전 동국역경원에서 십지품 세 권을 내면서 많은 고충을 겪었으므로 방법을 찾다가 판전(板殿)에 청량소 목판본이 유일하게 모셔져 있는 봉은사 원명 주지스님, 총무 진각스님과 인연이 되어서 도움을 청하였고, 총무원장 원행(圓行)큰스님의 배려로 출판비 보조를 받기로 하면서 큰 걸림돌 하나가 해결되는 셈이 되었다. 본인은 지금도 학인시절 번역하려던 생각을 하면서 '처음 발심하면 곧 아뇩보리를 이루게 된다[初發心時 卽得阿耨菩提]'는 범행품(梵行品) 구절이 마치 '청량스님의 수소연의초(隨疏演義鈔)를 번역하여 완성하면 바로 깨달음에 이르게 되리라'는 확신으로 바뀌어 내 마음을 지배하게 되었고, 이번 생에 이것 하나 완성하면 후회는 없으리라는 것이 원력이 되었다.

"수행자에게 일은 없을수록 좋고 말은 간략할수록 깨끗하다. 일을 없애려 말며 일을 피하려고도 말며 오직 일을 만들지 말라"고 하신 봉암사 수좌 적명(寂明)큰스님의 가르침을 나는 존경한다. 하지만 청량소 번역은 우리 세대 누구라도 반드시 해야 할 일이기에 번역을 마친 나의 마음은 환희심으로 부처님 앞에 설 수가 있었다. 수소연의초는 청량스님의 정확한 인용문이 압권(壓卷)인데 이세간품(離世間品)에서 "2백 가지 질문을 구름처럼 일으키니 2천 가지 대답을 항아리 물처럼 쏟아 붓는다[雲興二百問 甁瀉二千酬]"고 찬탄하듯이, 중생의 궁금증을 시원하게 해소해 주니 그 인연으로 청량(淸凉)이란 법호를 얻은 것처럼, 중생의 어두운 번뇌를 시원하게 해소하는 데 이보다 더 좋은 화엄의 주석서는 없다는 확신이 들었다. 더구나 화엄경을 알면 대소승의 경전 구절은 물론 십현문(十玄門) 사사무애(事事無

礙) 도리와 선어록(禪語錄)까지 그 어떤 것도 어렵지 않게 풀어갈 수 있다는 것이 바로 화엄종지가 아닐까 한다. 아무쪼록 이번 번역이 화엄학자들의 공부에 참고자료가 되었으면 그보다 더 큰 보람은 없을 듯하다.

끝으로 출판을 위해 애써 주신 종단의 총무원장 원행큰스님을 비롯한 관계자들, 또 어려운 시절 도움을 주신 봉은사 원명 주지스님, 통도사 중봉성파 방장큰스님과 전현직 주지이신 현문큰스님, 영배큰스님, 나의 영원한 멘토 극락암 감원 관행 사형님께 큰 감사를 드립니다. 그리고 담앤북스 오세룡 대표, 출판 교정을 위해 애써 주신 손미숙 부장을 비롯하여 김효선, 최은영, 박성화, 김정은, 이주하 님께 깊은 감사를 드립니다.

출판을 마무리하는 즈음에 코로나19가 전 세계를 덮치고 그 영향으로 금년 부처님오신날 마무리하려던 출판계획이 다소 지연되어 경자년 9월에 출판하게 됨을 1천만 불자들과 함께 자축(自祝)하고자 합니다. 더불어 제방의 화엄을 연찬하는 독자와 여러 선지식 여러분, 강사 스님들께 잘못된 부분이나 오역(誤譯)된 부분은 보시고 지적해서 완전한 청량국사의 가르침이 일반에 전해지기를 간절히 바랍니다.

불기 2564(2020)년 경자년 가을 영축산 화엄행자(華嚴行者)
서봉반산 삼가 분향하다

일러두기

1. 본 화엄경소초의 번역에 사용된 원본은 봉은사에 소장된 목판 80권 『화엄경소초회본』이다.

2. 교정본은 민국(民國) 31년(1942) 대만의 화엄소초편인회(華嚴疏鈔編印會)에서 합본으로 교간(校刊)한 『화엄경소초 10권』을 사용하였다. 그리고 원본현토는 화엄학 연구소의 원조각성 강백의 현토본을 참고하였다.

3. 대장경 속에 경전과 합본으로 수록된 것은 없고, 다만 大正大藏經 권35에 『화엄경소 60권』이 있으며 권36에 『화엄경수소연의초(華嚴經隨疏演義鈔) 90권』이 있지만 경의 본문과의 손쉬운 대조를 위해 회본(會本)을 기본으로 하였으며, 일일이 찾아서 대장경과 대조하지는 못하였다.

4. 교재본이라 한 것은 민족사에서 1997년에 발간한 『현토과목 화엄경』(전 4권)을 지칭하며, 원문 인용은 이 본을 기본으로 하였다.

5. 본『청량소』전권에서는 소(疏)의 전문을 해석하였고, 초문(鈔文)은 너무 번다하고 중복되는 부분을 필자가 임의로 생략하였다.

6. 본문의 이해를 돕기 위하여 도표로 작성한 것은 전강 스승이신 봉선사 능엄학림의 월운강백께 허락을 얻어『화엄경과도(華嚴經科圖)』를 준용(準用)한 것이다.

7. 목차(目次)는『화엄경소초』의 과목을 사용하였고『화엄경과도』를 준용하였다. 과목에 이어지는 ( ) 안에는 간편한 대조를 위하여 목판본의 페이지를 표시하였다. 예) 一. 一) (一) 1 1) (1) 가. 가) (가) ㄱ. ㄱ) (ㄱ) a. a) (a) ㊀ ① ㉮ ㉠ ⓐ ㉯ ㉺ Ⓐ ㅡ ① ㉮ ㄱ ⓐ Ⓐ ㅡ ① 가 ㄱ a A

8. 목차는 되도록 현대적 번역어로 제목을 삼으려 하였고, 제목에 이어 표기된 아라비아 숫자는 문단의 개수이다.

9. 경과 소문(疏文)은 조금 띄워서 차별화하였고 소문(疏文) 앞에는 ■ 표시를, 초문(鈔文) 앞에는 ● 로 표시하여 번역문을 수록하였다. ❖ 표시는 역자의 견해를 밝힌 부분이다.

10. 경구(經句)의 번역문은 한글대장경과 민족사 간(刊)『화엄경 전10권』을 참고하였고, 소(疏) 문장의 번역은 직역을 원칙으로 하였고, 인용문은 주로 한글대장경의 번역을 따르고자 노력하였다.

11. 본 청량소 번역에 참고한 주요 도서는 다음과 같다.
    (1) 한글대장경『화엄경1, 2, 3』『보살본업경』『대승입능가경』『대반열반경』『보살영락경』; 동국역경원 刊
    (2) 한글대장경『성유식론』『십지경론』『아비달마잡집론』『유가사지론』『대지도론』『섭대승론』『섭대승론석』『대승기신론소별기』『현양성교론』『신화엄경론』; 동국역경원 刊
    (3) 『대정신수대장경』; 大正一切經刊行會 刊

(4) 현토과목『화엄경』; 민족사 刊

(5) 『망월대사전』; 세계성전간행협회 刊, 『불교학대사전』; 홍법원 刊, 『중국불교인명사전』; 明復 編, 『인도불교고유명사사전』; 法藏館 刊

(6) 『신완역 주역』; 명문당 刊, 『장자』; 신원문화사 刊, 『노자도덕경』; 교림 刊, 『논어』; 전통문화연구회 編

12. 주)의 교정본 양식

(1) 소초회본; 대만교정본[華嚴疏鈔編印會]

(2) 宋元明淸南續金纂本 등; 소초회본의 출전 소개 양식

『화엄경청량소』 제34권 차례

격려사_ 현문큰스님 ···4
역자 후기_ 출판 교정을 마치며 ···6

大方廣佛華嚴經疏鈔 제77권의 ② 烏字卷下
제39. 법계에 증득해 들어가는 품[入法界品] ⑱

　　제3절. 덕을 섭수하여 인행을 완성한 모양 ·························24
　　- 제52. 미륵보살 선지식 5. ··24
　　제1. 가르침에 의지해 나아가 구하다 2. ······························24
　　　1. 앞 선지식의 가르침을 기억하고 다음 선지식에 나아가다 ·······24
　　　2. 수승한 생각 낸 것을 따로 기억하다 4. ·························25
　　　　1) 관법으로 다스림이 아니다 ···25
　　　　2) 괴로움을 관찰하고 선업으로 나아가다 ·····················28
　　　　3) 생각을 관찰한 이익 ··29
　　　　4) 성취한 이익을 총합 결론하다 ····································29
　　제2. 만나서 공경을 표하고 법문을 묻다 2. ·························31
　　　1. 공경히 뵙다 2. ···31
　　　　1) 의보를 뵙다 2. ··31
　　　　　(1) 삼매에 들어 공경을 펼치다 ····································31
　　　　　(2) 삼매에서 나와 공경히 찬탄하다 3. ······················46
　　　　　　가. 몸으로 공경하게 돌다 ···46
　　　　　　나. 마음으로 공경히 생각하다 10. ·····························47

가) 경계를 잡아 뛰어남을 밝히다 47
나) 공덕을 잡아 묘함을 밝히다 47
다) 작용을 잡아 자재함을 밝히다 47
라) 행법을 잡아 수승함을 밝히다 47
마) 관법을 잡아 심오함을 밝히다 47
바) 대치함을 잡아 수승함을 밝히다 52
사) 선정과 지혜를 잡아 자재함을 밝히다 52
아) 이타행을 잡아 수승함을 밝히다 52
자) 소승을 막는 행법을 잡아 자재함을 밝히다 52
차) 공덕이 머무는 곳을 결론하다 52
다. (55개 게송은) 언사로 공경히 찬탄하다 2. 56
가) 34개 게송은 총합하여 덕을 거론하여 도량을 찬탄하다 56
나) 21개 게송은 지정한 도량의 밝은 덕을 분별하다 68
2) 정보를 뵙다 2. 76
(1) 미륵보살 선지식을 뵙다 2. 77
가. 마음을 기울여 뵙기를 원하다 77
나. 미륵보살을 뵙다 77
(2) 공경한 거동을 표하다 5. 78
가. 몸과 마음으로 예경하다 78
나. 선재의 공덕을 칭찬하고 수기를 내리다 2. 79
가) 장항으로 밝히다 79
나) (113개 게송은) 게송으로 거듭 밝히다 3. 80
(가) 한 게송은 무리를 가리키며 총합하여 찬탄하다 80
(나) 111개 게송은 뛰어난 공덕을 개별로 찬탄하다 3. 80
ㄱ. 22개 게송은 선재동자를 바로 상대하다 80
ㄴ. 26개 게송은 대중을 상대하여 관찰하게 하다 88

ㄷ. 63개 게송은 선재동자를 거듭 상대하다 ·············· 99
(다) 한 게송은 다음 선지식을 간략히 보이다 ·············· 119
다. 공경한 거동을 거듭 밝히다 ························ 119
라. 한 게송은 거듭 찬탄하고 거듭 수기하다 ·············· 121
마. 두 게송은 기쁘게 만나서 은덕을 명심하다 ············ 121

大方廣佛華嚴經疏鈔 제78권 官字卷上
제39. 법계에 증득해 들어가는 품[入法界品] ⑲

2. 법을 묻다 2. ······································· 124
1) 스스로 발심함에 대해 진술하다 ···················· 124
2) 법요를 바로 묻다 ································ 124
제3. 칭찬하고 법문을 설해 주다 2. ···················· 129
1. 칭찬하고 찬탄하다 2. ···························· 129
1) 사람을 칭찬하다 4. ······························ 129
가. 선지식이 정근함을 구하다 ······················ 131
나. 타는 교법이 광대하다 ·························· 138
다. 덕을 갖추어 모자람이 없다 ····················· 144
라. 속히 증득함에 방편을 초월하다 ················· 146
2) 법문을 찬탄하다 2. ······························ 149
(1) 앞을 결론하고 뒤를 시작하다 ·················· 149
(2) 대승의 마음을 바로 찬탄하다 4. ··············· 149
가. 발심에 대해 표방하고 찬탄하다 ················ 149
나. 그 성취한 이익을 찬탄하다 ···················· 149

다. 보리심의 공덕을 거론하여 해석하다 2. ························· 151
ㄱ. 보리심은 두루 여러 지위를 포괄함을 밝히다 ············· 154
ㄴ. 보리심은 여러 공덕을 단박에 갖춘다 5. ····················· 170
ㄱ) 십주를 섭수한 보리심의 공덕 ································ 170
ㄴ) 십행을 섭수한 보리심의 공덕 ································ 173
ㄷ) 십회향을 섭수한 보리심의 공덕 ···························· 176
ㄹ) 십지를 섭수한 보리심의 공덕 ································ 179
ㅁ) 5지를 섭수한 보리심의 공덕 ································· 185
라. 소속을 결론하여 해석하다 ·· 210
2. 법문을 설해 주다 4. ··· 210
1) 법문의 체성을 설해 주다 4. ······································ 210
(1) 섭수하여 들어가는 방편 2. ····································· 210
가. 질문을 따와서 증득하기를 권하다 ······················· 210

大方廣佛華嚴經疏鈔 제79권 官字卷中
제39. 법계에 증득해 들어가는 품[入法界品] ⑳

나. 증득하는 방편을 구하다 ··· 214
(2) 가피하여 증득하여 들어가게 하다 ···························· 214
(3) 증득할 경계를 보다 2. ··· 215
가) 볼 대상인 경계에 대해 개별로 설명하다 6. ············ 219
(가) 의보를 보고 이익을 얻다 ···································· 219
(나) 미륵보살의 정보를 뵙다 ····································· 219
(다) 반려인 보살을 보다 ·· 226
(라) 모든 부처님을 뵙다 ··· 227

(마) 누각 속의 주된 누각 ……………………………………… 228
(바) 장엄거리의 작용을 총합하여 보다 10. …………………… 230
ㄱ. 보배 그물 등이 법을 연설하다 ……………………………… 230
ㄴ. 보배 거울의 작용 ……………………………………………… 233
ㄷ. 보배 기둥에서 방광하다 ……………………………………… 234
ㄹ. 보배 형상의 거동하는 모습 ………………………………… 234
ㅁ. 영락 등이 나타나다 …………………………………………… 234
ㅂ. 연꽃 등이 거듭 나타나다 …………………………………… 234
ㅅ. 보배 땅에 갖가지 형상을 나타내다 ………………………… 237
ㅇ. 보배 나무에서 반신상을 나타내다 ………………………… 237
ㅈ. 반달 형상에서 광명을 나타내다 …………………………… 237
ㅊ. 벽에서 본래 수행하던 일이 나타나다 ……………………… 238
나) 보는 모양을 총합하여 밝히다 ……………………………… 241
(4) 일을 마치고 삼매에서 일어나다 ……………………………… 249
2) 해탈법의 명칭을 밝히다 2. …………………………………… 253
(1) 선재동자의 질문 ……………………………………………… 253
(2) 미륵보살의 대답 2. …………………………………………… 254
가. 주된 해탈문을 말하다 ………………………………………… 254
나. 권속 해탈문 …………………………………………………… 254
3) 장엄하는 인행의 근원을 궁구하다 2. ………………………… 255
(1) 그 돌아가는 처소를 궁구하다 ……………………………… 256
(2) 본래로 일어난 곳을 살피다 2. ……………………………… 256
가) 법으로 설하다 ………………………………………………… 257
나) 비유로 밝히다 ………………………………………………… 257
4) 체성과 양상을 규명하다 2. …………………………………… 260
(1) 부터 온 곳을 규명하다 ……………………………………… 260

(2) 보살이 태어난 곳에 대해 묻고 대답하다 2. ·················· 265
가. 모든 보살의 태어난 곳을 통틀어 밝히다 ·················· 265
나. 미륵보살이 태어난 곳을 개별로 밝히다 ·················· 274
제4. 다음 선지식을 지시하다 3. ······························· 285
1. 가서 가르치고 묻기를 권하다 ······························ 285
2. 권하는 이유를 해석하다 ···································· 286
3. 권함을 결론하여 거듭 해석하다 ···························· 289
제5. 덕을 사모하여 예배하고 물러가다 ······················· 290

大方廣佛華嚴經疏鈔 제80권 官字卷下
제39. 법계에 증득해 들어가는 품[入法界品] ㉑

제4절. 지혜로 둘이 없음을 비추는 모양 ······················· 294
- 두 번째 문수보살을 만나다 3. ······························· 294
1. 가르침에 의지하여 나아가 구하다 2. ······················· 296
1) 주성신 선지식을 통틀어 해석하다 ························· 296
2) 힐난을 따라 개별로 해석하다 ······························ 298
2. 보고 들음으로 증득해 들어가다 3. ························· 298
(1) 정수리를 만지며 섭수하다 ································ 300
(2) 법문을 가르쳐 보이다 ····································· 300
(3) 이익을 결론하여 근본으로 돌아가다 ···················· 303
3. 전전이 뛰어난 인연을 만나다 ······························ 305
제5절. 인행이 광대한 모양을 밝히다 ·························· 308
- 제53. 보현보살 선지식 2. ···································· 308
제1. 경문 앞에 뜻을 말하다 ··································· 308

제2. 경문에 의지해 바로 해석하다 3. ························· 310
1. 가르침에 의지해 나아가 구하다 ························· 310
2. 앞의 양상을 듣고 보다 2. ····························· 314
(1) 덕을 우러러 관법을 닦다 3. ························· 314
가. 갈앙심을 일으키다 ································· 314
나. 관법을 닦는 도량을 밝히다 ························· 316
다. 마음을 관찰함에 대해 바로 밝히다 ··················· 318
(2) 희유하고 기특함을 보다 ···························· 319
3. 보고 들어서 증득해 들어감을 바로 밝히다 2. ············ 327
가. 바로 견문함으로 증득해 들어가다 2. ················· 328
가) 인행이 원만한 이익을 얻다 4. ······················ 329
(가) 몸을 보고 이익을 얻다 ··························· 329
(나) 정수리를 만지고 이익을 얻다 ······················ 341
(다) 인행이 깊고 광대함을 밝히다 ······················ 343
(라) 끝없는 작용을 관찰하다 3. ························ 350
ㄱ. 이익을 거론하여 관찰하기를 권하다 ················· 350
ㄴ. 관법으로 기특함을 보다 3. ························· 354
ㄱ) 터럭에 삼세간을 포함함을 보다 ····················· 354
ㄴ) 모든 국토 속에서 큰 작용이 나옴을 보다 ············ 354
ㄷ) 자신의 몸이 보현보살의 화신과 같다 ················ 354
ㄷ. 분량을 비교하여 뛰어남을 밝히다 ··················· 355
나) 지위가 만족하여 부처님과 같아지다 ················· 360
나. 부처님의 불가사의하고 뛰어난 공덕을 듣다 2. ········· 362
(가) 장항으로 거듭 훈계하여 설법을 허락하다 ··········· 366
(나) (95개 게송은) 게송으로 불공덕이 불가사의함을 자세히 밝히다 2. ·· 367
ㄱ. 93개 게송은 불공덕을 개별로 찬탄하다 19. ··········· 367

① 두 게송은 알 대상에 장애 없는 공덕·····························367
② 한 게송은 진여가 청정한 공덕·····································370
③ 세 게송은 공용 없고 쉼 없는 공덕·································372
④ 15개 게송은 세 가지 현상이 차별 없는 공덕·····················374
⑤ 세 게송은 수행으로 장애를 다스리는 공덕·······················395
⑥ 세 게송은 외도를 항복받는 공덕···································399
⑦ 16개 게송은 세간에 장애되지 않는 공덕 4. ·····················401
⑧ 18개 게송은 정법을 안립하는 공덕·································408
⑨ 세 게송은 여러 수기를 받는 공덕···································415
⑩ 네 게송은 수용신과 변화신을 보이고 나타낸 공덕·············417
⑪ 두 게송은 온갖 의심을 단절하는 공덕·····························419
⑫ 아홉 게송은 모든 행법에 들어가게 하는 공덕 ···················420
⑬ 한 게송은 묘한 지혜를 미래에 생겨나게 하는 공덕············424
⑭ 다섯 게송은 뛰어난 이해를 따라 나타내 보이는 공덕··········425
⑮ 세 게송은 의지할 가행으로 이루는 공덕···························428
⑯ 두 게송은 법신을 성만하는 공덕···································430
⑰ 한 게송은 마음을 따라 국토를 나타내는 공덕···················435
⑱ 한 게송은 세 가지 몸이 한정이 없는 공덕 ·······················437
⑲ 한 게송은 나머지 셋을 총합하여 섭수하는 공덕················439
ㄴ. 두 게송은 공덕을 결론하여 믿기를 권하다 ······················441
제4과. 겸양하여 찬탄하고 회향하다 ·································443
도표_ 53선지식 참방 순서와 법문 요약·····························446

大方廣佛華嚴經 제77권
大方廣佛華嚴經疏鈔 제77권의 ② 鳥字卷下
제39 入法界品 ⑱

제39. 법계에 증득해 들어가는 품[入法界品] ⑱

제52. 미륵보살, 제3. 덕을 섭수하여 인행을 완성한 모양[攝德成因相]으로 이렇게 수행을 쌓아 가서는 마지막에 선재동자가 만나는 선지식이다. 장엄누각에서 미륵보살에게 손가락 한 번 튕기는 사이[彌勒─彈之頃]에 앞에서 배운 여러 법문들을 모두 잊고 삼매에서 일어나니 누각의 장엄이 모두 사라지고 없었다. 그리하여 미륵보살이 다시 문수보살에게 가서 보살행을 배우도록 권하고 있음을 볼 수 있으니, '얻었다는 망상 [有所得心]'을 없애야만 바른 수행으로 거듭날 수 있음을 보여 준 내용이리라. 게송으로 이르되,

이렇게 자비하고 청정한 지혜 　　　此是大悲淸淨智로
세간을 이익하는 미륵보살님 　　　利益世間慈氏尊의
정수리에 물을 부은 부처님 장자 　灌頂地中佛長子가
여래의 경계 드신 이의 머무시는 곳　入如來境之住處로다

온 세계에 소문나신 부처님 아들 　一切名聞諸佛子가
대승의 해탈문에 들어가셨고 　　　已入大乘解脫門하여
법계에 다니어도 집착이 없어 　　 遊行法界心無着한
견줄 데 없는 이의 머무시는 곳　　此無等者之住處로다

> 大方廣佛華嚴經 제77권
> 大方廣佛華嚴經疏鈔 제77권의 ② 鳥字卷下

제39. 법계에 증득해 들어가는 품[入法界品] ⑱

제3절. 덕을 섭수하여 인행을 완성한 모양[攝德成因相] 5.
- 제52. 미륵보살 선지식[彌勒菩薩] 5.

제1. 가르침에 의지해 나아가 구하다[依敎趣求] 2.

1. 앞 선지식의 가르침을 기억하고 다음 선지식에 나아가다[念前趣後]

(自下 18下10)

爾時에 善財童子가 聞善知識敎하고 潤澤其心하여 正念思惟諸菩薩行하여 向海岸國할새¹⁾
이때 선재동자는 선지식의 가르침으로 마음이 윤택하고 바른 생각으로 보살의 행을 생각하면서 해안국으로 향하였다.

[疏] 自下는 大文第三, 慈氏一人은 明攝德成因相이라 前旣會緣入實하여 定堪成佛일새 故辨一生補處의 成因之義라 文唯五段이니 以補處가 位極顯彰하사 闕謙推故라 第一, 依敎趣求라 中에 二니 初, 標念前趣後라

---

1) 童子下에 明淸合綱杭鼓纂本有聞字, 麗宋元續金本無, 貞元譯經明本有聞字.

■ 아래 큰 문단으로부터 제3절. 제52. 자씨(慈氏) 미륵(彌勒)보살 선지식 한 사람은 제3절. 덕을 섭수하여 인행을 완성한 모양[攝德成因相]을 밝힘이다. 앞에서 이미 제2절. 인연을 모아 실법에 들어가는 모양[會緣入實相]에서 부처를 이룸을 감당하여 정해진 연고로 일생보처(一生補處)가 인행을 완성한다는 뜻을 밝힘이다. 경문이 오직 다섯 문단뿐이니, 일생보처가 지위가 다하여 밝게 드러남이니 (자신은) 겸양하고 (뛰어난 분을) 추천함이 빠진 까닭이다. 제1. 가르침에 의지해 나아가 구함 중에 둘이니 1. 앞 선지식의 가르침을 기억하고 다음 선지식에 나아감을 표방함이요,

[鈔] 慈氏一人者는 先, 來意요 後, 故辨一生下는 釋攝德成因之名이라
● 자씨(慈氏) 미륵보살 한 사람은 1) 오게 된 뜻이요, 2) 故辨一生 아래는 덕을 섭수하여 인행을 완성함의 명칭을 해석함이다.

2. 수승한 생각 낸 것을 따로 기억하다[別生勝念] 4.
1) 관법으로 다스림이 아니다[觀非對治] (二自 20上10)

自憶往世에 不修禮敬하고 卽時發意하여 勤力而行하며
復憶往世에 身心不淨하고 卽時發意하여 專自治潔하며
復憶往世에 作諸惡業하고 卽時發意하여 專自防斷하며
復憶往世에 起諸妄想하고 卽時發意하여 恒正思惟하며
復憶往世에 所修諸行이 但爲自身하고 卽時發意하여 令心廣大하여 普及含識하며 復憶往世에 追求欲境하여 常自損耗하여 無有滋味하고 卽時發意하여 修行佛法하여 長養諸根하여 以自安隱하며 復憶往世에 起邪思念하여

顚倒相應하고 卽時發意하여 生正見心하여 起菩薩願하며 復憶往世에 日夜劬勞하여 作諸惡事하고 卽時發意하여 起大精進하여 成就佛法하며 復憶往世에 受五趣生하여 於自他身에 皆無利益하고 卽時發意하여 願以其身으로 饒益衆生하여 成就佛法하며 承事一切諸善知識하여 如是思惟하고 生大歡喜하나니라

(1) 지난 세상에 예경을 닦지 않은 것을 생각하고 즉시 뜻을 내어 부지런히 행하였다. (2) 지난 세상에 몸과 마음이 깨끗지 못한 것을 생각하고 즉시 뜻을 내어 스스로 조촐하게 하였다. (3) 지난 세상에 나쁜 업을 지은 것을 생각하고 즉시 뜻을 내어 스스로 끊었다. (4) 지난 세상에 허망한 생각 일으킨 것을 생각하고 즉시 뜻을 내어 항상 바르게 생각하였다. (5) 지난 세상에 닦은 행이 자기의 몸만 위한 것을 생각하고 즉시 뜻을 내어 마음을 넓게 가지고 중생들에게까지 미치게 하였다. (6) 지난 세상에 욕심의 대상을 따라다니면서 스스로 소모하던 것이 좋은 맛이 없음을 생각하고 즉시 뜻을 내어 불법을 닦아 모든 근기를 길러 스스로 편안하였다. (7) 지난 세상에 삿된 생각으로 뒤바뀌게 응하던 일을 생각하고 즉시 뜻을 내어 바른 소견으로 보살의 원을 일으켰다. (8) 지난 세상에 밤낮으로 애쓰며 나쁜 일 짓던 것을 생각하고 즉시 뜻을 내어 큰 정진을 하여 불법을 성취하려 하였다. (9) 지난 세상에 다섯 길에 태어난 것이 저나 남의 몸에 이익이 없음을 생각하고 즉시 뜻을 내어 이 몸으로 중생을 이익하게 하고 불법을 성취하며 모든 선지식을 섬기려고

원하였다. 이렇게 생각하고 매우 환희한 마음을 내었다.

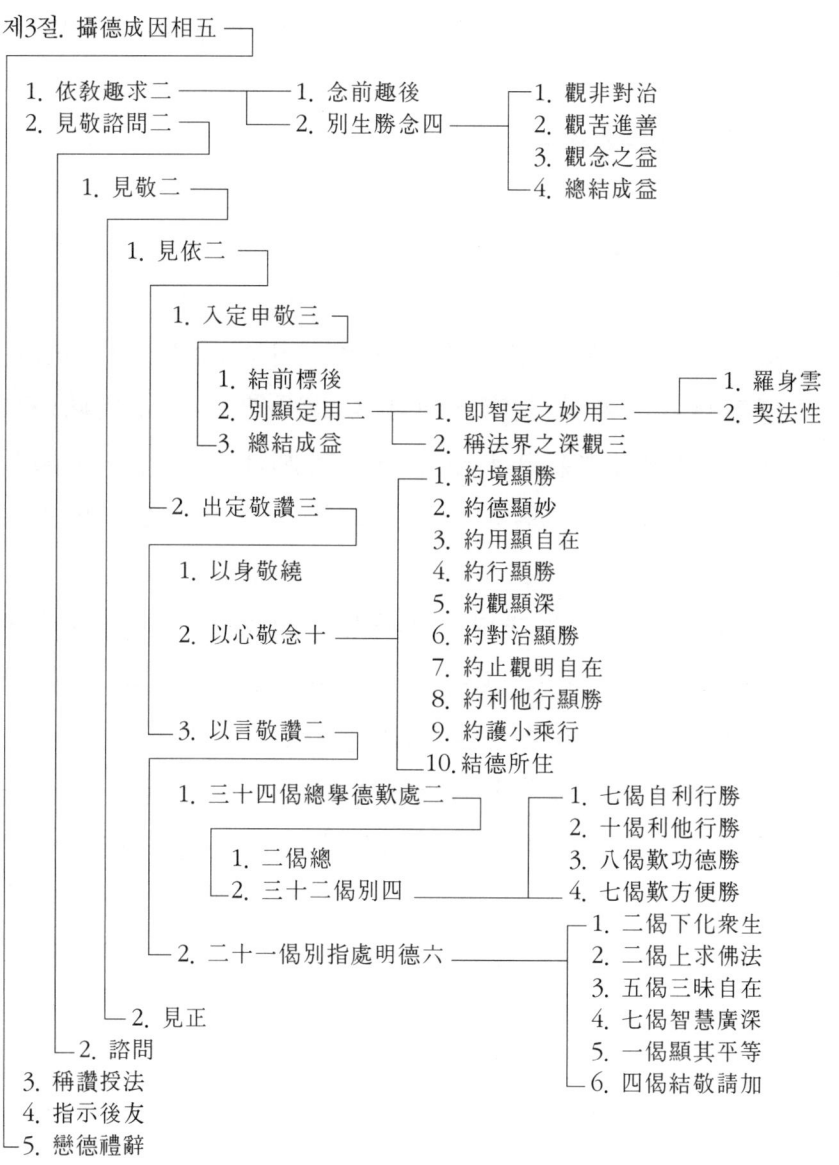

[疏] 二, 自憶下는 別生勝念하여 悔往修來라 於中에 四니 一, 觀昔非하여 以行對治요

- 2. 自憶 아래는 수승한 생각을 따로 내어서 후회하고는 과거부터 수행하여 옴을 기억함이다. 그중에 넷이니 1) 예전의 잘못을 관찰하여 행법으로 상대하여 다스림이다.

2) 괴로움을 관찰하고 선업으로 나아가다[觀苦進善] (二復 20下1)

復觀此身이 是生老病死衆苦之宅하고 願盡未來劫토록 修菩薩道하여 敎化衆生하며 見諸如來하여 成就佛法하며 遊行一切佛刹하며 承事一切法師하며 住持一切佛敎하며 尋求一切法侶하며 見一切善知識하며 集一切諸佛法하며 與一切菩薩願智身으로 而作因緣하니라

또 이 몸이 나고 늙고 병들고 죽는 여러 가지 괴로움의 굴택임을 보고 원하기를, 모든 세월이 다하도록 보살의 도를 닦고 중생을 교화하며, 여러 여래를 뵈옵고 불법을 성취하며, 모든 부처님의 세계로 다니면서 여러 법사를 섬기고, 모든 부처님의 교법에 머물러 있으면서 여러 불법 동무를 구하고, 모든 선지식을 보고 모든 부처님의 법을 모아서, 모든 보살의 원과 지혜의 몸을 위하여 인연을 지으려 하였다.

[疏] 二, 復觀此身下는 觀其現苦하여 策進當善이라 諸修行者는 願審此倣之니라

- 2) 復觀此身 아래는 현재의 괴로움을 관찰하고 정진할 것을 경책하

여 선업으로 나아감이니, 모든 수행자는 원하건대 이것을 살펴서 모
방한 것이다.

3) 생각을 관찰한 이익[觀念之益] (三作 20下2)
4) 성취한 이익을 총합 결론하다[總結成益] (四如)

作是念時에 長不思議無量善根하여 卽於一切菩薩에 深
信尊重하여 生希有想하며 生大師想하여 諸根淸淨하며
善法增益하여 起一切菩薩恭敬供養하며 作一切菩薩曲
躬合掌하며 生一切菩薩普見世間眼하며 起一切菩薩普
念衆生想하며 現一切菩薩無量願化身하며 出一切菩薩
淸淨讚說音想하며 見過現一切諸佛과 及諸菩薩이 於一
切處에 示現成道神通變化하여 乃至無有一毛端處도 而
不周徧하며 又得淸淨智光明眼하여 見一切菩薩所行境
界하며 其心이 普入十方刹網하며 其願이 普徧虛空法界
하여 三世平等하여 無有休息하니 如是一切가 皆以信受
善知識敎之所致耳니라

이렇게 생각할 적에 (1) 부사의한 한량없는 착한 뿌리가 자라서, (2) 모든 보살을 믿고 존중하며 희유한 생각을 내고 스승이란 생각을 내었다. (3) 모든 기관이 청정하여지고 착한 법이 늘었으며, (4) 모든 보살의 공경하고 공양하던 일을 일으키고, (5) 모든 보살의 허리 굽히며 합장함을 짓고, (6) 모든 보살의 세간을 두루 보는 눈을 내고, (7) 모든 보살의 중생을 염려하던 생각을 일으키고, (8) 모든 보살의 한량없

는 서원으로 나투는 몸을 나타내고, (9) 모든 보살의 청정하게 찬탄하던 음성을 내었다. (10) 과거 현재의 여러 부처님과 보살들이 여러 곳에서 성도하심과 신통과 변화를 나타내시며, 내지 한 터럭 끝만 한 곳에도 두루하지 않은 데가 없음을 상상하여 보았으며, (11) 또 청정한 지혜와 광명한 눈을 얻어 모든 보살의 행하던 경계를 보고, (12) 마음은 시방의 세계 그물에 들어가고, (13) 소원은 허공과 법계에 가득하여, (14) 세 세상이 평등하여 쉬지 아니하였다. 이러한 모든 것이 다 선지식의 가르침을 믿은 까닭이었다.

❖ 비로자나장엄장누각에서 선재동자가 미륵보살에게 인사하는 모습 변상도(제77권)

[疏] 三, 作是念時下는 明觀念之益이 益其勝觀이요 四, 如是一切下는

結益所屬이니라
- 3) 作是念時 아래는 생각을 관찰한 이익으로 그 뛰어난 관법을 더함을 밝힘이다. 4) 如是一切 아래는 성취한 이익을 총합하여 결론함이다.

제2. 만나서 공경을 표하고 법문을 묻다[見敬諮問] 2.

1. 공경히 뵙다[見敬] 2.
1) 의보를 뵙다[見依] 2.
(1) 삼매에 들어 공경을 펼치다[入定申敬] 3.
가. 앞을 결론하고 뒤를 표방하다[結前標後] (第二 20下10)

善財童子가 以如是尊重과 如是供養과 如是稱讚과 如是觀察과 如是願力과 如是想念과 如是無量智慧境界로 於毘盧遮那莊嚴藏大樓閣前에 五體投地하고 暫時斂念하여 思惟觀察하여 以深信解大願力故로 入徧一切處智慧身平等門하니라
선재동자는 이렇게 존중함과 이렇게 공양함과 이렇게 칭찬함과 이렇게 관찰함과 이러한 서원의 힘과 이러한 생각과 이렇게 한량없는 지혜의 경계로써 비로자나 장엄장의 큰 누각 앞에서 엎드려 절하고, 잠깐 동안 마음을 거두고 생각하고 관찰하였으며, 깊이 믿고 이해함과 큰 서원의 힘으로 온갖 곳에 두루한 지혜의 몸이 평등한 문에 들어갔다.

[疏] 第二, 善財童子以如是下는 見敬諮問이라 於中에 二니 初, 見敬이요

後, 咨問이라 前中에 亦二니 先, 見依요 後, 見正이니 各有[2]申敬이라 前中에 二니 先, 入定申敬이요 後, 出定敬讚이라 前中에 三이니 初, 結前標後요 二, 別顯定用이요 三, 總結成益이라 今初에 斂念者는 標定이요 思察者는 定加行이요 信願者는 是定因이요 入徧下는 辨定名相이니라

■ 제2. 善財童子以如是 아래는 만나서 공경을 표하고 법문을 물음이다. 그중에 둘이니 1. 공경히 뵈옴이요, 2. 법문을 물음이다. 1. 중에 또한 둘이니 1) 의보를 뵈옴이요, 2) 정보를 뵈옴이다. 각기 공경을 펼쳤으니 1) 중에 둘이니 (1) 삼매에 들어 공경을 펼침이요, (2) 삼매에서 나와 공경히 찬탄함이다. (1) 중에 셋이니 가. 앞을 결론하고 뒤를 표방함이요, 나. 삼매의 작용을 개별로 밝힘이요, 다. 성취한 이익을 총합하여 결론함이다. 지금은 가.이니 '마음을 거둔다'는 것은 삼매를 표방함이요, '사유하고 관찰함'은 삼매의 가행이요, 이해와 서원은 삼매에 드는 원인이다. 入徧 아래는 삼매의 명칭과 모양을 밝힘이다.

나. 삼매의 작용을 개별로 밝히다[別顯定用] 2.

가) 지혜와 합치한 삼매의 미묘한 작용[卽智定之妙用] 2.
(가) 몸 구름을 법계에 펼치다[羅身雲] (二普 21下3)
(나) 법의 체성과 계합하다[契法性] (後等)

普現其身하여 在於一切如來前과 一切菩薩前과 一切善

---

2) 有는 金本作自誤, 原南續本及行願品疏作有.

知識前과 一切如來塔廟前과 一切如來形像前과 一切諸佛諸菩薩住處前과 一切法寶前과 一切聲聞辟支佛及其塔廟前과 一切聖衆福田前과 一切父母尊者前과 一切十方衆生前하여 皆如上說尊重禮讚하여 盡未來際토록 無有休息하니 等虛空하여 無邊量故며 等法界하여 無障礙故며 等實際하여 徧一切故며 等如來하여 無分別故며 猶如影하여 隨智現故며 猶如夢하여 從思起故며 猶如像하여 示一切故며 猶如響하여 緣所發故며 無有生하여 遞興謝故며 無有性하여 隨緣轉故니라

그 몸을 두루 나타내어 모든 여래의 앞 · 모든 보살의 앞 · 모든 선지식의 앞 · 모든 여래의 탑 앞 · 모든 여래의 형상 앞 · 모든 부처님과 보살의 계시는 처소 앞 · 모든 법보 앞 · 모든 성문과 벽지불과 그들의 탑 앞 · 모든 거룩한 대중인 복 밭 앞 · 모든 부모와 어른 앞 · 모든 시방의 중생 앞에 있으면서, 위에 말한 것처럼 존중하고 예경하며 찬탄하기를 오는 세상이 끝나도록 쉬지 아니하였다. (1) 허공과 같으니 가와 분량이 없는 연고라. (2) 법계와 같으니 막힘과 걸림이 없는 연고라. (3) 실제와 같으니 온갖 것에 두루한 연고라. (4) 여래와 같으니 분별이 없는 연고라. (5) 그림자와 같으니 지혜를 따라 나타나는 연고라. (6) 꿈과 같으니 생각으로 좇아 일어나는 연고라. (7) 영상과 같으니 모든 것에 보이는 연고라. (8) 메아리와 같으니 인연으로 생기는 연고라. (9) 나는 일이 없으니 번갈아 일어나고 없어지는 연고라. (10) 성품이 없으니 인연을 따라 변하는 연고라.

[疏] 二, 普現下는 別顯定用이니 卽雙運定慧라 於中에 二니 一, 明卽智定之妙用이라 於中에 先, 羅身雲於法界요 後, 等虛空下는 契法性之眞源이니라

■ 나. 普現 아래는 삼매의 작용을 개별로 밝힘이니 곧 선정과 지혜를 함께 움직임이다. 그중에 둘이니 가) 지혜와 합치한 삼매의 미묘한 작용을 밝힘이다. 그중에 (가) 몸 구름을 법계에 펼침이요, (나) 等虛空 아래는 법계 성품의 참된 근원과 계합함이다.

[鈔] 契法性者는 文有十句하니 初四는 法說이니 一向契實이니 前三은 約法이요 後一은 約人이니 人亦得名圓成實故라 次四는 喩明이니 就相契實이니 卽法而虛하여 同實理故라 皆上句는 標相이요 下句는 釋成이라 後二句는 約法하여 結其性相이니라 經言無有生하여 遞興謝者는 以更興謝일새 故無定生이요 下句는 旣從緣生일새 明無定性이니 無性이 卽法界也니라

● (나) '법의 체성과 계합함'이란 경문에 열 구절이 있으니 ㄱ. 네 구절 [1. 等虛空 無邊量故 2. 等法界 無障礙故 3. 等實際 徧一切故 4. 等如來 無分別故]은 법으로 설함이니 한결같이 실법과 계합함이다. 앞의 세 구절은 법을 잡음이요, 뒤의 한 구절은 사람을 잡음이다. 사람도 또한 원성실성이라 이름한 까닭이다. ㄴ. 네 구절[5. 猶如影 隨智現故 6. 猶如夢 從思起故 7.猶如像 示一切故 8. 猶如響 緣所發故]은 비유로 밝힘이니 모양에 입각하여 실법에 계합함은 법과 합치하여 텅 비고 실법의 이치와 같은 까닭이다. 모두 위 구절은 모양을 표방함이요, 아래 구절은 성취함을 해석함이다. ㄷ. 뒤의 두 구절[9. 無有生 遞興謝故 10. 無有性 隨緣轉故]은 법을 잡아서 그 체성과 양상을 결론함이다. 경문에 "나는 일이 없

으니 번갈아 일어나고 없어진다"고 말한 것은 다시 없어짐을 일으킨 연고로 삼매가 일어남이 없으며, 아래 구절은 이미 인연으로부터 생겨났으니, 삼매와 성품 없음이 분명함이요, 성품 없음은 법계와 합치함이다.

나) 법계와 칭합한 심오한 관법[稱法界之深觀] 3.
(가) 법이 인연에서 나온 것을 알다[了法從緣] 2.
a. 총합하여 밝히다[總辨] (二又 22上7)

又決定知一切諸報가 皆從業起하며 一切諸果가 皆從因起하며 一切諸業이 皆從習起하며 一切佛興이 皆從信起하며 一切化現諸供養事가 皆悉從於決定解起하며 一切化佛이 從敬心起하며 一切佛法이 從善根起하며 一切化身이 從方便起하며 一切佛事가 從大願起하며 一切菩薩所修諸行이 從廻向起하며 一切法界廣大莊嚴이 從一切智境界而起하니라

또 (1) 모든 과보는 업에서 일어나고, (2) 모든 결과는 인에서 일어나고, (3) 모든 업은 습기에서 일어나고, (4) 모든 부처님 나심은 믿음에서 일어나고, (5) 모든 공양거리를 변화하여 나타냄은 결정한 알음알이에서 일어나고, (6) 모든 나툰 몸 부처님은 공경하는 마음에서 일어나고, (7) 모든 부처님 법은 착한 뿌리에서 일어나고, (8) 모든 나툰 몸은 방편에서 일어나고, (9) 모든 불사는 큰 원에서 일어나고, (10) 모든 보살의 닦는 행은 회향에서 일어나고, (11) 모든 법계

의 광대한 장엄은 온갖 지혜의 경계에서 일어나는 줄을 결
정코 알아야 하느니라.

[疏] 二, 又決定知下는 明稱法界之深觀이라 於中에 三이니 初, 了法從緣
이요 次, 離於斷下는 智契無性이요 三, 知一切法이 如種生芽下는 會
歸中道라 此三無礙하여 即三觀一心이라
- 나) 又決定知 아래는 법계와 칭합한 심오한 관법을 밝힘이다. 그중
에 셋이니 (가) 법이 인연에서 나온 것을 앎이요, (나) 離於斷 아래는
지혜가 체성 없음과 계합함이요, (다) 知一切法如種生芽 아래는 모
아서 중도로 돌아옴이다. 이런 세 가지 걸림 없음이 곧 세 관법이 한
마음인 것이다.

[鈔] 此三無礙者는 初, 假요 次, 空이요 後, 中이라 說有前後언정 善財의
觀心은 一念頓具요 非是從假入空等也니라
- '이런 세 가지 걸림 없음'에서 ㄱ. 가관이요, ㄴ. 공관이요, ㄷ. 중도
관이다. 설법에 앞과 뒤가 있고 선재는 마음을 관찰하였으니, 한 생
각을 단박에 갖춘다면 가관(假觀)에서부터 공관(空觀)에 들어가는 등
이 아니다.

b. 개별로 밝히다[別辨] (今初 22下2)

[疏] 今初에 報酬善惡일새 故云業起요 果自種生일새 云從因起라 自修成
佛에 信爲道源이요 感他化身에 敬心便現이니라
- 지금은 a. 과보로 선과 악을 갚는 연고로 '업이 일어남'이라 말한다.

결과는 종자로부터 생김을 '원인으로부터 일어남'이라 말하고, 스스로 수행하여 부처를 이룰 적에 믿음이 도의 근원이 됨이요, 다른 이를 교화하는 몸을 감득할 적에 공경심으로 문득 나타난다는 뜻이다.

[鈔] 今初에 報酬者는 文有十句어늘 但釋其四는 事相濫故라 業은 是增上緣이니 卽諸業習氣오 果는 卽異熟이니 由名言種이라 從信起는 佛通眞應이나 信爲道源하여 必到佛地故니라 化佛應現은 敬心便感이니 機感於佛일새 云, 感他化身이요 信心成佛은 乃是自佛이라 餘는 易³⁾ 可知일새 故疏不釋이니라

● 지금은 a. '과보로 (선과 악을) 갚음'은 경문에 열 구절이 있으니 단지 그 네 구절만 해석하여 일의 양상이 잘못된 까닭이다. 업(業)은 증상연(增上緣)이니 곧 모든 업의 습기이다. 결과는 곧 이숙식(異熟識)이요, 명칭으로 말미암아 종자(種子)라 말한다. 믿음에서부터 생겨남은 부처는 진신(眞身)과 응신(應身)에 통하나니, 믿음이 도의 근원이 되면 반드시 부처 지위에 이르는 까닭이다. '화신 부처님[化佛]'이 응하여 나타남은 공경심으로 문득 감득하나니 중생 근기가 부처를 감득하므로 이르되, "다른 이를 교화하는 몸을 감득함이요, 믿는 마음으로 부처를 이루어야 비로소 자기 부처가 된다. 나머지는 쉽게 알 수 있으므로 소가가 해석하지 않았다.

(나) 지혜가 체성 없음과 계합하다[智契無性] (二智 23上5)

離於斷見하니 知廻向故요 離於常見하니 知無生故요 離

---

3) 易는 南金本作六.

無因見하니 知正因故요 離顚倒見하니 知如實理故요 離
自在見하니 知不由他故요 離自他見하니 知從緣起故요
離邊執見하니 知法界無邊故요 離往來見하니 知如影像
故요 離有無見하니 知不生滅故요 離一切法見하니 知空
無生故며 知不自在故며 知願力出生故요 離一切相見하
니 入無相際故니라

(1) 아주 없다는 소견을 여의나니 회향을 아는 연고며, (2) 항상하다는 소견을 여의나니 나는 일이 없음을 아는 연고며, (3) 원인이 없다는 소견을 여의나니 바른 인을 아는 연고며, (4) 뒤바뀐 소견을 여의나니 실제와 같은 이치를 아는 연고며, (5) 자재천이란 소견을 여의나니 남을 말미암지 않음을 아는 연고며, (6) 나다 남이다 하는 소견을 여의나니 인연으로 생기는 줄을 아는 연고며, (7) 가이 있다고 고집하는 소견을 여의나니 법계가 끝이 없음을 아는 연고며, (8) 가고 온다는 소견을 여의나니 영상과 같음을 아는 연고며, (9) 있다 없다는 소견을 여의나니 나지도 멸하지도 않음을 아는 연고며, (10) 모든 법이란 소견을 여의나니 공하여 남이 없음을 아는 연고며, 자재하지 못함을 아는 연고며, 소원의 힘으로 나는 줄을 아는 연고며, (11) 모든 모양이란 소견을 여의나니 모양이 없는 경계에 들어가는 연고이니라.

[疏] 二, 智契無性中에 離顚倒見者는 通三四倒니 四倒는 謂常計無常을 是名顚倒니 見於實理하면 則無斯倒라 若以無常으로 爲常도 亦非見如實理니 以壞相故라 自在見者는 謂自在天이 能生萬物故니 知由自

業일새 故不由他라 離自他見者는 單執自他하면 則乖緣起라 邊執見者는 堅執生死等이 有其始末故라 離有無者는 從無之有를 名生이오 自有還無를 稱滅이어니와 體無生滅이어니 何得有無리요 知空無生은 約理遣法이요 知不自在는 約緣遣法이요 知願力生은 約因遣法이니라

■ (나) 지혜가 체성 없음과 계합함 중에 '뒤바뀐 소견을 여읨'이란 셋째와 넷째 뒤바뀜[(3) 離無因見 知正因故 (4) 離顚倒見 知如實理故]과 통한다. 넷째 뒤바뀜은 이른바 항상함을 무상함이라 계탁함을 '뒤바뀐 소견[顚倒見]'이라 이름하고, 실법 이치를 보면 이런 뒤바뀜이 없다는 뜻이다. 만일 무상함을 항상함으로 계탁함도 또한 여실한 이치를 보지 못한 때문이니 모양을 무너뜨린 까닭이다. '자재천이란 소견[自在見]'이란 이른바 자재천에서 능히 만물을 생기게 하는 까닭이요, 자기 업으로 말미암은 것을 아는 연고로 다른 이를 말미암지 않는다. '자기와 다른 이의 소견을 여읨'이란 단순히 나와 남을 고집하면 연기를 어기게 된다. '변두리라고 고집하는 소견[邊執見]'은 나고 죽음 등을 굳게 고집할 적에 그 시작과 끝이 있는 까닭이다. 유와 무를 여읨은 무에서 유로 감을 남[生]이라 이름하고, 유에서 무로 돌아옴을 멸함[滅]이라 칭하나니, 체성이 나고 멸함이 없으면 어찌 유와 무를 얻겠는가? 공하여 남이 없음을 아는 것은 이치를 잡아 법을 보냄이요, 자재하지 않음을 아는 것은 인연을 잡아 법을 보냄이요, 원력으로 태어남을 아는 것은 원인을 잡아 법을 보냄이다.

[鈔] 二, 智契無性下는 有十一句호대 略不釋初三과 及八과 十一이라 若具釋者인댄 一, 旣廻向菩提이어니 豈謂後身而無果也리오 二, 卽理故로 非常이니 以執定有則着常故니라 三, 旣知正因하니 非無因矣니

라 斷見은 無果오 此見은 無因이라 釋第四句中에 常計無常은 是二乘倒니 不見涅槃妙有實理오 無常에 計常은 是凡夫倒니 寧知二空如實之理리요

- (나) 智契無性 아래는 11구절이 있으니 처음 셋과 여덟째, 열한째를 생략하고 해석하지 않았다. 만일 갖추어 해석한다면 (1) 이미 보리에 회향하면 어찌 뒤의 몸에 과덕이 없다고 말하겠는가? (2) 이치와 합치한 연고로 항상함이 아님이니 결정코 있다고 고집하면 상견(常見)에 집착한 까닭이요, (3) 이미 정인(正因)을 알면 원인이 없지 않음이다. 단견은 결과가 없고 이런 소견은 원인이 없다면 (4) 넷째 구절[(4) 離顚倒見 知如實理故] 중에 항상함을 무상함이라 계탁함이 이승의 뒤바뀐 소견을 해석하였다. 열반이 묘하게 있는 실법 이치임을 보지 못하면 무상함을 항상함이라 계탁함은 '범부의 뒤바뀐 소견[凡夫倒見]'이다. 어찌 두 가지 공(空)이 여실한 이치임을 알겠는가?

自在見者는 卽第五句니 妄謂自在가 能生萬物이라 今知從業일새 故不從他니 自修人業하야 尙不生天이어니 安得由他하야 令我苦樂케하리요 釋次二句는 疏文을 可知니라 其往來見은 易故不釋이니 影像隨身이나 去來無實이요 隨業六道나 實無往來라 中論에 云, 諸行往來者는 常不應往來라하니라 無常도 亦不應往來오 衆生亦復然이라 有無는 可知니라 離一切法見은 釋有三句하니 初, 以理遣者는 法性空中에 法卽非法이요 二, 緣會에 不得不生이며 緣離에는 不得不滅이니 故로 一切法이 不得自在니라 三, 以願으로 爲因하야 出生諸法일새 因成無性이요 淨法도 亦無라 末句는 易見이니라

- (5) '자재천이란 소견'은 다섯째 구절이다. 망령되게 자재를 말하여

능히 만물을 태어나게 하고, 지금은 업에서부터임을 아는 연고로 다른 이로부터가 아니고 스스로 사람의 업을 닦음도 오히려 천상에 태어나지 않을 텐데 어찌 남에게서 연유함을 얻겠는가? 어찌 나로 하여금 괴롭고 즐겁게 하겠는가? 다음 두 구절[(6) 離自他見 知從緣起故 (7) 離邊執見 知法界無邊故]의 소문을 해석함은 알 수 있으리라. 그 (8) '가고 오는 소견[往來見]'은 쉬운 연고로 해석하지 않음이요, 영상은 몸을 따라 가고 옴에 실법이 없으며 업을 따라 육도를 (가고 오지만) 실로는 가고 옴이 없나니 『중론』(觀縛解品 제16)에 이르되, "모든 지어 감이 왕래한다지만 항상하다면 왕래하지 못할 것이요 무상하여도 왕래하지 못할 것이니 중생도 그러할 것이다"라 하였다. (9) '있다 없다는 소견[有無見]'은 알 수 있으리라. (10) '모든 법이란 소견[一切法見]'을 여읨은 해석함에 세 구절이 있다. ㄱ. 이치로 보냄이란 법의 체성이 공함 중에 법은 곧 법이 아님이요, ㄴ. 인연이 어쩔 수 없이 남을 알면 인연이 어쩔 수 없이 멸함을 여읜 연고로 온갖 법이 자재함을 얻지 못한다. ㄷ. 서원으로 원인을 삼아서 모든 법을 출생하나니 원인에서 체성 없음을 성취함이며, 청정한 법도 또한 없다. (11) 마지막 구절[(11) 離一切相見 入無相際故]은 보기 쉬우리라.

(다) 중도로 회통하여 돌아오다[會歸中道] 2.
ㄱ. 총합하여 밝히다[總辨] (三會 24下1)

知一切法이 如種生芽故와 如印生文故며 知質如像故며 知聲如響故며 知境如夢故며 知業如幻故며 了世心現故며 了果因起故며 了報業集故며 了知一切諸功德法이 皆

從菩薩善巧方便所流出故니라
(1) 모든 법이 종자에서 싹이 나는 것 같음을 아는 연고며, (2) 밀로 만든 인에서 글자가 나는 것 같음을 아는 연고며, (3) 바탕이 영상과 같음을 아는 연고며, (4) 소리가 메아리와 같음을 아는 연고며, (5) 대경이 꿈과 같음을 아는 연고며, (6) 업이 환술 같음을 아는 연고며, (7) 세상이 마음으로 나타남을 아는 연고며, (8) 결과가 원인에서 일어남을 아는 연고며, (9) 과보가 업이 모임인 줄을 아는 연고며, (10) 모든 공덕의 법이 다 보살의 교묘한 방편으로 흘러나온 것임을 아는 연고이니라.

[疏] 三, 會歸中道者는 然隨一句하여 皆離上諸過어니와 今且通說하리라
- (다) '중도로 회통하여 돌아옴'이란 그런데 한 구절을 따라 모두 위의 여러 허물을 여읨이니 지금은 우선 통틀어 말하였다.

[鈔] 三會歸中道者는 疏中에 有二하니 先, 總明이요 後, 別釋이라 前中에 言隨一句하여 皆離上諸過者는 如隨種生芽가 卽離斷常과 無因顚倒等이니라 今且通說者는 不對諸過하고 但通相說中道義耳니라
- (다) '중도로 회통하여 돌아옴'이란 소문 중에 둘이 있으니 ㄱ. 총합하여 밝힘이요, ㄴ. 개별로 해석함이다. ㄱ. 중에 '한 구절을 따라 모두 위의 모든 허물을 여읜다'고 말한 것은 마치 종자를 따라 싹이 생겨남과 같나니 곧 단견과 상견을 여의어서 원인 없이 뒤바뀐 등이다. 지금 우선 통틀어 설한다면 모든 허물을 상대함도 단지 전체 모양으로 설하나니 중도의 뜻일 뿐이다.

ㄴ. 개별로 해석하다[別釋] (如種 24下5)

[疏] 如種生芽者는 從水土等緣生故로 非無니 此如初段이요 緣生則無性故로 非有니 如第二段이요 非有非無는 卽是中道라 如是離斷常等을 可以思準이니라 種芽는 橫喩萬法이요 如印生文은 卽竪喩諸法이니 涅槃에 云, 此陰이 亦滅하고 彼陰續生이 如蠟[4]印印泥에 印壞文成等이라하니라 自下諸句는 通於橫竪라 了世心現도 亦唯心觀이니 以心으로 爲緣하여 現而無性하나니 卽中道觀이라 餘並可知니라

■ '마치 종자를 따라 싹이 생겨남과 같음'은 물과 흙 따위 인연으로부터 나는 연고로 없는 것이 아니며, 이것은 첫 문단과 같아서 인연으로 생겼으면 체성이 없는 연고로 있는 것이 아니며, 둘째 문단과 같아서 있는 것도 아니고 없는 것도 아님이 곧 중도이다. 이렇게 단견(斷見)과 상견(常見) 등을 여의면 생각하여 준할 수 있으리라. 종자와 싹이면 가로로 만법에 비유함이 인장으로 생긴 무늬와 같나니 곧 세로로 모든 법에 비유하였다. 『열반경』에 이르되, "이런 음(陰)도 멸하였다가 저 음으로 연속하여 생겨남이 마치 밀납(蜜蠟)으로 인장의 인주를 찍음과 같다. 인장이 무너지고 무늬가 완성되는 등이다"라 말하고, 이 아래부터 모든 구절은 가로와 세로에 통하나니 세상을 요달하여 마음이 나타남도 오직 마음만으로 관찰함이다. 마음으로 인연을 삼고 나타나지만 체성이 없는 것이 곧 중도관이니 나머지는 경문과 함께하면 알 수 있으리라.

[鈔] 如種生芽下는 二, 別釋이니 唯就種芽하여 示中道相하고 餘並略之니

---

4) 蠟은 南本作臘 下鈔同.

라 說此中觀하여 便收前二니 卽顯空假가 是此中道之空假耳오 非是從彼空假하여 入斯中矣니라 如是離斷常等者는 例釋上文에 總離諸過니라

種芽는 橫喩萬法者는 言知一切法故니 謂若善若惡과 若內若外가 皆從自種하여 假緣生故니라 如印生文은 竪喩諸法者는 此陰亦滅은 卽5)現在陰滅也오 彼陰續生者는 三世相望故라 卽涅槃經이니 須彌山頂品에 已引이어니와 今復略示하리라 謂此陰이 亦滅者는 中陰이 生也니 而此五陰이 不至中陰하고 中陰의 五陰이 非餘處來코 因現在陰하여 有中陰陰이라 如蠟印印泥者는 蠟印은 況於現在陰也요 泥上에 文成은 喩中陰陰也오

● ㄴ. 如種生芽 아래는 개별로 해석함이다. 오직 종자와 싹에 입각하면 중도의 모양을 보임이요, 나머지는 아울러 생략하였으니 여기의 중관(中觀)은 문득 앞의 둘을 거둔다고 말하나니 (둘은) 곧 공관(空觀)과 가관(假觀)이다. 여기의 중도관이 공관과 가관으로 갈 뿐이며, 저 공관과 가관에서부터 이런 중도에 들어감이 아니다. 이렇게 단견과 상견을 여의는 따위는 위의 경문과 유례하여 해석함이니, 총합하여 모든 허물을 여읜다는 뜻이다. 종자와 싹은 가로로 만법에 비유한 것이란 '온갖 법을 안다'고 말한 까닭이다. 말하자면 선과 악, 안과 밖은 모두 자기 종자로부터 인연을 빌려서 생겨난 까닭이다. 마치 인장으로 생긴 무늬와 같아서 세로로 모든 법에 비유함은 여기의 음도 또한 멸하나니 곧 현재의 음이 없어진 것이다. '저 음이 연속하여 생긴 것'은 삼세(三世)를 서로 바라본 것이니 곧 열반경의 주장이다. 제13. 승수미산정품에 이미 인용하였지만 지금은 다시 간략히 보임

---

5) 卽은 南續金本作言.

이다. '이른바 이런 음도 또한 멸함'이란 중음에서 생긴 것이다. 그러나 여기의 오음이 중음에 이르지 않고, 중음과 오음이 나머지 곳에 옴이 아니다. 현재의 오음으로 인하여 중음의 오음이 있나니, 마치 밀납으로 인장의 인주를 찍음과 같다는 것에서 밀납과 인장을 현재의 오음에 비견함이요, '인주에 무늬가 완성됨'은 중음의 오음에 비유한 것이다.

印壞者는 現陰滅也오 文成者는 中陰陰生也라 印不至泥는 如現在陰이 不至後陰하고 以印因緣으로 而生是文은 卽如因現在陰하여 有中陰陰也라 現陰이 不至後陰은 卽是不常이요 後陰이 非餘處來코 因現陰有는 卽是不斷이니 不斷不常이 是中道義라 餘如前說이니라
了世心現도 亦唯心觀者는 正是中道일새 故致亦言호대 卽就唯心하여 以辨三觀인대 假心緣現은 卽假觀也요 現而無性은 卽空觀也요 上二不二는 卽中道觀也라 下法喩句는 對前이면 可知니라

● '인장이 무너짐'이란 현재의 오음이 멸한다는 뜻이다. '무늬가 완성됨'은 중음의 오음이 생긴다는 뜻이다. 인장이 인주에 이르지 않음은 마치 현재의 오음이 뒤의 오음에 이르지 않음과 같다. 인장의 인연으로 이런 무늬가 생김은 곧 원인이 현재의 오음이어서 중음의 오음이 있음과 같다. 현재의 오음이 뒤의 오음에 이르지 않음은 곧 상견(常見)이 아니요, 뒤의 오음이 나머지 장소에 오지 않는다. 현재의 오음으로 인해 있음은 곧 단견(斷見)이 아니요, 단견도 상견도 아님은 중도의 이치이며, 나머지는 앞에서 설명한 바와 같다. '세상을 요달하여 마음이 나타남도 또한 오직 마음만으로 관찰함'은 바로 중도이므로, 또한 말하되, "오직 마음뿐임에 입각하여 삼관(三觀)을 밝힘이니, 마

음을 빌려서 인연을 나타냄은 곧 가관(假觀)이요, 나타나지만 체성이 없음은 곧 공관(空觀)이요, 위의 둘이 둘이 아님은 곧 중도관(中道觀)이다"라고 하였다. 아래 법과 비유의 구절은 앞과 상대하면 알 수 있으리라.

다. 성취한 이익을 총합하여 결론하다[總結成益] (三善 26上1)

善財童子가 入如是智하여 端心潔念하여 於樓觀前에 擧體投地하고 殷勤頂禮한대 不思議善根이 流注身心하여 淸凉悅澤하니라[6]
선재동자가 이러한 지혜에 들어가서 단정한 마음과 깨끗한 생각으로 누각 앞에 엎드려서 은근하게 절하니, 부사의한 착한 뿌리가 몸과 마음에 흘러들어서 상쾌하고 기뻤다.

[疏] 三, 善財童子下는 總結成益이라
■ 다. 善財童子 아래는 성취한 이익을 총합하여 결론함이다.

(2) 삼매에서 나와 공경히 찬탄하다[出定敬讚] 3.
가. 몸으로 공경하게 돌다[以身敬繞] (第二 26上3)

從地而起하여 一心瞻仰하여 目不暫捨하며 合掌圍遶하여 經無量帀하니라
땅에서 일어나 한결같은 마음으로 우러러보면서, 잠깐도 한

---

6) 悅澤의 澤은 綱本作懌, 麗宋元明淸合杭鼓纂續金本作澤; 貞元經大正藏麗明及仁和寺本作澤, 寧刻行願品經疏會本作懌.

눈팔지 아니하고 합장하고 한량없이 돌았고

[疏] 第二, 從地而起下는 出定敬讚이라 於中에 三이니 初, 以身으로 敬繞라 次, 作是念言下는 以心으로 敬念이라 後, 偈頌中에 以言敬讚이라

■ (2) 從地而起 아래는 삼매에서 나와 공경히 찬탄함이니 그중에 셋이다. 가. 몸으로 공경하게 도는 것이요, 나. 作是念言 아래는 마음으로 공경히 생각함이요, 다. 게송 중에는 언사로 공경히 찬탄함이다.

나. 마음으로 공경히 생각하다[以心敬念] 10.
가) 경계를 잡아 뛰어남을 밝히다[約境顯勝] (二中 29下 4)
나) 공덕을 잡아 묘함을 밝히다[約德顯妙] (二是)
다) 작용을 잡아 자재함을 밝히다[約用顯自在] (三是)
라) 행법을 잡아 수승함을 밝히다[約行顯勝] (四是)
마) 관법을 잡아 심오함을 밝히다[約觀顯深] (五是)

作是念言하되 此大樓閣이 是解空無相無願者之所住處며 是於一切法에 無分別者之所住處며 是了法界無差別者之所住處며 是知一切衆生不可得者之所住處며 是知一切法無生者之所住處며 是不著一切世間者之所住處며 是不著一切窟宅者之所住處며 是不樂一切聚落者之所住處며 是不依一切境界者之所住處며 是離一切想者之所住處며 是知一切法無自性者之所住處며 是斷一切分別業者之所住處며 是離一切想心意識者之所住處며 是不入不出一切道者之所住處며 是入一切甚深般若波

羅蜜者之所住處며 是能以方便으로 住普門法界者之所住處며 是息滅一切煩惱火者之所住處며 是以增上慧로 除斷一切見愛慢者之所住處며 是出生一切諸禪解脫三昧通明하여 而遊戱者之所住處며 是觀察一切菩薩三昧境界者之所住處며 是安住一切如來所者之所住處며 是以一劫으로 入一切劫하고 以一切劫으로 入一劫하되 而不壞其相者之所住處며 是以一刹로 入一切刹하고 以一切刹로 入一刹하되 而不壞其相者之所住處며 是以一法으로 入一切法하고 以一切法으로 入一法하되 而不壞其相者之所住處며 是以一衆生으로 入一切衆生하고 以一切衆生으로 入一衆生하되 而不壞其相者之所住處며 是以一佛로 入一切佛하고 以一切佛로 入一佛하되 而不壞其相者之所住處며 是於一念中에 而知一切三世者之所住處며 是於一念中에 往詣一切國土者之所住處며 是於一切衆生前에 悉現其身者之所住處며 是心常利益一切世間者之所住處며 是能徧至一切處者之所住處며 是雖已出一切世間이나 爲化衆生故로 而恒於中現身者之所住處며 是不着一切刹하되 爲供養諸佛故로 而遊一切刹者之所住處며 是不動本處하고 能普詣一切佛刹하여 而莊嚴者之所住處며 是親近一切佛하되 而不起佛想者之所住處며 是依止一切善知識하되 而不起善知識想者之所住處며 是住一切魔宮하되 而不耽着欲境界者之所住處며 是永離一切心想者之所住處며 是雖於一切衆生中에 而現其身이나 然於自他에 不生二想者之所住處며 是

能普入一切世界하되 而於法界에 無差別想者之所住處며
是願住未來一切劫하되 而於諸劫에 無長短想者之所住
處며 是不離一毛端處하고 而普現身一切世界者之所住
處며 是能演說難遭遇法者之所住處며 是能住難知法과
甚深法과 無二法과 無相法과 無對治法과 無所得法과
無戱論法者之所住處며

이렇게 생각하였다. '이 큰 누각은 (1) 공하고 모양 없고 원 없음을 아는 이가 머무는 곳이리라. (2) 이는 모든 법에 분별이 없는 이가 머무는 곳이리라. (3) 이는 법계가 차별이 없음을 아는 이가 머무는 곳이리라. (4) 이는 모든 중생을 얻을 수 없음을 아는 이가 머무는 곳이리라. (5) 이는 모든 법이 남이 없음을 아는 이가 머무는 곳이리라. (6) 이는 모든 세간에 집착하지 않는 이가 머무는 곳이리라. (7) 이는 모든 굴택에 집착하지 않는 이가 머무는 곳이리라. (8) 이는 모든 마을을 좋아하지 않는 이가 머무는 곳이리라. (9) 이는 모든 대경을 의지하지 않는 이가 머무는 곳이리라. (10) 이는 모든 생각을 여읜 이가 머무는 곳이리라. (11) 이는 모든 법이 제 성품이 없음을 아는 이가 머무는 곳이리라. (12) 이는 모든 차별한 업을 끊은 이가 머무는 곳이리라. (13) 이는 모든 생각과 마음과 의식을 여읜 이가 머무는 곳이리라. (14) 이는 모든 도에 들지도 않고 나지도 않는 이가 머무는 곳이리라. (15) 이는 모든 깊고 깊은 반야바라밀다에 들어간 이가 머무는 곳이리라. (16) 이는 방편으로 넓은 문 법계에 머무른 이가 머무는 곳이리라. (17) 이는 모든 번뇌의 불을 멸한 이가 머무는 곳이리라. (18) 이는 더 올라가는 지혜로 모든 소견·사랑·교만을 끊은 이가 머무는 곳이리라. (19) 이는 모든 선정·해탈·삼매·신통과 맑음[明]을 내어 유희하는 이가 머무는 곳이리라. (20) 이는 모든 보살의 삼매의 경계를 관찰한 이가 머무는 곳이리라. (21) 이는 모든 여래의 처소에 편안히 머무는 이가 머무는 곳이리라. (22) 이는 한 겁을 모든 겁에 넣고 모든 겁을 한 겁에 넣어도 그 형상을 깨뜨리지 않는 이가 머무는 곳이리라. (23) 이는 한 세계를 모든 세계에 넣고 모든 세계를 한 세계에 넣어도 그 형상을 깨뜨리지 않는 이가 머무는 곳이리라. (24) 이는 한 법을 모든 법에 넣고 모든 법을 한 법에 넣어도 그 형상을 깨뜨리지 않는 이가 머무는 곳이리라. (25) 이는 한 중생을 모든 중생에 넣고 모든 중생을 한 중생에 넣어도 그 형상을 깨뜨리지 않는 이가 머무는 곳이리라. (26) 이는 한 부처님을 모든 부처님에 넣고 모든 부처님을 한 부처님에 넣어도 그 형상을 깨뜨리지 않는 이가 머무는 곳이리라. (27) 이는 잠깐 동안에 모든 세 세상을 아는 이가 머무는 곳이리라. (28) 이는 잠깐 동안에 모든 국토에 이르는 이가 머무는 곳이리라. (29) 이는 모든 중생의 앞에다 그 몸을 나타내는 이가 머무는 곳이리라. (30) 이는 마음으로 모든 세간을 항상 이익하게 하는 이가 머무는 곳이리라. (31) 이는 온갖 곳에 두루 이르는 이가 머무는 곳이리라. (32) 이는 모든 세간에서 이미 벗어났으나, 중생을 교화하려고 그 가운데 항상 몸을 나타내는 이가 머무는 곳이리라. (33) 이는 모든 세계에 애착하지 않으나, 부처님들께 공양하려고 모든 세계에 다니는 이가 머무는 곳이리라. (34) 이는 본 고장에서 움직이지 않고 모든 세계에 두루 나아가 장엄하는 이가 머무는 곳이리라. (35) 이는 모든 부처님을 친근하면서도 부처님이란 생각을 일으키지 않는 이가 머무는 곳이리라. (36) 이는 모든 선지식을 의지하면서도 선지식이란 생각을 내지 않는 이가 머무는 곳이리라. (37) 이는 모든 마의 궁전에 있으면서도 욕심 경계에 탐착하지 않는 이가 머무는 곳이리라. (38) 이는 모든 마음과 생각을 아주 여읜 이가 머무는 곳이리라. (39) 이는 모든 중생 속에 몸을 나타내지마는 자기와 다른 이에게 둘이란 생각을 내지 않는 이가 머무는 곳이리라. (40) 이는 모든 세계에 두루 들어가지마는 법계에 대하여 차별한 생각이 없는 이가 머무는 곳이리라. (41) 이는 오는 세상의 모든 겁에 머물기를 원하면서도 여러 겁에 길다 짧다는 생각이 없는 이가 머무는 곳이리라. (42) 이는 한 티끌만 한 곳을 여의지 않으면서 모든 세계에 몸을 나타내는 이가 머무는 곳이리라. (43) 이는 만나기 어려운 법을 능히 연설하는 이가 머무는 곳이리라. (44) 이는 알기 어려운 법·매우 깊은 법·둘이 없는 법·모양이 없는 법·상대하여 다스릴 수 없는 법·얻을 바 없는 법·희롱거리 의논이 없는 법에 능히 머무른 이가 머무는 곳이리라.

[疏] 二中에 擧能住者德하여 歎所住樓閣이라 初句는 具顯이니 故此大樓閣之言이 貫通諸句니라 於中에 分十이니 初, 約境顯勝이요 二, 是入

一切甚深下는 約德顯妙요 三, 是以一劫下는 約用顯自在요 四, 是於一切衆生前下는 約行顯勝이요 五, 是能住難知法下는 約觀顯深이요

■ 나. (마음으로 공경히 생각함) 중에 머무는 주체의 덕을 찬탄함이니 (첫 구절은) 머무는 누각을 찬탄함이다. 첫 구절은 갖추어 밝힌 연고로 이 '큰 누각'이란 말은 여러 구절을 관통한다. 그중에 열 문단으로 나누리니 가) (1) ~ (14) 경계를 잡아 뛰어남을 밝힘이요, 나) 是入一切甚深 아래는 (15) ~ (21) 덕을 잡아 묘함을 밝힘이요, 다) 是以一劫 아래는 (22) ~ (28) 작용을 잡아 자재함을 밝힘이요, 라) 是於一切衆生前 아래는 (29) ~ (43) 행법을 잡아 수승함을 밝힘이요, 마) 是能住難知法 아래는 (44) 관법을 잡아 심오함을 밝힘이요,

바) 대치함을 잡아 수승함을 밝히다[約對治顯勝] (六是 29下8)
사) 선정과 지혜[止觀]를 잡아 자재함을 밝히다[約止觀明自在] (七是)
아) 이타행을 잡아 수승함을 밝히다[約利他行顯勝] (八是)
자) 소승을 막는 행법을 잡아 자재함을 밝히다[約護小乘行] (九是)
차) 공덕이 머무는 곳을 결론하다[結德所住] (十此)

是住大慈大悲者之所住處며 是已度一切二乘智하고 已超一切魔境界하고 已於世法에 無所染하고 已到菩薩所到岸하고 已住如來所住處者之所住處며 是雖離一切諸相이나 而亦不入聲聞正位하고 雖了一切法無生이나 而亦不住無生法性者之所住處며 是雖觀不淨이나 而不證離貪法하고 亦不與貪欲俱하며 雖修於慈나 而不證離瞋

法하고 亦不與瞋垢俱하며 雖觀緣起나 而不證離癡法하고 亦不與癡惑俱者之所住處며 是雖住四禪이나 而不隨禪生하고 雖行四無量이나 爲化衆生故로 而不生色界하고 雖修四無色定이나 以大悲故로 而不住無色界者之所住處며 是雖勤修止觀이나 爲化衆生故로 而不證明脫하고 雖行於捨나 而不捨化衆生事者之所住處며 是雖觀於空이나 而不起空見하고 雖行無相이나 而常化着相衆生하고 雖行無願이나 而不捨菩提行願者之所住處며 是雖於一切業煩惱中에 而得自在나 爲化衆生故로 而現隨順諸業煩惱하고 雖無生死나 爲化衆生故로 示受生死하고 雖已離一切趣나 爲化衆生故로 示入諸趣者之所住處며 是雖行於慈나 而於諸衆生에 無所愛戀하고 雖行於悲나 而於諸衆生에 無所取着하고 雖行於喜나 而觀苦衆生하여 心常哀愍하고 雖行於捨나 而不廢捨利益他事者之所住處며 是雖行九次第定이나 而不厭離欲界受生하고 雖知一切法이 無生無滅이나 而不於實際에 作證하고 雖入三昧解脫門이나 而不取聲聞解脫하고 雖觀四聖諦나 而不住小乘聖果하고 雖觀甚深緣起나 而不住究竟寂滅하고 雖修入聖道나 而不求永出世間하고 雖超凡夫地나 而不墮聲聞辟支佛地하고 雖觀五取蘊이나 而不永滅諸蘊하고 雖超出四魔나 而不分別諸魔하고 雖不着六處나 而不永滅六處하고 雖安住眞如나 而不墮實際하고 雖說一切乘이나 而不捨大乘이니 此大樓閣이 是住如是等一切諸功德者之所住處로다

(45) 이는 대자대비에 머무는 이가 머무는 곳이리라. (46) 이는 모든 이승의 지혜를 지났고, 모든 마의 경계를 초월하였고, 세상법에 물들지 아니하고, 보살들의 이르는 언덕에 이르렀고, 여래의 머무시는 곳에 머무른 이가 머무는 곳이리라. (47) 이는 모든 형상을 여의었으면서도 성문의 바른 지위에 들어가지 않고, 모든 법이 나지 않는 줄을 알면서도 나지 않는 법의 성품에 머물지 않는 이가 머무는 곳이리라. (48) 이는 부정함을 관찰하면서도 탐욕 여의는 법을 증득하지도 않고, 탐욕과 함께 있지도 않으며, 인자함을 닦으면서도 성냄을 여의는 법을 증득하지도 않고 성내는 일과 함께 하지도 않으며, 인연으로 생기는 것을 관찰하면서도 어리석음을 여의는 법을 증득하지도 않고 어리석음과 함께하지도 않는 이가 머무는 곳이리라. (49) 이는 사선정에 머무르면서도 선정을 따라 태어나지도 않고, 네 가지 한량없는 마음을 행하면서도 중생을 교화하기 위하여 형상 세계에 태어나지 않고, 네 가지 무형 세계의 선정을 닦으면서도 크게 가엾이 여기므로 무형 세계에 머무르지 않는 이가 머무는 곳이리라. (50) 이는 선정[止]과 지혜[觀]를 닦으면서도 중생을 교화하기 위하여 밝음과 해탈을 증득하지 않고, 버리는 일을 행하면서도 중생 교화하는 일을 버리지 않는 이가 머무는 곳이리라. (51) 이는 공함을 관하면서도 공한 소견을 내지 않고, 모양 없음을 행하면서도 모양에 집착하는 중생을 항상 교화하고, 소원 없음을 행하면서도 보리행의 원을 버리지 않는 이가 머무는 곳이리라. (52) 이는 모든 업과

번뇌에서 자유자재하면서도 중생을 교화하기 위하여 업과 번뇌를 따르며, 생사가 없으면서도 중생을 교화하기 위하여 생사를 받으며, 모든 길을 여의었으면서도 중생을 교화하기 위하여 여러 길에 일부러 들어가는 이가 머무는 곳이리라. (53) 이는 인자함을 행하면서도 여러 중생에 미련이 없으며, 가엾이 여김을 행하면서도 여러 중생에 집착이 없으며, 기뻐함을 행하면서도 괴로운 중생을 보고 항상 불쌍히 여기며, 버림을 행하면서도 다른 이를 이익하는 일을 폐하지 않는 이가 머무는 곳이리라. (54) 이는 1. 아홉 가지 차례로 닦는 선정을 행하면서도 욕심 세계에 태어남을 싫어하지 않고, 2. 모든 법이 나지도 않고 멸하지도 않음을 알면서도 실제를 증득하지 않으며, 3. 삼매와 해탈문에 들었어도 성문의 해탈을 취하지 않으며, 4. 네 가지 진리를 관찰하면서도 소승의 과위에 머물지 않고, 5. 깊은 인연으로 생김을 관찰하면서도 필경까지 고요한 데 머물지 않고, 6. 여덟 가지 성인의 길을 닦으면서도 세간에서 아주 뛰어나기를 구하지 않고, 7. 범부의 지위를 초월하고도 성문이나 벽지불의 지위에 떨어지지 않고, 8. 다섯 가지 쌓임을 관찰하면서도 여러 가지 쌓임을 아주 멸하지 않고, 9. 네 가지 마를 초월하고도 마를 분별하지 않고, 10. 여섯 곳에 집착하지 않으면서도 여섯 곳을 아주 멸하지 않고, 11. 진여에 편안히 머무르면서도 실제에 떨어지지 않고, 12. 모든 승을 말하면서도 대승을 버리지 않나니, 이 큰 누각은 이러한 모든 공덕에 머무르는 이가 머무는 곳이리라.'

[疏] 六, 是住大慈悲下는 約對治顯勝이요 七, 是雖住四禪下는 約止觀明自在요 八, 是雖於一切業煩惱下는 約利他行顯勝이요 九, 是雖行九次第定下는 約護小乘行明自在오 十, 此大樓閣下는 結德所住라 於前九中에 除初二와 及五하고 餘皆約權實事理雙行이니라

- 바) 是住大慈悲 아래는 (45) ~ (48) 대치함을 잡아 수승함을 밝힘이요, 사) 是雖住四禪 아래는 (49) ~ (51) 선정과 지혜[止觀]를 잡아 자재함을 밝힘이요, 아) 是雖於一切業煩惱 아래는 (52) ~ (53) 이타행을 잡아 수승함을 밝힘이요, 자) 是雖行九次第定 아래는 (54) 소승을 막는 행법을 잡아 자재함을 밝힘이요, 차) 此大樓閣 아래는 공덕으로 머무는 곳을 결론함이다. 앞의 자) 중에 처음 둘[1. 욕계에 태어남을 싫어하지 않음과 2. 생멸이 없음을 알지만 실제를 증득하지 못함]과 다섯째[5. 비록 깊은 연기를 관하더라도 필경까지 고요한 데 머물지 못함]를 제외하고 나머지[3. ~ 12.]는 모두 방편과 실법, 현상과 이치를 함께 행함을 잡은 해석이다.

[鈔] 歎所住樓閣이 義理宏博하고 經文이 浩大하니 類例하면 可知일새 故不委釋이니라

- 머무는 누각이 뜻과 이치가 크고 넓음을 찬탄하였고, 경문이 넓고 크나니, 사례와 유례하면 알 수 있으므로 자세히 해석하지 않았다.

다. (55개 게송은) 언사로 공경히 찬탄하다[以言敬讚] 2.

가) 34개 게송은 총합하여 덕을 거론하여 도량을 찬탄하다
   [三十四偈總擧德歎處] 2.
(가) 두 게송은 총상이다[二偈總] (第三 30上10)

爾時에 善財童子가 而說頌言하되
이때 선재동자가 게송을 말하였다.

1   此是大悲清淨智로　　　利益世間慈氏尊의
    灌頂地中佛長子가　　　入如來境之住處로다[7]
    이렇게 자비하고 청정한 지혜
    세간을 이익하는 미륵보살님
    정수리에 물을 부은 부처님 장자
    여래의 경계 드신 이의 머무시는 곳

2   一切名聞諸佛子가　　　已入大乘解脫門하여
    遊行法界心無着한　　　此無等者之住處로다
    온 세계에 소문나신 부처님 아들
    대승의 해탈문에 들어가셨고
    법계에 다니어도 집착이 없어
    견줄 데 없는 이의 머무시는 곳

[疏] 第三, 偈以言讚中의 五十五偈를 分二니 前三十四偈와 七言은 擧德歎處요 後, 二十一偈와 五言은 指處明德이라 前中에 二니 初二는 總歎이니 一, 約行位요 一, 約名德이라

■ 다. 게송으로 공경히 찬탄함을 말함이다. 그중에 55개 게송을 둘로 나누리니 가) 34개 게송과 일곱 구절은 총합하여 덕을 거론하여 도량을 찬탄함이요, 나) 21개 게송과 다섯 구절은 지정한 도량의 밝은

---

7) 此是의 此는 卍綱續金本作如, 麗宋元明清合綱杭鼓纂本與貞元譯作此.

덕이다. 가) 중에 둘이니 (가) 두 게송은 총상으로 찬탄함이니 ㄱ. 행법의 지위를 잡은 해석이요, ㄴ. 이름과 덕행을 잡은 해석이다.

(나) 32개 게송은 별상이다[三十二偈別] 4.
ㄱ. 일곱 게송은 자리행이 뛰어나다[七偈自利行勝] (餘偈 31上7)

3 　施戒忍進禪智慧와　　方便願力及神通의
　　如是大乘諸度法을　　悉具足者之住處로다
　　보시 · 지계 · 인욕 · 정진 · 선정과 지혜
　　방편과 원과 힘과 신통들까지
　　대승의 여러 가지 바라밀다를
　　모두 다 갖춘 이의 머무시는 곳

4 　智慧廣大如虛空하여　　普知三世一切法이
　　無礙無依無所取하여　　了諸有者之住處로다[8]
　　지혜가 광대하기 허공과 같고
　　세 세상 모든 법을 두루 다 알아
　　걸림 없고 의지 없고 집착 없으니
　　있는 줄 아는 이의 머무시는 곳

5 　善能解了一切法이　　無性無生無所依하여
　　如鳥飛空得自在한　　此大智者之住處로다
　　모든 법이 성품 없고 나지도 않고

---

8) 了諸의 諸는 續金本作知, 麗宋元明淸合綱杭敦纂本及貞元譯作諸.

의지할 데 없음을 분명히 알며
　　허공에 새가 날 듯 자유자재해
　　큰 지혜 있는 이의 머무시는 곳

6　了知三毒眞實性이　　　分別因緣虛妄起하되
　　亦不厭彼而求出하는　　此寂靜人之住處로다
　　세 가지 독과 참 성품 분명히 알고
　　인연법이 허망함을 분별하여도
　　싫다고 벗어남을 구하지 않는
　　이렇게 고요한 이 머무시는 곳

7　三解脫門八聖道와　　　諸蘊處界及緣起를
　　悉能觀察不趣寂하는　　此善巧人之住處로다
　　세 가지 해탈문과 여덟 가지 길
　　쌓임과 처와 계와 모든 연기를
　　살피고도 고요한 데 나가지 않는
　　훌륭하게 교묘한 이 머무시는 곳

8　十方國土及衆生을　　　以無礙智咸觀察하여
　　了性皆空不分別하는　　此寂滅人之住處로다
　　시방의 국토들과 모든 중생을
　　걸림 없는 지혜로 모두 살피어
　　공한 줄을 알아서 분별치 않는
　　고요한 데 드신 이의 머무시는 곳

9　普行法界悉無礙하되　　而求行性不可得이
　　如風行空無所行하는　　此無依者之住處로다
　　온 법계에 다니면서 걸림 없으나
　　가는 성품 구하여도 얻을 수 없어
　　공중에 바람 불 듯 종적 없나니
　　의지할 데 없는 이의 머무시는 곳

[疏] 餘偈는 別約德行이라 於中에 四니 初, 有七偈는 約自利勝行이요
■ (나) 32개 게송은 별상으로 덕행을 잡은 해석이다. 그중에 넷이니
　ㄱ. 일곱 게송은 자리행이 뛰어남을 잡아 노래함이요,

ㄴ. 열 게송은 이타행이 뛰어나다[十偈利他行勝] (二有 32上8)

10　普見惡道群生類가　　受諸楚毒無所歸하고
　　放大慈光悉除滅하는　　此哀愍者之住處로다
　　나쁜 길 모든 중생 고통받으며
　　돌아갈 데 없음을 두루 살피고
　　인자한 광명 놓아 다 없애나니
　　불쌍하게 여기는 이 머무시는 곳

11　見諸衆生失正道가　　譬如生盲踐畏途하고
　　引其令入解脫城하는　　此大導師之住處로다
　　중생들이 바른 길을 잃어버린 것
　　소경이 위험한 길 걷는 듯한데

그를 인도 해탈성에 들게 하나니
이와 같은 길잡이의 머무시는 곳

12 見諸衆生入魔網하여　　　生老病死常逼迫하고
　　令其解脫得慰安하는　　　此勇健人之住處로다
　　중생들이 악마의 그물에 들어
　　나고 늙고 병과 죽음 시달리거늘
　　그들을 해탈하여 위안하나니
　　이렇게 용맹한 이 머무시는 곳

13 見諸衆生嬰惑病하고　　　而興廣大悲愍心하여
　　以智慧藥悉除滅하는　　　此大醫王之住處로다
　　중생들이 번뇌 병에 얽힘을 보고
　　가엾게 생각하는 마음을 내어
　　지혜의 약으로써 치료하나니
　　이렇게 큰 의사의 머무시는 곳

14 見諸群生沒有海하여　　　沈淪憂迫受衆苦하고
　　悉以法船而救之하는　　　此善度者之住處로다
　　중생들이 나고 죽는 바다에 빠져
　　헤매고 근심하며 괴로움을 보고
　　그들을 법 배로써 건지시나니
　　잘 건지는 어른의 머무시는 곳

15 見諸衆生在惑海하여 能發菩提妙寶心하여
悉入其中而濟拔하는 此善漁人之住處로다
중생이 번뇌 바다 헤맴을 보고
보리의 묘한 보배 마음을 내어
그 가운데 들어가 건지시나니
사람을 잘 낚는 이의 머무시는 곳

16 恒以大願慈悲眼으로 普觀一切諸衆生하고
從諸有海而拔出하는 此金翅王之住處로다
언제나 큰 서원과 자비하신 눈
모든 중생 받는 괴로움 두루 살피고
생사의 바다에서 건져 내나니
이러한 가루라왕 머무시는 곳

17 譬如日月在虛空에 一切世間靡不燭하여
智慧光明亦如是한 此照世者之住處로다
해와 달이 허공에 떠 있으면서
모든 세간 비추지 않는 데 없듯
지혜의 광명함도 그와 같아서
세상을 비추는 이 머무시는 곳

18 菩薩爲化一衆生하여 普盡未來無量劫하나니
如爲一人一切爾한 此救世者之住處로다
보살이 한 중생을 교화하려고

　　　　미래의 한량없는 겁을 지나듯
　　　　이와 같이 모든 중생 다 그러하여
　　　　세상을 건지는 이 머무시는 곳

19　於一國土化衆生하되　　盡未來劫無休息하며
　　一一國土咸如是하는　　此堅固意之住處로다
　　　　한 국토의 중생을 교화하는 데
　　　　오는 세월 끝나도록 쉬지 않는 듯
　　　　하나하나 국토에도 다 그러하니
　　　　이런 뜻 굳은 이의 머무시는 곳

[疏] 二, 有十偈는 歎利他行勝이요
■ ㄴ. 열 게송은 이타행이 뛰어남을 찬탄함이요,

ㄷ. 여덟 게송은 공덕이 뛰어남을 찬탄하다[八偈歎功德勝] (三有 33上5)

20　十方諸佛所說法을　　一座普受咸令盡하되
　　盡未來劫恒悉然하는　　此智海人之住處로다9)
　　　　시방의 부처님들 말씀하는 법
　　　　한 자리에 모두 받아 모두 다하며
　　　　미래 겁이 끝나도록 항상 그러해
　　　　지혜 바다 가진 이의 머무시는 곳

---

9) 悉은 續金本作亦, 麗宋元明淸合綱杭鼓纂本作悉.

21 偏遊一切世界海하며　　普入一切道場海하며
　　供養一切如來海하는　　此修行者之住處로다
　　모든 세계 바다에 두루 노닐며
　　모든 도량 바다에 두루 들어가
　　모든 여래 바다에 공양하나니
　　이런 행을 닦는 이의 머무시는 곳

22 修行一切妙行海하며　　發起無邊大願海하여
　　如是經於衆劫海하는　　此功德者之住處로다
　　모든 수행 바다를 닦아 행하고
　　그지없는 서원 바다 일으키어서
　　이와 같이 겁 바다를 지내시나니
　　이런 공덕 있는 이의 머무시는 곳

23 一毛端處無量刹과　　佛衆生劫不可說을
　　如是明見靡不周하는　　此無礙眼之住處로다
　　한 털끝에 한량없는 세계가 있고
　　부처님과 겁과 중생 말할 수 없어
　　이런 것을 분명하게 두루 보나니
　　걸림 없는 눈 가진 이 머무시는 곳

24 一念普攝無邊劫과　　國土諸佛及衆生하여
　　智慧無礙悉正知하는　　此具德人之住處로다
　　한 생각에 그지없는 겁을 거두어

국토와 부처님과 모든 중생을
　　　걸림 없는 지혜로 바로 아나니
　　　이런 공덕 갖춘 이의 머무시는 곳

25　十方國土碎爲塵하고　　　一切大海以毛滴하여
　　菩薩發願數如是한　　　　此無礙者之住處로다
　　　시방세계 부수어 티끌 만들고
　　　큰 바닷물 털끝으로 찍어 낸 수효
　　　보살의 세운 원이 이와 같나니
　　　걸림 없는 이들의 머무시는 곳

26　成就總持三昧門과　　　　大願諸禪及解脫하여
　　一一皆住無邊劫하는　　　此眞佛子之住處로다
　　　다라니와 삼매와 큰 서원들과
　　　선정과 모든 해탈 성취하여서
　　　날날이 그지없는 겁을 지내니
　　　이러한 참 불자의 머무시는 곳

27　無量無邊諸佛子가　　　　種種說法度衆生하며
　　亦說世間衆技術하는　　　此修行者之住處로다
　　　한량없고 그지없는 여러 불자들
　　　가지가지 법을 말해 중생 건지며
　　　세간의 모든 기술 말씀하나니
　　　이런 행을 닦는 이의 머무시는 곳

[疏] 三, 有八偈는 歎功德勝이요

■ ㄷ. 여덟 게송은 공덕이 뛰어남을 찬탄함이요,

ㄹ. 일곱 게송은 방편이 뛰어남을 찬탄하다[七偈歎方便勝]

(四有 33下10)

28　成就神通方便智하고　　修行如幻妙法門하여
　　十方五趣悉現生하는　　此無礙者之住處로다
　　신통과 방편 지혜 성취하였고
　　환술 같은 묘한 법문 닦아 행하며
　　시방의 다섯 길에 나타나나니
　　걸림 없는 이들의 머무시는 곳

29　菩薩始從初發心으로　　具足修行一切行하여
　　化身無量徧法界하는　　此神力者之住處로다
　　보살이 처음으로 마음을 내고
　　모든 행을 구족하게 닦아 행하며
　　나툰 몸 한량없이 법계에 가득
　　이런 신통 있는 이의 머무시는 곳

30　一念成就菩提道하여　　普作無邊智慧業이여
　　世情思慮悉發狂하는　　此難量者之住處로다
　　한 생각에 보리도를 성취하였고
　　그지없는 지혜의 업 두루 짓고도

세상 인정 모든 생각 발광하나니
　　헤아릴 수 없는 이의 머무시는 곳

31　成就神通無障礙하여　　遊行法界靡不周하되
　　其心未嘗有所得한　　　此淨慧者之住處로다
　　신통을 성취하여 걸림이 없고
　　법계에 모두 돌아다니지마는
　　마음에는 조금도 얻은 것 없어
　　이런 지혜 가진 이의 머무시는 곳

32　菩薩修行無礙慧하여　　入諸國土無所着하며
　　以無二智普照明하는　　此無我者之住處로다
　　보살이 걸림 없는 지혜를 닦고
　　여러 국토 들어가도 집착이 없어
　　둘이 없는 지혜로 널리 비추니
　　<나>가 없는 이들의 머무시는 곳

33　了知諸法無依止하여　　本性寂滅同虛空하고
　　常行如是境界中하는　　此離垢人之住處로다
　　모든 법이 의지 없고 본래 성품도
　　허공같이 고요함을 분명히 알아
　　이러한 경계에서 항상 행하니
　　이러한 때 여읜 이 머무시는 곳

34 普見群生受諸苦하고 發大仁慈智慧心하여
　 願常利益諸世間하는 此悲愍者之住處로다
　 중생들이 모든 고통 받음을 보고
　 인자하고 슬기로운 마음을 내어
　 모든 세간 이익하기 항상 원하니
　 가엾이 여기는 이 머무시는 곳

[疏] 四, 有七偈는 歎方便勝이니라
- ㄹ. 일곱 게송은 방편이 뛰어남을 찬탄함이다.

나) 21개 게송은 지정한 도량의 밝은 덕을 분별하다
　　[二十一偈別指處明德] 6.
(가) 두 게송은 아래로 중생을 교화하다[二偈下化衆生] (後五 35上2)

35 佛子住於此하사 普現衆生前이
　 猶如日月輪하여 徧除生死暗이로다
　 불자가 여기 있으면서
　 중생 앞에 두루 나타나
　 마치 해와 달처럼
　 생사의 어둠을 제해 버리고

36 佛子住於此하사 普順衆生心하여
　 變現無量身하사 充滿十方刹이로다
　 불자가 여기 있으면서

중생의 마음 널리 순종해
　　한량없는 몸을 나투어
　　시방세계에 가득하시고

[疏] 後, 五言의 指處明德中에 雖復語依나 意在歎正이라 於中에 六이니 初二는 下化요
■ 나) 다섯 마디 말로 지정한 도량의 밝은 덕을 분별함 중에 비록 다시 의지함을 말하지만 생각은 바른 것을 찬탄함에 있다. 그중에 여섯이니 (가) 두 게송은 아래로 중생을 교화함이요,

(나) 두 게송은 위로 불법을 구하다[二偈上求佛法] (次二 35上3)

37　佛子住於此하사　　　　偏遊諸世界의
　　一切如來所를　　　　　無量無數劫이로다
　　불자가 여기 있으면서
　　모든 세계의 여래 계신 데
　　두루 다니는 오랜 세월
　　한량이 없고 수가 없네.

38　佛子住於此하사　　　　思量諸佛法을
　　無量無數劫하되　　　　其心無厭倦이로다
　　불자가 여기 있으면서
　　부처님 법 생각하는데
　　한량없고 수없는 겁에

제39. 입법계품 ⑱ (52) 彌勒보살 2. 見敬諸問　69

그 마음 싫은 줄 몰라

[疏] 次二는 上觀이요
■ (나) 두 게송은 위로 불법 구함을 관찰함이다.

(다) 다섯 게송은 삼매가 자재하다[五偈三昧自在] (三有 35上3)

    39 佛子住於此하사   念念入三昧하여
        一一三昧門에   闡明諸佛境이로다
        불자가 여기 있으면서
        잠깐잠깐마다 삼매에 들고
        낱낱 삼매문에서
        부처님 경계 열어 밝히고

    40 佛子住於此하사   悉知一切刹에
        無量無數劫의   衆生佛名號로다
        불자가 여기 있으면서
        모든 세계의 한량없는 겁
        중생과 부처님의 이름을
        모두 다 알고

    41 佛子住於此하사   一念攝諸劫하여
        但隨衆生心하고   而無分別想이로다
        불자가 여기 있으면서

한 생각에 모든 겁 거둬들이되
　　다만 중생의 마음 따를 뿐
　　분별하는 생각 조금도 없고

42　佛子住於此하사　　　　　修習諸三昧하여
　　一一心念中에　　　　　　了知三世法이로다
　　불자가 여기 있으면서
　　모든 삼매를 닦아 익히고
　　하나하나 마음속마다
　　세 세상 법 분명히 알고

43　佛子住於此하사　　　　　結跏身不動하고
　　普現一切刹　　　　　　　一切諸趣中이로다
　　불자가 여기 있으면서
　　가부좌하고 앉아 동하지 않고
　　모든 세계와 모든 길에
　　몸을 두루 나타내고

[疏] 三, 有五偈는 明三昧自在요
■ (다) 다섯 게송은 삼매가 자재함을 밝힘이요,

(라) 일곱 게송은 지혜가 광대하고 깊다[七偈智慧廣深] (四有 35上3)

44　佛子住於此하사　　　　　飮諸佛法海하며

深入智慧海하니 　　　　具足功德海로다
불자가 여기 있으면서
부처님의 법 바다 모두 마시고
지혜 바다에 깊이 들어가
공덕 바다를 구족하였고

45　佛子住於此하사 　　　　悉知諸刹數와
　　世數衆生數하며 　　　　佛名數亦然이로다
　　불자가 여기 있으면서
　　모든 세계 수효를 모두 알고
　　세상의 수효와 중생의 수효
　　부처님 이름과 수효도 그러해

46　佛子住於此하사 　　　　一念悉能了
　　一切三世中에 　　　　　國土之成壞로다
　　불자가 여기 있으면서
　　세 세상 가운데 있는
　　국토가 이룩하고 망그러짐을
　　한 생각에 모두 알고

47　佛子住於此하사 　　　　普知佛行願과
　　菩薩所修行과 　　　　　衆生根性欲이로다
　　불자가 여기 있으면서
　　부처님의 행과 서원과

보살들의 닦는 행과
중생의 근성과 욕망 다 알고

48 佛子住於此하사　　　見一微塵中에
　 無量刹道場과　　　　衆生及諸劫하고
　 불자가 여기 있으면서
　 한 티끌 속에 있는
　 한량없는 세계와 도량
   중생과 겁을 모두 보고

49 如一微塵內하여　　　一切塵亦然하사
　 種種咸具足하며　　　處處皆無礙로다
　 한 티끌 속과 같이
　 모든 티끌 모두 그러해
　 가지가지 다 구족하여
　 간 데마다 걸림이 없고

50 佛子住於此하사　　　普觀一切法과
　 衆生刹及世가　　　　無起無所有하며
　 불자가 여기 있으면서
　 모든 법과 중생과
　 세계와 시간이 일어나지도 않고
　 있는 것도 아님을 모두 보며

[疏] 四, 有七偈는 明智慧廣深이요
■ (라) 일곱 게송은 지혜가 광대하고 깊음을 밝힘이요,

(마) 한 게송은 그 평등함을 밝히다[一偈顯其平等] (五有 35上4)

51　觀察衆生等과　　　　法等如來等과
　　刹等諸願等과　　　　三世悉平等이로다
　　중생을 보는 것처럼
　　법도 그렇고 여래도 그렇고
　　세계도 그렇고 소원도 그러해
　　세 세상이 다 평등하며

[疏] 五, 有一偈는 顯其10)平等이요
■ (마) 한 게송은 그 평등함을 밝힘이요,

(바) 네 게송은 공경스레 가피를 청함을 결론하다[四偈結敬請加]
(六有 35上4)

52　佛子住於此하사　　　敎化諸群生하며
　　供養諸如來하며　　　思惟諸法性하시니
　　불자가 여기 있으면서
　　모든 중생을 교화하고
　　여래께 공양하고

---

10) 其는 南續金本無라 하다.

법의 성품을 생각하며

53 　無量千萬劫의　　　　　所修願智行이
　　廣大不可量이라　　　　稱揚莫能盡이로다
　　한량없는 천만 겁에
　　닦은 바 원과 지혜와 행
　　광대하기 한량이 없어
　　끝끝내 칭찬할 수 없고

54 　彼諸大勇猛이　　　　　所行無障礙하여
　　安住於此中이실새　　　我合掌敬禮하노이다
　　저 여러 매우 용맹하신 이
　　수행이 걸림 없는 이
　　이 가운데 계시오매
　　내 이제 합장하고 경례합니다.

55 　諸佛之長子인　　　　　聖德慈氏尊이여
　　我今恭敬禮하노니　　　願垂顧念我하소서
　　부처님의 장자이시며
　　거룩하신 미륵보살님
　　내 이제 공경하고 경례하오니
　　나를 돌보아 주소서.

[疏] 六, 有四偈는 結德申敬하여 求哀請加라

■ (바) 네 게송은 덕을 결론하여 공경을 펼침이니 구함이 애달파서 가피를 청한다는 뜻이다.

2) 정보를 뵙다[見正] 2.

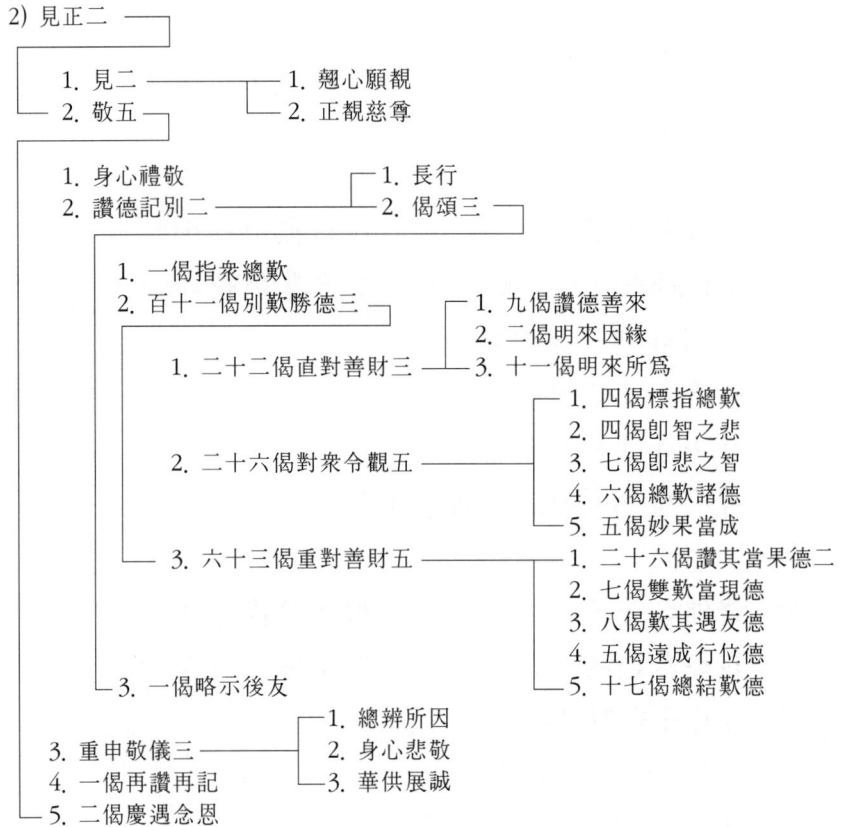

❖ 선재동자가 대장엄누각에서 미륵보살을 뵙는 장면 변상도(제77, 78권)

(1) 미륵보살 선지식을 뵙다[見] 2.
가. 마음을 기울여 뵙기를 원하다[翹心願覲] (第二 35下3)
나. 미륵보살을 뵙다[正覲慈尊] (後乃)

爾時에 善財童子가 以如是等一切菩薩無量稱揚讚歎法으로 而讚毘盧遮那莊嚴藏大樓閣中諸菩薩已하고 曲躬合掌하며 恭敬頂禮하여 一心願見彌勒菩薩하여 親近供養이러니라 乃見彌勒菩薩摩訶薩이 從別處來하시되 無量天龍夜叉乾闥婆阿修羅迦樓羅緊那羅摩睺羅伽王과 釋梵護世와 及本生處無量眷屬과 婆羅門衆과 及餘無數百千衆生이 前後圍遶하여 而共來向莊嚴藏大樓觀所하고

이때 선재동자는 이렇게 보살들의 한량없이 칭찬하고 찬탄하는 법으로, 비로자나 장엄장 큰 누각 안에 계시는 보살들을 찬탄하고는, 허리 굽혀 합장하고 공경하고 예배하여 일심으로 미륵보살을 뵙고 친근하고 공양하기를 원하였다. 문득 보니, 미륵보살마하살이 다른 데로부터 오시는데, 한량없는 하늘·용·야차·건달바·아수라·가루라·긴나라·마후라가 왕과, 제석천왕·범천왕·사천왕과 본래 태어난 데 있는 한량없는 권속과 바라문들과, 수없는 백천 중생들이 앞뒤로 호위하고 와서, 장엄장 누각으로 향하시었다.

[疏] 第二, 爾時下는 見正報라 中에 二니 一, 見이요 二, 敬이라 見中에 二니 先, 翹心願覲이요 後, 乃見下는 正覲慈尊이라 言別處來者는 攝化就機故며 還來歸本故로 亦現慈氏가 應念而至不着處故니라

■ 2) 爾時 아래는 정보를 뵈옴 중에 둘이니 (1) 선지식을 뵈옴이요, (2) 공경을 펼침이다. (1) 선지식을 뵈옴 중에 둘이니 가. 마음을 기울여 뵙기를 원함이요, 나. 乃見 아래는 미륵보살을 뵈옴이다. '다른 데로부터 오신다'고 말한 것은 섭수하여 교화함은 (중생의) 근기에 입각하는 까닭이며, 다시 와서 본래로 돌아가는 까닭이니 또한 자씨가 생각에 응하여 이르는 것이니, 도량에 집착하지 않는 까닭이다.

(2) 공경한 거동을 표하다[敬] 5.
가. 몸과 마음으로 예경하다[身心禮敬] (第二 35下8)

[疏] 第二, 善財見已下는 明設敬儀라 於中에 五니 一, 身心敬禮라 二,

時彌勒下는 讚德記別이요 三, 爾時彌勒下는 重申敬儀요 四, 時彌勒下는 再讚再記요 五, 時善財下는 慶遇念恩이라
- (2) 善財見已 아래는 공경을 펼침이다. 그중에 다섯이니 가. 몸과 마음으로 예경함이요, 나. 時彌勒 아래는 공덕을 찬탄하고 수기를 내림이요, 다. 爾時彌勒 아래는 공경한 거동을 거듭 펼침이요, 라. 時彌勒 아래는 거듭 찬탄하고 거듭 수기함이요, 마. 時善財 아래는 만남을 기뻐하고 은혜를 생각함이다.

나. 선재의 공덕을 칭찬하고 수기를 내리다[讚德記別] 2.
가) 장항으로 밝히다[長行] (二中 36上3)

善財가 見已에 歡喜踊躍하여 五體投地하니라 時에 彌勒菩薩이 觀察善財하고 指示大衆하사 歎其功德하여 而說頌曰하시되
선재동자가 보고는 기뻐 뛰놀면서 땅에 엎드려 절하였다. 미륵보살은 선재동자를 살펴보고 대중에게 그의 공덕을 찬탄하여 게송을 말하였다.

[疏] 二中에 有二하니 先, 長行이라 指示者는 令衆同觀하여 倣而行故니라
- 나. (공덕을 칭찬하고 수기를 내림) 중에 둘이 있으니 가) 장항으로 밝힘이니, (대중에게) 지시함이란 대중과 함께 보게 함이니 모방하여 행하려는 까닭이다.

나) (113개 게송은) 게송으로 거듭 밝히다[偈頌] 3.
(가) 한 게송은 무리를 가리키며 총합하여 찬탄하다[一偈指衆總歎]

(後偈 36上5)

1 汝等觀善財하라   智慧心淸淨하니
   爲求菩提行하여   而來至我所로다
   너희들은 선재동자를 보라.
   지혜 있고 마음이 청정하여
   보리행을 구하려고
   나에게 이른 것이다.

[疏] 後偈, 正讚이라 有百一十三頌을 分三이니 初一은 指衆總歎이요 末後
    一偈는 略示後友니라
■ 나) 게송으로 거듭 밝힘에 113개의 게송이 있으니 셋으로 나누면
(가) 한 게송은 무리를 가리키며 총합하여 찬탄함이요, ((나) 111개 게
송은 뛰어난 공덕을 개별로 찬탄함이요,) (다) 마지막 한 게송은 다음 선지식
을 간략히 지시함이다.

(나) 111개 게송은 뛰어난 공덕을 개별로 찬탄하다[百十一偈別歎勝德] 3.
ㄱ. 22개 게송은 선재동자를 바로 상대하다[二十二偈直對善財] 3.
ㄱ) 아홉 게송은 (선재동자에게) 잘 왔다고 공덕을 칭찬하다[九偈讚德善來]

(中間 37上9)

2 善來圓滿慈며   善來淸淨悲며

善來寂滅眼이여　　　　修行無懈倦이로다
　　잘 왔도다, 원만하고 인자한 이
　　잘 왔도다, 청정하고 자비한 이
　　잘 왔도다, 고요한 눈
　　수행하기 게으름 없고

3　善來淸淨意며　　　　善來廣大心이며
　　善來不退根이여　　　修行無懈倦이로다
　　잘 왔도다, 청정한 뜻
　　잘 왔도다, 광대한 마음
　　잘 왔도다, 물러나지 않은 근성
　　수행하기 게으름 없고

4　善來不動行이여　　　常求善知識하여
　　了達一切法하며　　　調伏諸群生이로다
　　잘 왔도다, 동요하지 않는 행
　　항상 선지식을 찾아
　　모든 법 통달하고
　　중생들을 조복하며

5　善來行妙道며　　　　善來住功德이며
　　善來趣佛果여　　　　未曾有疲倦이로다
　　잘 왔도다, 묘한 도 행하고
　　잘 왔도다, 공덕에 머물고

잘 왔도다, 부처 지위 나아가
　　　조금도 게으름 없고

6　善來德爲體며　　　　　善來法所滋며
　　善來無邊行이여　　　　世間難可見이로다
　　잘 왔도다, 덕으로 몸이 되고
　　잘 왔도다, 법에 훈습되고
　　잘 왔도다, 그지없는 수행
　　세간에서 만나보기 어려워

7　善來離迷惑이여　　　　世法不能染이며
　　利衰毁譽等에　　　　　一切無分別이로다
　　잘 왔도다, 미혹 여의고
　　세상 법에 물들지 않고
　　이롭고 쇠하고 헐뜯고 칭찬함을
　　모든 것 분별이 없고

8　善來施安樂이여　　　　調柔堪受化니
　　諂誑瞋慢心을　　　　　一切悉除滅이로다
　　잘 왔도다, 안락을 주고
　　부드럽고 교화를 받아
　　아첨·속임·성내고 교만함
　　모든 것 소멸해 버렸네.

9　善來眞佛子여　　　　　　普詣於十方하여
　　增長諸功德하여　　　　調柔無懈倦이로다
　　잘 왔도다, 진실한 불자
　　시방에 두루 다니며
　　모든 공덕 늘었고
　　부드러워 게으름 없어.

10　善來三世智여　　　　　徧知一切法하며
　　普生功德藏하여　　　　修行不疲厭이로다[11]
　　잘 왔도다, 세 세상 지혜
　　모든 법 두루 다 알며
　　공덕 갈무리 두루 내어
　　수행에 고달픔 몰라.

[疏] 中間諸偈는 別歎勝德이라 於中에 三이니 初, 二十二偈는 直對善財歎이라 於中에 亦三이니 初九는 讚德善來오

■ (나) 중간의 111개의 여러 게송은 뛰어난 공덕을 개별로 찬탄함이니 그중에 셋이다. ㄱ. 22개 게송은 선재동자를 바로 상대하여 찬탄함이요, 그중에도 또한 셋이니, ㄱ) 아홉 게송은 (선재동자에게) 잘 왔다고 공덕을 칭찬함이다.

ㄴ) 두 게송은 오게 된 인연을 밝히다[二偈明來因緣] (次二 37上10)

11　文殊德雲等　　　　　　一切諸佛子가

---
11) 不疲厭의 不은 續金本作無, 麗宋元明淸合源綱杭鼓纂本 及 貞元譯作不.

　　　　令汝至我所하며　　　　示汝無礙處어늘
　　　　문수보살과 덕운비구
　　　　여러 불자들이
　　　　너를 내게 보내며
　　　　너에게 걸림 없는 것을 보이어

12　　具修菩薩行하여　　　普攝諸群生하니
　　　　如是廣大人이　　　　今來至我所로다
　　　　보살의 행 갖추어 닦고
　　　　모든 중생을 거두어 주어
　　　　이렇게 훌륭한 사람이
　　　　지금 나에게 왔고

[疏] 次, 二는 明來因緣이니 以外由善友하여 內具德行故라
■ ㄴ) 두 게송은 오게 된 인연을 밝힘이니, 바깥에서 선지식으로 인하여 안으로 공덕행을 구비한 까닭이다.

ㄷ) 11개 게송은 오게 된 역할을 밝히다[十一偈明來所爲] (後十 37下1)

13　　爲求諸如來의　　　　清淨之境界하며
　　　　問諸廣大願하여　　　而來至我所로다
　　　　모든 여래들의
　　　　청정한 경계 구하려고
　　　　광대한 서원 물으면서

나를 찾아왔고

14　去來現在佛의　　　　　所成諸行業을
　　汝欲皆修學하여　　　　而來至我所로다
　　과거·미래·현재의
　　부처님들의 이루신 행과 업
　　그대 닦아 배우려고
　　나를 찾아왔고

15　汝於善知識에　　　　　欲求微妙法하며
　　欲受菩薩行하여　　　　而來至我所로다
　　그대는 선지식에게
　　미묘한 법 구하고
　　보살의 행 배우려고
　　나를 찾아왔고

16　汝念善知識이　　　　　諸佛所稱歎이며
　　令汝成菩提하여　　　　而來至我所로다
　　선지식은 부처님이 칭찬하시고
　　너의 보리행을 이루게 함을
　　그대가 생각하고서
　　나를 찾아왔고

17　汝念善知識이　　　　　生我如父母하며

養我如乳母하여　　　　　增我菩提分하며
그대는 선지식이 부모처럼
나를 낳으시고
유모처럼 나를 기르고
보리의 부분법 늘게 하고

18　如醫療衆疾하며　　　　如天灑甘露하며
　　如日示正道하며　　　　如月轉淨輪하며
　　의사처럼 병을 고쳐 주고
　　하늘처럼 단이슬 뿌리고
　　해처럼 바른 길 보여 주고
　　달처럼 깨끗한 바퀴 굴리고

19　如山不動搖하며　　　　如海無增減하며
　　如船師濟渡하여　　　　而來至我所로다
　　산처럼 동요하지 않고
　　바다처럼 늘고 줄지 않고
　　뱃사공처럼 건네줌을 생각하고
　　나를 찾아 왔으며

20　汝觀善知識이　　　　　猶如大猛將하며
　　亦如大商主하며　　　　又如大導師하여
　　선지식을 그대는 보라.
　　용맹한 대장과 같고

큰 장사 물주와 같고
큰 길잡이 같아서

21 能建正法幢하며   能示佛功德하며
　　能滅諸惡道하며   能開善趣門하며
　　바른 법 당기를 세우고
　　부처님 공덕 보여 주고
　　나쁜 길 없애 버리고
　　착한 길 가는 문 열어 주고

22 能顯諸佛身하며   能守諸佛藏하며
　　能持諸佛法일새   是故願瞻奉이로다
　　부처님의 몸 드러내고
　　부처님의 광 잘 지키고
　　부처님 법을 잘 가지므로
　　그를 우러러 받들면서

23 欲滿淸淨智하며   欲具端正身하며
　　欲生尊貴家하여   而來至我所로다
　　청정한 지혜 만족하려고
　　단정한 몸 갖추려고
　　귀하신 댁에 태어나려고
　　나를 찾아왔도다.

[疏] 後, 十一偈는 明來所爲니라
■ ㄷ) 11개 게송은 오게 된 역할을 밝힘이요,

ㄴ. 26개 게송은 대중을 상대하여 관찰하게 하다[二十六偈對衆令觀] 5.
ㄱ) 네 게송은 표방하여 지적하고 총합하여 찬탄하다[四偈標指總歎]

(二汝 38下8)

24　汝等觀此人의　　　　　親近善知識하여
　　隨其所修學하여　　　　一切應順行이어다
　　너희들이 사람 보라.
　　선지식 친근하면서
　　그를 따라 배운 대로
　　모든 것을 순종하였고

25　以昔福因緣으로　　　　文殊令發心한대
　　隨順無違逆하여　　　　修行不懈倦이로다
　　옛적에 복의 인연으로
　　문수보살이 발심하게 하여
　　따라 행하고 어기지 않으며
　　수행하되 게으르지 않았고

26　父母與親屬과　　　　　宮殿及財産을
　　一切皆捨離하고　　　　謙下求知識이로다
　　부모와 친속들과

궁전과 재산을
　　　모두 다 버리고
　　　겸손하게 선지식 구하며

27　淨治如是意하고　　　　永離世間身하니
　　當生佛國土하여　　　　受諸勝果報로다
　　이런 뜻을 깨끗이 하니
　　세간 몸을 아주 여의고
　　부처님 국토에 태어나
　　훌륭한 과보 받으리라.

[疏] 二, 汝等觀下의 二十六偈는 對衆令觀讚이라 於中에 五니 初四는 總讚이요

■ ㄴ. 汝等觀 아래 26개 게송은 대중을 상대하여 관찰하고 찬탄하게 함이다. 그중에 다섯이니 ㄱ) 네 게송은 표방하여 지적하고 총합하여 찬탄함이요,

ㄴ) 네 게송은 선재가 지혜와 합치한 자비를 찬탄하다[四偈卽智之悲]
　　　　　　　　　　　　　　　　　　　　　(次四 38下9)

28　善財見衆生의　　　　生老病死苦하고
　　爲發大悲意하고　　　勤修無上道로다
　　선재동자는 중생들의
　　나고 늙고 병들고 죽는 고통을 보고

　　　　대비심 내어
　　　　위없는 도 부지런히 닦고

29　善財見衆生의　　　　　五趣常流轉하고
　　爲求金剛智하여　　　　破彼諸苦輪이로다
　　선재동자는 중생들의
　　다섯 길을 헤맴을 보고
　　금강 같은 지혜 구하여
　　그 괴로운 바퀴 깨뜨리고

30　善財見衆生의　　　　　心田甚荒穢하고
　　爲除三毒刺하여　　　　專求利智犂로다
　　선재동자는 중생들의
　　마음 밭 황폐함을 보고
　　세 가지 독한 가시 제하려고
　　날카로운 지혜의 보습 구하며

31　衆生處癡暗하여　　　　盲冥失正道일새
　　善財爲導師하여　　　　示其安隱處로다
　　중생들 캄캄한 속에서
　　소경처럼 바른 길 잃거늘
　　선재동자 길잡이 되어
　　편안한 곳 보여 주고

[疏] 次四는 讚其卽智之悲요
■ ㄴ) 네 게송은 선재가 혜와 합치한 자비를 찬탄함이요,

ㄷ) 일곱 게송은 선재가 자비와 합치한 지혜를 찬탄하다[七偈卽悲之智]
(次七 38下9)

32 忍鎧解脫乘과　　　　　智慧爲利劒하여
　　能於三有內에　　　　破諸煩惱賊이로다
　　참는 갑옷과 해탈의 수레
　　지혜의 잘 드는 검으로
　　세 가지 존재의 세계에서
　　번뇌의 도적 깨뜨리고

33 善財法船師가　　　　　普濟諸含識하여
　　令過爾焰海하여　　　疾至淨寶洲로다
　　선재는 법 배의 사공
　　모든 중생 널리 건지어
　　알아야 할 바다 지나서
　　보배 섬에 빨리 이르고

34 善財正覺日이　　　　　智光大願輪으로
　　周行法界空하여　　　普照群迷宅이로다
　　선재는 바로 깨달은 해
　　지혜의 광명과 서원 바퀴로

　　　　법계의 허공에 두루 다니며
　　　　중생의 굴택 두루 비추고

35　善財正覺月이　　　　　白法悉圓滿하여
　　慈定淸凉光으로　　　　等照衆生心이로다
　　선재는 바로 깨달은 달
　　흰 법이 다 원만하여
　　인자한 선정 청량한 빛으로
　　중생의 마음 평등하게

36　善財勝智海가　　　　　依於直心住하여
　　菩提行漸深하여　　　　出生衆法寶로다
　　선재는 훌륭한 지혜의 바다
　　정직한 마음 의지해 있으며
　　보리의 행 점점 깊어서
　　모든 법 보배 내는 것이며

37　善財大心龍이　　　　　昇於法界空하여
　　興雲霍甘澤하여　　　　生成一切果로다
　　선재라는 큰 마음 용이
　　법계의 허공에 올라가서
　　구름 덮이고 비를 내려
　　모든 열매를 성숙하게 하고

38 善財然法燈이 　　信炷慈悲油와
　 念器功德光으로 　　滅除三毒暗이로다
　 선재가 법 등불 켜니
　 믿음은 심지, 자비는 기름
　 생각은 그릇, 공덕 빛으로
　 세 가지 독한 어둠 없애며

[疏] 次七, 歎卽悲之智라 爾燄者는 此云所知니 入大乘論에 云, 爾燄地者는 是第十地라하니 此는 約盡斷十種所知障故니라

■ ㄷ) 일곱 게송은 (선재가) 자비와 합치한 지혜를 찬탄함이다. 이염(爾燄)이란 '알아야 할 것'이라 번역한다. 『입대승론(入大乘論)』에 이르되, "알아야 할 땅[爾燄地]이란 제10. 법운지를 가리키나니, 이것은 열 가지 '아는 것으로 인한 장애[所知障]'를 모두 단절함을 잡은 까닭"이라 하였다.

ㄹ) 여섯 게송은 여러 공덕을 총합하여 찬탄하다[六偈總歎諸德]
　　　　　　　　　　　　　　　　(次六 39上1)

39 覺心迦羅邏와 　　悲胞慈爲肉과
　 菩提分肢節이 　　長於如來藏이로다
　 깨닫는 마음은 가라라
　 가엾음은 태요, 인자함은 살
　 보리의 부분인 팔다리
　 여래장에서 자라고

40 增長福德藏하며 淸淨智慧藏하며
　　開顯方便藏하며 出生大願藏하여
　　복덕 갈무리 증장하고
　　지혜 갈무리 청정하며
　　방편 갈무리 열어 헤치고
　　큰 서원 갈무리 내어

41 如是大莊嚴으로 救護諸群生하니
　　一切天人中에 難聞難可見이로다
　　이러한 큰 장엄
　　중생들을 구호하나니
　　모든 천상과 인간에서
　　듣기 어렵고 보기 어려워

42 如是智慧樹여 根深不可動이라
　　衆行漸增長하여 普蔭諸群生이로다[12]
　　이러한 지혜의 나무
　　뿌리 깊어 동하지 않고
　　모든 행이 점점 증장해
　　여러 중생 가리어 주네.

43 欲生一切德하며 欲問一切法하며
　　欲斷一切疑하여 專求善知識이로다

---

12) 衆行은 續金本作衆生誤, 麗宋元明淸合綱杭鼓纂本作衆行; 貞元譯經大正本作衆生誤, 弘昭本及寧刻行願品疏會本作衆行.

모든 공덕 내려고
　　　모든 법 물으려고
　　　모든 의심 끊으려고
　　　선지식을 전력으로 찾으며

44　欲破諸惑魔하며　　　　　欲除諸見垢하며
　　欲解衆生縛하여　　　　　專求善知識이로다
　　의혹의 마군 깨뜨리려고
　　여러 소견의 때 없애려고
　　중생의 속박 풀어 주려고
　　선지식을 전력해 구하며

[疏] 次, 六偈는 總歎諸德이요 迦羅邏는 即揭蘿藍이니 梵音輕重이라
　ㄹ) 여섯 게송은 여러 공덕을 총합하여 찬탄함이다. 가라라(迦羅邏)는 곧 갈라람(揭蘿藍, 此云凝滑 受胎 직후 初七日: 胎中五位 중 하나)이니 범음이 가볍고 무거운 차이다.

ㅁ) 다섯 게송은 묘한 과덕을 미래에 성취할 것을 찬탄하다
　[五偈妙果當成] (後五 39上1)

45　當滅諸惡道하고　　　　　當示人天路하여
　　令修功德行하여　　　　　疾入涅槃城이로다
　　나쁜 길 소멸하려면
　　인간과 천상의 길 보이려면

공덕의 행을 닦아
열반성에 빨리 들어가고

46 當度諸見難하며 當截諸見網하며
當枯愛欲水하며 當示三有道하며
여러 소견의 어려움 건너려면
여러 소견의 그물 찢으려면
애욕의 강을 말리려면
세 가지 존재의 길 보이려면

47 當爲世依怙하며 當作世光明하며
當成三界師하여 示其解脫處로다
세간의 의지가 되려면
세간의 광명이 되려면
세 세계의 스승이 되어
해탈할 곳을 보이라.

48 亦當令世間으로 普離諸想着하고
普覺煩惱睡하고 普出愛欲泥하며
세간의 중생들로 하여금
여러 시방의 집착 여의고
번뇌의 졸음 깨닫고
애욕의 수렁에서 뛰어나게 하려면

49　當了種種法하고　　　當淨種種刹하여
　　一切咸究竟하여　　　其心大歡喜로다
　　갖가지 법을 알고
　　갖가지 세계를 깨끗하게 하여
　　모든 것 끝까지 이르면
　　그 마음 매우 즐거우리.

[疏] 後, 五偈는 讚妙果當成이니라
■ ㅁ) 다섯 게송은 묘한 과덕을 미래에 성취할 것을 찬탄함이다.

[鈔] 爾燄地者는 此云所知等者는 疏略引入大乘論이니 論에 云, 菩薩이 有無量無邊인 阿僧祇功德하여 到爾燄地하여 向於涅槃이로대 以愍衆生하여 還入生死하여 阿僧祇劫을 示受勤苦하며 出過一切聲聞과 辟支佛上하여 具足一切功德智慧라 是故로 超度爾燄之地라하고 乃至云, 菩薩이 處生死海中하여 第一阿僧祇劫에 修淨治地行하여 求淨解脫하며 第二阿僧祇劫에 修淨禪定行하며 第三阿僧祇에 修淨智慧行하여 除爾燄地障하나니 是故로 菩薩을 名乘自在乘이니 滿足十地하여 得無礙無障하여 一切具足할새 故得阿耨多羅三藐三菩提니 是故로 以爾燄智로 得成大果라하니라 釋曰, 爾燄은 梵語니 此云智母며 亦云智度며 亦云境界며 亦云所知라 卽所知障을 亦名爾燄이라 以經에 云, 令過爾燄海故[13]라 疏에 但用所知一義는 卽論中의 第三劫에 過生死海也라 論中에 又云, 入十地時에 便能永斷하니 由斯十地하여 說斷二愚와 及彼麤重이니 皆取爾燄하여 爲所知也라 若據初

---

13) 故下에 南續金本有而字.

云, 到爾燄地라하고 及後結云, 以爾燄智로 得成大果하면 卽含餘義
나 今取經意하여 但擧一耳니라

● '알아야 할 땅[爾燄地]'은 '알 대상' 등이라 번역한 것은 소가가 『입대승론』을 간략히 인용하였으니 논에 이르되, "보살에게 한량없는 아승지의 공덕이 있어서 '알아야 할 땅'에 도달하여 열반으로 향하나니, 중생을 어여삐 여겨 도리어 나고 죽음에 들어간 것이다. 아승지겁으로 근고(勤苦)를 받음에 도달하였으니 온갖 성문과 벽지불의 위를 초과하여 모든 공덕과 지혜를 구족하였다"라고 하였다. 이런 연고로 알아야 할 땅을 건너서 제도하나니 나아가 이르되 "보살이 나고 죽음의 바다에 처할 적에 첫째 아승지겁을 닦아서 십지행법을 깨끗이 다스려서 청정한 해탈을 구하였고, 둘째 아승지겁을 닦아서 선정수행을 청정케 하였고, 셋째 아승지겁을 닦아서 지혜의 행법을 청정케 하나니 알아야 할 땅의 장애를 제거하였다. 이런 연고로 보살이 자재한 교법을 타고서 십지를 만족한다는 뜻이다. 걸림 없고 장애 없음을 얻어서 모두를 갖춘 연고로 아눗다라삼먁삼보디를 얻었으니 이런 연고로 알아야 할 지혜로 큰 과덕을 얻는다"라고 하였다. 해석하자면 이염(爾燄)은 범어이니 '지혜의 어머니'라 하고 '지혜바라밀'이라고도 하며, 또한 '경계'라고도 하고 '알아야 할 대상'이라고도 번역하나니 곧 '아는 것으로 인한 장애'이니 또한 '그런 불꽃'이라 이름한다. 경문에 이르되, "그런 불꽃의 바다를 초과한다"고 한 연고로 소가가 단지 알아야 할 대상인 한 가지 뜻만을 사용하였으니 곧 논문 중의 셋째 겁에 나고 죽음의 바다를 지난 것을 뜻한다. 논문 중에 또 이르되, "십지에 들어갈 때에 문득 능히 영원히 끊었으니 이런 십지로 말미암아 두 가지 어리석음과 저 추중번뇌를 단절한다"라 하였으니, 모두

그런 불꽃을 취하여 알 대상을 삼은 것이다. 만일 처음에 '알아야 할 땅'이라 말함과 및 뒤의 결론에 이르되, "알아야 할 지혜로 큰 과덕을 이룬다"고 함에 의거하였으니, 곧 나머지 뜻을 포함한 것은 본경의 의미를 취하되 단지 하나만 거론했을 뿐이다.

ㄷ. 63개 게송은 선재동자를 거듭 상대하다[六十三偈重對善財] 5.

ㄱ) 26개 게송은 그 당래의 과덕을 찬탄하다[二十六偈讚其當果德] 2.
(ㄱ) 두 게송은 총합하여 찬탄하다[二偈總] (三汝 43上1)

50 汝行極調柔하며　　　　汝心甚淸淨하니
　　所欲修功德이　　　　　一切當圓滿이라
　　너의 수행 매우 조화롭고
　　너의 마음 매우 청정하니
　　닦으려는 공덕이
　　모든 것 원만하리라.

51 不久見諸佛하여　　　　了達一切法하며
　　嚴淨衆刹海하며　　　　成就大菩提로다
　　오래잖아 부처님 뵙고
　　모든 법 통달해 알고
　　모든 세계 바다 깨끗이 하여
　　큰 보리를 이루리라.

[疏] 三, 汝行下는 重對善財讚이라 於中에 分五니 初, 二十六偈는 歎其
當果德이니 初二는 總이요
- ㄷ. 汝行 아래 (63개 게송은) 선재동자를 거듭 상대하여 찬탄함이다.
그중에 다섯으로 나누리니 ㄱ) 26개 게송은 그 당래의 과덕을 찬탄
함이다. (ㄱ) 두 게송은 총합하여 찬탄함이다.

(ㄴ) 나머지 24개 게송은 별상이다[餘偈別] (餘偈 43上2)

52 當滿諸行海하며　　　　　當知諸法海하며
　　當度衆生海하여　　　　如是修諸行이로다
　　모든 수행 바다 채우려고
　　모든 법 바다 알려고
　　중생 바다를 제도하려고
　　이렇게 행을 닦으며,

53 當到功德岸하며　　　　　當生諸善品하며
　　當與佛子等하여　　　　如是心決定이로다
　　공덕 언덕에 이르려고
　　모든 착한 일 내려고
　　여러 불자들과 함께
　　이런 마음을 결정하며,

54 當斷一切惑하며　　　　　當淨一切業하며
　　當伏一切魔하여　　　　滿足如是願이로다

모든 번뇌 끊어야 하고
　　모든 업 깨끗해야 하고
　　모든 마 굴복해야 하나니
　　이런 소원 만족해야 하고

55　當生妙智道하며　　　　　當開正法道하며
　　不久當捨離　　　　　　　惑業諸苦道로다
　　묘한 지혜의 길 내고
　　바른 법의 길 열고
　　오래잖아 번뇌와 업과
　　괴로운 길 버려야 하네.

56　一切衆生輪이　　　　　　沈迷諸有輪하니
　　汝當轉法輪하여　　　　　令其斷苦輪이로다
　　모든 중생의 바퀴
　　모든 존재의 바퀴에서 헤매니
　　네가 법의 바퀴 굴려서
　　그들의 고통 끊게 하며

57　汝當持佛種하며　　　　　汝當淨法種하며
　　汝能集僧種하여　　　　　三世悉周徧이로다
　　너 부처님 종자 가지고
　　너 법의 종자 깨끗이 하고
　　너 승가의 종자 모아서

세 세상에 두루하며

58　當斷衆愛網하며　　　　當裂衆見網하며
　　當救衆苦網하여　　　　當成此願網이로다
　　모든 애욕의 그물 끊고
　　모든 소견의 그물 찢고
　　모든 고통의 그물 구호하여
　　이 서원의 그물 이루며

59　當度衆生界하며　　　　當淨國土界하며
　　當集智慧界하여　　　　當成此心界로다[14]
　　중생 세계를 제도하고
　　국토 세계를 깨끗이 하고
　　지혜 세계를 모아서
　　이 마음 세계 이루며

60　當令衆生喜하며　　　　當令菩薩喜하며
　　當令諸佛喜하여　　　　當成此歡喜로다
　　중생들을 기쁘게 하고
　　보살들을 기쁘게 하고
　　부처님들 기쁘게 하여
　　이 기쁨을 이루며

---

14) 集은 合本作習, 麗宋元明淸合綱杭鼓纂續金本及貞元譯作集.

61 當見一切趣하며   當見一切刹하며
    當見一切法하여   當成此佛見이로다
    모든 길을 보고
    모든 세계를 보고
    모든 법을 보아서
    이 부처님 견해 이루며

62 當放破暗光하며   當放息熱光하며
    當放滅惡光하여   滌除三有苦로다
    어둠을 깨는 광명 놓고
    뜨거움 쉬는 광명 놓고
    나쁜 일 없애는 광명 놓아
    세 세계의 괴로움 씻으며

63 當開天趣門하며   當開佛道門하며
    當示解脫門하여   普使衆生入이로다
    하늘 길의 문 열고
    부처님 도의 문 열고
    해탈의 문을 보여서
    중생들 모두 들어가게 하며

64 當示於正道하며   當絶於邪道하여
    如是勤修行하여   成就菩提道로다
    바른 길 보여 주고

삿된 길 끊게 하여
이렇게 부지런히 닦으면
보리의 길 성취하리.

65　當修功德海하며　　　當度三有海하여
　　普使群生海로　　　　出於衆苦海로다
　　공덕 바다를 닦고
　　세 존재의 바다 건너서
　　중생 바다로 하여금
　　고통 바다에서 뛰어나게 하며

66　當於衆生海에　　　　消竭煩惱海하고
　　令修諸行海하여　　　疾入大智海로다
　　중생 바다에서
　　번뇌 바다 소멸하고
　　수행 바다 닦아서
　　큰 지혜에 들게 하며

67　汝當增智海하며　　　汝當修行海하여
　　諸佛大願海를　　　　汝當咸滿足이로다
　　너의 지혜 바다 늘리고
　　너의 수행 바다 닦아서
　　부처님의 큰 서원 바다를
　　네가 다 만족하며

68 汝當入刹海하며　　　　汝當觀衆海하며
　　汝當以智力으로　　　　普飮諸法海로다
　　네가 세계 바다에 들어가
　　네가 중생 바다를 관찰하고
　　너의 지혜의 힘으로
　　모든 법 바다를 마시며

69 當觀諸佛雲하며　　　　當起供養雲하며
　　當聽妙法雲하여　　　　當興此願雲이로다
　　모든 부처님 구름 뵈옵고
　　공양 구름 일으키고
　　묘한 법 구름 듣고
　　이 서원 구름 일으키며

70 普遊三有室하며　　　　普壞衆惑室하며
　　普入如來室하여　　　　當行如是道로다
　　세 존재의 집에 놀고
　　모든 번뇌의 집 부수고
　　여래의 집에 들어가
　　이러한 도를 행하며

71 普入三昧門하며　　　　普遊解脫門하며
　　普住神通門하여　　　　周行於法界로다
　　삼매문에 두루 들어가고

해탈문에 두루 노닐고
신통문에 두루 머물러
법계에 두루 다니며

72 普現衆生前하며　　　　　普對諸佛前이
　　譬如日月光하여　　　　當成如是力이로다
　　중생들 앞에 널리 나타나고
　　부처님 앞에 널리 대하되
　　마치 해와 달의 광명처럼
　　이런 힘을 이루며

73 所行無動亂하며　　　　　所行無染着이
　　如鳥行虛空하여　　　　當成此妙用이로다
　　행하는 일 흔들리지 않고
　　행하는 일 물들지 않아
　　새가 허공에 날듯이
　　이 묘한 작용 이루며

74 譬如因陀網하여　　　　　刹網如是住하니
　　汝當悉往詣하되　　　　如風無所礙로다
　　인드라의 그물처럼
　　세계 그물 그와 같나니
　　너는 다 나아가 보라.
　　바람처럼 걸리지 않으리.

75 汝當入法界하여　　　偏往諸世界하여
　　普見三世佛하고　　　心生大歡喜로다
　　너는 법계에 들어가
　　모든 세계에 두루 이르러
　　세 세상 부처님 뵈옵고
　　매우 즐거운 마음 내라.

[疏] 餘皆는 別이니라
■ (ㄴ) 나머지 24개 게송은 별상이다.

ㄴ) 일곱 게송은 미래와 현재의 공덕을 함께 찬탄하다[七偈雙歎當現德]
(二汝 43上2)

76 汝於諸法門에　　　　已得及當得이니
　　應生大喜躍하여　　　無貪亦無厭이로다
　　너는 여러 가지 법문
　　얻었거나 얻을 것이니
　　마땅히 기뻐 뛰놀되
　　탐하지 말고 싫어하지 말아라.

77 汝是功德器라　　　　能隨諸佛教하며
　　能修菩薩行하여　　　得見此奇特이로다
　　너는 공덕의 그릇
　　능히 부처님 교법 따르고

보살의 행을 닦으면
이렇게 기특한 일 볼 수 있으리.

78 如是諸佛子를　　　　　億劫難可遇어든
況見其功德과　　　　　所修諸妙道아
이러한 불자들
억겁에도 만나기 어렵거든
하물며 그러한 공덕과
닦은 도를 볼 수 있으랴.

79 汝生於人中하여　　　　大獲諸善利라
得見文殊等의　　　　　無量諸功德이로다
너는 사람으로 태어나
좋은 이익 얻었으매
문수보살 같은 이의
한량없는 공덕 보는 것이며

80 已離諸惡道하며　　　　已出諸難處하며
已超衆苦患하니　　　　善哉勿懈怠어다
모든 나쁜 길 여의었고
여러 가지 어려운 곳 벗어났으며
근심 걱정 뛰어났으니
착하도다, 게으르지 말아야 하네.

81 已離凡夫地하며　　　　已住菩薩地하니
　　當滿智慧地하여　　　　速入如來地로다
　　범부의 지위를 여의었고
　　보살 지위에 머물렀으니
　　지혜의 지위를 만족하여
　　여래의 지위에 들어가라.

82 菩薩行如海하며　　　　佛智同虛空이어늘
　　汝願亦復然하니　　　　應生大欣慶이어다
　　보살의 행 바다와 같고
　　부처님의 지혜 허공 같은데
　　너의 소원도 그러하니
　　마땅히 경행하게 생각하라.

[疏] 二, 汝於下七偈는 雙歎當現德이요
■　ㄴ) 汝於 아래 일곱 게송은 미래와 현재의 공덕을 함께 찬탄함이요,

ㄷ) 여덟 게송은 선지식을 만난 공덕을 찬탄하다[八偈歎其遇友德]

(三諸 43上3)

83 諸根不懈倦하며　　　　志願恒決定하여
　　親近善知識하니　　　　不久悉成滿이로다
　　여러 감관 게으르지 말고
　　바라는 뜻과 원 결정하여서

선지식을 가까이하면
오래잖아 원만히 이루리.

84 菩薩種種行이 皆爲調衆生이니
普行諸法門하여 愼勿生疑惑이어다
보살의 갖가지 행은
모두 중생을 조복하는 것이니
여러 가지 법문 널리 행하여
행여나 의심 내지 말라.

85 汝具難思福과 及以眞實信일새
是故於今日에 得見諸佛子로다
그대는 부사의한 복과
진실한 믿음 갖추었으니
그리하여 오늘날
여러 불자를 만났느니라.

86 汝見諸佛子하고 悉獲廣大利하여
一一諸大願을 一切咸信受로다
여러 불자를 그대가 보라.
광대한 이익 얻었나니
하나하나의 큰 서원
모두 믿고 받자오라.

87 汝於三有中에　　　　　能修菩薩行일새
　　是故諸佛子가　　　　　示汝解脫門이로다
　　그대 세 가지 존재에서
　　보살의 행 닦았으므로
　　여러 불자들이
　　그대에게 해탈문 보였느니라.

88 非是法器人이면　　　　　與佛子同住하여
　　設經無量劫이라도　　　　莫知其境界로다
　　법 그릇 이룰 사람 아니면
　　불자들과 함께 있어서
　　한량없는 겁 지나도
　　그 경계 알지 못하나니

89 汝見諸菩薩하고　　　　　得聞如是法이
　　世間甚難有니　　　　　　應生大喜慶이어다
　　네가 여러 보살 보고
　　이런 법 들은 것은
　　세간에서 어려운 일이니
　　크게 다행한 생각 내어라.

90 諸佛護念汝하고　　　　　菩薩攝受汝하여
　　能順其教行하니　　　　　善哉住壽命이로다
　　부처님이 너를 보호하여 생각하고

보살이 너를 거두어 주어
네가 그 가르침 순종하니
참 좋은 일이다, 오래 살리라.

[疏] 三, 諸根下八偈는 讚其遇友德이요
■ ㄷ) 諸根 아래 여덟 게송은 선지식을 만난 공덕을 찬탄함이요,

ㄹ) 다섯 게송은 행법과 지위의 공덕을 멀리 성취하다[五偈遠成行位德]
(四有 43上3)

91 已生菩薩家하며   已具菩薩德하며
    已長如來種하니   當昇灌頂位로다
    보살의 집에 태어났고
    보살의 덕을 갖추었으며
    여래 종자 자랐으니
    정수리에 물 붓는 지위에 오르리.

92 不久汝當得   與諸佛子等하여
    見苦惱衆生하고   悉置安隱處로다
    오래잖아서 그대는
    여러 불자와 같이 되어서
    고통받는 중생들 보고
    편안한 곳에 있게 하오리.

93 如下如是種에　　　　　　必獲如是果라
　　我今慶慰汝하노니　　　汝應大欣悅이어다15)
　　이러한 씨를 심으면
　　이러한 열매 거두리라.
　　내 이제 너를 위로하노니
　　너는 마땅히 기뻐하라.

94 無量諸菩薩이　　　　　　無量劫行道하되
　　未能成此行이어늘　　　今汝皆獲得이로다
　　한량없는 보살들
　　한량없는 겁에 도를 행했으나
　　이런 행을 이루지 못하지만
　　너를 이제 모두 얻었네.

95 信樂堅進力이여　　　　　善財成此行하니
　　若有敬慕心인댄　　　　亦當如是學이어다
　　믿고 좋아하고 굳은 정진으로
　　선재는 이런 행을 이루었으니
　　공경하고 사모하는 맘 있으면
　　마땅히 이렇게 배우라.

[疏] 四, 有五偈는 歎速成位行德이요
■ ㄹ) 다섯 게송은 지위와 행법의 공덕을 속히 성취함을 찬탄함이요,

---

15) 慶은 續金本作安, 麗宋元明淸合綱杭鼓纂及貞元譯作慶.

ㅁ) 17개 게송은 총합하여 결론하고 공덕을 찬탄하다[十七偈總結歎德]

(五有 43上4)

96　一切功德行이　　　　　皆從願欲生이어늘
　　善財已了知하여　　　　常樂勤修習이로다
　　모든 공덕의 행
　　다 소원에서 생기는 것
　　선재동자 분명히 알고
　　항상 부지런히 닦네.

97　如龍布密雲에　　　　　必當霔大雨하여
　　菩薩起願智에　　　　　決定修諸行이로다
　　용왕이 구름 일으키면
　　반드시 비를 내리나니
　　보살이 소원과 지혜 일으키면
　　결정코 여러 가지 행을 닦아

98　若有善知識이　　　　　示汝普賢行이면
　　汝當好承事요　　　　　愼勿生疑惑이어다
　　어떤 선지식이나
　　네게 보현의 행 가르치거든
　　기쁘게 받들어 섬기고
　　의혹을 내지 말 것이며

99　汝於無量劫에　　　　　　爲欲妄捨身이러니
　　今爲求菩提하니　　　　　此捨方爲善이로다
　　네가 한량없는 겁에
　　욕심을 위하여 몸을 버렸거니
　　이제 보리를 구하는 데는
　　이 버리는 것이 좋은 일

100　汝於無量劫에　　　　　　具受生死苦하고
　　不曾事諸佛일새　　　　　未聞如是行이러니
　　네가 한량없는 겁에
　　나고 죽는 고통 받느라고
　　부처님 섬기지도 못하고
　　이런 행을 듣지도 못했거늘

101　汝今得人身하여　　　　　值佛善知識하여
　　聽受菩提行하니　　　　　云何不歡喜리오
　　이제 사람의 몸 되어
　　부처님과 선지식 만나
　　보리의 행 들었으니
　　어찌 기쁘지 않으리.

102　雖遇佛興世하며　　　　　亦值善知識이나
　　其心不淸淨이면　　　　　不聞如是法이로다
　　비록 부처님을 만나고

선지식을 만났더라도
마음이 청정치 못하면
이런 법 듣지 못하지만

103 若於善知識에　　　信樂心尊重하여
　　離疑不疲厭이면　　乃聞如是法이로다
　　만일 선지식에게
　　믿고 존중하고
　　의심 없고 고달프지 않아야
　　이런 법 듣게 되나니

104 若有聞此法하고　　而興誓願心이면
　　當知如是人은　　　已獲廣大利로다
　　이러한 법을 듣고
　　서원하는 마음 내면
　　이런 사람은
　　큰 이익 얻으리.

105 如是心淸淨하면　　當得近諸佛하며
　　亦近諸菩薩하여　　決定成菩提로다
　　이렇게 마음이 청정하고
　　항상 부처님 가까이 모시고
　　모든 보살 친근하면
　　결정코 보리 이루며

106 若入此法門이면　　　則具諸功德하여
　　　永離衆惡趣하고　　　不受一切苦하며
　　　만일 이 법문에 들어가면
　　　모든 공덕 갖추고
　　　나쁜 길 영원히 여의어
　　　모든 고통 받지 않으며

107 不久捨此身하고　　　往生佛國土하여
　　　常見十方佛과　　　及以諸菩薩이로다
　　　오래잖아 이 몸 버리고
　　　부처님의 국토에 나서
　　　시방의 부처님들과
　　　여러 보살 항상 보리니

108 往因今淨解와　　　及事善友力으로
　　　增長諸功德이　　　如水生蓮華니
　　　지나간 원인 분명히 알고
　　　선지식을 섬긴 힘으로
　　　모든 공덕 증장하는 일
　　　물에서 연꽃 나듯이

109 樂事善知識하며　　　勤供一切佛하고
　　　專心聽聞法하며　　　常行勿懈倦이어다
　　　선지식 섬기기 좋아하고

부처님을 부지런히 공양하며
전일한 마음으로 법을 들어
항상 행하고 게으르지 말라.

110 汝是眞法器니 　　　當具一切法하며
　　當修一切道하며 　　當滿一切願이로다
　　그대는 진실한 법 그릇
　　모든 법 갖추고
　　온갖 도 닦으며
　　모든 소원 만족하게

111 汝以信解心으로 　　而來禮敬我하니
　　不久當普入 　　　　一切諸佛會로다
　　그대 믿는 마음으로
　　내게 와서 예경하니
　　모든 부처님 회중에
　　오래잖아 들어가리라.

112 善哉眞佛子여 　　　恭敬一切佛하니
　　不久具諸行하여 　　到佛功德岸이로다
　　착하다, 참 불자여
　　모든 부처님 공경하나니
　　오래잖아 모든 행 갖추고
　　부처님 공덕 언덕에 이르리.

[疏] 五, 有十七偈는 總明諸德하여 結歎令欣이니라
■ ㅁ) 17개 게송은 여러 공덕을 총합 설명하고 결론하여 공덕을 찬탄하여 기쁘게 함이다.

(다) 한 게송은 다음 선지식을 간략히 보이다[一偈略示後友]
(三略 43上6)

113 汝當往大智　　　　　文殊師利所하라
　　彼當令汝得　　　　　普賢深妙行이리라
　　그대는 큰 지혜 있는
　　문수사리에게 가라.
　　그이는 너로 하여금
　　보현의 묘한 행 얻게 하리라.

[疏] 三,¹⁶⁾ 略示後友라
■ (다) 한 게송은 다음 선지식을 간략히 보임이다.

다. 공경한 거동을 거듭 밝히다[重申敬儀] 3.
가) 공경한 원인을 총합하여 밝히다[總辨所因] (第三 43下2)
나) 몸과 마음을 대비로 공경하다[身心悲敬] (次善)
다) 정성을 다해 꽃으로 공양하다[華供展誠] (後以)

爾時에 彌勒菩薩摩訶薩이 在衆會前하사 稱讚善財大功

---

16) 三은 南本作二誤, 續本作三, 與上疏科合, 源本作三有一偈라 하다.

德藏하신대 善財가 聞已하고 歡喜踊躍에 身毛皆竪라 悲泣哽嗋하여 起立合掌하고 恭敬瞻仰하며 遶無量帀하니라 以文殊師利心念力故로 衆華瓔珞과 種種妙寶가 不覺忽然自盈其手어늘 善財가 歡喜하여 卽以奉散彌勒菩薩摩訶薩上하니라

그때 미륵보살마하살이 여러 대중 앞에서 선재동자의 큰 공덕장을 칭찬하였다. 선재동자는 이 게송을 듣고 기뻐 뛰놀면서 털이 곤두서고 슬피 울어 흐느끼며 일어서서 합장하고, 공경하고 우러러보며 한량없이 돌았다. 문수사리의 염려한 힘으로 여러 가지 꽃과 영락과 갖가지 보배가 뜻하지 않게 홀연히 손에 가득하였다. 선재동자는 기뻐서 이것을 미륵보살마하살께 받들어 흩었다.

[疏] 第三, 重申敬儀라 中에 三이니 初, 辨敬因이니 聞讚德故라 次, 善財聞下는 身心悲敬이요 後, 以文殊下는 華供展誠이라 言文殊心念力者는 表由信智故라 華는 因德立이요 瓔珞은 行成이라 云盈手者는 信智滿故요 散彌勒者는 攝成因故며 辨當果故니라

■ 다. 공경한 거동을 거듭 밝힘이니 그중에 셋이니 가) 공경한 원인을 총합하여 밝힘이니, 듣고서 공덕을 칭찬하는 까닭이요, 나) 善財聞 아래는 몸과 마음을 대비로 공경함이요, 다) 以文殊 아래는 정성을 다해 꽃으로 공양함이다. '문수사리의 염려한 힘으로'라고 말한 것은 믿음과 지혜로 말미암아 표한 까닭이다. 꽃은 공덕으로 인해 영락을 세워서 행법을 이룬 것이다. '손에 가득하다'고 말한 것은 믿음과 지혜가 만족한 까닭이요, '미륵보살에게 공양물을 흩은 것'은 인행을 섭

수하여 이룬 까닭이요, 당래의 과덕에 힘쓰는 까닭이다.

라. 한 게송은 거듭 찬탄하고 거듭 수기하다[一偈再讚再記] (第四 43下9)

時에 彌勒菩薩이 摩善財頂하고 爲說頌言하시되
미륵보살마하살은 선재동자의 정수리를 만지면서 게송을 말하였다.

114 善哉善哉眞佛子여　　　　　普策諸根無懈倦하니
　　不久當具諸功德하여　　　　猶如文殊及與我로다
　　착하고 착하도다. 참된 불자여,
　　감관을 책려하여 게으르지 않으니
　　머지않아 모든 공덕 구족하여서
　　내 몸이나 문수보살같이 되리라.

[疏] 第四, 再讚再記라
　■ 라. 한 게송은 거듭 칭찬하고 거듭 수기함이요,

마. 두 게송은 기쁘게 만나서 은덕을 명심하다[二偈慶遇念恩]
　　　　　　　　　　　　　　(第五 44上3)

時에 善財童子가 以頌答曰,
선재동자는 게송으로 대답하였다.

¹¹⁵ 我念善知識이　　　　　億劫難値遇어늘
今得咸親近하여　　　　而來詣尊所니이다
내 생각엔 억겁 지내도
선지식을 못 만났는데
내 이제 친근하여서
높으신 분께 왔나이다.

¹¹⁶ 我以文殊故로　　　　　見諸難見者하니
彼大功德尊을　　　　　願速還瞻覲하노이다
나는 문수보살의 인연으로
뵙기 어려운 이 뵈었사오니
큰 공덕 가지신 이여,
또 빨리 뵈어지이다.

[疏] 第五, 慶遇念恩이니 文並可知니라
■ 마. 두 게송은 기쁘게 만나고 은덕을 명심함이니 경문과 함께하면 알 수 있으리라.

[鳥字卷下 終]

大方廣佛華嚴經 제78권
大方廣佛華嚴經疏鈔 제78권 官字卷上

제39 入法界品 ⑲

제39. 법계에 증득해 들어가는 품[入法界品] ⑲

제52. 미륵보살 선지식 ②, 미륵보살에게 법을 물으러 가니 선재동자를 칭찬하는 게송에 云,

잘 왔도다, 원만하고 인자한 이	善來圓滿慈며
잘 왔도다, 청정하고 자비한 이	善來淸淨悲며
잘 왔도다, 고요한 눈	善來寂滅眼이여
수행하기 게으름 없네.	修行無懈倦이로다

"거룩하신 이여, 이 해탈문의 이름은 무엇이옵니까?" 미륵보살이 말하였다. "착한 남자여, 이 해탈문의 이름은 '세 세상의 모든 경계에 들어가서 잊지 않고 기억하는 지혜로 장엄한 갈무리[入三世一切境界不忘念智莊嚴藏]'이니라. 착한 남자여, 이 해탈문 가운데 말할 수 없이 말할 수 없는 해탈문이 있으니, 일생보처 보살이라야 얻는 것이니라."

> 大方廣佛華嚴經 제78권
>
> 大方廣佛華嚴經疏鈔 제78권 官字卷上

제39. 법계에 증득해 들어가는 품[入法界品] ⑲

2. 법을 묻다[諮問] 2.

1) 스스로 발심함에 대해 진술하다[自陳發心] (第二 1上7)
2) 법요를 바로 묻다[正問法要] 3.
(1) 질문할 바에 대해 표방하다[標所問] (後而)

爾時에 善財童子가 合掌恭敬하여 重白彌勒菩薩摩訶薩言하되 大聖이여 我已先發阿耨多羅三藐三菩提心하니 而我未知菩薩이 云何學菩薩行이며 云何修菩薩道리잇고
그때 선재동자는 합장하고 공경하며 미륵보살마하살께 다시 여쭈었다. "큰 성인이시여, 저는 이미 아뇩다라삼먁삼보리심을 내었사오나 보살이 어떻게 보살의 행을 배우며 어떻게 보살의 도를 닦는지를 알지 못하나이다.

[疏] 第二, 爾時善財童子合掌下는 咨問이라 中에 二니 先, 自陳發心이요 後, 而我未知下는 正問法要라 於中에 三이니 初, 標所問이요
- 2. 爾時善財童子合掌 아래는 법을 물음이다. 그중에 둘이니, 1) 스스로 발심함에 대해 진술함이요, 2) 而我未知 아래는 법요를 바로

물음이다. 그중에 셋이니 (1) 질문할 바에 대해 표방함이요,

(2) 공덕을 찬탄하다[歎德] 2.
가. 총상으로 밝히다[總] (次大 3上1)
나. 별상으로 밝히다[別] (別中)

大聖이여 一切如來가 授尊者記하시되 一生에 當得阿耨多羅三藐三菩提라하시니 若一生에 當得無上菩提인댄 則已超越一切菩薩所住處며 則已出過一切菩薩離生位며 則已圓滿一切波羅密이며 則已深入一切諸忍門이며 則已具足一切菩薩地며 則已遊戲一切解脫門이며 則已成就一切三昧法이며 則已通達一切菩薩行이며 則已證得一切陀羅尼辯才며 則已於一切菩薩自在中에 而得自在며 則已積集一切菩薩助道法이며 則已遊戲智慧方便이며 則已出生大神通智며 則已成就一切學處며 則已圓滿一切妙行이며 則已滿足一切大願이며 則已領受一切佛所記며 則已了知一切諸乘門이며 則已堪受一切如來所護念이며 則已能攝一切佛菩提며 則已能持一切佛法藏이며 則已能持一切諸佛菩薩秘密藏이며 則已能於一切菩薩衆中에 爲上首며 則已能爲破煩惱魔軍大勇將이며 則已能作出生死曠野大導師며 則已能作治諸惑重病大醫王이며 則已能於一切衆生中에 爲最勝이며 則已能於一切世主中에 得自在며 則已能於一切聖人中에 最第一이며 則已能於一切聲聞獨覺中에 最增上이며 則已能

於生死海中에 爲船師며 則已能布調伏一切衆生網이며 則已能觀一切衆生根이며 則已能攝一切衆生界며 則已能守護一切菩薩衆이며 則已能談議一切菩薩事며 則已能往詣一切如來所며 則已能住止一切如來會며

則已能現身一切衆生前이며 則已能於一切世法에 無所染이며 則已能超越一切魔境界며 則已能安住一切佛境界며 則已能到一切菩薩無礙境이며 則已能精勤供養一切佛이며 則已與一切諸佛法으로 同體性이며 已繫妙法繒이며 已受佛灌頂이며 已住一切智며 已能普生一切佛法이며 已能速踐一切智位니라

큰 성인이시여, 모든 여래께서 거룩하신 이에게 수기하시기를 '한 생에 아뇩다라삼먁삼보디를 얻으리라' 하셨다 하나이다. 만일 한 생에 위없는 보리를 얻는다 하오면 이미 (1) 모든 보살의 머무는 곳을 초월한 것이며 (2) 모든 보살의 생사를 여읜 지위를 이미 지났으며 (3) 모든 바라밀다를 이미 원만하였으며 (4) 모든 참는 문에 이미 깊이 들어갔으며 (5) 모든 보살의 지위를 이미 구족하였으며 (6) 모든 해탈문에 이미 유희하는 것이며 (7) 모든 삼매의 법을 성취하였으며 (8) 모든 보살의 행을 이미 통달하였나이다. (9) 모든 다라니와 변재를 이미 증득하였으며 (10) 모든 보살의 자재한 가운데서 이미 자재함을 얻었으며 (11) 모든 보살의 도를 돕는 법을 이미 쌓아 모았으며 (12) 지혜와 방편에서 이미 유희하였으며 (13) 큰 신통한 지혜를 이미 내었으며 (14) 모든 배울 곳을 이미 성취하였으며 (15) 모든 묘한 행을 이

미 원만하였으며 (16) 모든 큰 원을 이미 만족하였으며 (17) 모든 부처님의 수기를 이미 받았으며 (18) 모든 승의 문을 이미 알았으며 (19) 모든 여래의 보호하여 생각하심을 이미 받을 만하나이다. (20) 모든 부처님의 보리를 이미 거두었으며 (21) 모든 부처님의 법장을 이미 가졌으며 (22) 모든 부처님과 보살의 비밀한 갈무리를 이미 파악하였으며 (23) 모든 보살 대중 가운데서 이미 우두머리가 되었으며 (24) 번뇌의 마를 부수는 용맹한 장수가 되었으며 (25) 생사하는 벌판의 길잡이가 되었으며 (26) 번뇌의 중병을 다스리는 큰 의사가 되었으며 (27) 모든 중생 중에서 가장 훌륭하였으며 (28) 모든 세간의 임금 가운데서 자재함을 얻었나이다. (29) 모든 성인 가운데 가장 제일이 되었으며 (30) 모든 성문과 독각 중에 가장 높아졌으며 (31) 생사의 바다에서 뱃사공이 되었으며 (32) 모든 중생을 조복하는 그물을 쳤으며 (33) 모든 중생의 근성을 이미 관찰하였으며 (34) 모든 중생 세계를 이미 거두어 주었으며 (35) 모든 보살 대중을 이미 수호하였으며 (36) 모든 보살의 일을 이미 의논하였으며 (37) 모든 여래가 계신 데 이미 나아갔으며 (38) 모든 여래의 모임에 이미 머물렀나이다.

(39) 모든 중생의 앞에 이미 몸을 나타냈으며 (40) 모든 세상 법에 물들 것이 없었으며 (41) 모든 마의 경계를 이미 초월하였으며 (42) 모든 부처님의 경계에 이미 머물렀으며 (43) 모든 보살의 걸림 없는 경지에 이미 이르렀으며 (44) 모든 부처님께 이미 부지런히 공양하였으며 (45) 모든 부처

님의 법과 성품이 이미 같았으며 (46) 묘한 법 비단을 이미 매었으며 (47) 부처님께서 정수리에 물 부어 주심을 이미 받았으며 (48) 온갖 지혜에 이미 머물렀으며 (49) 모든 부처님 법을 이미 널리 내었으며 (50) 온갖 지혜의 지위에 빨리 나아간 것이니이다.

[疏] 次, 大聖一切如來下는 歎慈氏有能答之德이니 卽以此德으로 亦爲問端이라 初는 總이요 後는 別이라 別有五十句하니 皆因圓果滿德이라
■ (2) 大聖一切如來 아래는 자씨(慈氏)에게 능히 대답하는 공덕을 찬탄함이니 곧 이런 공덕으로 또한 질문하는 단서를 삼았다. 가. 총상으로 밝힘이요, 나. 별상으로 밝힘이다. 나. 별상 중에 50구절이 있으니 모두 인행이 원만하고 과덕이 만족한 덕[因圓果滿德]'이다.

(3) 묻고 청법하여 설하기를 결론하다[結請] (三大 3上4)

大聖하 菩薩이 云何學菩薩行하며 云何修菩薩道하여서 隨所修學하여 疾得具足一切佛法하며 悉能度脫所念衆生하며 普能成滿所發大願하며 普能究竟所起諸行하며 普能安慰一切天人하며 不負自身하며 不斷三寶하며 不虛一切佛菩薩種하며 能持一切諸佛法眼이리잇고 如是等事를 願皆爲說하소서
큰 성인이시여, 보살이 (1) 어떻게 보살의 행을 배우며, (2) 어떻게 보살의 도를 닦으며, (3) 닦고 배움을 따라서 모든 부처님 법을 빨리 구족하며, (4) 염려하는 중생들을 능히 제

도하며, (5) 세운 원을 두루 성취하며, (6) 일으킨 행을 두루 끝내며, (7) 모든 하늘과 사람을 널리 위로하며, (8) 제 몸을 저버리지 않고 삼보를 끊어지지 않게 하며, (9) 모든 부처님과 보살의 종자를 헛되지 않게 하며, (10) 모든 부처님의 법눈을 가질 수 있나이까? 이런 일을 말씀하여 주소서."

[疏] 三, 大聖菩薩下는 結問請說이오 兼顯問意로다
- (3) 大聖菩薩 아래는 묻고 청법하여 설하기를 결론함이요, 겸하여 질문한 의미를 밝힘이다.

제3. 칭찬하고 법문을 설해 주다[稱讚授法] 2.

1. 칭찬하고 찬탄하다[稱歎] 2.
1) 사람을 칭찬하다[歎人] 2.
(1) 사람을 가리키며 대중에게 보이다[指人示衆] (第三 3上8)

爾時에 彌勒菩薩摩訶薩이 觀察一切道場衆會하사 指示善財하고 而作是言하시되 諸仁者여 汝等이 見此長者子가 今於我所에 問菩薩行諸功德不아
이때 미륵보살마하살이 도량에 모인 대중을 살펴보시고 선재동자를 가리키면서 말하였다. "여러 어지신 이들이여, 그대들은 이 장자의 아들이 나에게 보살의 행과 공덕을 묻는 것을 보는가?

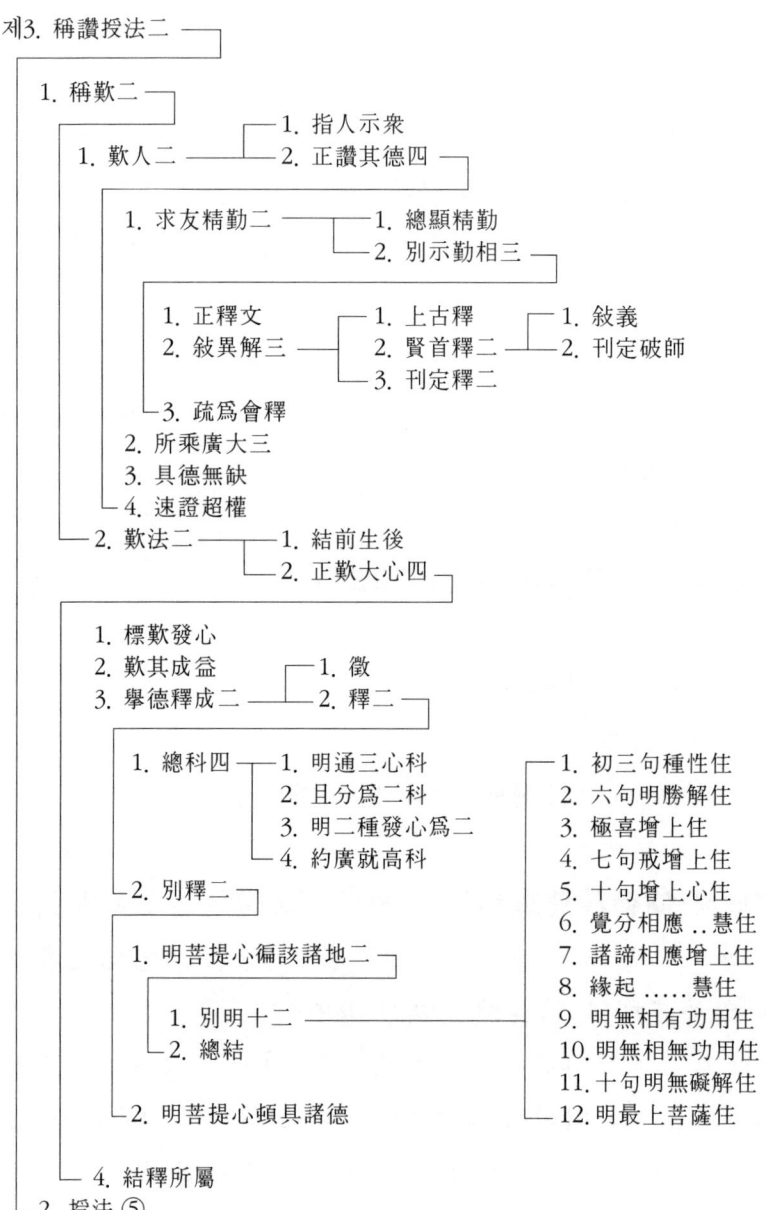

[疏] 第三, 爾時彌勒菩薩下는 稱讚授法이라 於中에 二니 先, 稱歎이요 後, 授法이라 前中에 二니 先, 爲大衆讚歎善財니 即是歎人이요 後, 爲善財讚菩提心이니 即是讚法이라 前中에 亦二니 先은 指人示衆이라

■ 제3. 爾時彌勒菩薩 아래는 칭찬하고 법문을 설해 줌이다. 그중에 둘이니 1. 칭찬하고 찬탄함이요, 2. 법문을 설해 줌이다. 1. 중에 둘이니 1) 대중을 위하여 선재동자를 칭찬하고 찬탄함이니 곧 사람을 찬탄함이요, 2) 선재동자를 위하여 보리심을 찬탄함이니 곧 법문을 찬탄함이다. 1) 중에 또한 둘이니 (1) 사람을 가리키며 대중에게 보임이다.

(2) 그 공덕을 바로 찬탄하다[正讚其德] 4.
가. 선지식이 정근함을 구하다[求友精勤] 2.
가) 정근에 대해 총합하여 밝히다[總顯精勤] (後諸 3下5)

諸仁者여 此長者子가 勇猛精進하여 志願無雜하며 深心堅固하여 恒不退轉하며 具勝希望하여 如救頭然하여 無有厭足하며 樂善知識하여 親近供養하며 處處尋求하여 承事請法하나니라[17]

여러 어지신 이들이여, 이 장자의 아들은 (1) 용맹하게 정진하고 (2) 뜻과 원이 혼잡하지 않으며 (3) 깊은 마음이 견고하여 (4) 항상 물러나지 않으며 (5) 훌륭한 희망을 갖추어 (6) 머리에 불타는 것을 끄듯이 만족한 줄 모르며 (7) 선지식을 좋아하여 친근하고 공양하며 (8) 간 데마다 찾아다니

---

[17] 志願의 願은 普嘉清鼓纂弘昭本作樂, 合綱杭續大本 及 貞元驛作願, 合注云 宋南北藏作樂; 杭注云 唐宋元本 疏鈔本流通本作志願.

면서 (9) 받들어 섬기고 (10) 법을 구하느니라.

[疏] 後, 諸仁者此長者子下는 正讚其德이라 於中에 四니 一, 明求友精勤이요 二, 明所乘廣大요 三, 明具德無缺이요 四, 明速證超權이라 初中에 二니 先은 總顯精勤이라

- (2) 諸仁者此長者子 아래는 그 공덕을 바로 찬탄함이다. 그중에 넷이니, 가. 선지식이 정근함을 구함이요, 나. 타는 법이 광대함을 설명함이요, 다. 공덕을 갖춤이 모자람 없음이요, 라. 속히 증득하여 방편을 초월함을 밝힘이다. 가. 중에 둘이니 가) 정근(精勤)에 대해 총합하여 밝힘이다.

나) 정근하는 모양을 개별로 보이다[別示勤相] 3.
(가) 바로 경문을 해석하다[正釋文] (後諸 4上1)

諸仁者여 此長者子가 曩於福城에 受文殊敎하고 展轉南行하여 求善知識할새 經由一百一十善知識已한 然後而來至於我所하되 未曾暫起一念疲懈니라
여러 어지신 이들이여, 이 장자의 아들은 지난날 복성에서 문수보살의 가르침을 받고 점점 남쪽으로 오면서 선지식을 찾았고, 백 열 선지식을 만난 뒤에 나에게 왔는데 잠깐도 게으른 생각을 내지 않았느니라.

[疏] 後, 諸仁者下는 別示精勤之相이라 謂一時之勤도 猶未可歎이어든 自始曁末이나 一念無懈하니 故로 爲可稱이니라 言一百一十善知識者는

古有多釋하니
- 나) 諸仁者 아래는 정근하는 모양을 개별로 보임이다. 이른바 한때의 부지런함도 아직 찬탄할 수 없을 텐데 시작과 끝부터 한 생각도 게으르지 않나니 그러므로 칭찬할 만하다. '110분의 선지식'이라 말한 것은 예로부터 여러 해석이 있다.

(나) 다른 해석을 말하다[敍異解] 3.
ㄱ. 예전 고덕들의 해석[上古釋] (一云 4上3)

[疏] 一에 云, 理應具有로대 但文脫漏라하고
- 한 법사는 이르되, "이치로는 응당히 갖추어 있지만 단지 경문에서 빠진 것일 뿐이다"라고 하였고,

ㄴ. 현수대사의 해석[賢首釋] 2.
ㄱ) 뜻을 말하다[敍義] (賢首 4上3)
ㄴ) 간정공이 스승을 타파하다[刊定破師] (若依)

[疏] 賢首는 云, 前後諸友가 總五十四位니 分出德生有德하야 爲二에 則五十五人이오 各有自分과 勝進일새 故有一百一十이라하니라 若依此解하면 則違此已言이라 旣云, 經百一十已에 方至彌勒하니 彌勒等 三은 非百一十之數가 明矣라하니라
- ㄴ. 현수(賢首)대사가 이르되, "앞과 뒤의 여러 선지식이 총합하여 54지위이니 제51. 덕생동자와 유덕동녀를 나누어 둘을 삼으면 55인이 된다. 각기 자분행과 승진행이 있으므로 110인이 있다"라고 하였다.

만일 현수대사의 해석에 의지하면 이것과 이미 위배된다고 말한다. 이미 말하되, "이미 110분을 지나서야 바야흐로 미륵보살에게 이르렀으니 미륵(彌勒)보살 등 (미륵, 문수, 보현) 세 분은 110이란 숫자가 아님이 분명하다"고 하였다.

ㄷ. 간정공의 해석[刊定釋] 2.
ㄱ) 주장을 펴다[敍] (有云 4上7)

[疏] 有云호대 減數十耳라 實唯一百八人이니 謂此前에 除徧友하면 但五十一人이요 各具主伴에 成百二人이요 徧友가 指示衆藝하니 雖非主友나 而是[18]伴友일새 爲一百三이요 更加無厭足王處의 空天과 瞿波處의 無憂德神과 摩耶處의 蓮華法德身衆神과 及妙華光明神과 守護法堂하는 善眼羅叉[19]에 合前總有百八이라 以空天等은 相問答故로 得在友數이언정 非前主友가 稱名指示일새 故非主友요 但名伴友라하니

■ 어떤 이가 말하되, "감소하는 숫자가 열일 뿐이다. 실제로는 오직 108인(人)뿐이니, 이른바 이 앞에서 변우(徧友)동자를 제외하면 단지 51인뿐이니 각기 주인과 반려로 102인을 이루고, 변우동자는 중예각(衆藝覺)동자를 지시하였으니 비록 주된 선지식은 아니지만 반려 선지식이므로 103인이 된다. 다시 무염족왕(無厭足王) 처소인 사공천과 구파녀(瞿波女) 처소의 무우덕신(無憂德神)과 마야(摩耶)부인 처소에 사는 연화법덕(蓮華法德)신중신과 묘화(妙華)광명신과 법당을 지키는 선안(善眼)나찰을 더하면 앞과 합하여 총합하면 108인이 된다. 사공천

---

18) 是는 甲續金本作示誤, 源原南本及行願品疏作是.
19) 叉는 源原南本作刹 續金本作叉라 하다.

등이 서로 문답하는 연고로 선지식 숫자를 얻을지언정 앞의 주된 선지식이 명칭을 부르고 지시함이 아니므로 주된 선지식이 아니요, 단지 반려 선지식이라고만 이름한다"고 하였다.

ㄴ) 간정공이 스승의 주장을 타파하다[破] (若爾 4下4)

[疏] 若爾인대 則違下餘城之言이라 下에 自釋云호대 前至童子童女하면 已經一百一十이요 今更往[20]後文殊所일새 故云餘也라하니 謂若此가 爲百八인대 加於慈氏하면 尙始百九요 幷後文殊하면 方正一十이어니 何有餘耶아

■ 만일 그렇다면 아래에 나머지 성(城)에 대한 말에 위배된다. 아래에 스스로 해석하되, "앞에서부터 동자와 동녀에 이르면 이미 110인을 지나며, 지금은 뒤의 문수(文殊)보살 처소에 갔으므로 나머지라 하였다"고 하였으니, 이른바 만일 이렇게 하여 108인이 되고 미륵보살을 더하면 오히려 비로소 109인이 되고, 뒤의 문수보살을 더하면 비로소 바로 110인이 되는데 어찌 나머지가 있겠는가?

[鈔] 百一十善知識을 古有多釋者는 略敍三釋이니 初一은 卽上古釋이요 二는 賢首釋이니 先은 敍요 後, 若依此下는 刊定에 破師라 三, 有云下는 卽刊定記釋이라 於中에 亦二니 先, 敍彼釋이요 後, 若爾下는 疏破其釋하야 明其立義가 前後相違라 上皆敍昔이니라

● '110분의 선지식을 예로부터 여러 해석이 있다'는 것은 간략히 세 가지 해석을 말하나니 ㄱ. 예전 고덕들의 해석이요, ㄴ. 현수대사의 해

---

20) 往은 原南續金本無, 源本有라 하다.

석이니, ㄱ) 주장을 펼침이요, ㄴ) 若依此 아래는 간정공이 스승의 주장을 타파함이다. ㄷ. 有云 아래는 간정공의 해석이다. 그중에 또한 둘이니 ㄱ) 간정공의 주장을 펼침이요, ㄴ) 若爾 아래는 소가가 간정공의 해석을 타파하여 그들이 세운 뜻을 밝힌 것이 앞뒤가 서로 위배된다. 이 위는 모두 예전 해석을 펼친 내용이다.

(다) 소가가 회통하여 해석하다[疏爲會釋] 2.
ㄱ. 총합하여 세 가지 해석을 모으다[總會三釋] (若會 4下9)

[疏] 若會通者인대 三釋이 皆得一種하니 取前하고 更加不動處의 覺悟菩薩과 如來使天하면 足成一百一十이요 則餘義도 亦成이라 以彼二聖이 亦敎善財일새 故得爲伴友요 其餘已之言은 但是譯者之意니 故로 晋經에 無有已字라 則通取前後가 於義無妨이로다

■ (다) 만약 소가가 회통한다면 세 가지 해석이 모두 한 종류(의 이치)를 얻었으니, 앞을 취하고 다시 제20. 부동(不動)우바이 선지식 처소에서 '보살을 깨우쳐 주는 여래의 심부름 하늘[覺悟菩薩如來使天]'을 더하면 110분을 족히 완성함이요, 나머지 뜻도 또한 성립되는 것이다. 저 (뒤의 문수와 미륵) 두 성인도 역시 선재를 가르치므로 반려의 선지식이 되었고, 그 '나머지에 이른다'는 말은 단지 번역한 사람의 주장일 뿐이다. 그러므로 진경(晋經)에는 이(已) 자가 없으니 앞뒤를 통틀어 취하면 뜻에 방해됨이 없다.

ㄴ. 따로 현수대사와 회통하다[別會賢首] (然下 5上3)

[疏] 然이나 下에 復云百一十城이라하며 又云, 過百一十由旬이라하니 皆言百一十者는 有所表故니 謂除佛位하고 取其證入十地와 等覺이 爲百一十이니 一中에 具十故오 亦顯位位니 十十相融이라 設有三賢이라가 亦唯具十이요 若合等覺하야 屬十地勝進하면 則開十信爲一이라 故로 進退行布와 及與圓融이 皆順百一十言하니 何必剋定前後리오

■ 그러나 아래에 다시 110성(城)이라 말하였고, 또 말하되, "110유순(由旬)을 지나간다"고 하였으니, 모두에 110이라 말한 것은 표한 바가 있기 때문이요, 이른바 부처 지위를 제외하고 그 십지(十地)와 등각(等覺)에 증득해 들어갔으니 110이 된다. 하나 가운데 10을 갖추므로 또한 지위를 밝혔으니, 지위가 10과 10으로 서로 융섭한다. 설사 삼현(三賢)이 있다가 또한 오직 10만을 갖춘 것이다. 만일 등각(等覺)을 합하여 십지의 승진(勝進)에 속하면 십신(十信)으로 하나를 전개한다. 그러므로 항포문과 원융문으로 나아가고 물러날 적에 모두 110이란 말을 따랐으니, 어찌 반드시 앞과 뒤를 끝내 정할 수 있으리오.

[鈔] 若會通下는 疏爲會釋이니 總會三釋하야 從後倒會니라 二, 然下復云下는 會藏和尙意하야 取一百一十의 表法爲妙라 設有三賢者는 十地가 一一攝三位故라 一位가 尙得總攝於十이온 況三賢을 望地에 類例相似하야 攝之善成이라 故로 十地中에 各修一度하고 十行之位에도 亦各一度라 十住之位는 初是發心이요 後是灌頂이요 十地之位도 初는 證發心이요 後는 亦灌頂而受位故라 依開等覺컨대 合信屬住하고 若合等覺인대 卽開十信이니 開信은 是退요 開等覺은 是進이니 要令十一로 成百一十이라 其第一師義에 設經來未盡者도 亦百一十이니라

● (다) 若會通 아래는 소가가 회통하여 해석함이니, 총합하여 세 가지 해석을 회통하여 뒤로부터 거꾸로 모은 것이다. ㄴ. 然下復云 아래는 따로 법장화상(法藏, 현수대사)의 주장을 모아서 110성의 법을 표함을 가져서 묘함을 삼았다. '설사 삼현에 있더라도'라는 것은 십지에서 하나하나 세 지위를 포섭하는 까닭이다. 한 지위도 오히려 총합하여 10을 포섭함을 얻었는데 하물며 삼현으로 십지를 바라볼 적에 사례를 유례하면 비슷해져서 포섭하여 잘 이루게 된다. 그러므로 십지(十地) 중에 각기 한 바라밀을 닦고 십행의 지위에도 또한 각기 한 바라밀이요, 십주의 지위는 처음은 발심주이고 뒤는 관정주요, 십지의 지위도 처음은 증발심(證發心)이요, 뒤는 또한 관정주에도 지위를 받는 까닭이다. 등각(等覺)을 전개함에 의지하면 십신을 합하여 십주에 소속되고, 만일 등각을 합하면 곧 십신을 연 것이니 십신을 열면 곧 물러남이요, 등각을 열면 나아감이니, 중요하게 11가지로 하여금 110가지가 되게 한다. 그 첫째 법사의 뜻은 '경문이 다 오지 않았다'고 설정하더라도 또한 110이 된다.

나. 타는 교법이 광대하다[所乘廣大] 3.
가) 희유하고 기특하다고 찬탄하다[總歎希奇] (第二 6上1)

諸仁者여 此長者子가 甚爲難有라 趣向大乘하여 乘於大慧하며 發大勇猛하여 擐大悲甲하며 以大慈心으로 救護衆生하며 起大精進波羅蜜行하며 作大商主하여 護諸衆生하며 爲大法船하여 度諸有海하며 住於大道하여 集大法寶하며 修諸廣大助道之法하나니라

여러 어지신 이들이여, 이 장자의 아들은 매우 희유하니,
(1) 대승을 향하여 큰 지혜를 의지하고 (2) 큰 용맹을 내고
(3) 크게 가엾이 여기는 갑옷을 입고 (4) 크게 인자한 마음
으로 중생을 구호하며 (5) 큰 정진으로 바라밀다를 행하며
(6) 큰 장사 주인이 되어 중생들을 보호하며 (7) 큰 법 배가
되어 존재의 바다를 건너며 (8) 큰 도에 있으면서 (9) 큰 법
의 보배를 모으며 (10) 넓고 크게 도를 돕는 법을 닦느니라.

[疏] 第二, 諸仁者此長者子甚爲難有下는 明所乘廣大라 於中에 三이니
初, 總歎希奇요
● 나. 諸仁者此長者子 아래는 타는 교법이 광대함을 밝힘이다. 그중
에 셋이니 가) 희유하고 기특하다고 총합하여 찬탄함이요,

나) 만나기 어려움을 개별로 밝히다[別明難遇] 2.
(가) 표방하여 거론하다[標擧] (二如 6下10)

如是之人은 難可得聞이며 難可得見이며 難得親近하여
同居共行이니 何以故오 此長者子가 發心救護一切衆生
하여 令一切衆生으로 解脫諸苦하며 超諸惡趣하며 離諸
險難하며 破無明暗하며 出生死野하며 息諸趣輪하며 度
魔境界하며 不着世法하며 出欲淤泥하며 斷貪鞅하며 解
見縛하며 壞想宅하며 絶迷道하며 摧慢幢하며 拔惑箭하며
撤睡蓋하며 裂愛網하며 滅無明하며 度有流하며 離諂幻
하며 淨心垢하며 斷癡惑하며 出生死일새니라

諸仁者여 此長者子가 爲被四流漂汩者하여 造大法船하며 爲被見泥沒溺者하고 立大法橋하며 爲被癡暗昏迷者하여 然大智燈하며 爲行生死曠野者하여 開示聖道하며 爲嬰煩惱重病者하여 調和法藥하며 爲遭生老死苦者하여 飮以甘露하여 令其安隱하며 爲入貪恚癡火者하여 沃以定水하여 使得淸凉하며 多憂惱者는 慰喩使安하며 繫有獄者는 曉誨令出하며 入見網者는 開以智劍하며 住界城者는 示諸脫門하며 在險難者는 導安隱處하며 懼結賊者는 與無畏法하며 墮惡趣者는 授慈悲手하며 拘害蘊者는 示涅槃城하며 界蛇所纏엔 解以聖道하며 着於六處空聚落者는 以智慧光으로 引之令出하며 住邪濟者는 令入正濟하며 近惡友者는 示其善友하며 樂凡法者는 誨以聖法하며 着生死者는 令其趣入一切智城하나니라[21]

이런 사람은 듣기도 어렵고 보기도 어렵고 친근하고 함께 있고 함께 행하기 어려우니라. 왜냐하면 이 장자의 아들은 (1) 모든 중생을 구호하려는 마음을 내어 중생들로 하여금 괴롬을 벗어나고 나쁜 길을 뛰어넘게 하며 (2) 험난을 여의고 무명의 어둠을 깨뜨리며 (3) 생사의 벌판에서 벗어나 여러 길에서 헤맴을 쉬고 마의 경계를 건너가며 (4) 세상법에 집착하지 않고 욕심의 수렁에서 헤어나게 하며 (5) 탐욕의 굴레를 끊고 소견의 속박을 풀고 (6) 생각의 굴택을 헐고 아득한 길을 끊고 (7) 교만의 당기를 꺾고 의혹의 살을 뽑고 (8) 졸음의 뚜껑을 벗기고 애욕의 그물을 찢고 (9) 무명을

---

21) 離諸幻의 幻은 合注云 幻宋論作誑.

없애고 생사의 강을 건너고 (10) 아첨하는 환술을 여의고 마음의 때를 깨끗이 하고 (11) 어리석은 의욕을 끊고 생사에서 벗어나게 하느니라.

여러 어지신 이들이여, 이 장자의 아들은 (12) 네 강에 표류하는 이를 위하여 큰 법 배를 만들고 (13) 소견의 수렁에 빠진 이를 위하여 법 다리를 놓고 (14) 어리석음의 밤에 헤매는 이를 위하여 지혜 등불을 켜고 (15) 생사의 벌판에 다니는 이를 위하여 바른 길을 가리켜 보이고 (16) 번뇌의 병에 앓는 이를 위하여 법 약을 만들고 (17) 나고 늙고 죽음에 고통받는 이에게는 감로수를 먹여 편안하게 하고 (18) 탐욕과 성냄과 어리석은 불에 들어 있는 이에게는 선정의 물을 부어 서늘하게 하고 (19) 근심 걱정이 많은 이는 위로하여 편안하게 하고 (20) 존재의 옥에 잡힌 이는 깨우쳐서 나오게 하며, (21) 소견의 그물에 걸린 이는 지혜의 검으로 벗겨 주고 (22) 18계의 성에 있는 이에게는 해탈할 문을 보여 주고 (23) 험난한 데 있는 이는 편안한 곳으로 인도하고 (24) 결박의 도둑을 무서워하는 이는 두려움 없는 법을 주고 (25) 나쁜 길에 떨어진 이는 자비한 선을 주고, (26) 쌓임에 구속된 이는 열반의 성을 보여 주고, (27) 네 가지 요소의 뱀에 감긴 이는 성인의 길로 풀어 주고 (28) 여섯 군데 빈 마을에 집착한 이는 지혜의 빛으로 이끌어 내고 (29) 삿된 제도에 머문 이는 바른 제도에 들게 하고 (30) 나쁜 동무를 가까이 하는 이는 선한 동무를 소개하고 (31) 범부의 법을 좋아하는 이는 성인의 법을 가르치고 (32) 생사에 애착하는 이는 온갖 지혜의 섬에 나아가게 하느니라.

[疏] 二, 如是之人下는 別明難遇라 於中에 二니 先, 標擧요
- 나) 如是之人 아래는 만나기 어려움을 개별로 밝힘이다. 그중에 둘이니 (가) 표방하여 거론함이요,

(나) 묻고 해석하다[徵釋] 2.
ㄱ. 질문하다[徵] (後何 6下10)

[疏] 後, 何以下는 徵釋이라 釋意에 云, 悲濟深廣故라하니 卽開前總中에 救護衆生이라
- (나) 何以 아래는 묻고 해석함이다. 의미를 해석하여 말하되, "자비로 구제함이 깊고 광대한 까닭이다"라고 하였으니, 곧 앞의 총상 중에서 중생을 구호함을 전개한 내용이다.

ㄴ. 해석하다[釋] 2.
ㄱ) 총합하여 모두를 구호하다[總護一切] (於中 7上2)
ㄴ) 부류를 잡아 개별로 밝히다[約類別明] (後爲)

[疏] 於中에 二니 先, 明總護一切요 後, 爲被四流下는 若類別明이라 汩者는 流急之貌라 言界城者는 卽十八界니 一一根境識中에 別別解脫故라 言界蛇者는 卽地等四界六處空聚는 癡闇無人이라하니 不以智光으로 引之하면 必爲塵賊所劫이니라
- 그중에 둘이니 ㄱ) 총합하여 모두를 구호함이요, ㄴ) 爲被四流 아래

는 부류를 잡아 개별로 밝힘이다. '빠진다'는 것은 물이 급하게 흐르는 모양이요, '계(界)의 성'이라 말한 것은 곧 18계이니 육근과 육경과 육식 하나하나 가운데에 따로따로 해탈하는 까닭이다. '네 가지 요소의 뱀'이라 말한 것은 곧 "땅 따위의 네 가지 계(界)가 육처(六處)에서 공연히 모인 것은 어리석고 어두운 곳에 사람이 없다"고 하였으니 지혜 광명으로 이끌지 못하면 반드시 육진(六塵)이란 도적의 겁박할 대상이 되게 된다.

[鈔] 界城者는 十八界는 是生死因相이라 故로 晋經에 云三界라하니 三界爲城郭은 約果相故라 言界蛇는 卽地等四界者는 俱舍에 云, 大種은 謂四界니 卽地水火風이 能成持等業은 堅濕煖動性故라하니라 及六處等은 並如二地니라

● '계(界)의 성'이란 18계는 곧 생사의 원인의 모양이란 뜻이다. 그러므로 진경에는 '삼계(三界)'라 하였는데 삼계가 성곽이 됨은 결과의 모양을 잡은 까닭이다. '계(界)의 뱀이 곧 땅 따위의 사계(四界)이다'라고 말한 것은 『구사론』에 이르되, "대종은 이른바 사계(四界)이니 곧 땅 물 불 바람이 능히 간직하는 등의 업을 이룸은 굳고 습하고 따뜻하고 움직이는 성품인 까닭이다"라고 하였고, 육처(六處) 등은 아울러 제2. 이구지와 같다.

다) 지을 대상을 총합하여 결론하다[總結所作] (三諸 7下6)

諸仁者여 此長者子가 恒以此行으로 救護衆生하며 發菩提心에 未嘗休息하며 求大乘道에 曾無懈倦하며 飮諸法

水에 不生厭足하며 恒勤積集助道之行하며 常樂淸淨一切法門하며 修菩薩行하여 不捨精進하며 成滿諸願善行方便하며 見善知識에 情無厭足하며 事善知識에 身不疲懈하며 聞善知識의 所有敎誨에 常樂順行하여 未曾違逆이니라[22]

여러 어지신 이들이여, 이 장자의 아들은 (1) 항상 이런 행으로 중생을 구호하며 (2) 보리심을 내고 쉬지 아니하며 (3) 대승의 길을 구하여 게으르지 않으며 (4) 법의 물 마시기를 싫어하지 않으며 (5) 도를 돕는 행을 부지런히 쌓으며 (6) 모든 법문을 깨끗하게 하기를 좋아하며 (7) 보살의 행을 닦기에 정진을 버리지 않으며 (8) 여러 가지 원을 만족하고 방편을 잘 행하며 (9) 선지식을 뵈옵는 데 만족한 줄을 모르며 (10) 선지식 섬기기에 고달픈 줄을 모르며 (11) 선지식의 가르침을 듣고 순종하여 행하되 잠깐도 어기지 아니하느니라.

[疏] 三, 諸仁者此長者子恒以下는 總結所作이라

■ 다) 諸仁者此長者子恒以 아래는 지을 대상을 총합하여 결론함이다.

다. 덕을 갖추어 모자람이 없다[具德無缺] (第三 8上6)

諸仁者여 若有衆生이 能發阿耨多羅三藐三菩提心이면 是爲希有며 若發心已하고 又能如是精進方便으로 集諸佛法이면 倍爲希有요 又能如是求菩薩道하며 又能如是

---

22) 身不疲懈의 不은 普嘉淸鼓纂金弘本作無, 合綱杭續大昭本及貞元譯作不.

淨菩薩行하며 又能如是事善知識하며 又能如是如救頭
然하며 又能如是順知識敎하며 又能如是堅固修行하며
又能如是集菩提分하며 又能如是不求一切名聞利養하
며 又能如是不捨菩薩純一之心하며 又能如是不樂家宅
하며 不着欲樂하며 不戀父母親戚知識하고 但樂追求菩
薩伴侶하며 又能如是不顧身命하고 唯願勤修一切智道
하면 應知展轉倍更難得이니라23)

여러 어지신 이들이여, (1) 만일 중생이 아뇩다라삼먁삼보리심을 낸다면 그것은 희유한 일이니라. (2) 만일 마음을 내고 (3) 또 능히 정진하는 방편으로 부처님의 법문을 모은다면 갑절이나 희유한 일이니라. (4) 또 능히 이렇게 보살의 도를 구하고, (5) 또 이렇게 보살의 행을 깨끗이 하고, (6) 또 이렇게 선지식을 섬기고 또 이렇게 머리에 불타는 것을 끄듯 하고, (7) 또 이렇게 선지식의 가르침을 순종하고, (8) 또 이렇게 견고하게 행을 닦고 (9) 또 이렇게 보리의 부분법을 모으고 (10) 또 이렇게 모든 명예와 이끗을 구하지 않고 (11) 또 이렇게 보살의 순일한 마음을 버리지 않고 (12) 또 이렇게 집을 좋아하지 않고 욕락에 집착하지 않고 부모와 친척과 동무를 생각하지 않고 다만 보살 동무만을 구하며 (13) 또 이렇게 몸과 목숨을 돌아보지 않고 다만 온갖 지혜의 길을 부지런히 닦기만 원한다면, 이것은 점점 갑절이나 더 하기 어려운 일인 줄을 알아야 하느니라.

---

23) 集諸佛法의 集은 合本作習, 麗宋元明淸綱杭鼓纂續金本及貞元譯作集.

- [疏] 第三, 諸仁者若有衆生下는 明具德無缺이라 有十三句하니 有一在 己라도 已爲希有어든 況有二三이며 乃至全具아 故云展轉難得[24]이라 又復後後가 難於前前일새 故云展轉이니라
- 다. 諸仁者若有衆生 아래는 덕을 갖추어 모자람 없음을 밝힘이다. 13구절이 있으니 하나가 있고 나서는 이미 희유함이 되는데 하물며 둘 셋이 있으며 나아가 완전히 갖추었겠는가? 그러므로 '전전이 얻기 어렵다'고 말하였다. 또한 다시 뒤로 갈수록 앞과 앞보다 어려우므로 '전전이'라고 말하였다.

라. 속히 증득함에 방편을 초월하다[速證超權] (第四 8下5)

諸仁者여 餘諸菩薩은 經於無量百千萬億那由他劫하여야 乃能滿足菩薩願行하며 乃能親近諸佛菩提어늘 此長者子는 於一生內에 則能淨佛刹하며 則能化衆生하며 則能以智慧로 深入法界하며 則能成就諸波羅蜜하며 則能增廣一切諸行하며 則能圓滿一切大願하며 則能超出一切魔業하며 則能承事一切善友하며 則能淸淨諸菩薩道하며 則能具足普賢諸行이로다
여러 어지신 이들이여, 다른 보살들은 한량없는 백천만억 나유타 겁을 지내고야 비로소 보살의 원과 행을 만족하며, 능히 부처님의 보리에 친근하는 것이어늘, 이 장자의 아들은 한평생 동안에 부처님 세계를 깨끗이 하고, 중생을 교화하고 지혜로써 법계에 깊이 들어가고, 모든 바라밀다를 성

---

24) 得은 原南續金本作有, 源本及行願品疏作得.

취하고, 모든 행을 능히 넓히고, 모든 큰 서원을 원만하고, 모든 마의 업에서 뛰어나고, 모든 선지식을 섬기고, 모든 보살의 도를 청정히 하고, 보현의 모든 행을 구족하였느니라."

[疏] 第四, 諸仁者餘諸下는 明速證超權이니 以依實敎修行故라 謂卽凡身一生이며 亦解行生이라 故로 千年之烏[25)]는 不及朝生之鳳이니 普賢生[26)]位가 互融攝故라 依實修者는 悉皆能爾커니 胡不勉旃이리요

- 라. 諸仁者餘諸 아래는 속히 증득함에 방편을 초월함을 밝힘이다. 실법으로 수행함에 의지하는 까닭이니 이른바 곧 범부 몸의 한 생이며, 또한 알고 행하는 지위에서 태어남이다. 그러므로 천년 된 까마귀가 아침에 태어난 봉황에 미치지 못하는 것이니, 보현보살로 태어난 지위가 번갈아 융섭하기 때문이다. '실법에 의지해 수행함'이란 모두가 능히 이러하니 오랑캐가 깃대만 보아도 힘쓰지 못하는 것이다.

[鈔] 謂卽凡身一生者는 約圓融說이요 亦是解行一生은 約行布說이라 故 千年之烏下는 成第一凡身一生之義라 依實修者下는 通伏難이니 恐有問言호대 約法圓融에는 是則可爾어니와 豈得實有凡身이 一生에 而得成辦라할새 故爲此通이니 非獨善財라 行者도 卽得이라 餘如發心功德品이니라

- '이른바 곧 범부 몸의 한 생'이란 원융문을 잡아 말하였고, 또한 '알고 행하는 지위의 한 생'은 항포문을 잡아 말한 것이다. 故千年之烏 아래는 첫째, 범부 몸의 한 생의 뜻을 이루었다. 依實修者 아래는 숨은

---
25) 烏은 原纂續金本作鳥, 源南本及行願品疏作烏.
26) 生은 源本作行, 原南纂續金本及行願品疏作生.

힐난을 해명함이니, 어떤 이가 질문할 것을 염려하여 말하되, "법이 원융함을 잡으면 이것은 그렇게 될 수 있지만 어찌 진실로 범부 몸의 한 생이 있고서 힘써 이룸을 얻었다"고 말한 연고로 여기서 해명하였으니, 유독 선재뿐만 아니라 행하는 자는 곧 얻는다. 나머지는 제17. 초발심공덕품의 내용과 같다.

[疏] 文有十句하니 初二는 總明具諸位行이요 三은 入十住요 四五는 入十行이요 六은 入廻向이라 又上四句가 亦皆十地行이니라 又上의 四義는 義含通別이요 下四句는 通諸地位니라

■ 경문에 열 구절이 있으니 (1) 첫째와 (2) 둘째 구절은 모든 지위의 행법을 갖춘 것을 총합하여 설명함이요, (3) 셋째[(3) 於一生內-]는 십주에 들어감이요, (4) 넷째[(4) 則能化衆生-深入法界]와 (5) 다섯째[(5) 則能成就諸波羅蜜]는 십행에 들어감이요, (6) 여섯째[(6) 則能增廣一切諸行]는 십회향에 들어감이다. 또한 위의 네 구절[(3)~(6)]도 역시 모두 십지의 행법이다. 또한 위의 네 가지 뜻은 뜻으로 전체와 개별을 포함함이요, 아래 네 구절[(7) 則能圓滿一切大願 (8) 則能超出一切魔業 (9) 則能承事一切善友 (10) 則能淸淨諸菩薩道]은 여러 지위에 통한다는 뜻이다.

[鈔] 三入十住者는 此中十句에 文有三節하니 初二는 總具行位요 後四도 亦通이요 中間四句는 自有三義하니 一, 但攝三賢이니 以三是智慧로 入法界가 同住義故요 四五는 皆行故요 六은 是願故니라 二, 又上四下는 重以此四로 攝十地니 三, 卽十地證智니 證十法界故요 四, 卽別地行故요 五, 卽稱理具修行故요 六, 卽大願이 導諸行故니라 三, 又上四下는 義含通別者는 別如初配니 通諸位故니라

● '셋째는 십주에 들어감'이란 이런 가운데 열 구절에서 경문에 세 구분이 있으니 (1) 첫째와 둘째는 총합하여 행법의 지위를 갖춤이요, (3) 뒤의 네 구절도 또한 전체 지위이다. (2) 중간의 네 구절은 자연히 세 가지 뜻이니 ① 단지 삼현(三賢) 지위만 포섭함이니, 셋은 지혜로 법계에 들어감은 십주의 뜻과 같은 연고요, 넷째와 다섯째는 모두 십행인 연고며, 여섯째는 서원의 행인 까닭이다. ② 又上四 아래는 거듭하여 여기의 네 구절로 십지를 포섭하였고, ③은 곧 십지로 증득한 지혜이니 열 가지 법계를 증득한 연고요, ④ 십지의 행상을 구분한 연고요, ⑤는 곧 이치와 칭합하게 수행을 갖춘 연고요, ⑥은 곧 큰 원이 모든 행법을 이끄는 까닭이다. (3) 又上四 아래는 뜻이 총상과 별상을 포함한다는 것에서 별상은 처음 배대한 것과 같나니, 여러 지위와 통하는 까닭이다.

2) 법문을 찬탄하다[歎法] 2.

(1) 앞을 결론하고 뒤를 시작하다[結前生後] (第二 10上1)
(2) 대승의 마음을 바로 찬탄하다[正歎大心] 4.
가. 발심에 대해 표방하고 찬탄하다[標歎發心] (後告)
나. 그 성취한 이익을 찬탄하다[歎其成益] (二汝)

爾時에 彌勒菩薩摩訶薩이 如是稱歎善財童子의 種種功德하사 令無量百千衆生으로 發菩提心已하시고 告善財言하시되 善哉善哉라 善男子여 汝爲饒益一切世間하며 汝爲救護一切衆生하며 汝爲勤求一切佛法故로 發阿耨多羅三藐三菩提心하니 善男子여 汝獲善利며 汝善得人

身이며 汝善住壽命이며 汝善値如來出現이며 汝善見文
殊師利大善知識이니 汝身이 是善器라 爲諸善根之所潤
澤이며 汝爲白法之所資持라 所有解欲이 悉已淸淨하여
已爲諸佛의 共所護念이며 已爲善友의 共所攝授로다
이때 미륵보살마하살은 이렇게 선재동자의 여러 가지 공덕
을 칭찬하여 한량없는 백천 중생에게 보리심을 내게 하고
선재동자에게 말하였다. "착하고 착하다. 착한 남자여, (1)
그대는 모든 세간을 이익하게 하려고 (2) 모든 중생을 구호
하려고 (3) 모든 부처님 법을 부지런히 구하려고 아뇩다라
삼먁삼보리심을 내었도다. 착한 남자여, (4) 그대는 좋은 이
익을 얻었고 (5) 그대는 사람의 몸을 얻었고 (6) 그대는 목
숨이 길고 (7) 그대는 여래가 나심을 만났고 (8) 그대는 문
수사리 큰 선지식을 보았고 (9) 그대의 몸은 좋은 그릇이 되
어 착한 뿌리로 윤택하였고, (10) 그대는 흰 법으로 유지되
었으므로 이해와 욕망이 다 청정하였으며 (11) 여러 부처님
의 함께 염려하심이 되었으며 (12) 선지식들이 함께 거두어
줌이 되었느니라.

[疏] 第二, 爾時彌勒下는 爲善財가 歎菩提心이라 文分二別이니 初, 結前
生後요 後, 告善財下는 正歎이라 於中에 四니 初, 標歎發心이요 二,
汝獲善利下는 歎其發心之器成益이요 三, 何以下는 廣擧菩提心德
하여 釋成이요 四, 善男子菩提心者成就如是下는 結釋所屬이라 前
二는 可知니라

■ 2) 爾時彌勒 아래는 선재를 위해 보리심을 찬탄함이니 경문은 두 가

지 구분이 있으니 (1) 앞을 결론하고 뒤를 시작함이요, (2) 告善財 아래는 (대승의 마음을) 바로 찬탄함이다. 그중에 넷이니 가. 발심에 대해 표방하고 찬탄함이요, 나. 汝獲善利 아래는 그 발심한 법기가 성취할 이익을 찬탄함이요, 다. 何以 아래는 보리심의 공덕을 널리 거론하여 해석함이요, 라. 善男子菩提心者成就如是 아래는 소속된 바를 결론하여 해석함이다. 앞의 두 과목[가. 標歎發心와 나. 歎其發心之器成益]은 알 수 있으리라.

다. 보리심의 공덕을 거론하여 해석하다[擧德釋成] 2.
가) 이유를 묻다[徵] (三中 10上7)

何以故오
무슨 까닭이냐?

[疏] 三中에 先, 徵意에 云, 所以歎善哉하여 獲善利者는 何耶아 釋意에 云, 菩提心이 具德故라
■ 다. (보리심의 공덕을 널리 거론하여 해석함) 중에 가) (이유를) 물은 의미를 말하면, "착하다고 찬탄한 연고로 좋은 이익을 얻은 것은 무슨 까닭인가?" 의미를 해석하면, "보리심이 공덕을 갖춘 까닭"이라고 말하였다.

나) 이유를 해석하다[釋] 2.
(가) 총합하여 과목 나누다[總科] 4.
ㄱ. 세 가지 마음과 통하는 과목을 밝히다[明通三心科] (文有 10上8)
ㄴ. 우선 두 과목으로 나누다[且分爲二科] (且分)

[疏] 文有二百二十一句하니 皆通三種發心이요 頓具諸位功德이라 且分爲二니 初, 一百一十八句는 明菩提心이 徧該諸地요 後, 得無畏藥下의 一百三句는 明菩提心이 頓具諸位功德이라
- 경문에 221구절이 있으니 모두 세 가지 발심과 통하며, 단박에 모든 지위의 공덕을 갖추었다. 우선 둘로 나누었으니 ㄱ) 118구절은 보리심이 두루 모든 지위를 포괄함을 밝힘이요, ㄴ) 得無畏藥 아래 103구절은 보리심이 단박에 모든 지위의 공덕을 갖추었음을 밝혔다.

ㄷ. 두 가지 발심으로 둘을 삼은 것을 밝히다[明二種發心爲二] (又前)
ㄹ. 광대함에서 높음에 나아감을 잡아서 과목 나누다[約廣就高科] (又前)

[疏] 又前은 多明信成就와 及解行發心이요 後段은 多明證位發心이니 故로 文多云得이니라 又前段은 明菩提心의 殊勝功德이 高齊佛果요 後段은 喩菩提心의 自在功德이 廣多無量이니라
- 또한 앞은 대부분 신성취(信成就) 발심과 해행(解行) 발심에 대해 밝힘이요, 뒤의 문단은 대부분 증득한 지위의 발심을 밝혔으니 그러므로 경문에 대부분 '얻는다'고 말하였다. 또한 앞의 문단은 보리심의 뛰어난 공덕이 높이가 불과(佛果)와 가지런함을 밝혔고, 뒤의 문단은 보리심의 자재한 공덕이 넓고 많아서 한량없음에 비유하였다.

[鈔] 又前段明下는 約高廣分이니 即光統意라 故로 依之釋文이니라 若順第三意하면 則前段은 但是三賢이니 即分爲三하여 攝上十二니 初三段은 十住요 次五는 十行이요 後四는 十向이니 二意는 皆通이니라 有宗法師가 於二百二十一喩에 皆立別名하고 亦不分判이요 亦無別理니라

● 又前段明 아래는 높고 넓은 부분을 잡았으니 곧 광통(光統)율사의 주장이다. 그러므로 그것에 의지하여 경문을 해석하였다. 만일 제3의 주장에 따른다면 앞의 문단은 단지 삼현(三賢)뿐이니 곧 셋으로 나누어 위의 12문단을 포섭하나니 (1) 처음 세 문단[(1) 汝爲饒益一切世間 (2) 汝爲救護一切衆生 (3) 汝爲勤求一切佛法]은 십주요, (2) 다음 다섯 문단[(4) 汝獲善利 (5) 汝善得人身 (6) 汝善住壽命 (7) 汝善値如來出現 (8) 汝善見文殊師利大善知識]은 십행이요, (3) 뒤의 네 문단[(9) 汝身是善器爲諸善根之所潤澤 (10) 汝爲白法之所資持 (11) 已爲諸佛共所護念 (12) 已爲善友共所攝授]은 십회향이다. 두 가지 의미는 모두 총상이니, 유부종(有部宗)의 법사가 221가지 비유에 모두 개별 명칭을 세우고 또한 과목을 나누지 않음도 또한 별다른 이치는 없다는 뜻이다.

❖ 미륵보살이 선재동자에게 보리심의 공덕을 찬탄하는 모습 변상도(제78권)

(나) 개별로 해석하다[別釋] 2.
ㄱ. 보리심은 두루 여러 지위를 포괄함을 밝히다[明菩提心徧該諸地] 2.

ㄱ) 개별로 설명하다[別明] 12.
(ㄱ) 세 구절은 종성주이다[初三句種性住] (今初 11上2)

善男子여 菩提心者는 猶如種子하니 能生一切諸佛法故며 菩提心者는 猶如良田하니 能長衆生의 白淨法故며 菩提心者는 猶如大地하니 能持一切諸世間故니라

착한 남자여, (1) 보리심은 종자와 같으니 모든 불법을 내는 연고라. (2) 보리심은 좋은 밭과 같으니 중생들의 깨끗한 법을 자라게 하는 연고라. (3) 보리심은 땅과 같으니 모든 세간을 유지하는 연고라.

[疏] 今初段中에 分二니 先은 別明이요 後는 總結이라 前中에 文通橫竪하니 橫은 則一一發心이 皆具諸句之德이요 竪는 則別配諸位發心이니 以從菩薩種性으로 至於究竟히 不出三種發心故라 光統은 配十二住하니 初三句는 卽種性住일새 故云如種如田地니 皆是種生之義라

■ 지금 첫째 문단 중에 둘로 나누리니 ㄱ) 개별로 설명함이요, ㄴ) 총합하여 결론함이다. ㄱ) 중에 경문은 가로와 세로와 통하나니 가로는 하나하나 발심함이 모두 모든 구절의 덕을 갖춤이요, 세로는 모든 지위의 발심을 개별로 배대하였으니, 보살의 종성으로부터 마지막에 이르기까지 세 가지 발심에서 벗어나지 않는 까닭이다. 광통(光統)율사는 12가지 머무름[27]에 배대하였으니 (ㄱ) 세 구절은 종성주

(種性住)이므로 '종자와 같고 밭의 땅과 같다'고 하였으니 모두 종자에서 생겨난다는 뜻이다.

(ㄴ) 여섯 구절은 승해행주를 밝히다[六句明勝解住] (二如 11下2)

菩提心者는 猶如淨水하니 能洗一切煩惱垢故며 菩提心者는 猶如大風하니 普於世間에 無所礙故며 菩提心者는 猶如盛火하니 能燒一切諸見薪故며 菩提心者는 猶如淨日하니 普照一切諸世間故며 菩提心者는 猶如盛月하니 諸白淨法이 悉圓滿故며 菩提心者는 猶如明燈하니 能放種種法光明故니라

(4) 보리심은 깨끗한 물과 같으니 모든 번뇌의 때를 씻는 연고라. (5) 보리심은 큰 바람과 같으니 세간에 두루 걸림이 없는 연고라. (6) 보리심은 치성한 불과 같으니 모든 소견의 섶나무를 태우는 연고라. (7) 보리심은 밝은 해와 같으니 모든 세간을 두루 비추는 연고라. (8) 보리심은 보름달과 같으니 여러 가지 깨끗한 법이 다 원만한 연고라. (9) 보리심은 밝은 등불과 같으니 가지가지 법의 광명을 놓는 연고라.

[疏] 二, 如淨水下의 六句는 明勝解行住中之益이라
■ (ㄴ) 如淨水 아래의 여섯 구절은 승해행주(勝解行住)의 이익을 밝힘이다.

---

27) 광통(光統)율사의 十二住: 1. 種性住 2. 勝解行住 3. 極喜增上住 4. 戒增上住 5. 增上心住 6. 覺分相應增上慧住 7. 諸諦相應增上住 8. 緣起流轉止息相應增上住 9. 無相有功用住 10. 無相無功用住 11. 無礙解住 12. 最上菩薩住로 모든 지위를 두루 포섭하였다. (『유가사지론』제47권)

(ㄷ) 극희지의 증상주[極喜增上住] (三淨 12上6)

菩提心者는 猶如淨目하니 普見一切安危處故며 菩提心者는 猶如大道하니 普令得入大智城故며 菩提心者는 猶如正濟하니 令其得離諸邪法故며 菩提心者는 猶如大車하니 普能運載諸菩薩故며 菩提心者는 猶如門戶하니 開示一切菩薩行故며 菩提心者는 猶如宮殿하니 安住修習三昧法故며 菩提心者는 猶如園苑하니 於中遊戱하여 受法樂故며 菩提心者는 猶如舍宅하니 安隱一切諸衆生故며 菩提心者는 則爲所歸하니 利益一切諸世間故며 菩提心者는 則爲所依하니 諸菩薩行의 所依處故며 菩提心者는 猶如慈父하니 訓導一切諸菩薩故며 菩提心者는 猶如慈母하니 生長一切諸菩薩故며 菩提心者는 猶如乳母하니 養育一切諸菩薩故며 菩提心者는 猶如善友하니 成益一切諸菩薩故며 菩提心者는 猶如君主하니 勝出一切二乘人故며 菩提心者는 猶如帝王하니 一切願中에 得自在故니라

(10) 보리심은 깨끗한 눈과 같으니, 여러 가지 편안하고 위태한 곳을 널리 보는 연고라. (11) 보리심은 큰 길과 같으니, 여러 사람을 큰 지혜의 성에 들게 하는 연고라. (12) 보리심은 바르게 건네는 것과 같으니, 삿된 법을 여의게 하는 연고라. (13) 보리심은 큰 수레와 같으니, 모든 보살을 두루 실어 옮기는 연고라. (14) 보리심은 문과 같으니, 모든 보살의 행을 열어 보이는 연고라. (15) 보리심은 궁전과 같으니,

삼매 법에 편안히 있어 닦게 하는 연고라. (16) 보리심은 공원과 같으니, 그 안에서 유희하면서 법의 즐거움을 받는 연고라. (17) 보리심은 집과 같으니, 모든 중생을 편안하게 하는 연고라. (18) 보리심은 돌아가는 데니, 모든 세간을 이익하게 하는 연고라. (19) 보리심은 의지할 데니, 모든 보살의 행이 의지한 곳인 연고라. (20) 보리심은 아버지와 같으니, 모든 보살을 훈계하여 지도하는 연고라. (21) 보리심은 어머니와 같으니, 모든 보살을 낳아 기르는 연고라. (22) 보리심은 유모와 같으니, 모든 보살을 낳아 양육하는 연고라. (23) 보리심은 착한 벗과 같으니, 모든 보살을 성취하여 이익하게 하는 연고라. (24) 보리심은 극왕과 같으니, 이승 사람들보다 뛰어나는 연고라. (25) 보리심은 황제와 같으니, 모든 원에서 자유 자재한 연고라.

[疏] 三, 淨目下의 十六句는 極喜增上住니 皆初地中義故라
- (ㄷ) 淨目 아래의 16구절은 극희지의 증상주이니, 모두 초지(初地) 중의 뜻이기 때문이다.

(ㄹ) 일곱 구절은 계증상주를 밝히다[七句戒增上住] (四如 12下3)

菩提心者는 猶如大海하니 一切功德이 悉入中故며 菩提心者는 如須彌山하니 於諸衆生에 心平等故며 菩提心者는 如鐵圍山하니 攝持一切諸世間故며 菩提心者는 猶如雪山하니 長養一切智慧藥故며 菩提心者는 猶如香山하

니 出生一切功德香故며 菩提心者는 猶如虛空하니 諸妙 功德이 廣無邊故며 菩提心者는 猶如蓮華하니 不染一切 世間法故니라

(26) 보리심은 큰 바다와 같으니, 모든 공덕이 그 가운데 들어가는 연고라. (27) 보리심은 수미산과 같으니, 중생들에게 마음이 평등한 연고라. (28) 보리심은 철위산과 같으니, 모든 세간을 거두어 가진 연고라. (29) 보리심은 설산과 같으니, 모든 지혜의 약풀을 자라게 하는 연고라. (30) 보리심은 향산과 같으니, 모든 공덕의 향을 내는 연고라. (31) 보리심은 허공과 같으니, 모든 묘한 공덕이 넓어 그지없는 연고라. (32) 보리심은 연꽃과 같으니, 모든 세간의 법에 물들지 않는 연고라.

[疏] 四, 如大海下의 七句는 戒增上住니라
- (ㄹ) 如大海 아래의 일곱 구절은 계증상주(戒增上住)이다.

(ㅁ) 열 구절은 증상심주를 밝히다[十句增上心住] (五調 13上2)

菩提心者는 如調慧象하니 其心善順하여 不獷悷故며 菩提心者는 如良善馬하니 遠離一切諸惡性故며 菩提心者는 如調御師하니 守護大乘一切法故며 菩提心者는 猶如良藥하니 能治一切煩惱病故며 菩提心者는 猶如坑穽하니 陷沒一切諸惡法故며 菩提心者는 猶如金剛하니 悉能穿徹一切法故며 菩提心者는 猶如香篋하니 能貯一切功

德香故며 菩提心者는 猶如妙華하니 一切世間의 所樂見
故며 菩提心者는 如白栴檀하니 除衆欲熱하여 使清凉故
며 菩提心者는 如黑沈香하니 能熏法界하여 悉周徧故니라
(33) 보리심은 잘 길든 코끼리와 같으니, 마음이 유순하여
영악하지 않은 연고라. (34) 보리심은 양순한 말과 같으니,
모든 악한 성질을 여읜 연고라. (35) 보리심은 말 모는 이와
같으니, 대승의 모든 법을 수호하는 연고라. (36) 보리심은
좋은 약과 같으니, 모든 번뇌의 병을 치료하는 연고라. (37)
보리심은 함정과 같으니, 모든 나쁜 법을 빠뜨리는 연고라.
(38) 보리심은 금강과 같으니, 모든 법을 잘 뚫는 연고라.
(39) 보리심은 향합과 같으니, 모든 공덕의 향을 담는 연고
라. (40) 보리심은 고운 꽃과 같으니 모든 세간에서 보기를
좋아하는 연고라. (41) 보리심은 백전단과 같으니 욕심의
열을 헤쳐 청량케 하는 연고라. (42) 보리심은 검은 침향과
같으니, 법계에 두루 풍기는 연고라.

[疏] 五, 調慧象下의 十句는 增上心住니라
- (ㅁ) 調慧象 아래의 열 구절은 증상심주(增上心住)를 밝힘이다.

(ㅂ) 구절은 각분과 상응하는 뛰어난 지혜의 주[覺分相應增上慧住]

(六善 13下2)

菩提心者는 如善見藥王하니 能破一切煩惱病故며 菩提
心者는 如毘笈摩藥하니 能拔一切諸惑箭故며 菩提心者

는 猶如帝釋하니 一切主中에 最爲尊故며 菩提心者는 如毘沙門하니 能斷一切貧窮苦故며 菩提心者는 如功德天하니 一切功德의 所莊嚴故며 菩提心者는 如莊嚴具하니 莊嚴一切諸菩薩故며 菩提心者는 如劫燒火하니 能燒一切諸有爲故며 菩提心者는 如無生根藥하니 長養一切諸佛法故며 菩提心者는 猶如龍珠하니 能消一切煩惱毒故며 菩提心者는 如水淸珠하니 能淸一切煩惱濁故니라

(43) 보리심은 선견약과 같으니, 모든 번뇌 병을 없애는 연고라. (44) 보리심은 비급마 약과 같으니, 모든 의혹의 화살을 뽑는 연고라. (45) 보리심은 제석과 같으니, 여러 임금 중에 가장 높은 연고라. (46) 보리심은 비사문과 같으니, 모든 가난한 고통을 끊는 연고라. (47) 보리심은 공덕천과 같으니 온갖 공덕으로 장엄한 연고라. (48) 보리심은 장엄거리와 같으니, 모든 보살을 장엄하는 연고라. (49) 보리심은 겁말에 타는 불과 같으니, 모든 함이 있는 것을 태우는 연고라. (50) 보리심은 남이 없는 뿌리 약과 같으니, 모든 불법을 자라게 하는 연고라. (51) 보리심은 용의 턱에 있는 구슬과 같으니, 모든 번뇌의 독을 소멸하는 연고라. (52) 보리심은 물 맑히는 구슬과 같으니, 모든 번뇌의 흐림을 맑히는 연고라.

[疏] 六, 善見藥下의 十句는 覺分相應增上慧住라 中에 云毘笈摩者는 此云普去니라

■ (ㅂ) 善見藥 아래의 열 구절은 '각분과 상응하는 뛰어난 지혜의 주[覺

分相應增上慧住]'이다. 그중에 비급마(毘笈摩)라 한 것은 '널리 제거한다'고 번역한다.

(ㅅ) 열 구절은 여러 진리와 상응하는 증상주[諸諦相應增上住]

(七如 14上2)

菩提心者는 如如意珠하니 周給一切諸貧乏故며 菩提心者는 如功德瓶하니 滿足一切衆生心故며 菩提心者는 如如意樹하니 能雨一切莊嚴具故며 菩提心者는 如鵝羽衣하니 不受一切生死垢故며 菩提心者는 如白氎線하니 從本已來로 性淸淨故며 菩提心者는 如快利犁하니 能治一切衆生田故며 菩提心者는 如那羅延하니 能摧一切我見敵故며 菩提心者는 猶如快箭하니 能破一切諸苦故며 菩提心者는 猶如利矛하니 能穿一切煩惱甲故며 菩提心者는 猶如堅甲하니 能護一切如理心故니라

(53) 보리심은 여의주와 같으니, 여러 가난한 이를 구해 주는 연고라. (54) 보리심은 공덕 병과 같으니, 모든 중생의 마음을 만족하게 하는 연고라. (55) 보리심은 여의수와 같으니, 모든 장엄거리를 비 내리는 연고라. (56) 보리심은 거위 깃 옷과 같으니, 모든 생사의 때가 묻지 않는 연고라. (57) 보리심은 흰 털실과 같으니 본래부터 성품이 깨끗한 연고라. (58) 보리심은 날카로운 보습과 같으니, 모든 중생의 밭을 가는 연고라. (59) 보리심은 나라연과 같으니, 나라연은 소견 가진 대적을 부수는 연고라. (60) 보리심은 뾰족한

화살과 같으니, 모든 괴롬의 과녁을 꿰는 연고라. (61) 보리심은 잘 드는 창과 같으니, 모든 번뇌 갑옷을 뚫는 연고라. (62) 보리심은 굳은 갑옷과 같으니, 모든 진리대로의 마음을 보호하는 연고라.

[疏] 七, 如意珠下의 十句는 諸諦相應增上住니라
- (ㅅ) 如意珠 아래의 열 구절은 '여러 진리와 상응하는 증상주[諸諦相應增上住]'를 밝힘이다.

(ㅇ) 열 구절은 연기법으로 유전하는 그침과 상응하는 증상주
[緣起流轉止息相應增上住] (八利 14下1)

菩提心者는 猶如利刀하니 能斬一切煩惱首故며 菩提心者는 猶如利劍하니 能斷一切憍慢鎧故며 菩提心者는 如勇將幢하니 能伏一切諸魔軍故며 菩提心者는 猶如利鋸하니 能截一切無明樹故며 菩提心者는 猶如利斧하니 能伐一切諸苦樹故며 菩提心者는 猶如兵仗하니 能防一切諸苦難故며 菩提心者는 猶如善手하니 防護一切諸度身故며 菩提心者는 猶如好足하니 安立一切諸功德故며 菩提心者는 猶如眼藥하니 滅除一切無明翳故며 菩提心者는 猶如鉗鑷하니 能拔一切身見刺故니라

(63) 보리심은 잘 드는 칼과 같으니, 모든 번뇌 머리를 베는 연고라. (64) 보리심은 날카로운 검과 같으니, 모든 교만의 투구를 깨는 연고라. (65) 보리심은 장수의 당기와 같으니,

모든 마를 굴복시키는 연고라. (66) 보리심은 잘 드는 톱과 같으니, 모든 무명의 나무를 끊는 연고라. (67) 보리심은 날선 도끼와 같으니, 모든 고통의 나무를 찍는 연고라. (68) 보리심은 병장기와 같으니, 모든 괴로움의 난을 막는 연고라. (69) 보리심은 좋은 손과 같으니, 모든 바라밀다의 몸을 방비하는 연고라. (70) 보리심은 튼튼한 발과 같으니, 모든 공덕을 세우는 연고라. (71) 보리심은 안약과 같으니, 모든 무명의 삼눈을 제하는 연고라. (72) 보리심은 족집게와 같으니, 모든 몸이란 소견의 가시를 뽑는 연고라.

[疏] 八, 利刀下의 十句는 明緣起流轉과 止息相應增上住라
- (ㅇ) 利刀 아래의 열 구절은 '연기법으로 유전함과 그침과 상응하는 증상주[緣起流轉止息相應增上住]'를 밝힘이다.

(ㅈ) 열 구절은 모양 없고 공용 있는 주를 밝히다[明無相有功用住]

(九臥 14下10)

菩提心者는 猶如臥具하니 悉除生死諸勞苦故며 菩提心者는 如善知識하니 能解一切生死縛故며 菩提心者는 如好珍財하니 能除一切貧窮事故며 菩提心者는 如大導師하니 善知菩薩出要道故며 菩提心者는 猶如伏藏하니 出功德財하여 無匱乏故며 菩提心者는 猶如涌泉하니 生智慧水하여 無窮盡故며 菩提心者는 猶如明鏡하니 普現一切法門像故며 菩提心者는 猶如蓮華하니 不染一切諸罪

垢故며 菩提心者는 猶如大河하니 流引一切度攝法故며 菩提心者는 如大龍王하니 能雨一切妙法雨故니라

(73) 보리심은 방석과 같으니, 생사의 피로함을 더는 연고라. (74) 보리심은 선지식과 같으니, 모든 생사의 속박을 푸는 연고라. (75) 보리심은 보물과 같으니, 모든 빈궁을 제하는 연고라. (76) 보리심은 좋은 길잡이와 같으니, 보살의 벗어날 길을 잘 아는 연고라. (77) 보리심은 묻힌 갈무리와 같으니, 공덕 재물을 다하지 않게 내는 연고라. (78) 보리심은 솟는 샘과 같으니, 지혜의 물을 끊이지 않게 내는 연고라. (79) 보리심은 거울과 같으니, 모든 법문의 영상을 나타내는 연고라. (80) 보리심은 연꽃과 같으니, 모든 죄의 때에 물들지 않는 연고라. (81) 보리심은 큰 강과 같으니, 모든 건네주는 법을 이끌어 흐르는 연고라. (82) 보리심은 큰 용왕과 같으니, 모든 묘한 법 비를 내리는 연고라.

[疏] 九, 臥具下의 十句는 明無相有功用住니라
- (ㅈ) 臥具 아래의 열 구절은 '모양 없고 공용 있는 주[無相有功用住]'를 밝힘이요,

(ㅊ) 열 구절은 모양 없고 공용 없는 주를 밝히다[明無相無功用住]

(十命 15上10)

菩提心者는 猶如命根하니 任持菩薩大悲身故며 菩提心者는 猶如甘露하니 能令安住不死界故며 菩提心者는 猶

如大網하니 普攝一切諸衆生故며 菩提心者는 猶如胃索하니 攝取一切所應化故며 菩提心者는 猶如鉤餌하니 出有淵中所居者故며 菩提心者는 如阿伽陀藥하니 能令無病하여 永安隱故며 菩提心者는 如除毒藥하니 悉能消歇貪愛毒故며 菩提心者는 如善持呪하니 能除一切顛倒毒故며 菩提心者는 猶如疾風하니 能卷一切諸障霧故며 菩提心者는 如大寶洲하니 出生一切覺分寶故니라

(83) 보리심은 목숨과 같으니, 보살의 매우 가엾이 여김인 몸을 유지하는 연고라. (84) 보리심은 단이슬과 같으니, 죽지 않는 세계에 편안히 머물게 하는 연고라. (85) 보리심은 큰 그물과 같으니, 모든 중생을 거두는 연고라. (86) 보리심은 오랏줄과 같으니, 모든 교화받을 중생을 끌어당기는 연고라. (87) 보리심은 낚시 미끼와 같으니, 존재의 못 속에 사는 이를 끌어내는 연고라. (88) 보리심은 아가타 약과 같으니, 병이 없고 길이 편안하게 하는 연고라. (89) 보리심은 독을 제거하는 약과 같으니, 탐애의 독을 소멸하는 연고라. (90) 보리심은 주문을 잘 외는 것 같으니, 모든 뒤바뀐 독을 제거하는 연고라. (91) 보리심은 빠른 바람과 같으니, 모든 장애의 안개를 걷어 버리는 연고라. (92) 보리심은 보배 섬과 같으니, 모든 깨달을 부분의 보배를 내는 연고라.

[疏] 十, 命根下의 十句는 明無相無功用住니라
- (ㅊ) 命根 아래의 열 구절은 '모양 없고 공용 없는 주[無相無功用住]'를 밝힘이다.

(ㅋ) 열 구절은 무애해주를 밝히다[十句明無礙解住] (十一 15下9)

菩提心者는 如好種性하니 出生一切白淨法故며 菩提心者는 猶如住宅하니 諸功德法의 所依處故며 菩提心者는 猶如市肆하니 菩薩商人의 貿易處故며 菩提心者는 如鍊金藥하니 能治一切煩惱垢故며 菩提心者는 猶如好蜜하니 圓滿一切功德味故며 菩提心者는 猶如正道하니 令諸菩薩로 入智城故며 菩提心者는 猶如好器하니 能持一切白淨法故며 菩提心者는 猶如時雨하니 能滅一切煩惱塵故며 菩提心者는 則爲住處하니 一切菩薩의 所住處故며 菩提心者는 則爲壽行하니 不取聲聞의 解脫果故니라

(93) 보리심은 좋은 종자 같으니, 모든 희고 깨끗한 법을 나게 하는 연고라. (94) 보리심은 주택과 같으니, 모든 공덕이 의지한 곳인 연고라. (95) 보리심은 시장과 같으니 보살 장사꾼이 무역하는 곳인 연고라. (96) 보리심은 금을 단련하는 약과 같으니 모든 번뇌의 때를 없애는 연고라. (97) 보리심은 꿀과 같으니, 모든 공덕의 맛을 원만하게 하는 연고라. (98) 보리심은 바른 길과 같으니, 보살들을 지혜의 성에 들어가게 하는 연고라. (99) 보리심은 좋은 그릇과 같으니, 모든 희고 깨끗한 법을 담는 연고라. (100) 보리심은 가물 때의 비와 같으니, 모든 번뇌의 티끌을 없애는 연고라. (101) 보리심은 있을 곳이 되나니, 모든 보살의 머무는 곳인 연고라. (102) 보리심은 자석이 되나니, 성문의 해탈과를 취하지 않는 연고라.

[疏] 十一, 好種性下의 十句는 明無碍解住라 言壽行者는 梵本에 云, 則 爲磁石이라하니 不吸聲聞의 解脫果故니라

■ (ㅋ) 好種性 아래의 열 구절은 '걸림 없이 아는 주[無礙解住]'를 밝힘이다. 수행(壽行)이라 말한 것은 범본에 이르되, "곧 자석이 된다"고 하였으니, 성문의 해탈한 과덕을 빨아들이지 않는 까닭이다.

(ㅌ) 16구절은 최상의 보살주를 밝히다[明最上菩薩住] (十二 16下4)

菩提心者는 如淨琉璃하니 自性明潔하여 無諸垢故며 菩提心者는 如帝靑寶하니 出過世間二乘智故며 菩提心者는 如更漏鼓하니 覺諸衆生의 煩惱睡故며 菩提心者는 如淸淨水하니 性本澄潔하여 無垢濁故며 菩提心者는 如閻浮金하니 暎奪一切有爲善故며 菩提心者는 如大山王하니 超出一切諸世間故며 菩提心者는 則爲所歸하니 不拒一切諸來者故며 菩提心者는 則爲義利하니 能除一切衰惱事故며 菩提心者는 則爲妙寶하니 能令一切로 心歡喜故며 菩提心者는 如大施會하니 充滿一切衆生心故며 菩提心者는 則爲尊勝하니 諸衆生心이 無與等故며 菩提心者는 猶如伏藏하니 能攝一切諸佛法故며 菩提心者는 如因陀羅網하니 能伏煩惱阿修羅故며 菩提心者는 如婆樓那風하니 能動一切所應化故며 菩提心者는 如因陀羅火하니 能燒一切諸惑習故며 菩提心者는 如佛支提하니 一切世間이 應供養故니라

(103) 보리심은 깨끗한 유리와 같으니, 성질이 맑고 깨끗하

여 때가 없는 연고라. (104) 보리심은 '제석천왕의 푸른 보배'와 같으니, 세간과 이승의 지혜보다 뛰어나는 연고라. (105) 보리심은 시간 알리는 북과 같으니 중생의 번뇌 졸음을 깨우는 연고라. (106) 보리심은 맑은 물과 같으니, 성질이 깨끗하여 흐린 때가 없는 연고라. (107) 보리심은 염부단금과 같으니, 모든 함이 있는 선한 것을 무색하게 하는 연고라. (108) 보리심은 큰 산과 같으니, 모든 세간에서 우뚝 솟아난 연고라. (109) 보리심은 돌아갈 데니, 노는 이들을 거절하지 않는 연고라. (110) 보리심은 옳은 이익이니, 모든 쇠퇴하는 일을 제거하는 연고라. (111) 보리심은 기묘한 보배니, 여럿의 마음을 기쁘게 하는 연고라. (112) 보리심은 크게 보시하는 모임과 같으니, 중생들의 마음을 만족하게 하는 연고라. (113) 보리심은 높고 훌륭한 것이니, 중생의 마음으로는 같을 수 없는 연고라. (114) 보리심은 묻힌 갈무리 같으니, 모든 부처님 법을 거두어 모은 연고라. (115) 보리심은 인드라 그물과 같으니, 번뇌의 아수라를 굴복하는 연고라. (116) 보리심은 바루나 바람과 같으니, 모든 교화받을 이를 흔드는 연고라. (117) 보리심은 인드라 불과 같으니, 모든 번뇌의 버릇을 태우는 연고라. (118) 보리심은 부처님의 탑과 같으니, 모든 세간에서 공양할 바인 연고라.

[疏] 十二, 淨琉璃下의 十六句는 明最上菩薩住라 梵本에 云, 因陀羅網은 網取煩惱阿修羅故라 婆樓那風은 此云迅猛風也라하니 其中文義

는 皆與彼位로 相應이로대 恐繁不屬하노라 故로 始於種子하여 終於
惑習하니 明竪義彰矣라 然이나 斷習等을 推功歸本인대 由初發心하여
則橫具諸德이 於理에 明矣로다

■ (ㅌ) 淨琉璃 아래 16구절은 최상의 보살주[最上菩薩住]를 밝힘이다.
범본에, "인드라망은 그물로 번뇌와 아수라를 취한 까닭이며, 바루
나풍(婆樓那風)은 '빠르고 사나운 바람'이라 번역한다"라 하였으니,
그 가운데 경문의 뜻은 모두 저 지위와 상응하지만 소속되지 않음을
번거로워할까 두려워한다. 그러므로 종자에서 시작하여 미혹한 습기
에서 끝나는 것이니, 세로의 뜻을 밝힌 것이 분명하다. 그러나 습기
를 끊음 등은 공(功)을 미루어 근본으로 돌아간다면 초발심으로 말
미암아 가로로 모든 덕을 갖춘 것이 이치가 분명하다.

ㄴ) 총합하여 결론하다[總結] (二善 17上4)

善男子여 菩提心者는 成就如是無量功德이어니와 擧要
言之컨댄 應知悉與一切佛法諸功德等이니 何以故오 因
菩提心하여 出生一切諸菩薩行이며 三世如來가 從菩提
心하여 而出生故라 是故로 善男子여 若有發阿耨多羅三
藐三菩提心者면 則已出生無量功德하여 普能攝取一切
智道니라

착한 남자여, 보리심은 이렇게 한량없는 공덕을 성취하나
니, 요령을 들어 말하면 모든 불법의 공덕과 평등하니라. 왜
냐하면 보리심은 보살의 행을 내나니, 세 세상 여래가 보리
심으로부터 나시는 연고이니라. 착한 남자여, 그러므로 만

일 아늣다라삼약삼보디심을 내는 이는 이미 한량없는 공덕
을 내었으며 온갖 지혜의 길을 널리 거두어 가지느니라.

[疏] 二, 善男子下는 總結이라 卽功成이 由於始簣니 故로 初心에 具於諸
德이온 況復初後圓融인가
- ㄴ) 善男子 아래는 총합하여 결론함이다. 곧 공(功)을 이룸은 삼태기
하나에서 시작함으로 말미암은 연고로 처음 발심할 적에 여러 덕을
갖추었는데 하물며 다시 처음과 뒤가 원융함이겠는가?

ㄴ. 보리심은 여러 공덕을 단박에 갖춘다[明菩提心頓具諸德] 5.
ㄱ) 십주를 섭수한 보리심의 공덕[攝十住德] (第二 18上6)

善男子여 譬如有人이 得無畏藥에 離五恐怖하나니 何等
爲五오 所謂火不能燒며 毒不能中이며 刀不能傷이며 水
不能漂며 煙不能熏인달하여 菩薩摩訶薩도 亦復如是하
여 得一切智菩提心藥에 貪火가 不燒하며 瞋毒이 不中하
며 惑刀가 不傷하며 有流가 不漂하며 諸覺觀煙이 不能熏
害니라 善男子여 譬如有人이 得解脫藥에 終無橫難인달
하여 菩薩摩訶薩도 亦復如是하여 得菩提心解脫智藥에
永離一切生死橫難이니라 善男子여 譬如有人이 持摩訶
應伽藥에 毒蛇가 聞氣하면 則皆遠去인달하여 菩薩摩訶
薩도 亦復如是하여 持菩提心大應伽藥에 一切煩惱諸惡
毒蛇가 聞其氣者는 悉皆散滅이니라 善男子여 譬如有人
이 持無勝藥에 一切怨敵이 無能勝者인달하여 菩薩摩訶

薩도 亦復如是하여 持菩提心無能勝藥에 悉能降伏一切
魔軍이니라 善男子여 譬如有人이 持毘笈摩藥에 能令毒
箭으로 自然墮落인달하여 菩薩摩訶薩도 亦復如是하여
持菩提心毘笈摩藥에 令貪恚癡諸邪見箭으로 自然墮落
이니라 善男子여 譬如有人이 持善見藥에 能諸一切所有
諸病인달하여 菩薩摩訶薩도 亦復如是하여 持菩提心善
見藥王에 悉除一切諸煩惱病이니라 善男子여 如有藥樹
하니 名珊陀那라 有取其皮하여 以塗瘡者면 瘡則除愈나
然其樹皮는 隨取隨生하여 終不可盡인달하여 菩薩摩訶
薩의 從菩提心生一切智樹도 亦復如是하여 若有得見하
고 而生信者면 煩惱業瘡이 悉得消滅이나 一切智樹는 初
無所損이니라

착한 남자여, (1) 마치 사람이 두려움 없는 약을 가지면 다
섯 가지 공포를 여의나니, 무엇이 다섯인가? 이른바 불에
타지 않고 독에 걸리지 않고 칼에 상하지 않고 물에 빠지지
않고 연기에 취하지 않음이니라. 보살도 그와 같아서 온갖
지혜의 보리심 약을 얻으면 탐욕의 불에 타지 않고 성내는
독에 걸리지 않고 의혹의 칼에 상하지 않고 존재의 흐름에
빠지지 않고 깨닫고 살피는 연기에 취하지 않느니라. 착한
남자여, (2) 마치 사람이 해탈의 약을 얻으면 마침내 횡액이
없나니, 보살마하살도 그와 같아서 보리심의 해탈하는 지
혜의 약을 얻으면 모든 생사의 횡액을 여의느니라. 착한 남
자여, (3) 마치 사람이 마하응가 약을 가지면 독사가 냄새를
맡고 멀리 도망하나니, 보살마하살도 그와 같아서 보리심

의 큰 응가 약을 가지면 모든 번뇌의 악한 독사가 그 냄새를 맡고는 다 흩어져 소멸되느니라. 착한 남자여, (4) 마치 사람이 이길 이 없는 약을 가지면 모든 원수가 이기지 못하나니, 보살마하살도 그와 같아서 보리심의 이길 이 없는 약을 가지면 모든 마군을 항복받느니라. 착한 남자여, (5) 마치 사람이 비급마 약을 가지면 독한 화살이 저절로 떨어지나니, 보살마하살도 그와 같아서 보리심의 비급마 약을 가지면 탐욕·성냄·어리석음·삿된 소견의 화살이 저절로 떨어지느니라. 착한 남자여, (6) 마치 사람이 선견 약을 가지면 모든 병을 제멸하나니, 보살마하살도 그와 같아서 보리심의 선견 약을 가지면 모든 번뇌의 병을 제멸하느니라. 착한 남자여, (7) 약나무가 있으니 이름이 산다나라. 그 껍질을 벗겨서 부스럼에 붙이면 부스럼이 곧 나으며 그 나무 껍질은 벗기는 대로 곧 아물어서 끝나지 않나니, 보살마하살의 보리심에서 생기는 온갖 지혜의 나무도 그와 같아서 누구나 보고 신심을 내면 번뇌와 업의 부스럼이 곧 소멸되거니와 온갖 지혜의 나무는 조금도 손상되지 않느니라.

[疏] 第二, 善男子譬如下의 一百三句는 明菩提心自在功德이라 文中에 各有喩合이니 說聽之人의 所見深遠일새 故로 所引喩가 多非凡境이요 亦顯不共菩提心故라 雖通橫竪나 且竪分五段이니 初有七句는 攝十住德이니 覺心自性하여 離惡覺等故니라

- ㄴ. 善男子譬如 아래의 103구절은 보리심은 여러 공덕을 단박에 갖춤을 밝힘이다. 경문 중에 각기 비유로 밝힘과 법과 비유를 합함이

있으니 설법하고 법을 듣는 사람의 보는 바가 깊고 원대한 연고로 인용한 비유가 대부분 범부의 경계가 아니요, 또한 보리심과 함께하지 않음을 밝힌 까닭이다. 비록 가로와 세로가 통하지만 우선 세로로 다섯 문단으로 나누리니 ㄱ) 일곱 구절은 십주를 섭수한 공덕이니, 마음의 자체 성품을 깨달아서 나쁜 깨달음 따위를 여읜 까닭이다.

ㄴ) 십행을 섭수한 보리심의 공덕[攝十行德] (二無 19下8)

善男子여 如有藥樹하니 名無生根이라 以其力故로 增長一切閻浮提樹인달하여 菩薩摩訶薩의 菩提心樹도 亦復如是하여 以其力故로 增長一切學與無學과 及諸菩薩의 所有善法이니라 善男子여 譬如有藥하니 名阿藍婆라 若用塗身이면 身之與心이 咸有堪能인달하여 菩薩摩訶薩의 得菩提心阿藍婆藥도 亦復如是하여 令其身心으로 增長善法이니라 善男子여 譬如有人이 得念力藥에 凡所聞事를 憶持不忘인달하여 菩薩摩訶薩의 得菩提心念力妙藥도 悉能聞持一切佛法하여 皆無忘失이니라 善男子여 譬如有藥하니 名大蓮華라 其有服者면 住壽一劫인달하여 菩薩摩訶薩의 服菩提心大蓮華藥도 亦復如是하여 於無數劫에 壽命自在니라 善男子여 譬如有人이 執翳形藥에 人與非人이 悉不能見인달하여 菩薩摩訶薩의 執菩提心翳形妙藥도 一切諸魔가 不能得見이니라 善男子여 如海有珠하니 名普集衆寶라 此珠가 若在하면 假使劫火가 焚燒世間이라도 能令此海로 減於一滴이 無有是處인달

하여 菩薩摩訶薩의 菩提心珠도 亦復如是하여 住於菩薩
大願海中하여 若常憶持하여 不令退失이면 能壞菩薩의
一善根者가 終無是處어니와 若退其心이면 一切善法이
卽皆散滅이니라 善男子여 如有摩尼하니 名大光明이라
有以此珠로 瓔珞身者면 暎蔽一切寶莊嚴具하여 所有光
明이 悉皆不現인달하여 菩薩摩訶薩의 菩提心寶도 亦復
如是하여 瓔珞其身에 暎蔽一切二乘心寶하여 諸莊嚴具
가 悉無光彩니라 善男子여 如水淸珠가 能淸濁水인달하
여 菩薩摩訶薩의 菩提心珠도 亦復如是하여 能淸一切煩
惱垢濁이니라 善男子여 譬如有人이 得住水寶하여 繫其
身上에 入大海中하되 不爲水害인달하여 菩薩摩訶薩도
亦復如是하여 得菩提心住水妙寶에 入於一切生死海中
하되 終不沈沒이니라 善男子여 譬如有人이 得龍寶珠에
持入龍宮하되 一切龍蛇가 不能爲害인달하여 菩薩摩訶
薩도 亦復如是하여 得菩提心大龍寶珠에 入欲界中하되
煩惱龍蛇가 不能爲害니라

착한 남자여, (1) 약나무가 있는데 이름은 남이 없는 뿌리라. 그 세력으로 모든 염부제의 나무를 자라게 하나니, 보살마하살의 보리심 나무도 그와 같아서 그 세력으로 모든 배우는 이, 배울 것 없는 이와 보살들의 착한 법을 증장케 하느니라. 착한 남자여, (2) 약이 있는데 이름은 아람바라. 그것을 몸에 바르면 몸과 마음에 힘이 나나니, 보살마하살의 보리심 아람바 약도 그와 같아서 몸과 마음에 착한 법을 증장케 하느니라. 착한 남자여, (3) 어떤 사람이 기억하는 힘 있는 약을 먹으면 한번 들은 일을 기억하고 잊지 않나니, 보살마하살이 보리심 기억하는 힘 있는 약을 얻으면 모든 불법을 다 듣고 잊어버리지 않느니라. 착한 남자여, (4) 마치 대련화란 약이 있는데, 그 약을 먹으면 한 겁을 사나니, 보살마하살이 보리심 대련화 약을 먹는 것도 그와 같아서 수없는 겁에 목숨이 자유 자재하느니라. 착한 남자여, (5) 마치 사람이 몸 가리는 약을 쥐면 사람과 사람이 아닌 이가 능히 보지 못하나니, 보살마하살도 그와 같아서 보리심의 몸 가리는 묘한 약을 잡으면 모든 마들이 능히 보지 못하느니라. 착한 남자여, (6) 바다에 진주가 있으니 이름은 뭇 보배 두루 모음이라. 이 진주가 있기만 하면 설사 겁말의 불이 세간을 태우더라도 이 바닷물을 한 방울도 감하게 할 수 없느니라. 보살마하살의 보리심 진주도 그와 같아서, 보살의 서원 바다에 머물러 항상 기억해 가지고 물러나지 않으면 보살의 착한 뿌리 하나를 무너뜨리는 일도 할 수 없거니와 만일 그 마음이 물러나면 모든 착한 법이 다 소멸되느니라. 착한 남자여, (7) 대광명이란 마니 구슬이 있는데 이 구슬로 몸을 단장하면 모든 보배 장엄거리를 가려 버려서 거기 있는 광명이 나타나지 못하나니, 보살마하살의 보리심 보배도 그와 같아서 몸에 단장하면 모든 이승의 마음 보배를 가려 버려서 모든 장엄거리의 광채가 없어지느니라. 착한 남자여, (8) 마치 물 맑히는 구슬이 능히 흐린 물을 맑히듯이 보살마하살의 보리심 구슬도 그와 같아서 모든 번뇌의 흐린 때를 맑히느니라. 착한 남자여, (9) 마치 사람이 물에 머무는 보배를 얻어 몸에 매면 큰 바다에 들어가도 물이 해하지 못하나니, 보살마하살도 그와 같아서 보리심의 물에 머무는 묘한 보배를 얻으면 모든 생사하는 바다에 들어가도 빠지지 않느니라. 착한 남자여, (10) 어떤 사람이 용의 보배 구슬을 얻어 가지고 용궁에 들어가면 모든 용이나 뱀이 해하지 못하나니, 보살마하살도 그와 같아서 보리심 큰 용의 보배 구슬을 얻어 가지고 욕심 세계에 들어가더라도 번뇌의 용과 뱀이 해하지 못하느니라.

[疏] 二, 無生根下의 十喩는 攝十行德이라
- ㄴ) 無生根 아래의 열 가지 비유는 십행을 섭수한 공덕이다.

ㄷ) 십회향을 섭수한 보리심의 공덕[攝十廻向德] (三帝 21上3)

善男子여 譬如帝釋이 着摩尼冠에 暎蔽一切諸餘天衆인 달하여 菩薩摩訶薩도 亦復如是하여 着菩提心大願寶冠에 超過一切三界衆生이니라 善男子여 譬如有人이 得如意珠에 除滅一切貧窮之苦인달하여 菩薩摩訶薩도 亦復如是하여 得菩提心如意寶珠에 遠離一切邪命怖畏니라 善男子여 譬如有人이 得日精珠에 持向日光하여 而生於火인달하여 菩薩摩訶薩도 亦復如是하여 得菩提心智日寶珠에 持向智光하여 而生智火니라 善男子여 譬如有人이 得月精珠에 持向月光하여 而生於水인달하여 菩薩摩訶薩도 亦復如是하여 得菩提心月精寶珠에 持此心珠하

고 鑒廻向光하여 而生一切善根願水니라 善男子여 譬如 龍王이 首戴如意摩尼寶冠에 遠離一切怨敵怖畏인달하 여 菩薩摩訶薩도 亦復如是하여 着菩提心大悲寶冠에 遠 離一切惡道諸難이니라 善男子여 如有寶珠하니 名一切 世間莊嚴藏이라 若有得者면 令其所欲으로 悉得充滿하 되 而此寶珠는 無所損減인달하여 菩提心寶珠도 亦復如 是하여 若有得者면 令其所願으로 悉得滿足하되 而菩提 心은 無有損減이니라 善男子여 如轉輪王이 有摩尼寶하 니 置於宮中에 放大光明하여 破一切暗인달하여 菩薩摩 訶薩도 亦復如是하여 以菩提心大摩尼寶로 住於欲界에 放大智光하여 悉破諸趣無明黑暗이니라 善男子여 譬如 帝青大摩尼寶가 若有爲此光明所觸이면 則同其色인달 하여 菩薩摩訶薩의 菩提心寶도 亦復如是하여 觀察諸法 하여 廻向善根에 靡不卽同菩提心色이니라 善男子여 如 瑠璃寶가 於百千歲를 處不淨中하되 不爲臭穢之所染着 이니 性本淨故인달하여 菩薩摩訶薩의 菩提心寶도 亦復 如是하여 於百千劫을 住欲界中하되 不爲欲界過患所染 이니 猶如法界하여 性清淨故니라28)

착한 남자여, (1) 마치 제석천왕이 마니 관을 쓰면 다른 하늘 무리들을 가려 버리나니, 보살마하살도 그와 같아서 보리심의 큰 서원인 보배 관을 쓰면, 모든 세 세상 중생들을 초과하느니라. 착한 남자여, (2) 마치 사람이 여의주를 얻으면 모든 빈궁한 괴로움을 멸하나니, 보살마하살도 그와 같

---

28) 菩提心寶珠의 珠는 麗宋元明清綱杭鼓纂及貞元亦本無, 案此注卍合本誤標於無所損減前之珠字上.

아서 보리심 여의주 보배를 얻으면 모든 잘못 생활하는 두려움을 멀리 여의느니라. 착한 남자여, (3) 마치 사람이 일정주를 얻어 햇빛에 향하면 불이 나나니, 보살마하살도 그와 같아서 보리심 지혜의 일정주를 얻어 지혜의 빛에 향하면 지혜의 불이 나느니라. 착한 남자여, (4) 마치 사람이 월정주를 얻어 달빛에 향하면 물이 나나니, 보살마하살도 그와 같아서 보리심의 월정주를 얻어서 그 구슬로 회향하는 빛에 비추면 모든 착한 뿌리의 서원 물을 내느니라. 착한 남자여, (5) 마치 용왕이 머리에 여의주 보배 관을 쓰면 모든 원수의 두려움을 여의나니, 보살마하살도 그와 같아서 보리심의 크게 가엾이 여기는 보배 관을 쓰면 모든 나쁜 길의 어려움을 멀리 여의느니라. 착한 남자여, (6) 마치 보배 구슬이 있는데, 이름은 모든 세간을 장엄하는 갈무리라, 얻기만 하면 모든 욕망이 만족하나 이 보배 구슬은 감손함이 없나니, 보리심의 보배도 그와 같아서 얻는 이가 있으면 소원이 만족하여지나 보리심은 감손하지 않느니라. 착한 남자여, (7) 전륜왕이 마니보배를 궁중에 놓으면 큰 광명을 내어 모든 어둠을 깨뜨리나니, 보살마하살도 그와 같아서 보리심의 큰 마니보배를 욕심 세계에 두면 큰 지혜의 빛을 놓아 여러 길의 무명의 캄캄함을 깨뜨리느니라. 착한 남자여, (8) 마치 제석천왕의 푸른 마니보배의 광명을 쐬는 이가 있으면 그 빛과 같아지나니, 보살마하살의 보리심 보배도 그와 같아서 모든 법을 관찰하여 착한 뿌리에 회향하면 보리심 빛과 같아지지 않는 이가 없느니라. 착한 남자여, (9) 유리 보배는 백천 년 동안을 부정한 속에 있어도 더러운 데 물들지 않나니, 성품이 원래 깨끗한 연고이니라. 보살마하살의 보리심 보배도 그와 같아서 백천 겁 동안을 욕심 세계에 있어도 욕심 세계에 물들지 않고 법계와 같나니, 성품이 청정한 연고이니라.

[疏] 三, 帝釋着摩尼下의 九句는 攝十廻向德이라
■ ㄷ) 帝釋着摩尼 아래 아홉 구절은 십회향을 섭수한 보리심의 공덕이다.

ㄹ) 십지를 섭수한 보리심의 공덕[攝十地德] 10.
(ㄱ) 초지를 섭수한 보리심의 공덕[一地德] (四有 21下6)

善男子여 譬如有寶하니 名淨光明이라 悉能暎蔽一切寶色인달하여 菩薩摩訶薩의 菩提心寶도 亦復如是하여 悉能暎蔽一切凡夫二乘功德이니라 善男子여 譬如有寶하니 名爲火焰이라 悉能除滅一切暗冥인달하여 菩薩摩訶薩의 菩提心寶도 亦復如是하여 能滅一切無知暗冥이니라 善男子여 譬如海中에 有無價寶어든 商人이 採得하여 船載入城하면 諸餘摩尼百千萬種의 光色價置가 無與等者인달하여 菩提心寶도 亦復如是하여 住於生死大海之中이어든 菩薩摩訶薩이 乘大願船하고 深心相續하여 載之來入解脫城中하면 二乘功德이 無能及者니라 善男子여 如有寶珠하니 名自在王이라 處閻浮洲하여 去日月輪이 四萬由旬이로되 日月宮中所有莊嚴이 其珠影現하여

悉皆具足인달하여 菩薩摩訶薩의 發菩提心淨功德寶도 亦復如是하여 住生死中하여 照法界空에 佛智日月의 一切功德이 悉於中現이니라

착한 남자여, (1) 마치 깨끗한 광명이란 보배가 모든 보배의 빛을 모두 가려 버리나니, 보살마하살의 보리심 보배도 그와 같아서 모든 범부와 이승의 공덕을 모두 가리어 버리느니라. 착한 남자여, (2) 불꽃이란 보배가 모든 어두움을 다 제하나니, 보살마하살의 보리심 보배도 그와 같아서 모든 무지의 어두움을 소멸하느니라. 착한 남자여, (3) 마치 바다에 값없는 보배가 있는데 장사치들이 들어가 따서 배에 싣고 성시에 들어가면 다른 마니주는 백천만 종류라도 광택과 값이 비길 수 없나니, 보리심 보배도 그와 같아서 나고 죽는 바다 속에 있거든 보살마하살이 큰 서원의 배를 타고 깊은 마음이 서로 계속하며 싣고 와서 해탈성으로 들어가면 이승의 공덕으로는 미칠 이가 없느니라. 착한 남자여, (4) 보배 구슬이 있는데 이름은 자재왕이라. 염부제에 있어서 해·달과는 멀기가 4만 유순이지마는 일궁과 월궁에 있는 장엄이 그 구슬에 모두가 구족하게 나타나나니, 보살마하살의 보리심을 낸 깨끗한 공덕 보배도 그와 같아서, 나고 죽는 가운데 있거든 법계인 허공을 비추는 부처님 지혜의 해·달의 모든 공덕이 그 가운데 나타나느니라.

[疏] 四, 有寶名淨光明下의 六十喩는 攝十地德이라 卽分爲十이니 初四는 攝初地德이라

■ ㄹ) 有寶名淨光明 아래 60가지 비유는 십지를 섭수한 공덕이다. 곧 열로 나누리니 처음 (ㄱ) 네 가지 비유는 초지를 섭수한 공덕이다.

(ㄴ) 2지를 섭수한 보리심의 공덕[二地德] (二如 22上7)

善男子여 如有寶珠하니 名自在王이라 日月光明所照之處에 一切財寶衣服等物의 所有價置가 悉不能及인달하여 菩薩摩訶薩의 發菩提心自在王寶도 亦復如是하여 一切智光所照之處에 三世所有天人二乘漏無漏善의 一切功德이 皆不能及이니라 善男子여 海中에 有寶하니 名曰海藏이라 普現海中諸莊嚴事인달하여 菩薩摩訶薩의 菩提心寶도 亦復如是하여 普能顯現一切智海諸莊嚴事니라 善男子여 譬如天上閻浮檀金이 唯除心王大摩尼寶하고 餘無及者인달하여 菩薩摩訶薩의 發菩提心閻浮檀金도 亦復如是하여 除一切智心王大寶하고 餘無及者니라

착한 남자여, (5) 마치 보배 구슬이 있는데 이름은 자재왕이라. 해와 달의 광명이 비추는 곳에 있는 모든 재물·보배·의복 따위의 값으로는 미칠 수 없나니, 보살마하살의 보리심을 낸 자재왕 보배도 그와 같아서, 온갖 지혜의 광명이 비추는 곳에 있는 세 세상의 천상·인간·이승이 가진 새는 선과 새지 않는 선의 공덕으로는 미칠 수 없느니라. 착한 남자여, (6) 바다 속에 보배가 있는데 이름은 해장이라. 바다 속에 있는 여러 가지 장엄한 일을 두루 나타내나니, 보살마하살의 보리심 보배도 그와 같아서, 온갖 지혜 바다의 여러

가지 장엄한 일을 두루 나타내느니라. 착한 남자여, (7) 마치 천상에 있는 염부단금은 심왕 대마니 보배를 빼놓고는 다른 보배로는 미칠 수가 없나니, 보살마하살의 보리심을 낸 염부단금도 그와 같아서 온갖 지혜의 심왕대보를 빼놓고는 다른 것으로 미칠 수가 없느니라.

[疏] 二, 如自在王下의 三喩는 攝二地德이니 持戒와 頭陀等인 淨功德故라
■ (ㄴ) 如自在王 아래의 세 가지 비유는 2지를 섭수한 공덕이니 지계함과 두타수행 하는 등의 깨끗한 공덕인 까닭이다.

(ㄷ) 3지를 섭수한 보리심의 공덕[三地德] (三善 23上1)

善男子여 譬如有人이 善調龍法하면 於諸龍中에 而得自在인달하여 菩薩摩訶薩도 亦復如是하여 得菩提心善調龍法하면 於諸一切煩惱龍中에 而得自在니라 善男子여 譬如勇士가 被執鎧仗에 一切怨敵이 無能降伏인달하여 菩薩摩訶薩도 亦復如是하여 被執菩提大心鎧仗에 一切業惑의 諸惡怨敵이 無能屈伏이니라 善男子여 譬如天上黑栴檀香이 若燒一銖하면 其香이 普熏小千世界하나니 三千世界滿中珍寶의 所有價置가 皆不能及인달하여 菩薩摩訶薩의 菩提心香도 亦復如是하여 一念功德이 普熏法界하나니 聲聞緣覺의 一切功德이 皆所不及이니라 善男子여 如白栴檀이 若以塗身하면 悉能除滅一切熱惱하여 令其身心으로 普得淸凉인달하여 菩薩摩訶薩의 菩

提心香도 亦復如是하여 能除一切虛妄分別貪恚癡等諸
惑熱惱하여 令其具足智慧淸凉이니라

착한 남자여, (8) 마치 사람이 용을 길들이는 법을 잘 알면
여러 용 가운데서 자재하게 되나니, 보살마하살도 그와 같
아서 보리심의 용을 길들이는 법을 잘 알면 모든 번뇌 용 가
운데서 자재하게 되느니라. 착한 남자여, (9) 마치 용사가
갑주를 입고 장기를 들면 모든 대적이 항복받지 못하나니,
보살마하살도 그와 같아서 보리심의 갑주를 입고 장기를 들
면 모든 업과 번뇌의 나쁜 대적이 항복받지 못하느니라. 착한
남자여, (10) 마치 천상에 있는 흑전단향은 한 돈쭝만 살라
도 그 향기가 천 세계에 풍기어서 삼천대천세계에 가득한
보배의 값으로는 미치지 못하나니, 보살마하살의 보리심의
향도 그와 같아서 잠깐 동안 공덕이 법계에 널리 풍기어서
성문과 연각의 모든 공덕으로는 모두 미치지 못하느니라.
착한 남자여, (11) 백전단향을 몸에 바르면 모든 시끄러움
을 제멸하고 몸과 마음을 청량케 하나니, 보살마하살의 보
리심 향도 그와 같아서 허망하게 분별하는 모든 탐욕·성
냄·어리석은 번뇌의 시끄러움을 제멸하고 지혜의 청량함
을 구족하게 하느니라.

[疏] 三, 善調龍法下의 四喩는 攝三地德이니 入諸禪定하여 離惑熱等故니라
■ (ㄷ) 善調龍法 아래의 네 가지 비유는 3지를 섭수한 공덕이니 모든
선정에 들어가서 미혹한 뜨거움 따위를 여의는 까닭이다.

(ㄹ) 4지를 섭수한 보리심의 공덕[四地德] (四須 23下7)

善男子여 如須彌山이 若有近者면 則同其色인달하여 菩薩摩訶薩의 菩提心山도 亦復如是하여 若有近者면 悉得同其一切智色이니라 善男子여 譬如波利質多羅樹의 其皮香氣를 閻浮提中에 若婆師迦와 若薝蔔迦와 若蘇摩那 如是等華의 所有香氣가 皆不能及인달하여 菩薩摩訶薩의 菩提心樹도 亦復如是하여 所發大願功德之香을 一切二乘의 無漏戒定智慧解脫解脫知見諸功德香이 悉不能及이니라 善男子여 譬如波利質多羅樹가 雖未開華나 應知則是無量諸華의 出生之處인달하여 菩薩摩訶薩의 菩提心樹도 亦復如是하여 雖未開發一切智華나 應知則是無數天人衆菩提華의 所生之處니라 善男子여 譬如波利質多羅華가 一日熏衣에 薝蔔迦華와 婆利師華가 蘇摩那華가 雖千歲熏이라도 亦不能及인달하여 菩薩摩訶薩의 菩提心華도 亦復如是하여 一生所熏諸功德香이 普徹十方一切佛所하나니 一切二乘의 無漏功德이 百千劫熏이라도 所不能及이니라

착한 남자여, (12) 만일 수미산을 가까이하면 그 빛깔과 같아지나니 보살마하살의 보리심 산도 그와 같아서 가까이하면 그 온갖 지혜의 빛깔과 같아지느니라. 착한 남자여, (13) 마치 파리질다라 나무 껍질의 향기는 염부제에 있는 바사가 꽃·담복가 꽃·소마나 꽃들의 향기로는 미칠 수 없나니, 보살마하살의 보리심 나무도 그와 같아서 큰 서원을 세

운 공덕의 향기는 모든 이승의 샘이 없는 계율·선정·지혜·해탈·해탈지견의 공덕의 향으로는 미치지 못하느니라. 착한 남자여, (14) 마치 파리질다라 나무는 비록 꽃이 피지 않았더라도 이것이 한량없는 꽃들이 날 곳인 줄을 알아야 하나니, 보살마하살의 보리심 나무도 그와 같아서 비록 온갖 지혜의 꽃이 피지 않았더라도 이것이 수없는 하늘 사람들의 보리 꽃이 생길 곳인 줄을 알아야 하느니라. 착한 남자여, (15) 마치 파리질다라 꽃으로 하루 동안 옷에 풍긴 향기는 담복가 꽃·바사가 꽃·소마나 꽃으로는 천 년 동안 풍기더라도 미칠 수 없나니, 보살마하살의 보리심 꽃도 그와 같아서 한평생 동안 풍긴 공덕의 향은 시방의 모든 부처님 계신 데 사무쳐서 모든 이승의 샘이 없는 공덕으로는 백천 겁을 풍기어도 미칠 수 없느니라.

[疏] 四, 須彌山下의 四喩는 攝四地德이니 同一切智焰하여 得無漏故니라

■ (ㄹ) 須彌山 아래의 네 가지 비유는 4지를 섭수한 (보리심의) 공덕이니 온갖 지혜의 불꽃과 같아서 무루(無漏)를 얻은 까닭이다.

(ㅁ) 5지를 섭수한 보리심의 공덕[五地德] (五椰 24下1)

善男子여 如海島中에 生椰子樹하니 根莖枝葉과 及以華果를 一切衆生이 恒取受用하여 無時暫歇인달하여 菩薩摩詞薩의 菩提心樹도 亦復如是하여 始從發起悲願之心으로 乃至成佛正法住世히 常時利益一切世間하여 無有

間歇이니라 善男子여 如有藥汁하니 名訶宅迦라 人或得之면 以其一兩으로 變千兩銅하여 悉成眞金이나 非千兩銅이 能變此藥인달하여 菩薩摩訶薩도 亦復如是하여 以菩提心廻向智藥으로 普變一切業惑等法하여 悉使成於一切智相이나 非業惑等이 能變其心이니라 善男子여 譬如小火가 隨所焚燒하여 其焰轉熾인달하여 菩薩摩訶薩의 菩提心火도 亦復如是하여 隨所攀緣하여 智焰增長이니라 善男子여 譬如一燈이 然百千燈하되 其本一燈은 無減無盡인달하여 菩薩摩訶薩의 菩提心燈도 亦復如是하여 普然三世諸佛智燈하되 而其心燈은 無減無盡이니라

착한 남자여, (16) 바다 섬 가운데 야자나무가 있는데, 뿌리·줄기·가지·잎·꽃·과실을 중생들이 항상 가져다 쓰기를 쉴 새가 없나니, 보살마하살의 보리심 나무도 그와 같아서 자비와 서원하는 마음을 낸 적부터 내지 부처님이 되어 바른 법이 세상에 머물러 있을 때까지 모든 세간을 항상 이익하여 쉬지 않느니라. 착한 남자여, (17) 마치 하아타카라는 약물을 사람이 얻으면 한 냥쭝으로 천 냥의 구리를 변화시켜 진금을 만들어도 천 냥의 구리로 이 약을 변화시킬 수는 없느니라. 보살마하살도 그와 같아서 보리심을 회향하는 지혜의 약으로 모든 업과 번뇌의 법을 변화시킬 온갖 지혜를 만들 수는 있어도, 업과 번뇌로 그 마음을 변화시킬 수는 없느니라. 착한 남자여, (18) 마치 작은 불이라도 타는 대로 불꽃이 점점 치성하나니, 보살마하살의 보리심의 불도 그와 같아서 반연하는 대로 지혜의 불꽃이 증장하

느니라. 착한 남자여, (19) 마치 한 등불이 백천 등을 켜도 근본 등불이 줄지도 않고 다하지도 않나니, 보살마하살의 보리심 등불도 그와 같아서, 세 세상 부처님들의 지혜 등을 두루 켜도 줄지도 않고 다하지도 않느니라.

[疏] 五, 椰子樹下의 四喩는 攝五地德이니 利人不染俗故라
■ (ㅁ) 椰子樹 아래의 네 가지 비유는 5지를 섭수한 (보리심의) 공덕이니 사람을 이롭게 하여 세속에 물들지 않은 까닭이다.

(ㅂ) 6지를 섭수한 보리심의 공덕[六地德] (六一 25下2)

善男子여 譬如一燈이 入於闇室에 百千年暗이 悉能破盡인달하여 菩薩摩訶薩의 菩提心燈도 亦復如是하여 入於衆生心室之內에 百千萬億不可說劫의 諸業煩惱種種闇障이 悉能除盡이니라 善男子여 譬如燈炷가 隨其大小하여 而發光明하나니 若益膏油면 明終不絕인달하여 菩薩摩訶薩의 菩提心燈도 亦復如是하여 大願爲炷하여 光照法界하나니 益大悲油하면 敎化衆生하며 莊嚴國土하며 施作佛事하여 無有休息이니라 善男子여 譬如他化自在天王이 冠閻浮檀眞金天冠에 欲界天子의 諸莊嚴具가 皆不能及인달하여 菩薩摩訶薩도 亦復如是하여 冠菩提心大願天冠에 一切凡夫二乘功德이 皆不能及이니라 善男子여 如師子王이 哮吼之時에 師子兒가 聞하면 皆增勇健이어니와 餘獸가 聞之에 則皆竄伏인달하여 佛師子王菩

提心吼도 應知亦爾하여 諸菩薩聞하면 增長功德이어니와 有所得者는 聞皆退散이니라 善男子여 譬如有人이 以師子筋으로 而爲樂絃하면 其音旣奏에 餘絃悉絶인달하여 菩薩摩訶薩도 亦復如是하여 以如來師子波羅蜜身菩提心筋으로 爲法樂絃하면 其音旣奏에 一切五欲과 及以二乘의 諸功德絃이 悉皆斷滅이니라 善男子여 譬如有人이 以牛羊等種種諸乳로 假使積集하여 盈於大海라도 以師子乳로 一滴投中하면 悉令變壞하여 直過無礙인달하여 菩薩摩訶薩도 亦復如是하여 以如來師子菩提心乳로 着無量劫業煩惱乳大海之中하면 悉令壞滅하여 直過無礙하여 終不住於二乘解脫이니라

착한 남자여, (20) 마치 한 등불이 어두운 방에 들어가면 백천 년 묵은 어두움이 모두 없어지나니, 보살마하살의 보리심 등불도 그와 같아서 중생의 마음 방에 들어가면 백천만억 말할 수 없는 겁 동안 묵은 업과 번뇌의 갖가지 어두움이 모두 없어지느니라. 착한 남자여, (21) 마치 등잔 심지가 크고 작음을 따라 광명을 낼 적에 기름을 더 부으면 밝은 광명이 끝까지 끊어지지 않나니, 보살마하살의 보리심 등불도 그와 같아서 큰 서원으로 심지가 되어 법계를 비추는 데 가엾이 여기는 기름을 더하면 중생을 교화하고 국토를 장엄하는 불사를 지어 쉬지 않느니라. 착한 남자여, (22) 마치 타화자재천왕이 염부단 진금으로 만든 천관을 쓰면 육십 세계 천자들의 장엄으로는 미치지 못하나니, 보살마하살도 그와 같아서 보리심 큰 서원의 천관을 쓰면, 모든 범부와 이승

의 공덕으로는 미치지 못하느니라. 착한 남자여, (23) 사자왕의 부르짖는 소리를 사자 새끼가 들으면 용맹이 증장하지마는 다른 짐승이 듣고는 숨어 버리나니, 부처님 사자왕의 보리심의 부르짖음도 그와 같아서 보살들이 들으면 공덕이 증장하지마는, 얻은 바 있는 이가 듣고는 흩어져 물러가느니라. 착한 남자여, (24) 마치 어떤 사람이 사자의 힘줄로 거문고 줄을 만들어 타면 다른 악기의 줄들이 모두 끊어지나니, 보살마하살도 그와 같아서, 여래 사자인 바라밀다 몸의 보리심 힘줄로 법 풍류의 줄을 만들어 타면 모든 다섯 욕심과 이승의 공덕 줄이 모두 끊어지느니라. 착한 남자여, (25) 어떤 사람이 소나 양 따위의 젖을 모아서 바다를 만들었더라도 사자의 젖 한 방울을 그 가운데 넣으면 모두 변하여서 걸림 없이 통과하게 되나니, 보살마하살도 그와 같아서, 여래인 사자의 보리심 젖을 한량없는 겁부터 내려오는 업과 번뇌의 젖 바다에 두면 변하여서 걸림 없이 통과하고 마침내 이승의 해탈에 머물지 않느니라.

[疏] 六, 一燈下의 六喩는 攝六地德이니 般若現前하여 頓破闇故니라

■ (ㅂ) 一燈 아래의 여섯 가지 비유는 6지를 섭수한 (보리심의) 공덕이니, 반야가 앞에 나타나서 단박에 어둠을 타파하는 까닭이다.

(ㅅ) 7지를 섭수한 보리심의 공덕[七地德] (七迦 26上10)

善男子여 譬如迦陵頻伽鳥가 在卵殼中하되 有大勢力하

여 一切諸鳥의 所不能及인달하여 菩薩摩訶薩도 亦復如是하여 於生死殼에 發菩提心한 所有大悲功德勢力을 聲聞緣覺이 無能及者니라 善男子여 如金翅鳥王子가 初始生時에 目則明利하고 飛則勁捷이라 一切諸鳥가 雖久成長이나 無能及者인달하여 菩薩摩訶薩도 亦復如是하여 發菩提心하여 爲佛王子하면 智慧淸淨하고 大悲勇猛하여 一切二乘이 雖百千劫을 久修道行이라도 所不能及이니라 善男子여 如有壯夫가 手執利矛하고 刺堅密甲에 直過無礙인달하여 菩薩摩訶薩도 亦復如是하여 執菩提心銛利快矛하고 刺諸邪見隨眠密甲에 悉能穿徹하여 無有障礙니라 善男子여 譬如摩訶那伽大力勇士가 若奮威怒하면 於其額上에 必生瘡疱하나니 瘡若未合에 閻浮提中一切人民이 無能制伏인달하여 菩薩摩訶薩도 亦復如是하여 若起大悲하면 必定發於菩提之心하나니 心未捨來에 一切世間의 魔及魔民이 不能爲害니라 善男子여 譬如射師가 有諸弟子에 雖未慣習其師技藝나 然其智慧方便善巧는 餘一切人의 所不能及인달하여 菩薩摩訶薩의 初始發心도 亦復如是하여 雖未慣習一切智行이나 然其所有願智解欲은 一切世間凡夫二乘이 悉不能及이니라

착한 남자여, (26) 마치 가릉빈가 새는 난각 속에 있을 적에도 큰 세력이 있어서 다른 새들로는 미치지 못하나니, 보살마하살도 그와 같아서, 생사의 난각 속에서 보리심을 내면 그 가엾이 여기는 공덕의 세력을 성문이나 연각으로는 미치지 못하느니라. 착한 남자여, (27) 금시조왕의 새끼는 처

음 날 때부터 눈이 밝고 나는 것도 억세어서 다른 새들은 아무리 오랫동안 자랐더라도 미치지 못하나니, 보살마하살도 그와 같아서 보리심을 내어 부처님의 왕자가 되면 지혜가 청정하고 가엾이 여김이 용맹하여 모든 이승은 백천 겁 동안 도를 닦았더라도 미칠 수 없느니라. 착한 남자여, (28) 어떤 장사가 손에 날카로운 창을 잡고 굳은 갑옷을 찌르면 걸림 없이 관통되나니, 보살마하살도 그와 같아서 보리심의 날카로운 창을 잡고 삿된 소견으로 따라서 지는 갑옷을 찌르면 모두 뚫고 지나가서 걸림이 없느니라. 착한 남자여, (29) 마치 마하나가의 크고 용맹한 장사가 성을 내면 이마에 부스럼이 생기며, 부스럼이 아물기 전에는 염부제의 모든 사람으로는 제어하지 못하나니, 보살마하살도 그와 같아서 크게 가엾이 여기는 마음을 내면 반드시 보리심을 내고 보리심을 버리기 전에는 모든 세간의 마와 마의 백성들이 해하지 못하느니라. 착한 남자여, (30) 마치 활 잘 쏘는 스승의 제자는 비록 그 스승처럼 기술을 익히지 못했더라도, 그 지혜와 방편과 교묘함을 다른 사람들로는 미치지 못하나니, 보살마하살의 마음을 처음 얻어도 그와 같아서, 모든 지혜와 행이 능숙하지는 못하였어도, 그의 서원과 지혜와 욕망을 모든 세간의 범부나 이승으로는 미치지 못하느니라.

[疏] 七, 迦陵頻伽下의 五句는 攝七地德이니 善入方便하여 得自在故니라
■ (ㅅ) 迦陵頻伽 아래의 다섯 구절은 7지를 섭수한 보리심의 공덕이니,

방편에 잘 들어가서 자재함을 얻은 까닭이다.

(ㅇ) 8지를 섭수한 보리심의 공덕[八地德] (八如 28上9)

善男子여 如人學射에 先安其足하고 後習其法인달하여 菩薩摩訶薩도 亦復如是하여 欲學如來一切智道인댄 先當安住菩提之心한 然後修行一切佛法이니라 善男子여 譬如幻師가 將作幻事에 先當起意하여 憶持幻法한 然後所作이 悉得成就인달하여 菩薩摩訶薩도 亦復如是하여 將起一切諸佛菩薩의 神通幻事에 先當起意하여 發菩提心한 然後一切가 悉得成就니라 善男子여 譬如幻術이 無色現色인달하여 菩薩摩訶薩의 菩提心相도 亦復如是하여 雖無有色하여 不可覩見이나 然能普於十方法界에 示現種種功德莊嚴이니라 善男子여 譬如猫狸가 纔見於鼠에 鼠則入穴하여 不敢復出인달하여 菩薩摩訶薩의 發菩提心도 亦復如是하여 暫以慧眼으로 觀諸惑業에 皆則竄匿하여 不復出生이니라 善男子여 譬如有人이 着閻浮金莊嚴之具에 暎蔽一切하여 皆如聚墨인달하여 菩薩摩訶薩도 亦復如是하여 着菩提心莊嚴之具에 暎蔽一切凡夫二乘의 功德莊嚴하여 悉無光色이니라 善男子여 如好磁石少分之力이 則能吸壞諸鐵鉤鎖인달하여 菩薩摩訶薩의 發菩提心도 亦復如是하여 若起一念이면 悉能壞滅一切見欲無明鉤鎖니라 善男子여 如有磁石하니 鐵若見之면 則皆散去하여 無留住者인달하여 菩薩摩訶薩의 發菩

提心도 亦復如是하여 諸業煩惱와 二乘解脫이 若暫見之면 則皆散滅하여 亦無住者니라 善男子여 譬如有人이 善入大海에 一切水族이 無能爲害하며 假使入於摩竭魚口라도 亦不爲彼之所吞噬인달하여 菩薩摩訶薩도 亦復如是하여 發菩提心하고 入生死海에 諸業煩惱가 不能爲害하며 假使入於聲聞緣覺의 實際法中이라도 亦不爲其之所留難이니라 善男子여 譬如有人이 飮甘露漿에 一切諸物이 不能爲害인달하여 菩薩摩訶薩도 亦復如是하여 飮菩提心甘露法漿에 不墮聲聞辟支佛地하나니 以具廣大悲願力故니라 善男子여 譬如有人이 得安繕那藥하여 以塗其目에 雖行人間이나 人所不見인달하여 菩薩摩訶薩도 亦復如是하여 得菩提心安繕那藥에 能以方便으로 入魔境界하되 一切衆魔의 所不能見이니라 善男子여 譬如有人이 依附於王에 不畏餘人인달하여 菩薩摩訶薩도 亦復如是하여 依菩提心大勢力王에 不畏障蓋惡道之難이니라 善男子여 譬如有人이 住於水中에 不畏火焚인달하여 菩薩摩訶薩도 亦復如是하여 住菩提心善根水中에 不畏二乘의 解脫智火니라 善男子여 譬如有人이 依倚猛將에 則不怖畏一切怨敵인달하여 菩薩摩訶薩도 亦復如是하여 依菩提心勇猛大將에 不畏一切惡行怨敵이니라 善男子여 如釋天王이 執金剛杵하고 摧伏一切阿修羅衆인달하여 菩薩摩訶薩도 亦復如是하여 持菩提心金剛之杵하고 摧伏一切諸魔外道니라

착한 남자여, (31) 마치 사람이 활을 배울 적에 먼저 발을 잘

디디고 뒤에 쏘는 법을 익히나니, 보살마하살도 그와 같아서 여래의 온갖 지혜의 도를 배우려면 먼저 보리심에 편안히 머무른 뒤에 모든 부처님 법을 닦아 행하느니라. 착한 남자여, (32) 마치 요술쟁이가 환술을 만들려면 먼저 마음을 내어 환술하는 법을 기억한 뒤에 환술을 만들어서 성취하나니, 보살마하살도 그와 같아서 모든 부처님과 보살의 신통인 환술을 일으키려면 먼저 뜻을 내어 보리심을 낸 뒤에야 모든 일이 성취되느니라. 착한 남자여, (33) 마치 환술이 물질이 없는 데서 물질을 나타내나니, 보살마하살의 보리심 모양도 그와 같아서, 비록 형상이 없어서 보지는 못하나, 능히 시방 법계에서 갖가지 공덕 장엄을 널리 보이느니라. 착한 남자여, (34) 마치 고양이가 잠깐만 쥐를 보아도 쥐가 구멍에 들어가 나오지 못하나니, 보살마하살의 보리심을 내는 것도 그와 같아서 지혜의 눈으로 번뇌와 업을 잠깐만 보아도 모두 숨어 버리고 다시 나오지 못하느니라. 착한 남자여, (35) 마치 사람이 염부단금으로 만든 장엄거리로 단장하면 모든 것을 가려 버려 먹 덩이와 같이 되나니, 보살마하살도 그와 같아서 보리심 장엄거리로 단장하면 모든 범부와 이승의 공덕 장엄을 가려 버려 빛이 없어지느니라. 착한 남자여, (36) 마치 좋은 자석은 조그만 힘으로도 모든 철로 된 사슬과 고리를 빨아들이나니, 보살마하살의 보리심을 내는 것도 그와 같아서 한 생각을 일으키면 모든 소견·욕망·무명의 사슬과 고리를 없애 버리느니라. 착한 남자여, (37) 마치 자석을 철이 마주치면 곧 흩어지고 남는 것이 없나니, 보살마하살의 보리심을 내는 것도 그와 같아서 업과 번뇌와 이승의 해탈이 마주치면 모두 흩어져 없어지고 남는 것이 없느니라. 착한 남자여, (38) 마치 사람이 바다에 잘 들어가는 이는 모든 물에 사는 족속이 해하지 못하며, 고래의 입에 들어가도 씹거나 삼키지 못하나니, 보살마하살도 그와 같아서 보리심을 내고 생사의 바다에 들어가면 업과 번뇌가 해하지 못하며 성문이나 연각의 실제 법에 들어가도 거기 방해되지 않느니라. 착한 남자여, (39) 마치 사람이 감로의 장(漿)을 먹으면 모든 물건이 해하지 못하나니, 보살마하살도 그와 같아서 보리심의 감로수의 장을 먹으면 성문이나 벽지불의 지위에 떨어지지 않나니, 광대한 자비와 서원이 있는 연고이니라. 착한 남자여, (40) 마치 사람이 안선나 약을 얻어 눈에 바르면 인간에 다녀도 사람이 보지 못하나니, 보살마하살도 그와 같아서 보리심의 안선나 약을 얻으면 방편으로써 마의 지경에 들어가도 모든 마들이 보지 못하느니라. 착한 남자여, (41) 마치 사람이 왕에게 의지하면 다른 이를 두려워하지 않나니, 보살마하살도 그와 같아서 보리심의 세력 있는 왕에 의지하면 장애와 나쁜 길의 험난함을 두려워하지 않느니라. 착한 남자여, (42) 마치 사람이 물속에 있으면 불에 타는 것을 두려워하지 않나니, 보살마하살도 그와 같아서 보리심의 착한 뿌리 물속에 머물면 이승 해탈의 지혜 불을 두려워하지 않느니라. 착한 남자여, (43) 마치 사람이 용맹한 대장에게 의지하면 모든 대적을 두려워하지 않나니, 보살마하살도 그와 같아서 보리심의 용맹한 대장에 의지하면 모든 나쁜 행의 대적을 두려 워하지 않느니라. 착한 남자여, (44) 제석천왕이 금강저를 들면 모든 아수라 무리를 굴복하나니, 보살마하살도 그와 같아서 보리심의 금강저를 들면 모든 마와 외도를 굴복하 느니라.

[疏] 八, 如人學射下의 十四喩는 攝八地德이니 無功發心하여 能滅相惑 等故니라

■ (ㅇ) 如人學射 아래의 14가지 비유는 8지를 섭수한 보리심의 공덕이 니, 공용 없는 발심으로 모양에 미혹한 등을 능히 멸하는 까닭이다.

(ㅈ) 9지를 섭수한 보리심의 공덕[九地德] (九服 29下5)

善男子여 譬如有人이 服延齡藥에 長得充健하여 不老不 瘦인달하여 菩薩摩訶薩도 亦復如是하여 服菩提心延齡 之藥에 於無數劫에 修菩薩行하되 心無疲厭하며 亦無染 着이니라 善男子여 譬如有人이 調和藥汁에 必當先取好 淸淨水인달하여 菩薩摩訶薩도 亦復如是하여 欲修菩薩 一切行願인댄 先當發起菩提之心이니라 善男子여 如人 이 護身에 先護命根인달하여 菩薩摩訶薩도 亦復如是하 여 護持佛法에 亦當先護菩提之心이니라 善男子여 譬如 有人이 命根若斷이면 不能利益父母宗親인달하여 菩薩 摩訶薩도 亦復如是하여 捨菩提心이면 不能利益一切衆 生하며 不能成就諸佛功德이니라 善男子여 譬如大海를

無能壞者인달하여 菩提心海도 亦復如是하여 諸業煩惱와 二乘之心이 所不能壞니라 善男子여 譬如日光을 星宿光明이 不能暎蔽인달하여 菩提心日도 亦復如是하여 一切二乘의 無漏智光이 所不能蔽니라 善男子여 如王子初生에 卽爲大臣之所尊重이니 以種性自在故인달하여 菩薩摩訶薩도 亦復如是하여 於佛法中發菩提心에 卽爲耆宿久修梵行한 聲聞緣覺의 所共尊重이니 以大悲自在故니라 善男子여 譬如王子가 年雖幼稚나 一切大臣이 皆悉敬禮인달하여 菩薩摩訶薩도 亦復如是하여 雖初發心하여 修菩薩行이나 二乘耆舊가 皆應敬禮니라 善男子여 譬如王子가 雖於一切臣佐之中에 未得自在나 已具王相하여 不與一切諸臣佐等이니 以生處尊勝故인달하여 菩薩摩訶薩도 亦復如是하여 雖於一切業煩惱中에 未得自在나 然已具足菩提之相하여 不與一切二乘으로 齊等이니 以種性第一故니라 善男子여 譬如淸淨摩尼妙寶를 眼有翳故로 見爲不淨인달하여 菩薩摩訶薩의 菩提心寶도 亦復如是하여 無智는 不信하여 謂爲不淨이니라

착한 남자여, (45) 마치 사람이 장수하는 약을 먹으면 길이 건강하여 늙지도 않고 여위지도 않나니, 보살마하살도 그와 같아서 보리심의 장수하는 약을 먹으면 수없는 겁 동안 보살의 행을 닦아도 고달픈 마음도 없고 물들지도 않느니라. 착한 남자여, (46) 마치 사람이 약을 개려면 먼저 깨끗한 물을 가져야 하나니, 보살마하살도 그와 같아서 보살의 행과 원을 닦으려면 먼저 보리심을 발기해야 하느니라. 착

한 남자여, (47) 사람이 몸을 보호하려면 먼저 생명을 보호하나니, 보살마하살도 그와 같아서 부처님 법을 보호하여 유지하려면 먼저 보리심을 보호해야 하느니라. 착한 남자여, (48) 마치 사람이 목숨이 끊어지면 부모와 친척을 이익하게 하지 못하나니, 보살마하살도 그와 같아서 보리심을 버리고는 모든 중생을 이익하게 하지 못하며, 부처님의 공덕을 성취하지 못하느니라. 착한 남자여, (49) 마치 큰 바다는 망그러뜨릴 수 없나니, 보리심의 바다도 그와 같아서 업과 번뇌의 이승의 마음으로는 망그러뜨릴 수 없느니라. 착한 남자여, (50) 마치 햇빛은 별의 빛으로는 가릴 수 없나니, 보리심 해도 그와 같아서 모든 이승의 샘이 없는 지혜의 빛으로는 가릴 수 없느니라. 착한 남자여, (51) 왕자는 처음 나서도 대신들이 존중함은 종족의 내림이 자재한 연고니, 보살마하살도 그와 같아서 부처님 법에 보리심을 내면 곧 고승과 범행을 오래 닦은 성문이나 연각들이 함께 존중함은 크게 가엾이 여기는 데 자유자재한 연고이니라. 착한 남자여, (52) 마치 왕자는 나이 어리더라도 모든 대신이 다 경례하나니, 보살마하살도 그와 같아서 처음으로 마음을 내어 보살의 행을 닦아도 이승의 고승들이 모두 경례하느니라. 착한 남자여, (53) 마치 왕자가 모든 신하들 가운데서 자유자재하지는 못하나 이미 왕의 모양을 갖추었으므로 모든 신하들과 평등하지 않으니 태어난 곳이 높은 연고이니라. 보살마하살도 그와 같아서 모든 업과 번뇌 가운데서 자재하지는 못하나 이미 보리의 모양을 구족하여 모든 이승

과는 같지 아니하니 종족이 제일인 연고이니라. 착한 남자
여, (54) 마치 청정한 마니보배라도 눈에 병이 있으면 부정
한 줄로 보나니, 보살마하살의 보리심 보배도 그와 같아서
지혜가 없어 믿지 않으면 깨끗하지 못하다고 하느니라.

[疏] 九, 服延齡藥下의 十喩는 攝九地德이니 延壽益生等故니라
- (ㅈ) 服延齡藥 아래의 열 가지 비유는 9지를 섭수한 보리심의 공덕이
 니, 수명을 연장하여 중생을 이익하는 등인 까닭이다.

(ㅊ) 10지를 섭수한 보리심의 공덕[十地德] (譬如 30下5)

善男子여 譬如有藥이 爲呪所持에 若有衆生이 見聞同
住하면 一切諸病이 皆得消滅인달하여 菩薩摩訶薩의 菩
提心藥도 亦復如是하여 一切善根과 智慧方便과 菩薩願
智의 共所攝持니 若有衆生이 見聞同住하여 憶念之者면
諸煩惱病이 悉得除滅이니 善男子여 譬如有人이 常持甘
露에 其身이 畢竟不變不壞인달하여 菩薩摩訶薩도 亦復
如是하여 若常憶持菩提心甘露하면 令願智身으로 畢竟
不壞니라 善男子여 如機關木人이 若無有楔이면 身卽離
散하여 不能運動인달하여 菩薩摩訶薩도 亦復如是하여
無菩提心이면 行卽分散하여 不能成就一切佛法이니라
善男子여 如轉輪王이 有沈香寶하니 名曰象藏이라 若燒
此香에 王四種兵이 悉騰虛空인달하여 菩薩摩訶薩의 菩
提心香도 亦復如是하여 若發此意하면 卽令菩薩의 一切

善根으로 永出三界하여 行如來智無爲空中이니라 善男子여 譬如金剛이 唯從金剛處와 及金處生이요 非餘寶處生인달하여 菩薩摩訶薩의 菩提心金剛도 亦復如是하여 唯從大悲救護衆生金剛處와 一切智智殊勝境界金處而生이요 非餘衆生善根處生이니라 善男子여 譬如有樹하니 名曰無根이라 不從根生이로되 而枝葉華果가 悉皆繁茂인달하여 菩薩摩訶薩의 菩提心樹도 亦復如是하여 無根可得이로되 而能長養一切智智神通大願의 枝葉華果하여 扶踈蔭暎하여 普覆世間이니라

착한 남자여, (55) 마치 어떤 약에 주문의 세력이 들어 있는 것을 만일 중생이 보고 듣고 함께 있으면 모든 병이 다 소멸되나니, 보살마하살의 보리심 약도 그와 같아서 모든 착한 뿌리와 지혜와 방편과 보살의 서원과 지혜가 함께 들어 있는 것을 어떤 중생이 보고 듣고 함께 있으며 생각하면 번뇌의 병들이 모두 소멸되느니라. 착한 남자여, (56) 마치 사람이 항상 감로를 가지면 그 몸이 끝까지 망그러지지 않나니, 보살마하살도 그와 같아서, 보리심의 감로를 항상 생각해 가지면 서원과 지혜의 몸이 끝까지 변괴하지 않느니라. 착한 남자여, (57) 마치 기계로 만든 사람이 만일 고동이 없으면 몸이 흩어지고 운동하지 못하나니, 보살마하살도 그와 같아서 보리심이 없으면 수행이 흩어져서 모든 부처님 법을 성취하지 못하느니라. 착한 남자여, (58) 마치 전륜왕에게 침향 보배가 있는데 이름은 코끼리 갈무리라. 이 향을 사르면 왕의 네 가지 군대가 허공으로 날아 올라가나니, 보살

마하살의 보리심 향도 그와 같아서, 이 뜻을 내기만 하면 보살의 모든 착한 뿌리가 세계에서 영원히 벗어나 여래 지혜의 함이 없는 공중에 행하느니라. 착한 남자여, (59) 마치 금강은 다만 금강 나는 곳과 금 나는 곳에서만 나고 다른 보배가 나는 곳에서는 나지 않나니, 보살마하살의 보리심 금강도 그와 같아서, 다만 큰 자비로 중생을 구호하는 금강이 나는 곳이나 온갖 지혜의 지혜인 훌륭한 경지의 금이 나는 곳에서만 나고 다른 중생의 착한 뿌리에서는 나지 않느니라. 착한 남자여, (60) 마치 무근이란 나무가 있는데, 뿌리에서 나지 않고도 가지·잎·꽃·열매가 다 무성하나니, 보살마하살의 보리심 나무도 그와 같아서 뿌리를 찾아 볼 수 없으나 온갖 지혜의 지혜와 신통과 큰 원인 가지·잎·꽃·열매를 기르며 무성한 그들이 세계를 두루 덮느니라.

[疏] 十, 譬如有藥爲呪所持下의 六喩는 攝十地德이니 深除惑習하여 成一切佛法故니라

■ (ㅊ) 譬如有藥爲呪所持 아래의 여섯 가지 비유는 십지를 섭수한 보리심의 공덕이니, 미혹과 습기를 깊이 제하여 온갖 불법을 성취한 까닭이다.

ㅁ) 등각을 섭수한 보리심의 공덕[攝等覺德] (五金 32下7)

善男子여 譬如金剛이 非劣惡器와 及以破器의 所能容持요 唯除全具上妙之器인달하여 菩提心金剛도 亦復如

是하여 非下劣衆生의 慳嫉破戒懈怠妄念無智器中에 所能容持며 亦非退失殊勝志願한 散亂惡覺衆生器中에 所能容持요 唯除菩薩深心寶器니라 善男子여 譬如金剛이 能穿衆寶인달하여 菩提心金剛도 亦復如是하여 悉能穿徹一切法寶니라 善男子여 譬如金剛이 能壞衆山인달하여 菩提心金剛도 亦復如是하여 悉能摧壞諸邪見山이니라 善男子여 譬如金剛이 雖破不全이나 一切衆寶가 猶不能及인달하여 菩提心金剛도 亦復如是하여 雖復志劣하여 少有虧損이나 猶勝一切二乘功德이니라 善男子여 譬如金剛이 雖有損缺이나 猶能除滅一切貧窮인달하여 菩提心金剛도 亦復如是하여 雖有損缺하여 不進諸行이나 猶能捨離一切生死니라 善男子여 如少金剛이 悉能破壞一切諸物인달하여 菩提心金剛도 亦復如是하여 入少境界에 卽破一切無知諸惑이니라 善男子여 譬如金剛이 非凡人所得인달하여 菩提心金剛도 亦復如是하여 非劣意衆生之所能得이니라 善男子여 譬如金剛이 不識寶人은 不知其能하며 不得其用인달하여 菩提心金剛도 亦復如是하여 不知法人은 不了其能하며 不得其用이니라 善男子여 譬如金剛이 無能消滅인달하여 菩提心金剛도 亦復如是하여 一切諸法이 無能消滅이니라 善男子여 如金剛杵가 諸大力士는 皆不能持요 唯除有大那羅延力인달하여 菩提之心도 亦復如是하여 一切二乘은 皆不能持요 唯除菩薩의 廣大因緣과 堅固善力이니라 善男子여 譬如金剛을 一切諸物은 無能壞者요 而能普壞一切諸物이나 然其

體性은 無所損減인달하여 菩提之心도 亦復如是하여 普於三世無數劫中에 敎化衆生하며 修行苦行하여 聲聞緣覺의 所不能者를 咸能作之나 然其畢竟에 無有疲厭하며 亦無損壞니라 善男子여 譬如金剛이 餘不能持요 唯金剛地之所能持인달하여 菩提之心도 亦復如是하여 聲聞緣覺은 皆不能持요 唯除趣向薩婆若者니라 善男子여 如金剛器가 無有瑕缺하여 用盛於水에 永不滲漏而入於地인달하여 菩提心金剛器도 亦復如是하여 盛善根水에 永不滲漏令入諸趣니라 善男子여 如金剛際가 能持大地하여 不令墜沒인달하여 菩提之心도 亦復如是하여 能持菩薩의 一切行願하여 不令墜沒入於三界니라 善男子여 譬如金剛이 久處水中하되 不爛不濕인달하여 菩提之心도 亦復如是하여 於一切劫을 處在生死業惑水中하되 無壞無變이니라 善男子여 譬如金剛이 一切諸火가 不能燒然하며 不能令熱인달하여 菩提之心도 亦復如是하여 一切生死諸煩惱火가 不能燒然하며 不能令熱이니라 善男子여 譬如三千世界之中金剛座上에 能持諸佛이 坐於道場하사 降伏諸魔하여 成等正覺이요 非是餘座之所能持인달하여 菩提心座도 亦復如是하여 能持菩薩의 一切願行과 諸波羅蜜과 諸忍諸地와 廻向受記와 修集菩提助道之法과 供養諸佛과 聞法受行이요 一切餘心의 所不能持니라[29]

착한 남자여, (1) 마치 금강은 나쁜 그릇이나 깨진 그릇으로는 담을 수 없으나, 다만 완전하고 묘한 그릇은 제외할 것이

---

[29] 如少金剛의 少는 麗合本作小, 宋元明淸綱杭鼓纂續金本作少; 修集菩提助道之法의 集은 宋元明宮淸合綱杭鼓纂續金本作習, 麗本作集.

니, 보리심 금강도 그와 같아서 용렬한 중생의 간탐하고 질투하고 파괴하고 게으르고 허망한 생각, 지혜 없는 그릇에는 담을 수 없고 훌륭한 소원에서 물러나서 산란하고 나쁜 소견 가진 중생의 그릇에는 담을 수 없으나 다만 보살의 깊은 마음인 보배 그릇은 제외할 것이니라. 착한 남자여, (2) 마치 금강이 여러 보배를 깨뜨리듯이 보리심의 금강도 그와 같아서 모든 법의 보배를 다 능히 깨뜨려 사무치느니라. 착한 남자여, (3) 마치 금강이 모든 산을 무너뜨리나니, 보리심 금강도 그와 같아서 삿된 소견의 산들을 능히 무너뜨리느니라. 착한 남자여, (4) 금강이 비록 깨져서 완전하지 못하더라도 모든 보배가 미치지 못하나니, 보리심 금강도 그와 같아서 비록 뜻이 용렬하여 조금 모자라더라도 모든 이승의 공덕보다 나으니라. 착한 남자여, (5) 마치 금강은 비록 손상되었어도 모든 빈궁을 제멸하나니, 보리심 금강도 그와 같아서 비록 손상되어 모든 행이 나아가지 못하더라도 모든 생사를 여의느니라. 착한 남자여, (6) 조그만 금강이라도 모든 물건을 깨뜨릴 수 있나니, 보리심 금강도 그와 같아서 작은 경계에 들어가도 모든 무지한 의혹을 깨뜨리느니라. 착한 남자여, (7) 마치 금강은 보통 사람으로는 얻을 수 없나니, 보리심 금강도 그와 같아서 뜻이 용렬한 중생으로는 얻을 수 없느니라. 착한 남자여, (8) 마치 금강을 보배로 알지 못하는 사람은 그 공능도 모르고 작용도 얻지 못하나니, 보리심 금강도 그와 같아서 법을 알지 못하는 사람은 그 공능도 알지 못하고 작용도 얻지 못하느니라. 착한 남자여, (9) 마치 금강은 소멸할 이가 없듯이 보리심 금강도 그와 같아서 모든 법이 능히 소멸하지 못하느니라. 착한 남자여, (10) 마치 금강저를 지운 센 사람들이 능히 들지 못하거니와 큰 나라연의 힘을 가진 이는 제외할 것이니, 보리심도 그와 같아서 모든 이승은 유지하지 못하거니와 보살의 광대한 인연과 견고하고 착한 힘은 제외할 것이니라. 착한 남자여, (11) 마치 금강을 모든 물건으로 깨뜨릴 수 없으나 금강은 능히 모든 물건을 깨뜨리며 그래도 그 자체는 손상되지 않나니, 보리심도 그와 같아서 세 세상의 수없는 겁에 중생을 교화하고 고행을 닦으며 성문과 연각으로는 할 수 없는 것을 능히 하지마는 끝까지 고달픈 생각도 없고 손상되지도 않느니라. 착한 남자여, (12) 마치 금강은 다른 데서는 가지지 못하고 오직 금강 땅에서만 가지나니, 보리심도 그와 같아서, 성문이나 연각은 가지지 못하며 오직 살바야로 나아가는 이는 제외할 것이니라. 착한 남자여, (13) 금강 그릇은 흠이 없어서 물을 담으면 영원히 새어서 땅에 들어가지 않나니, 보리심 금강 그릇도 그와 같아서 착한 뿌리의 물을 담으면 영원히 새어서 여러 길에 들어가지 않느니라. 착한 남자여, (14) 금강 둘레는 능히 땅을 유지하여 떨어지지 않게 하나니, 보리심도 그와 같아서 보살의 모든 행과 원을 유지하여 떨어져서 세 세계에 들어가지 않게 하느니라. 착한 남자여, (15) 마치 금강은 물속에 오래 있어도 썩지도 않고 젖지도 않나니, 보리심도 그와 같아서, 모든 겁 동안을 생사하는 업과 번뇌의 물속에 있어도 망그러지지도 않고 변하지도 않느니라. 착한 남자여, (16) 마치 금강은 모든 불이 태우지도 못하고 뜨겁게도 못하나니, 보리심도 그와 같아서 생사의 번뇌 불들이 태우지도 못하고 뜨겁게도 못하느니라. 착한 남자여, (17) 마치 삼천대천세계 중에서 금강 자리만이 부처님이 도량에 앉아서 마군을 항복받고 정등각을 이루는 일을 유지하는 것이요, 다른 자리로는 유지할 수 없나니, 보리심 자리도 그와 같아서 모든 보살의 원과 행과 바라밀다와 여러 지혜[忍]와 여러 지위와 회향하고 수기를 주고 보리의 도를 돕는 법을 닦아 익히며, 부처님께 공양하고 법을 듣고 받자와 행하는 일을 능히 유지하는 것이요, 다른 마음으로는 유지하지 못하느니라.

[疏] 五, 金剛非劣惡器下의 十七喩는 攝等覺位功德이니 以金剛智로 終成菩提故라 其間梵語는 具如音義니라

■ ㅁ) 金剛非劣惡器 아래의 17가지 비유는 등각을 섭수한 보리심의 공덕이니, 금강 같은 지혜로 마침내 보리를 성취한 까닭이다. 그 사이의 범어를 갖춘 것은 『음의(音義)』와 같다.

[鈔] 以金剛智者는 既始從種性하여 終至金剛菩提之智하여 竪配理明이라 初心에 頓具諸位功德이 正順經宗이라 故로 毘盧遮那品에 云, 一切功德이 皆在最初菩提心中住가 即其義也니라 又後一百三句의 自在德中에 若唯配十地인대 亦可束之니 十住는 爲初地요 十行은 爲二地요 十向은 爲三地요 初二三地는 並爲四地요 四五는 爲五地요 後五는 依前하여 如次判之가 亦順本文이나 恐繁하여 不配其中行相하

노라 其間梵語者는 恐繁故로 指라 疏中에 隨難하여 已釋其二하니 謂
毘笈摩와 婆樓那오 餘未釋者를 今當具之호리라 言大應伽者는 應伽
는 云身이라 然이나 身有四名하니 一曰迦耶요 二曰設理羅요 三曰第
訶요 四曰應伽라 然이나 應伽를 又云分이니 謂支分也니라 次云樹名
珊陀那者는 此云和合이요 或云續斷이니 謂此藥이 能令已斷傷者로
再續和合也라 我藍婆者는 此云藥汁이니 其藥이 出香山과 及雪山中
이라 天生在於石臼之內니라 或云得喜니 謂得此藥에 生歡喜故니라

- '금강 같은 지혜'는 이미 종성으로부터 시작하여 금강 같은 보리심의 지혜에 이르기까지 세로로 이치에 배대하여 밝힘이다. 처음 발심할 적에 단박에 모든 지위 공덕을 갖춘 것이 바로 본경의 종지를 따른다. 그러므로 제16. 비로자나품에 이르되, "온갖 공덕이 모두 최초의 보리심 가운데에 머무른다"고 한 것이 곧 그런 이치이다. 또한 뒤의 103구절은 자재한 공덕 가운데 만일 오로지 십지에만 배대한다면 또한 묶어 볼 수 있으니, 십주(十住)는 묶어서 초지가 되며, 십행(十行)은 2지가 되고, 십회향(十廻向)은 3지가 되고, 초지와 2지 3지를 아울러 4지가 되며, 4지와 5지는 5지가 되고, 뒤의 다섯 지는 앞을 의지하여 다음을 더하여 판단한 것이 또한 본문을 따른 것이지만 번거로울까 두려워 그 가운데 행법의 양상을 배대하지는 않는다. 그 사이 범어도 번거로울까 두려워하는 연고로 지적하였다. 소문 중에서 힐난함을 따라 이미 그 둘을 해석하였으니, 이른바 비급마(毘笈摩)와 바루나(婆樓那)요, 나머지 해석하지 못한 부분을 지금은 당연히 갖추어 보리라. 대응가(大應伽, 곧 摩訶應伽)에서 응가(應伽)는 몸이라 번역한다. 그런데 몸에 네 가지 명칭이 있으니 하나는 가야(迦耶)라 하고 둘은 설리라(設理羅), 셋은 제하(第訶), 넷은 응가(應伽)라 말한다. 그러나 응가를

또한 부분이라 번역하나니 이른바 지분(支分)을 뜻한다. 다음에 나무 이름을 산타나(珊陀那)라 한 것은 '화합함'이라 번역하고, 혹은 '연속하여 끊음'이라 말한다. 이른바 이런 약이 능히 이미 끊고 상하게 하는 것이며, 다시 연속하여 화합함의 뜻이 있다. 아람바(我藍婆)는 약즙(藥汁)이라 번역하나니 그 약이 향산과 설산에서 나온다. 자연으로 생긴 것은 돌절구 속에 있고, 혹은 '기쁨 얻음[得喜]'이라 하기도 하나니 이른바 이런 약을 얻으면 기쁨이 생겨나는 까닭이다.

四, 須彌下의 四地德中에 波利質多羅樹니 波利는 此云徧也요 亦曰周匝이라 質多羅는 云間錯莊嚴也니 言此樹가 衆雜色華가 周匝嚴飾이라 或曰圓妙莊嚴이니라 次云婆師迦華는 具云婆利史迦라 言婆利史者는 此云雨也오 迦는 謂迦羅니 此云時也니 雨時生故니라 瞻蔔迦華는 此云黃色華니 其華가 有香氣로대 而形似梔子華也니라 蘇摩那華는 此云悅意華니 其華形色이 俱媚하여 令見者로 心悅故라 五, 椰子下는 明五地德에 訶宅迦는 此云金色水니 甚於九轉還丹之力也니라 七, 迦陵頻伽鳥는 前已釋竟이라 此云美音이요 或曰妙聲이니 此鳥는 本出雪山이라 在𪅀能鳴하고 其音和雅하여 聽者無厭이니라 摩訶那伽는 此云大龍이요 亦云大象이니 今此力士가 力如龍象이니라 八, 如人下의 八地德中에 摩竭魚者는 此云大體니 謂卽此方의 巨鼇之類라 兩目이 如日하고 張口如暗谷하여 能吞大舟하며 凡出噴流에 卽如潮上하고 噏水에 如壑하며 高下에 如山이라 大者는 可長二百餘里니라 安繕那는 青色藥이라

● (ㄹ) 須彌 아래의 4지를 섭수한 보리심의 공덕 중에 파리질다라(波利質多羅) 나무에서 파리(波利)는 두루함이라 하고 또한 '두루 돎[周匝]'이

라고도 번역하고, 질다라(質多羅)는 '사이에 섞어서 장엄함[間錯莊嚴]'이라 번역한다. 이 나무가 여러 잡색의 꽃으로 두루 돌아 장엄함이라 말하고, 혹은 둥글고 묘하게 장엄함이라 하기도 하고, 이런 것을 바사가(婆娑迦) 꽃이라 번역하나니 갖추어는 바리사가(婆利史迦)라 한다. 바리사(婆利史)라 말한 것은 '비[雨]'라고 번역하고, 가(迦)는 가라(迦羅)를 말함이니 '시간'이라 번역하는데 비가 올 때에 생겨난 까닭이다. 첨복가(瞻蔔迦) 꽃은 황색의 꽃이라 번역하는데 그 꽃에 향기가 있으며 형상이 치자(梔子) 꽃과 같다. 소마나(蘇摩那) 꽃은 '마음을 기쁘게 하는 꽃'이라 번역하나니 그 꽃의 형상과 빛깔은 모두 아름다워서 보는 이로 하여금 마음을 기쁘게 하는 까닭이다. (ㅁ) 椰子 아래는 5지를 섭수한 보리심의 공덕 중에 하아탁가[訶宅迦]는 금색의 물이라 번역하나니 아홉 번 바꾼 둥근 단약의 힘보다 심하였다. (ㅅ) 가릉빈가(迦陵頻伽) 새는 앞에서 이미 해석하였지만 '아름다운 음성'이라 번역하고, 혹은 미묘한 음성이라고도 말한다. 이 새가 본래로 설산에서 나왔으니 알에서 나왔고, 능히 울기도 하고 그 소리가 온화하고 아름다워서 듣는 이가 싫어하지 않는다. 마하나가(摩訶那伽)는 '큰 용'이라 하고 또는 '큰 코끼리'라고도 번역한다. 지금 이 나라의 역사(力士)는 힘이 용이나 코끼리와 같다는 뜻이다. (ㅇ) 如人 아래는 8지를 섭수한 보리심의 공덕 중에서 마갈어(摩竭魚)는 '큰 몸'이라 번역하는데 이른바 곧 이 나라의 거대한 자라의 무리이다. 두 눈이 해와 같고, 벌린 입은 어두운 골짜기와 같아서 능히 큰 배도 삼켜 버리며 무릇 물줄기가 분출함은 곧 조수(潮水)보다 낫고, 물을 빨아들임은 골짜기와 같으며, 높고 낮음은 산과 같다. 큰 것은 길이가 200여 리가 되며, 안선나(安繕那)는 푸른 색의 약이다.

라. 소속을 결론하여 해석하다[結釋所屬] (第四 34下3)

> 善男子여 菩提心者는 成就如是無量無邊과 乃至不可說
> 不可說殊勝功德이니 若有衆生이 發阿耨多羅三藐三菩
> 提心이면 則獲如是勝功德法하리라 是故로 善男子여 汝
> 獲善利니 汝發阿耨多羅三藐三菩提心하고 求菩薩行하
> 여 已得如是大功德故니라

착한 남자여, 보리심은 이렇게 한량없고 그지없고 말할 수 없이 말할 수 없는 공덕을 성취하느니라. 어떤 중생이 아뇩다라삼먁삼보리심을 내면 곧 이렇게 훌륭한 공덕의 법을 얻느니라. 그러므로 착한 남자여, 그대는 좋은 이익을 얻었으니 그대는 아뇩다라삼먁삼보리심을 내어 보살의 행을 구하여 이러한 큰 공덕을 얻은 연고이니라.

[疏] 第四, 善男子菩提心者下는 結釋所屬이니 謂上來의 多德이 釋獲善利之言故라

■ 라. 善男子菩提心者 아래는 소속을 결론하여 해석함이니, 이른바 여기까지 많은 공덕은 좋은 이익을 얻는 언사라 해석하는 까닭이다.

2. 법문을 설해 주다[授法] 4.

1) 법문의 체성을 설해 주다[授法體] 4.
(1) 섭수하여 들어가는 방편[攝入方便] 2.
가. 질문을 따와서 증득하기를 권하다[牒問勸證] (第二 34下8)

```
2. 授法四
  1. 授法體四
    1. 攝入方便二 ─┬─ 1. 牒問勸證
    2. 加令證入   └─ 2. 求證方便
    3. 見所證境二 ─┬─ 1. 分科
                  └─ 2. 隨釋二
      1. 別明所見六
        1. 見依報二 ─┬─ 1. 見三 ─┬─ 1. 直見一重莊嚴
                    └─ 2. 益     ├─ 2. 微細主伴
        2. 見正報二                └─ 3. 一多自在
          1. 總標    ┌─ 1. 初發心時
          2. 別顯五 ─┼─ 2. 修行得法
                    ├─ 3. 隨類攝生
                    ├─ 4. 處會說法二 ─┬─ 1. 所見會殊
                    └─ 5. 總見行用    └─ 2. 顯所說法
        3. 見伴菩薩
        4. 見諸佛
        5. 閣中主閣
                              ┌─ 1. 網等演法三 ─┬─ 1. 近聞
                              ├─ 2. 寶鏡作用    ├─ 2. 遠聞
                              ├─ 3. 寶柱放光    └─ 3. 得益
        6. 總見嚴具作用十 ─────┼─ 4. 寶像威儀
                              ├─ 5. 瓔等出生
                              ├─ 6. 蓮華重現
                              ├─ 7. 寶地現像
                              ├─ 8. 樹現半身
                              ├─ 9. 半月現光
                              └─ 10. 壁現本事二 ─┬─ 1. 慈氏攝生
      2. 總顯見相                                └─ 2. 友勸善財
    4. 事訖起定
  2. 顯法名
  3. 窮因源
  4. 叙性相
```

善男子여 如汝所問하여 菩薩이 云何學菩薩行이며 修菩薩道오하니 善男子여 汝可入此毘盧遮那莊嚴藏大樓閣中하여 周徧觀察하면 則能了知學菩薩行이며 學已에 成就無量功德하리라

착한 남자여, 그대가 묻기를 보살이 어떻게 보살의 행을 배
우며 보살의 도를 닦느냐고 하였거니와 착한 남자여, 그대
는 이 비로자나 장엄장 큰 누각에 들어가서 두루 관찰하라.
곧 보살의 행을 배움을 알 것이요, 배우면 한량없는 공덕을
성취하리라."

[疏] 第二, 善男子如汝所問下는 正授法界라 於中에 四니 一, 授法體요
二, 顯法名이요 三, 窮嚴因之本源이요 四, 覈正報之性相故라 初中
에 四니 一, 攝入方便이요 二, 加令證入이요 三, 見所證境이요 四, 事
訖起定이라 初中에 先, 牒問勸證이라

■ 2. 善男子如汝所問 아래는 법문을 설해 줌이니 그중에 넷이니 1) 법
문의 체성을 설해 줌이요, 2) 법문의 명칭을 밝힘이요, 3) 장엄한 인
행의 근원을 궁구함이요, 4) 정보의 체성과 양상을 규명함인 까닭이
다. 1) 중에 넷이니 (1) 방편에 섭수하여 들어감이요, (2) 가피하여
증득하여 들어가게 함이요, (3) 증득할 경계를 봄이요, (4) 일을 마
치고 삼매에서 일어남이다. (1) 중에 가. 질문을 따와서 증득하기를
권함이다.

[官字卷上 終]

大方廣佛華嚴經 제79권
大方廣佛華嚴經疏鈔 제79권 官字卷中
제39 入法界品 ⑳

제39. 법계에 증득해 들어가는 품[入法界品] ⑳

(2) 가피하여 증득하여 들어가게 하는[加令證入] 경문에 이르되,

"이때 미륵보살이 누각에 나아가 손가락을 퉁겨 소리를 내니 문이 열리었고, 선재에게 '들어가라' 하니 선재동자는 기뻐서 들어갔으며, 문은 곧 닫혔다."

이때 미륵보살은 문수보살에게 다시 갈 때 마음 자세를 다시 당부하나니, 주된 내용은 '선지식을 만날 때에 고달픈 생각을 내지 말라'고 다시 당부합니다. 경문에 이르되,

"그러므로 착한 남자여, 그대는 마땅히 문수사리에게 가야 하나니, 고달픈 생각을 내지 말라. 문수사리는 그대에게 모든 공덕을 말하리니, 왜냐하면 그대가 먼저 선지식을 만나고 보살의 행을 듣고 해탈문에 들어가고 큰 원을 만족한 것은 모두 문수사리의 위덕과 신통의 힘이니라. 문수사리는 모든 곳에서 구경까지 얻게 하느니라."

> 大方廣佛華嚴經 제79권
> 大方廣佛華嚴經疏鈔 제79권 官字卷中

제39. 법계에 증득해 들어가는 품[入法界品] ⑳

나. 증득하는 방편을 구하다[求證方便] (後爾 1上7)

爾時에 善財童子가 恭敬右遶彌勒菩薩摩訶薩已하고 而白之言하되 唯願大聖은 開樓閣門하사 令我得入케하소서
그때 선재동자는 공경하여 미륵보살마하살을 오른쪽으로 돌고 여쭈었다. "바라옵건대 거룩하신 이께서 이 누각 문을 열어 제가 들어가게 하소서."

[疏] 後, 爾時善財下는 求證方便이라
■ 나. 爾時善財 아래는 증득하는 방편을 구함이다.

(2) 가피하여 증득하여 들어가게 하다[加令證入] (第二 1上10)

時에 彌勒菩薩이 前詣樓閣하사 彈指出聲에 其門卽開어늘 命善財入하신대 善財가 心喜하여 入已還閉하다
이때 미륵보살이 누각에 나아가 손가락을 퉁겨 소리를 내니 문이 열리었고, 선재에게 '들어가라' 하니 선재동자는 기뻐서 들어갔으며, 문은 곧 닫혔다.

[疏] 第二, 爾時彌勒下는 加令證入이라 先, 約緣加니 令其就法이라 亡言會旨하면 則佛法門開일새 故云前詣等이니 即開理智門하여 示令其悟入也라하고 後, 善財心喜下는 約因自證이니 悟佛知見하면 則入法界라 從迷之悟하여 加行趣入일새 有門理之殊나 證已契合하여 能所兩亡하면 即妄而真이라 更無入處일새 故云還閉니라

■ (2) 爾時彌勒 아래는 가피하여 증득하여 들어가게 함이다. 가. 인연을 잡아 가피함이니 그로 하여금 법에 나아가게 함이다. 말을 잊고 종지를 알면 불법의 문이 열리는 연고로 이르되, "앞에 나아감 따위이니 곧 이치와 지혜의 문을 열어 보여서 그로 하여금 깨달아 들어가게 함"이라 하였고, 나. 善財心喜 아래는 인행으로 스스로 증득함을 잡나니 부처님의 지견을 깨달으면 법계에 들어간다는 뜻이다. 미혹에서 깨달음으로 가서 가행으로 나아가 들어감이니, 문과 이치가 다름이 있지만 증득하고 나서 계합하여 주체와 대상을 둘 다 없으면 망심과 합치하여 참된 것이다. 다시 들어갈 곳이 없으므로 '문이 다시 닫힌다'고 말한다.

(3) 증득할 경계를 보다[見所證境] 2.
가. 과목 나누다[分科] (第三 2下9)

見其樓閣이 廣博無量하여 同於虛空하니 阿僧祇寶로 以爲其地하며 阿僧祇宮殿과 阿僧祇門闥과 阿僧祇窓牖와 阿僧祇階陛와 阿僧祇欄楯과 阿僧祇道路가 皆七寶成이며 阿僧祇幡과 阿僧祇幢과 阿僧祇蓋가 周廻間列하며 阿僧祇衆寶瓔珞과 阿僧祇真珠瓔珞과 阿僧祇赤真珠瓔珞

과 阿僧祇師子珠瓔珞이 處處垂下하며 阿僧祇半月과 阿僧祇繒帶와 阿僧祇寶網으로 以爲嚴飾하며 阿僧祇寶鐸이 風動成音하며 散阿僧祇天諸雜華하며 縣阿僧祇天寶鬘帶하며 嚴阿僧祇衆寶香爐하며 雨阿僧祇細末金屑하며 懸阿僧祇寶鏡하며 然阿僧祇寶燈하며 布阿僧祇寶衣하며 列阿僧祇寶帳하며 設阿僧祇寶座하여 阿僧祇寶繒으로 以敷座上하며 阿僧祇閻浮檀金童女像과 阿僧祇雜寶諸形像과 阿僧祇妙寶菩薩像이 處處充徧하며 阿僧祇衆鳥가 出和雅音하며 阿僧祇寶優鉢羅華와 阿僧祇寶波頭摩華와 阿僧祇寶拘物頭華와 阿僧祇寶芬陀利華로 以爲莊嚴하며 阿僧祇寶樹가 次第行列하며 阿僧祇摩尼寶가 放大光明하여 如是等無量阿僧祇諸莊嚴具로 以爲莊嚴이러라 又見其中에 有無量百千諸妙樓閣하되 一一嚴飾에 悉如上說하고 廣博嚴麗가 皆同虛空하여 不相障礙하며 亦無雜亂이러라 善財童子가 於一處中에 見一切處하며 一切諸處에 悉如是見하니라

爾時에 善財童子가 見毘盧遮那莊嚴藏樓閣의 如是種種不可思議自在境界하고 生大歡喜하여 踊躍無量하여 身心柔軟하여 離一切想하며 除一切障하며 滅一切惑하며 所見不忘하며 所聞能憶하며 所思不亂하여 入於無礙解脫之門하여 普運其心하며 普見一切하고 普申敬禮하니라

누각을 보니 크고 (1) 넓기 한량이 없어 허공과 같고 (2) 아승지 보배로 땅이 되고, (3) 아승지 궁전과 아승지 문과 아승지 창호와 아승지 섬돌과 아승지 난간과 아승지 길이 모

두 칠보로 되었으며, (4) 아승지 번기·아승지 당기·아승지 일산이 사이사이 벌려 있고, (5) 아승지 영락·아승지 진주 영락·아승지 적진주 영락·아승지 사자진주 영락들이 곳곳에 드리웠으며, (6) 아승지 반달·아승지 비단 띠·아승지 보배 그물로 장엄하였고, (7) 아승지 보배 풍경이 바람에 흔들려 소리를 내며, (8) 아승지 하늘 꽃을 흩고, (9) 아승지 하늘 보배로 된 화만 때를 달고, (10) 아승지 보배 향로를 장엄하고, (11) 아승지 금가루를 비 내리고, (12) 아승지 보배 거울을 달았고, (13) 아승지 보배 등을 켜고, (14) 아승지 보배 옷을 폈다. (15) 아승지 보배 휘장을 치고, (16) 아승지 보배 자리를 깔고, (17) 아승지 비단을 자리 위에 펴고, (18) 아승지 염부단금 동녀 형상과 아승지 보배 형상과 아승지 묘한 보배로 된 보살 형상이 간 데마다 가득 찼으며, (19) 아승지 새들은 청아한 소리를 내고, (20) 아승지 보배 우발라 꽃과 아승지 보배 파두마 꽃과 아승지 보배 구물두 꽃과 아승지 보배 분타리 꽃으로 장엄하고, (21) 아승지 보배 나무는 차례로 줄을 지었고 (22) 아승지 마니보배가 큰 광명을 놓아, (23) 이렇게 한량없는 아승지 장엄거리로 장엄하였다. 또 그 가운데는 한량없는 백천 누각이 있는데, 낱낱이 훌륭하게 꾸민 것이 위에 말한 바와 같고, 크고 넓고 화려하기 허공과 같아서 서로 장애하지도 않고 잡란하지도 아니하였다. 선재동자가 한 곳에서 모든 곳을 보듯이, 모든 곳에서도 다 이렇게 보았다.

이때 선재동자가 비로자나 장엄장 누각이 이렇게 가지가지로 헤아릴 수 없이 자유자재한 경계를 보고, 매우 환희하여 한량없이 뛰놀면서 몸과 마음이 부드러워져서 모든 생각을 떠나며 모든 장애를 제거하고 모든 의혹을 멸하여, 본 것은 잊지 않고 들은 것은 기억하고 생각이 어지럽지 아니하여 걸림 없는 해탈문에 들어가서 마음을 두루 놀리며 모든 것을 두루 보고 널리 예경하였다.

[疏] 第三, 見其樓閣下는 明見所證境이라 於中에 二니 先, 別明所見이요 後, 總顯見相이라 前中에 六이니 一, 見依報요 二, 見正報요 三, 見伴菩薩이요 四, 見諸佛이요 五, 見閣中主閣이요 六, 總見嚴具作用이라 然이나 此六이 皆是悲智之中의 所有니라

- (3) 見其樓閣 아래는 증득할 경계를 봄을 밝힘이다. 그중에 둘이니 가) 볼 대상인 경계를 개별로 설명함이요, 나) 보는 모양을 총합하여 밝힘이다. 가) 중에 여섯이니 (가) 의보를 봄이요, (나) 정보를 뵈옴이요, (다) 반려보살을 봄이요, (라) 모든 부처님을 뵈옴이요, (마) 누각 중의 누각을 봄이요, (바) 장엄구의 작용을 총합하여 봄이다. 그러나 이런 여섯은 모두 자비와 지혜 속에 있는 것이다.

[鈔] 然此六이 皆是悲智等은 閣表悲智故니라

- 그런데 이런 여섯이 모두 자비와 지혜 등은 누각이 자비와 지혜를 표했기 때문이다.

나. 과목에 따라 해석하다[隨釋] 2.

가) 볼 대상인 경계에 대해 개별로 설명하다[別明所見] 6.
(가) 의보를 보고 이익을 얻다[見依報] 2.

ㄱ. 보다[見] 3.
ㄱ) 한 겹의 장엄을 바로 보다[直見一重莊嚴] (今初 3上4)
ㄴ) 미세한 주인과 반려 문이다[微細主伴] (次又)
ㄷ) 하나와 여럿이 자유자재하다[一多自在] (後善)

[疏] 今初에 先, 見이요 後, 益이라 前中에 三이니 一, 直見一重莊嚴에 有標列結이니 同虛空者는 稱法性故니라 次, 又見其中下는 依中有依요 一中見多니 卽微細門이요 亦主伴門이라 後, 善財童子下는 一處見多이니 卽相在門이니라

- 지금은 (가) (의보를 봄)에서 ㄱ. 봄이요, ㄴ. 이익을 얻음이다. ㄱ. 중에 셋이니 ㄱ) 한 겹의 장엄을 바로 볼 적에 (ㄱ) 표방함과 (ㄴ) 나열함과 (ㄷ) 결론함이 있으니 '허공과 같다'는 것은 법성과 칭합하는 까닭이다. ㄷ) 善財童子 아래는 하나인 곳에서 여럿을 봄이니 곧 모양이 자유자재한 문이다.

ㄴ. 이익을 얻다[得益] (二爾 3上7)

[疏] 二, 爾時下는 明得益이라
- ㄴ. 爾時 아래는 이익 얻음을 밝힘이다.

(나) 미륵보살의 정보를 뵙다[見正報] 2.

ㄱ. 총합하여 표방하다[總標] (第二 5上8)

纔始稽首에 以彌勒菩薩威神之力으로 自見其身이 徧在一切諸樓閣中하여 具見種種不可思議自在境界하니라
잠깐 머리를 조아리니 미륵보살의 신통한 힘을 말미암아 자기의 몸이 모든 누각 속에 두루하여 있음을 보겠으며, 또 가지가지 부사의한 자재로운 경계를 보았다.

[疏] 第二, 纔始稽首下는 見正報라 中에 二니 先, 總標요
■ (나) 纔始稽首 아래는 (미륵보살의) 정보를 뵈옴이다. 그중에 둘이니
ㄱ. 총합하여 표방함이요,

ㄴ. 개별로 밝히다[別顯] 5.
ㄱ) 처음 발심했을 때[初發心時] (所謂 5上8)
ㄴ) 수행으로 법을 얻다[修行得法] (二或)
ㄷ) 부류를 따라 중생을 섭수하다[隨類攝生] (三或)

所謂或見彌勒菩薩이 初發無上菩提心時에 如是名字와 如是種族과 如是善友之所開悟와 令其種植如是善根과 住如是壽와 在如是劫과 値如是佛과 處於如是莊嚴刹土와 修如是行과 發如是願하며 彼諸如來의 如是衆會에 如是壽命으로 經爾許時토록 親近供養을 悉皆明見하며 或見彌勒이 最初證得慈心三昧하사 從是已來로 號爲慈氏하며 或見彌勒이 修諸妙行하사 成滿一切諸波羅蜜하

며 或見得忍하며 或見住地하며 或見成就淸淨國土하며 或見護持如來正敎하사 爲大法師하여 得無生忍하여 某時某處某如來所에 受於無上菩提之記하나라 或見彌勒이 爲轉輪王하사 勸諸衆生하여 住十善道하고 或爲護世하사 饒益衆生하고 或爲釋天하사 訶責五欲하고 或爲焰摩天王하사 讚不放逸하고 或爲兜率天王하사 稱歎一生菩薩功德하고 或爲化樂天王하사 爲諸天衆하여 現諸菩薩의 變化莊嚴하고 或爲他化自在天王하사 爲諸天衆하여 演說一切諸佛之法하고 或作魔王하사 說一切法이 皆悉無常하고 或爲梵王하사 說諸禪定의 無量喜樂하고 或爲阿修羅王하사 入大智海하여 了法如幻하사 爲其衆會하여 常演說法하여 斷除一切憍慢醉傲하며 或復見其處閻羅[30]界하사 放大光明하여 救地獄苦하며 或見在於餓鬼之處하사 施諸飮食하여 濟彼饑飢渴하며 或見在於蓄生之道하사 種種方便으로 調伏衆生하며

ㄱ) 이른바 미륵보살이 처음에 위없는 보리심을 낼 적에 (1) 이런 이름, 이런 성미와 이렇게 선지식의 가르침으로 이런 착한 뿌리를 심던 일을 보겠으며, (2) 이렇게 오래 살고 이런 겁을 지내면서 이런 부처님을 만나고, (3) 이렇게 장엄한 세계에 있으면서 이렇게 행을 닦고 이렇게 원을 세웠으며, (4) 저 여래의 이러한 대중의 모임에서 이러한 수명과 이러한 세월을 지내면서 친근하고 공양하던 일을 모두 분명하게 보았다.

ㄴ) (5) 미륵보살이 처음에 인자한 삼매를 증득하고, (6) 그

---

30) 羅는 金本作浮誤라 하다. (소초회본 제79권 p. 71)

뒤로부터 자씨라고 하던 일을 보기도 하고, (7) 미륵보살이 묘한 행을 닦으며 모든 바라밀다를 만족하던 일을 보기도 하고, (8) 법 아는 지혜를 얻기도 하고, (9) 지상에 머물기도 하고 청정한 국토를 성취하는 것을 보기도 하였다. (10) 여래의 바른 교법을 보호하며 큰 법사가 되어 생사 없는 법의 지혜를 얻고, (11) 어느 때 어느 곳에서 어느 여래에게 가장 높은 보리의 수기를 받던 일을 보기도 하였다.

ㄷ) (12) 미륵보살이 전륜왕이 되어서 중생들을 권하여 열 가지 착한 길에 머물게 함을 보기도 하고 (13) 사천왕이 되어 중생을 이익하게 하고, (14) 제석천왕이 되어 다섯 가지 욕락을 꾸짖고, (15) 염마천왕이 되어 방일하지 않은 일을 찬탄하고, (16) 도솔천왕이 되어 일생보처 보살의 공덕을 칭찬하고, (17) 화락천왕이 되어 하늘 무리에게 보살들의 변화하는 장엄을 나타내고, (18) 타화자재천왕이 되어 하늘 무리에게 모든 부처님 법을 연설하고, (19) 마왕이 되어 모든 법이 무상하다 말하고, (20) 범천왕이 되어 모든 선정의 한량없이 기쁘고 즐거움을 말하고, (21) 아수라왕이 되어 큰 지혜 바다에 들어가서 법이 환술 같음을 알고, (22) 모인 무리들에게 법을 연설하여 모든 교만하고 취하고 거추장스러움을 끊게 함을 보기도 하였다. 또 (23) 그가 염라세계에 있으면서 큰 광명을 놓아 지옥의 고통을 구원함을 보기도 하고, (24) 아귀의 세계에서 음식을 보시하여 기갈을 구제함을 보기도 하고, (25) 축생의 길에서 여러 가지 방편으로 중생을 조복함을 보기도 하였다.

[疏] 所謂下는 別顯이라 於中에 五니 一, 見初發心時요 二, 或見彌勒初得慈心[31]下는 見其修行法時요 三, 或見彌勒爲轉輪下는 隨類攝生時요

- ㄴ. 所謂 아래는 개별로 밝힘이다. 그중에 다섯이니 ㄱ) 처음 발심했을 때를 봄이요, ㄴ) 或見彌勒初得慈心 아래는 그 수행법을 발견했을 때요, ㄷ) 或見彌勒爲轉輪 아래는 부류를 따라 중생을 섭수할 때를 봄이요,

ㄹ) 대중 속에 살면서 법을 설하다[處會說法] 2.
(ㄱ) 보는 대중이 다르다[所見會殊] (四或 5下1)
(ㄴ) 설할 바 법을 밝히다[顯所說法] (或見)

或復見爲護世天王衆會說法하며 或復見爲忉利天王衆會說法하며 或復見爲焰摩天王衆會說法하며 或復見爲兜率天王衆會說法하며 或復見爲化樂天王衆會說法하며 或復見爲他化自在天王衆會說法하며 或復見爲大梵王衆會說法하며 或復見爲龍王衆會說法하며 或復見爲夜叉羅刹王衆會說法하며 或復見爲乾闥婆緊那羅王衆會說法하며 或復見爲阿修羅陀那婆王衆會說法하며 或復見爲迦樓羅摩睺羅伽王衆會說法하며 或復見爲其餘一切人非人等衆會說法하며
或復見爲聲聞衆會說法하며 或復見爲緣覺衆會說法하며 或復見爲初發心과 乃至一生所繫已灌頂者諸菩薩衆하

---

31) 初는 續金本作彌勒最初證.

사 而演說法하며 或見讚說初地와 乃至十地의 所有功德하며 或見讚說滿足一切諸波羅蜜하며 或見讚說入諸忍門하며 或見讚說諸大三昧門하며 或見讚說甚深解脫門하며 或見讚說諸禪三昧神通境界하며 或見讚說諸菩薩行하며 或見讚說諸大誓願하며 或見與諸同行菩薩로 讚說世間資生工巧種種方便利衆生事하며 或見與諸一生菩薩로 讚說一切佛灌頂門하며

ㄹ) 또 사천왕의 대중을 위하여 법을 말함을 보기도 하고, 도리천왕의 대중을 위하여 법을 말함을 보기도 하고, 염마천왕의 대중을 위하여 법을 말함을 보기도 하고, 도솔천왕의 대중을 위하여 법을 말함을 보기도 하고, 화락천왕의 대중을 위하여 법을 말함을 보기도 하고, 타화자재천왕의 대중을 위하여 법을 말함을 보기도 하고, 대범천왕의 대중을 위하여 법을 말함을 보기도 하였다. 또 용왕 대중에게 법을 말함을 보기도 하고, 야차·나찰왕 대중에게 법을 말함을 보기도 하고, 건달바·긴나라왕 대중에게 법을 말함을 보기도 하고, 아수라·타나바왕 대중에게 법을 말함을 보기도 하고, 가루라·마후라가왕 대중에게 법을 말함을 보기도 하고, 그 밖에 모든 사람·사람 아닌 이들의 대중에게 법을 말함을 보기도 하였다.

또 성문 대중을 위하여 법을 말함을 보기도 하고, 연각 대중을 위하여 법을 말함을 보기도 하고, 처음 마음 낸 이와 내지 일생보처로 정수리에 물을 부은 보살들을 위하여 법을 말함을 보기도 하고, 초지 내지 십지보살의 공덕을 찬탄함

을 보기도 하였다. 또 모든 바라밀다 만족한 이를 찬탄함을 보기도 하고, 모든 지혜의 문에 들어감을 찬탄함을 보기도 하고, 여러 큰 삼매문을 찬탄함을 보기도 하고, 깊고 깊은 해탈문을 찬탄함을 보기도 하고, 모든 선정 삼매 신통한 경계를 찬탄함을 보기도 하고, 모든 보살의 행을 찬탄함을 보기도 하고, 여러 가지 큰 서원을 찬탄함을 보기도 하였다. 또 함께 수행하는 보살과 더불어 세간에서 살아가는 기술과 여러 가지 방편으로 중생을 이익하게 하는 일을 찬탄함을 보기도 하고, 일생보처 보살과 더불어 모든 부처님의 정수리에 물 붓는 문을 찬탄함을 보기도 하고,

[疏] 四, 或復見爲護世下는 見處會說法이라 於中에 先, 明所處會殊요 後, 或見讚說初地下는 顯所說之法이요

ㄹ) 或復見爲護世 아래는 대중 속에 있으면서 설법함을 봄이다. 그 중에 (ㄱ) 처한 회중이 다름을 밝힘이요, (ㄴ) 或見讚說初地 아래는 설하는 법을 밝힘이다.

ㅁ) 행법과 작용을 총합하여 보다[總見行用] (五或 5下3)

或見彌勒이 於百千年經行에 讀誦書寫經卷하사 勤求觀察하여 爲衆說法하시되 或入諸禪四無量心하고 或入徧處와 及諸解脫하고 或入三昧하여 以方便力으로 現諸神變하니라

ㅁ) 미륵보살이 백천 년 동안 거닐고 경전을 읽고 외우고 쓰

고, 부지런히 관찰하고 대중에게 법을 말하며, 모든 선정과 네 가지 한량없는 마음에 들기도 하고, 모든 곳에 두루함과 모든 해탈에 들기도 하고, 삼매에 들어서 방편의 힘으로 신통변화를 나타냄을 보기도 하였다.

[疏] 五, 或見彌勒於百千下는 總見行用이니라
■ ㅁ) 或見彌勒於百千 아래는 행법과 작용을 총합하여 봄이다.

(다) 반려인 보살을 보다[見伴菩薩] (第三 6上6)

或見諸菩薩이 入變化三昧하사 各於其身一一毛孔에 出於一切變化身雲하며 或見出天衆身雲하며 或見出龍衆身雲하며 或見出夜叉와 乾闥婆와 緊那羅와 阿修羅와 迦樓羅와 摩睺羅伽와 釋梵護世와 轉輪聖王과 小王과 王子와 大臣官屬과 長者居士身雲하며 或見出聲聞緣覺과 及諸菩薩如來身雲하며 或見出一切衆生身雲하며 或見出妙音하여 讚諸菩薩種種法門하니 所謂讚說菩提心功德門하고 讚說檀波羅蜜과 乃至智波羅蜜功德門하고 讚說諸攝諸禪과 諸無量心과 及諸三昧와 三摩鉢底와 諸通諸明과 總持辯才와 諸諦諸智와 止觀解脫과 諸緣諸依와 諸說法門하고 讚說念處正勤과 神足根力과 七菩提分과 八聖道分과 諸聲聞乘과 諸獨覺乘과 諸菩薩乘과 諸地諸忍과 諸行諸願의 如是等一切諸功德門이니라

여러 보살이 변화삼매에 들어 각각 그 몸의 낱낱 털구멍으

로 모든 변화하는 몸 구름을 내는 것도 보고, 하늘 무리의 몸 구름을 내는 것도 보고, 용 무리의 몸 구름을 내는 것도 보고, 야차·건달바·긴나라·아수라·가루라·마후라가·제석·범왕·사천왕·전륜왕·작은 왕·왕자·대신·벼슬아치·장자·거사의 몸 구름을 내는 것도 보고, 성문·연각·보살·여래의 몸 구름을 내는 것도 보고, 모든 중생의 몸 구름을 내는 것도 보았다. 또 묘한 음성을 내어 보살의 가지가지 법문을 찬탄함을 보았으니, 이른바 보리심의 공덕문을 찬탄하며, 단나바라밀다와 내지 지혜바라밀다의 공덕문을 찬탄하며, 여러 가지 거두어 주는 것·선정·한량없는 마음과 삼매와 삼마발저와 트임·밝음·다라니·변재·참된 진리·지혜·선정·슬기·해탈·인연·의지와 법문 말함을 찬탄하며, 네 가지 생각하는 곳·네 가지 바른 정근·네 가지 뜻대로의 발·다섯 가지 근·다섯 가지 힘·일곱 가지 보리의 부분·여덟 가지 바른 길·성문승·독각승·보살승·모든 지·모든 지혜·모든 행·모든 원 따위의 모든 공덕문을 찬탄함을 보았다.

[疏] 第三, 或見諸菩薩下는 明見伴菩薩身雲演法이니 卽前에 與無量眷屬이니라

■ (다) 或見諸菩薩 아래는 반려인 보살의 몸 구름이 법을 연설함을 봄이니 곧 앞에서 한량없는 권속과 함께함을 봄이다.

(라) 모든 부처님을 뵙다[見諸佛] (第四 6下1)

或復於中에 見諸如來의 大衆圍遶하며 亦見其佛의 生處
種性과 身形壽命과 刹劫名號와 說法利益과 敎住久近과
乃至所有道場衆會하여 種種不同을 悉皆明見하니라
또 그 가운데서 여래를 대중이 둘러싸고 있음을 보았으며,
그 부처님의 나신 곳·가문·몸·오래 삶을 보았으며, 세
계·겁·이름과 법을 말하여 이익함과, 교법이 얼마나 오
래 머무름과, 도량의 대중이 여러 가지로 같지 아니함을 분
명하게 보았다.

[疏] 第四, 或復於中見諸如來下는 明見諸佛攝化之德이라
■ (라) 或復於中見諸如來 아래는 모든 부처님이 섭수하고 교화하는
덕을 분명히 봄이다.

(마) 누각 속의 주된 누각[閣中主閣] (第五 7上4)

又復於彼莊嚴藏內諸樓閣中에 見一樓閣이 高廣嚴飾하
여 最上無比하니 於中에 悉見三千世界百億四天下와 百
億兜率陀天에 一一皆有彌勒菩薩이 降神誕生이어든 釋
梵天王이 捧持頂戴와 遊行七步와 觀察十方과 大師子
吼와 現爲童子하여 居處宮殿과 遊戲園苑과 爲一切智하
여 出家苦行과 示受乳糜와 往詣道場과 降伏諸魔와 成
等正覺과 觀菩提諸樹와 梵王勸請과 轉正法輪과 昇天
宮殿하여 而演說法과 劫數壽量과 衆會莊嚴과 所淨國土
와 所修行願과 敎化成熟衆生方便과 分布舍利와 住持

敎法이 皆悉不同이러라

爾時에 善財가 自見其身이 在彼一切諸如來所하며 亦見於彼一切衆會一切佛事하고 憶持不忘하여 通達無礙하니라

또 저 장엄장 안에 있는 여러 누각 중에서 한 누각을 보니, (1) 높고 넓고 훌륭하게 꾸민 것이 가장 좋아서 견줄 데가 없으며, 그 가운데 삼천대천세계의 백억 사천하가 있는데, 백억 도솔천에 낱낱이 미륵보살이 있다가 신으로 내려와서 탄생하는 것을, 제석과 범천왕이 받들어 머리에 올리며, 일곱 걸음을 다니고 시방을 살펴보며 크게 사자후하는 것을 보겠으며, (2) 동자로서 궁전에 거처하고 정원에서 노닐며, 온갖 지혜를 얻기 위하여 출가하여 고행하고, 유미죽을 받고 도량에 나아가서 마군을 항복받고 등정각을 이루며, 보리수를 보시다가 법왕의 권청으로 법륜을 굴리고, 천궁에 올라가서 법을 연설하는 일과 겁과 수명과 대중 모임의 장엄과, 국토를 깨끗이 하고 행과 원을 닦음과, 중생을 교화하여 성숙게 하는 방편과, 사리를 나누어 반포함과 법을 머물러 유지함이 모두 같지 아니함을 보았다.

(3) 그때 선재동자는 자기의 몸이 모든 여래의 처소에 있음을 보았으며, 또 저 모든 대중의 모임과 모든 불사를 보고 기억하여 잊지 않았으며 통달하여 걸림이 없었다.

[疏] 第五, 又復於彼下는 見閣中主閣이니 別明慈氏一生當作이라 於中에
　　先, 見이요 後, 爾時下는 得益을 可知니라
■ (마) 又復於彼 아래는 누각 속의 주된 누각을 봄이니 자씨가 일생에

미래에 지음을 개별로 밝힘이다. 그중에 ㄱ. 누각을 봄이요, ㄴ. 爾時 아래는 이익을 얻음이니 알 수 있으리라.

(바) 장엄거리의 작용을 총합하여 보다[總見嚴具作用] 10.
ㄱ. 보배 그물 등이 법을 연설하다[網等演法] 3.

ㄱ) 가까이서 듣다[近聞] (第六 11上6)
ㄴ) 멀리서 법문을 듣다[遠聞] (次又)
ㄷ) 이익을 얻다[得益] (後善)

復聞一切諸樓閣內에 寶網鈴鐸과 及諸樂器가 皆悉演暢不可思議微妙法音하여 說種種法하니 所謂或說菩薩의 發菩提心하며 或說修行波羅蜜行하며 或說諸願하며 或說諸地하며 或說恭敬供養如來하며 或說莊嚴諸佛國土하며 或說諸佛의 說法差別이니 如上所說一切佛法을 悉聞其音하고 敷暢辨了하며 又聞某處에 有某菩薩이 聞某法門하고 某善知識之所勸導로 發菩提心과 於某劫某刹某如來所某大衆中에 聞於某佛의 如是功德하고 發如是心하며 起如是願하며 種於如是廣大善根과 經若干劫토록 修菩薩行과 於爾許時에 當成正覺과 如是名號와 如是壽量과 如是國土의 具足莊嚴과 滿如是願과 化如是衆과 如是聲聞菩薩衆會와 般涅槃後에 正法住世하여 經爾許劫토록 利益如是無量衆生하며 或聞某處에 有某菩薩이 布施持戒忍辱精進禪定智慧로 修習如是諸波羅蜜

하며 或聞某處에 有某菩薩이 爲求法故로 棄捨王位와 及
諸珍寶와 妻子眷屬과 手足頭目의 一切身分하여 皆無所
悋하며 或聞某處에 有某菩薩이 守護如來의 所說正法하
여 爲大法師하여 廣行法施하여 建法幢하고 吹法螺하며
擊法鼓하고 雨法雨하며 造佛塔廟하고 作佛形像하여 施
諸衆生一切樂具하며 或聞某處에 有某如來가 於某劫中
에 成等正覺한 如是國土와 如是衆會와 如是壽命과 說
如是法과 滿如是願과 教化如是無量衆生하니라
善財童子가 聞如是等不可思議微妙法音하고 身心歡喜
하여 柔軟悅澤하여 則得無量諸總持門과 諸辯才門과 諸
禪諸忍과 諸願諸度와 諸通諸明과 及諸解脫과 諸三昧
門하니라32)

또 누각 안에 있는 보배 그물과 풍경과 모든 악기에서 헤아
릴 수 없는 미묘한 음성을 내어 여러 가지 법을 연설함을 들
으니, 이른바 (1) 보살이 보리심 내는 것을 말하고, (2) 바라
밀다 행을 닦음을 말하고, (3) 모든 원을 말하고, (4) 모든
지를 말하고, (5) 여래께 공경하고 공양함을 말하고, (6) 부
처님의 국토를 장엄함을 말하고, (7) 부처님들의 법을 말씀
하신 차별을 말하는데, (8) 이렇게 모든 부처님 법을 말하는
소리를 들으니, 화창하고 분명하였다.

또 들으니, (9) 어느 곳 아무 보살은 누구의 법문을 듣고 아
무 선지식의 지도로 보리심을 내었으며, 어느 겁에 어느 세
계에서 아무 여래의 어느 대중에 있으면서, 아무 부처님의

---

32) 柔軟悅澤의 澤은 明淸合綱杭鼓纂續金本作懌, 麗宋元本作澤; 貞元譯經大昭各本皆作澤.

이러한 공덕을 듣고는 이런 마음을 내고 이런 원을 일으키고 이러하게 광대한 착한 뿌리를 심었으며, 몇 겁을 지내면서 보살의 행을 닦다가 얼마나 오랜 뒤에 정각을 이루어, 이러한 이름ㆍ이러한 목숨ㆍ이러한 국토의 장엄을 구족함과 이러한 원을 이루며, 이러한 대중과 이러한 성문ㆍ보살을 교화하였으며, 열반한 뒤에 바른 법이 세상에 머물러 있어 몇 겁을 지내면서 이러한 한량없는 중생을 이익하게 하였다는 말을 들었다. (10) 또 어느 곳에는 아무 보살이 있어서 보시ㆍ계율ㆍ참음ㆍ정진ㆍ선정ㆍ지혜로 이렇게 바라밀다를 닦았다는 말을 듣고, (11) 또 어느 곳에는 아무 보살이 있는데, 법을 구하기 위하여 국왕의 지위와 모든 보배와 처자와 권속이며 손발ㆍ머리ㆍ눈 모든 것을 아끼지 않는다는 말을 들었다. (12) 또 어느 곳에는 아무 보살이 있어서 여래의 말씀한 바른 법을 수호하여 큰 법사가 되었으며, 법의 보시를 널리 행하며 법 당기를 세우고 법 소라를 불고 법 북을 치고 법 비를 내리며, 부처님 탑을 조성하고 부처님 동상을 조성하며, 중생에게 여러 가지 즐거운 도구를 보시한다는 말을 들었다. (13) 또 어느 곳에는 아무 여래가 아무 겁에 등정각을 이루었는데, 국토는 이러하고 모인 대중은 이러하고 수명은 이러하였으며, 이런 법을 말하고 이런 원을 만족하고 이렇게 한량없는 중생을 교화하였다는 말을 들었다. 선재동자는 이렇게 부사의하고 미묘한 법의 음성을 듣고, 몸과 마음이 환희하고 부드럽고 기뻐서, 즉시로 한량없는 다라니문과 변재문과 모든 선정ㆍ법 지혜ㆍ서원ㆍ바라밀다・트임・밝음・해탈・삼매문을 얻었다.

[疏] 第六, 復聞一切下는 見聞嚴具作用이라 於中에 十段이니 一, 聞網等 演法이라 於中에 三이니 一, 近聞이요 次, 又聞某處下는 遠聞이요 後, 善財下는 得益이라
■ (바) 復聞一切 아래는 장엄거리의 작용을 보고 들음이다. 그중에 열 문단이니 ㄱ. 보배 그물 등을 듣고 법을 연설함이다. 그중에 셋이니 ㄱ) 가까이서 들음이요, ㄴ) 又聞某處 아래는 멀리서 법문을 들음이요, ㄷ) 善財 아래는 이익을 얻음이다.

ㄴ. 보배 거울의 작용[寶鏡作用] (二寶 11上8)

又見一切諸寶鏡中種種形像하니 所謂或見諸佛眾會道場하며 或見菩薩眾會道場하며 或見聲聞眾會道場하며 或見緣覺眾會道場하며 或見淨世界하며 或見不淨世界하며 或見淨不淨世界하며 或見不淨淨世界하며 或見有佛世界하며 或見無佛世界하며 或見小世界하며 或見中世界하며 或見大世界하며 或見因陀羅網世界하며 或見覆世界하며 或見仰世界하며 或見平坦世界하며 或見地獄畜生餓鬼所住世界하며 或見天人充滿世界하여 於如是等諸世界中에 見有無數大菩薩眾이 或行或坐하여 作諸事業하며 或起大悲하여 憐愍眾生하며 或造諸論하여 利益世間하되 或受或持하며 或書或誦하며 或問或答하여 三時懺悔하여 廻向發願하나라

(14) 또 보배 거울 가운데서 가지가지 형상을 보았으니, 이른바 부처님 대중이 모인 도량과 보살 대중이 모인 도량과 성문 대중이 모인 도량과 연각 대중이 모인 도량을 보았으며, 또 깨끗한 세계 · 부정한 세계 · 깨끗하면서 부정한 세계 · 부정하면서 깨끗한 세계 · 부처님 있는 세계 · 부처님 없는 세계 · 소 세계 · 중 세계 · 대 세계 · 인드라 그물 세계 · 엎어진 세계 · 잦혀진 세계 · 평탄한 세계를 보기도 하고, 지옥 · 아귀 · 축생이 사는 세계를 보기도 하고, 하늘과 사람이 충만한 세계를 보기도 하였다. 이러한 모든 세계에는 무수한 큰 보살들이 있는데, 다니기도 하고 앉기도 하여서 여러 가지 사업을 하며, 매우 가엾은 마음으로 중생을 딱하게 여기기도 하고, 논문을 지어 세간을 이익하게 하기도 하고, 배우고 지니고 쓰고 외우고 묻고 대답도 하면서, 세 때로 참회하고 회향하여 원을 세우는 것을 보기도 하였다.

[疏] 二, 見寶鏡作用이요
■ ㄴ. 보배 거울의 작용을 봄이요,

ㄷ. 보배 기둥에서 방광하다[寶柱放光] (三寶 11上8)
ㄹ. 보배 형상의 거동하는 모습[寶像威儀] (四寶)
ㅁ. 영락 등이 나타나다[瓔等出生] (五瓔)
ㅂ. 연꽃 등이 거듭 나타나다[蓮華重現] (六蓮)

又見一切諸寶柱中에 放摩尼王大光明網하되 或青或黃

이며 或赤或白이며 或玻瓈色이요 或水精色이며 或帝靑色이요 或虹蜺色이며 或閻浮檀金色이요 或作一切諸光明色하니라 又見彼閻浮檀金童女와 及衆寶像이 或以其手로 而執華雲하며 或執衣雲하며 或執幢幡하며 或執鬘蓋하며 或持種種塗香末香하며 或持上妙摩尼寶網하며 或垂金鎖하며 或挂瓔珞하며 或擧其臂하여 捧莊嚴具하며 或低其首하여 垂摩尼冠하고 曲躬瞻仰하여 目不暫捨하니라 又見彼眞珠瓔珞이 常出香水하여 具八功德하며 瑠璃瓔珞의 百千光明이 同時照耀하며 幢幡網蓋의 如是等物이 一切皆以衆寶莊嚴하니라 又復見彼優鉢羅華와 波頭摩華와 拘物頭華와 芬陀利華가 各各生於無量諸華하되 或大一手하며 或長一肘하며 或復縱廣이 猶如車輪하여 一一華中에 皆悉示現種種色像으로 以爲嚴飾하니 所謂男色像과 女色像과 童男色像과 童女色像과 釋梵과 護世와 天龍과 夜叉와 乾闥婆와 阿修羅와 迦樓羅와 緊那羅와 摩睺羅伽와 聲聞緣覺과 及諸菩薩의 如是一切衆生色像이 皆悉合掌하고 曲躬禮敬하며 亦見如來가 結跏趺坐하사 三十二相으로 莊嚴其身하니라

(15) 또 보니, 여러 보배 기둥에서 마니왕 큰 광명 그물을 놓는데, 푸르고 누르고 붉고 희기도 하고, 또 파려 빛·수정 빛·제청 빛·무지개 빛·염부단금 빛·모든 광명 빛이기도 하였다. (16) 또 염부단금으로 만든 아가씨 형상과 여러 보배 형상이 있는데, 혹은 손에 꽃 구름을 잡고, 혹은 옷 구름을 잡았으며, 당기·번기도 잡고, 화만·일산도 잡고, 여

러 가지 바르는 향·가루 향도 잡고, 가장 훌륭한 마니보배 그물도 잡고, 금 사설을 드리우고 영락을 걸고, 팔을 들어 공양거리를 받들기도 하고, 머리를 숙여 마니 관을 드리기도 하며, 허리를 굽혀 우러러보며 잠깐도 한눈팔지 않았다. (17) 또 보니, 저 진주 영락에서 향수가 흐르는데, 여덟 가지 공덕이 구족하고, 유리와 영락에서는 백천 가지 광명이 한꺼번에 비추며, 당기·번기·그물·일산 따위를 모두 여러 보배로 장엄하였다. (18) 또 보니, 우발라 꽃·구물두 꽃·분타리 꽃에서는 각각 한량없는 꽃을 내는데, 어떤 것은 손바닥 만하고, 어떤 것은 팔뚝같이 길고, 가로 세로가 차바퀴 같기도 하며, 낱낱 꽃마다 갖가지 빛깔과 형상을 나타내어 장엄하였으니 이른바 남자 빛깔 형상·여자 빛깔 형상·동남의 형상·동녀의 형상과 제석·범천·사천왕·하늘·용·야차·건달바·아수라·가루라·긴나라·마후라가·성문·연각·보살과 같은 모든 중생의 형상들이 모두 합장하고 허리 굽혀 경례하며, 또 여래께서 가부하고 앉았는데, 32가지 거룩한 모습으로 장엄한 것을 보았다.

[疏] 三, 見寶柱放光이요 四, 見寶像威儀요 五, 見瓔珞等出生이요 六, 蓮華重現이요

- ㄷ. 보배 기둥에서 방광함을 봄이요, ㄹ. 보배 형상의 거동하는 모습을 봄이요, ㅁ. 영락 등이 나타남을 봄이요, ㅂ. 연꽃 등이 거듭 나타남이요,

ㅅ. 보배 땅에 갖가지 형상을 나타내다[寶地現像] (七寶)
ㅇ. 보배 나무에서 반신상을 나타내다[樹現半身] (八樹)
ㅈ. 반달 형상에서 광명을 나타내다[半月現光] (九半)

又復見彼淨瑠璃地一一步間에 現不思議種種色像하니 所謂世界色像과 菩薩色像과 如來色像과 及諸樓閣莊嚴色像이니라 又於寶樹枝葉華果一一事中에 悉見種種半身色像하니 所謂佛半身色像과 菩薩半身色像과 天龍夜叉와 乃至護世와 轉輪聖王과 小王王子와 大臣官長과 及以四衆의 半身色像이라 其諸色像이 或執華鬘하며 或執瓔珞하며 或持一切諸莊嚴具하며 或有曲躬하여 合掌禮敬하고 一心瞻仰하여 目不暫捨하며 或有讚歎하며 或入三昧하며 其身이 悉以相好莊嚴하여 普放種種諸色光明하니 所謂金色光明과 銀色光明과 珊瑚色光明과 兜沙羅色光明과 帝青色光明과 毘盧遮那寶色光明과 一切衆寶色光明과 瞻波迦華色光明이니라 又見諸樓閣半月像中에 出阿僧祇日月星宿種種光明하여 普照十方하니라

(19) 또 그 깨끗한 유리로 된 땅에서는 한 걸음 한 걸음 사이마다 부사의한 갖가지 형상을 나타내니, 이른바 세계 형상·보살 형상·여래 형상·누각으로 장엄한 형상들이다.
(20) 또 보배 나무에서는 가지·잎·꽃·열매마다 갖가지 반신상을 보게 되니, 이른바 부처님 반신상·보살 반신상·하늘·용·야차와 내지 사천왕·전륜왕·작은 왕·왕자·대신·관장과 사부대중의 반신상이며, 그 반신상들

은 화만도 들고 영락도 들고 모든 장엄거리를 들기도 하였
으며, 어떤 것은 허리 굽혀 합장하고 예경하며, 일심으로 우
러러보면서 한눈팔지 않기도 하고, 또 찬탄하기도 하며 삼
매에 들기도 하였다. 그 몸은 거룩한 모습으로 장엄하였고
여러 가지 빛 광명을 놓으니, 금빛 광명·은빛 광명·산호
빛 광명·도사라 빛 광명·제청 빛 광명·비로자나 보배
빛 광명·모든 보배 빛 광명·담파가 빛 광명들이다. (21)
또 여러 누각의 반달 형상에서 아승지 일월성신 광명들을
내어 시방에 두루 비추는 것을 보았다.

[疏] 七, 寶地現像[33]이요 八, 樹現半身이요 兜沙羅者는 此云霜冰[34]이요
九, 半月現光이요

■ ㅅ. 보배 땅에 갖가지 형상을 나타냄이요. ㅇ. 보배 나무에서 반신상
을 나타냄이다. 도사라(兜沙羅)는 '서리와 얼음'이라 번역함이요. ㅈ.
반달 형상에서 광명을 나타냄이요,

ㅊ. 벽에서 본래 수행하던 일이 나타나다[壁現本事] 2.
ㄱ) 자씨보살이 중생을 섭수하다[慈氏攝生] (十壁 11下1)
ㄴ) 선지식들이 선재에게 권유하다[友勸善財] (後又)

又見諸樓閣이 周廻四壁一一步內에 一切衆寶로 以爲莊
嚴이어든 一一寶中에 皆現彌勒이 曩劫修行菩薩道時에

---

33) 像은 甲續金本作相, 源原南本及行願品疏作像.
34) 冰下에 源本有瞻波迦 此云黃色 案經瞻波迦 合論本作舊波迦 貞元譯經麗本作舊匐迦, 仁和寺本作瞻博迦,
明本作瞻蔔迦 今經卷七十八卷作舊蔔迦 鈔已有釋.

或施頭目하며 或施手足과 脣舌牙齒와 耳鼻血肉과 皮膚骨髓와 乃至爪髮하여 如是一切를 悉皆能捨하며 妻妾男女와 城邑聚落과 國土王位를 隨其所須하여 盡皆施與하며 處牢獄者는 令得出離하며 被繫縛者는 使其解脫하며 有疾病者는 爲其救療하며 入邪徑者는 示其正道하며 或爲船師하여 令渡大海하며 或爲馬王하여 救護惡難하며 或爲大仙하여 善說諸論하며 或爲輪王하여 勸修十善하며 或爲醫王하며 善療衆病하며 或孝順父母하며 或親近善友하며 或作聲聞하며 或作緣覺하며 或作菩薩하며 或作如來하여 敎化調伏一切衆生하며 或爲法師하여 奉行佛敎하여 受持讀誦하여 如理思惟하며 立佛支提하고 作佛形像하여 若自供養이어나 若勸於他에 塗香散華로 恭敬禮拜한 如是等事가 相續不絶하며 或見坐於師子之座하사 廣演說法하사 勸諸衆生하여 安住十善하여 一心歸向佛法僧寶하며 受持五戒와 及八齋戒하고 出家聽法하여 受持讀誦하여 如理修行하며 乃至見於彌勒菩薩이 百千億那由他阿僧祇劫에 修行諸度한 一切色相하니라 又見彌勒의 曾所承事諸善知識이 悉以一切功德莊嚴하며 亦見彌勒이 在彼一一善知識所하사 親近供養하여 受行其敎하며 乃至住於灌頂之地러니 時諸知識이 告善財言하시되 善來童子여 汝觀此菩薩의 不思議事하고 莫生疲厭하라하니라

(22) 또 여러 누각의 사방을 둘러싼 벽에는 한 걸음 한 걸음마다 모든 보배로 장엄하였고, 낱낱 보배에서는 미륵보살

이 지난 옛적에 보살의 도를 수행하던 일을 나타내는데, 혹 머리와 눈을 보시하고 혹은 손·발·입술·혀·어금니·치아·귀·코·피·살·가죽·뼈·골수도 보시하며, 내지 손톱·머리카락 따위를 버리기도 하고, 아내·첩·아들·딸·도성·마을·국토·임금의 지위를 달라는 대로 주기도 하며, 옥에 갇힌 이는 나오게 하고 결박된 이는 풀리게 하고, 병난 이는 치료하여 주고, 길을 잘못 든 이에게는 바른 길을 가르쳐 주었다. 혹은 뱃사공이 되어 바다를 건네 주고, 혹은 말이 되어 어려운 일을 구하여 주며, 신선이 되어 경론을 말하고, 전륜왕이 되어 열 가지 착한 일을 권하고, 의사가 되어 병을 치료하기도 하며, 부모에게 효도하고 선지식을 친근하며, 성문도 되고 연각도 되고 보살도 되고 여래도 되어 모든 중생을 교화하고 조복하며, 혹은 법사가 되어 부처님 교법을 받들어 행하고, 배우고 읽고 외우고 이치를 생각하며, 부처님 탑[支提]을 쌓고 부처님 형상을 조성하여 자기도 공양하고, 다른 이를 시켜서 향을 바르고 꽃을 흩고 공경하고 예배하며, 이런 일들이 계속되었다. 혹은 사자좌에 앉아 법을 연설하며 중생들을 권하여 열 가지 착한 일에 머물게 하고, 한결같은 마음으로 불·법·승보에 귀의하여 다섯 가지 계율과 여덟 가지 재계를 받아 지니게 하며, 출가하여 법을 듣고는 배우고 읽고 외우며 이치대로 수행함을 보며, 내지 미륵보살이 백천억 나유타 아승지겁 동안에 모든 바라밀다를 수행하는 여러 가지 모양을 보기도 하였다. (23) 또 미륵보살의 예전에 섬기던 선지식들이

모든 공덕으로 장엄함을 보았으며, 또 미륵보살이 저 여러
선지식들을 친근하여 공양하며 그의 가르침을 받아 행하며
내지 정수리에 물 붓는 지위에 머물러 있거든, 그때 선지식
들이 선재에게 말하기를 '잘 오도다. 동자여, 너는 이 보살
의 부사의한 일을 보고 고달픈 마음을 내지 말라' 하는 것을
보았다.

[疏] 十, 壁現本事라 於中에 初, 見慈氏修行하사 隨類攝生이요 後, 又見
下는 觀所事友가 勸喩善財라
■ 츠. 벽에서 본래 수행하던 일이 나타남이다. 그중에 ㄱ) 자씨보살이
수행하여 부류를 따라 중생을 섭수함을 봄이요, ㄴ) 又見 아래는 섬
길 대상인 선지식이 선재에게 권유하고 깨우침을 봄이다.

나) 보는 모양을 총합하여 밝히다[總顯見相] 2.
(가) 법으로 설하다[法] (二爾 11下7)

爾時에 善財童子가 得不忘失憶念力故며 得見十方淸淨眼
故며 得善觀察無礙智故며 得諸菩薩의 自在智故며 得諸菩
薩의 已入智地廣大解故로 於一切樓閣一一物中에 悉見如
是와 及餘無量不可思議自在境界와 諸莊嚴事하니라
이때 선재동자는 잊지 않는 기억력을 얻은 연고며, 시방을
보는 청정한 눈을 얻은 연고며, 잘 관찰하는 걸림 없는 지혜
를 얻은 연고며, 보살들의 자재한 지혜를 얻은 연고며, 보살
들이 지혜의 지위에 들어간 광대한 지혜를 얻은 연고로 여

러 누각의 낱낱 물건 속에서 이러함과 및 한량없고 부사의
하고 자재한 경계와 여러 가지 장엄한 일을 보았다.

[疏] 二, 爾時善財下는 總顯見相이니 先은 法이요 後는 喩라 今初니 謂何
力能見이며 以何眼見이며 將何智見이며 依何位見이며 於何處見을 如
經屬之며 及結前來의 所不說境이니라

- 나) 爾時善財 아래는 본 모양을 총합하여 밝힘이니 (가) 법으로 설
함이요, (나) 비유로 밝힘이다. 지금은 (가)이니 이른바 (1) 어떤 힘
으로 능히 볼 것이며, (2) 어떤 눈으로 보며, (3) 어떤 지혜를 가져서
보며, (4) 어떤 지위에 의지하여 보며 (5) 어떤 곳에서 보는가를 경문
에 속한 것과 같으며, 앞에서부터 말하지 않은 경계를 결론함이다.

(나) 비유로 밝히다[喩] 2.
ㄱ. 보는 주체인 인연을 비유하다[喩能見緣] (後譬 13下5)

譬如有人이 於睡夢中에 見種種物하나니 所謂城邑聚落
과 宮殿園苑과 山林河池와 衣服飮食과 乃至一切資生
之具며 或見自身의 父母兄弟와 內外親屬하며 或見大海
須彌山王과 乃至一切諸天宮殿과 閻浮提等四天下事하
며 或見其身의 形量廣大가 百千由旬이어든 房舍衣服이
悉皆相稱하고 謂於晝日에 經無量時토록 不眠不寢하여
受諸安樂이라가 從睡覺已하고사 乃知是夢하고 而能明
記所見之事인달하여 善財童子도 亦復如是하여 以彌勒
菩薩의 力所持故며 知三界法이 皆如夢故며 滅諸衆生의

狹劣想故며 得無障礙廣大解故며 住諸菩薩의 勝境界故며 入不思議方便智故로 能見如是自在境界니라 譬如有人이 將欲命終에 見隨其業所受報相하되 行惡業者는 見於地獄畜生餓鬼의 所有一切衆苦境界하며 或見獄卒이 手持兵仗하고 或瞋或罵하여 囚執將去하며 亦聞號叫悲歎之聲하며 或見灰河하며 或見鑊湯하며 或見刀山하며 或見劍樹하여 種種逼迫으로 受諸苦惱하고 作善業者는 卽見一切諸天宮殿과 無量天衆과 天諸婇女와 種種衣服과 具足莊嚴과 宮殿園林이 盡皆妙好하나니 身雖未死나 而由業力하여 見如是事인달하여 善財童子도 亦復如是하여 以菩薩業不思議力으로 得見一切莊嚴境界니라 譬如有人이 爲鬼所持에 見種種事하고 隨其所問하여 悉皆能答인달하여 善財童子도 亦復如是하여 菩薩智慧之所持故로 見彼一切諸莊嚴事하고 若有問者면 靡不能答이니라 譬如有人이 爲龍所持에 自謂是龍하여 入於龍宮하여 於少時間에 自謂已經日月年載인달하여 善財童子도 亦復如是하여 以住菩薩의 智慧想故며 彌勒菩薩의 所加持故로 於少時間에 謂無量劫이니라 譬如梵宮이 名莊嚴藏이니 於中에 悉見三千世界하되 一切諸物이 不相雜亂인달하여 善財童子도 亦復如是하여 於樓閣中에 普見一切莊嚴境界하되 種種差別이 不相雜亂이니라 譬如比丘가 入徧處定에 若行若住와 若坐若臥에 隨所入定하여 境界現前인달하여 善財童子도 亦復如是하여 入於樓閣하여 一切境界를 悉皆明了니라 譬如有人이 於虛空中에 見乾

閻婆城의 具足莊嚴하고 悉分別知하여 無有障礙하며 譬如夜叉宮殿이 與人宮殿으로 同在一處하되 而不相雜하여 各隨其業하여 所見不同하며 譬如大海가 於中에 悉見三千世界一切色像하며 譬如幻師가 以幻力故로 現諸幻事하여 種種作業인달하여 善財童子도 亦復如是하여 以彌勒菩薩의 威神力故며 及不思議幻智力故며 能以幻智로 知諸法故며 得諸菩薩의 自在力故로 見樓閣中一切莊嚴自在境界니라

(1) 마치 사람이 꿈꾸면서 여러 가지 물건을 보는 것 같나니, 이른바 도시나 마을이나 궁전·공원·산·숲·강·못·의복·음식과 내지 온갖 살림하는 기구를 보기도 하고, 제 몸과 부모와 형제와 안팎 친척을 보기도 하고, 바다와 수미산과 하늘의 궁전들과 염부제의 사천하 일을 보기도 하고, 그 몸의 키가 커서 백천 유순이 되기도 하거든, 집과 의복이 모두 알맞고, 또 낮에 오랜 세월을 지내면서 늙지도 않고 자지도 않고 안락함을 느끼고, 깨어나서는 꿈인 줄 알지마는 보던 일을 분명하게 기억하느니라. 선재동자도 그와 같아서 미륵보살의 힘으로 가피한 연고며, 세 세계의 법이 모두 꿈과 같음을 아는 연고며, 중생들의 좁은 생각을 없앤 연고며, 장애 없이 광대한 지혜를 얻은 연고며, 보살들의 훌륭한 경지에 머무는 연고며, 부사의한 방편 지혜에 들어간 연고로 이렇게 자유자재한 경계를 보느니라. (2) 마치 어떤 사람이 죽으려 할 적에는 지은 업을 따라서 과보받을 것을 보나니, 나쁜 업을 지은 이는 지옥·아귀·축생들이 받

는 괴로운 경계를 보는데, 옥졸이 손에 병장기를 들고 성내고 꾸짖고 가두고 잡아가는 것을 보기도 하고, 부르짖고 슬피 탄식하는 소리를 듣기도 하고, 잿물 강을 보기도 하고, 끓는 가마를 보기도 하고, 칼산을 보기도 하고, 검으로 된 나무를 보기도 하여, 여러 가지 핍박으로 갖은 고통을 받느니라. 착한 업을 지은 이는 모든 하늘의 궁전과 한량없는 하늘 대중과 하늘의 채녀들이 갖가지 의복으로 장엄한 것과, 궁전과 동산과 숲이 아름답고 묘한 것을 보나니, 아직 죽지는 않았으나 업의 힘으로 이런 것을 보느니라. 선재동자도 그와 같아서, 보살의 업의 부사의한 힘으로 모든 장엄한 경계를 보게 되느니라. (3) 마치 어떤 사람이 귀신에게 잡히면 여러 가지 일을 보기도 하고 묻는 대로 대답하나니, 선재동자도 그와 같아서 보살의 지혜로 가지하였으므로 저렇게 여러 가지 장엄한 일을 보기도 하고, 묻는 이가 있으면 모두 대답하느니라. (4) 마치 사람이 용에게 잡히면 스스로 용이로다 하며 용궁에 들어가서 잠깐 동안에 몇 해 몇 달을 지난 줄 아나니, 선재동자도 그와 같아서 보살의 지혜에 머물렀다는 생각과 미륵보살의 가지한 바로 잠깐 동안에 한량없는 겁을 지낸다 하느니라. (5) 마치 범천 궁전의 이름을 장엄장이라 부르거든 그 속에서는 삼천 세계의 모든 물건을 보되 서로 장난하지 않나니, 선재동자도 그와 같아서 이 누각에서 여러 가지 장엄한 경계가 갖가지로 차별함을 보지마는 서로 장난하지 않느니라. (6) 마치 비구가 '열 가지 온갖 곳에 두루하는 선정'에 들어가면 가거나 서거나 앉거나 눕거나 들어가는 선정을 따라 경계가 앞에 나타나나니, 선재동자도 그와 같아서 누각에 들어가면 모든 경계를 분명히 아느니라. (7) 마치 사람이 공중에서 건달바성을 보면 갖가지 장엄을 모두 분별하여 알고 걸림이 없으며, (8) 또 야차의 궁전이 인간의 궁전과 한 곳에 함께 있어도 서로 섞이지 않고 제각기 업을 따라 보는 것이 같지 않으며, (9) 또 바다 속에서 삼천 세계의 모든 빛깔과 형상을 모두 보며, (10) 또 요술쟁이는 환술의 힘으로 여러 가지 환술을 짓느니라. 선재동자도 그와 같아서 미륵보살의 신통한 힘과 부사의한 환술 같은 지혜의 힘과 환술 같은 지혜로 모든 법을 아는 연고와 보살들의 자재한 힘을 얻은 연고로 이 누각 속에서 여러 가지 장엄과 자재한 경계를 보는 것이니라.

[疏] 後, 譬如下는 喩顯見相이라 所以有十喩者는 所喩別故라 然有二意하니 一, 喩能見因緣이 不同故요 二, 喩所見境相이 別故라 且35)初意者는 十中에 初一은 總喩能見所見이 皆如夢事가 大小無礙等이니 如喩合文尋之니라 餘九는 皆別이라 二, 喩自因力이 隨自業故며 凡命將終故라 三四, 並喩緣力이니 龍鬼所持故라 然이나 鬼持는 自他不同이요 龍持는 自他同體니라 五, 喩友依報力이요 六, 是定力이요 七, 喩性空力36)이요 八, 喩法界自在力이요 九, 喩智定無二力이니 大智海印之三昧故요 十, 幻智自在力이니라

■ (나) 譬如 아래는 보는 양상을 비유로 밝힘이다. 열 가지 비유가 있는 이유는 비유할 대상이 다른 까닭이다. 그러나 두 가지 의미가 있

---

35) 且는 原本作具, 源甲南續金本作且.
36) 力은 甲續金本無, 源原南本及行願品疏有.

으니 ㄱ. 보는 주체인 인연을 비유함이 같지 않은 연고요, ㄴ. 볼 대상인 경계의 양상을 비유함이 다른 까닭이다. 우선 첫째 의미는 열 가지 중에 (1)은 총합하여 보는 주체와 볼 대상이 모두 꿈과 같은 일임이 크고 작음에 걸림 없는 등에 비유하였으니, 비유와 같이 합한 경문을 찾는 까닭이다. 나머지 아홉은 모두 별상이다. (2)는 자체의 원인의 힘이 자신의 업에 따름에 비유한 연고며, 범부의 목숨이 장차 마치려 하는 까닭이다. (3)과 (4)는 아울러 인연의 힘에 비유함이니 용과 귀신이 가진 힘인 까닭이다. 그러나 귀신의 가지력은 자신과 남이 다른 몸이요, 용의 가지력은 자신과 남이 같은 몸이다. (5)는 선지식의 의보의 힘에 비유함이요, (6)은 선정의 힘이요, (7)은 성품이 공한 힘에 비유함이요, (8)은 법계가 자재한 힘에 비유함이요, (9)는 지혜와 삼매가 둘이 없는 힘에 비유함이니, 큰 지혜가 해인삼매인 연고요, (10)은 환술 같은 지혜가 자재한 힘이다.

ㄴ. 볼 대상인 양상에 비유하다[喩所見相] (二約 14上3)

[疏] 二, 約所喩境相別者는 亦初는 總이요 餘는 別이라 別中에 一, 臨終現業喩로 喩所見이 冥應이요 二, 非人所持喩로 喩所見能說이요 三, 龍宮淹久喩로 喩念劫圓融이요 四, 梵宮廣現喩로 喩一多無礙요 五, 徧處定境喩로 喩所見明了요 六, 乾城依空喩로 喩事理無礙요 七, 同處異見喩로 喩隱現自在요 八, 海現三千喩로 喩頓現遠近이요 九, 幻現衆多喩로 喩所見純雜無礙라

- ㄴ. '비유할 대상의 경계와 양상이 다름을 잡은 것'은 또한 ㄱ) 첫 구절은 총상이요, ㄴ) 나머지 구절은 별상이다. ㄴ) 별상 중에 (1) 임

종할 때에 업을 나타내는 비유로 볼 대상이 그윽이 응함에 비유함이요, (2) 사람 아닌 이들이 가지할 대상에 비유함으로 본 것을 잘 말함에 비유함이요, (3) 용궁에 오래 머무른 비유로 찰나와 겁이 원융함에 비유함이요, (4) 범천 궁전에 널리 나타내는 비유로 하나와 여럿이 무애함에 비유함이요, (5) 처소에 두루한 선정 경계의 비유로 볼 대상이 명료함에 비유함이요, (6) 건달바성이 허공을 의지한 비유로 현상과 이치가 무애함에 비유함이요, (7) 같은 장소에서 다르게 보는 비유로 숨고 나타남이 자재함에 비유함이요, (8) 바다에 삼천 세계가 나타나는 비유로 멀고 가까운 곳이 단박에 나타냄에 비유함이요, (9) 여러 많은 것을 환술로 나타내는 비유로 볼 대상이 순수하고 잡됨이 무애함에 비유함이다.

[鈔] 六, 乾城依空喩라 然이나 十喩中에 前六은 有合이요 七八九는 無[37]오 第十, 幻中에 一時總合이니 從後倒合이라 初, 以彌勒菩薩의 威神故는 合於幻師요 二, 及不思議幻智力故는 以合大海니 海印之義가 卽智海故라 三, 能以幻智로 知諸法故는 卽合夜叉와 與人이 互不相見이니 以如幻故라 四, 得諸菩薩自在力故는 合於乾城이 依空無礙하여 現自在故라 以在幻後하여 皆帶幻字하여 以有兩重之意일새 故有十喩가 喩差別不同이라 若不爲此釋하면 則謂經文이 繁不要也리라

- (6) 건달바성이 허공을 의지한 비유이다. 그런데 열 가지 비유 중에 가. 앞의 여섯은 합함이 있고, 나. (7)과 (8)과 (9)의 세 구절은 합함이 없다. 다. (10)의 환술 중에서 동시에 총합하여 합함이니, 뒤로부터 거꾸로 합한 것이다. 가) 미륵보살의 위신력인 까닭은 요술쟁이와

---

37) 無下에 南續金本有至字.

합함이요, 나) 불가사의한 요술쟁이의 지혜력인 까닭은 큰 바다와 합하나니 해인(海印)의 뜻은 곧 지혜 바다인 연고요, 다) 능히 환술 같은 지혜로 모든 법을 아는 까닭은 곧 야차와 사람과 번갈아 서로 보지 못함과 합하나니 환술과 같은 연고요, 라) 모든 보살의 자재한 힘을 얻은 까닭은 건달바성이 허공이 걸림 없음에 의지하여 자재함을 나타낸 까닭이다. 환술이 뒤에 있어서 모두 환 자(幻字)를 동반하여 두 번 중첩한 의미가 있는 연고로 열 가지 비유가 차별함이 같지 않음에 비유한 것이다. 만일 이렇게 해석하지 않으면 경문이 번거롭기만 하고 중요하지 않음이 될 것이다.

(4) 일을 마치고 삼매에서 일어나다[事訖起定] 4.
가. 삼매에서 깨어나 일어나게 하다[警覺令起] (第四 15上6)

爾時에 彌勒菩薩摩訶薩이 卽攝神力하시고 入樓閣中하사 彈指作聲하여 告善財言하시되 善男子여 起하라 法性이 如是하니 此是菩薩의 知諸法智로 因緣聚集所現之相이라 如是自性이 如幻如夢하며 如影如像하여 悉不成就니라 爾時에 善財가 聞彈指聲하고 從三昧起어늘

그때 미륵보살마하살이 신통한 힘을 거두시고 누각으로 들어가 손가락을 퉁겨 소리를 내고, 선재에게 말하였다. "착한 남자여, 일어나라. 법의 성품이 이러한 것이니, 이는 보살의 모든 법을 아는 지혜의 인연이 모여서 나타나는 현상이니, 이러한 성품이 환술 같고 꿈 같고 그림자 같고 영상 같아서, 모두 성취하지 못하느니라."

이때 선재동자는 손가락 튕기는 소리를 듣고 삼매에서 일어났다.

[疏] 第四, 爾時彌勒下는 事訖起定이라 於中에 四니 一, 警覺令起라 亦彈指者는 前來得旨는 所謂忘言이요 此中得旨는 令不滯寂이라
■ (4) 爾時彌勒 아래는 일을 마치고 삼매에서 일어남이다. 그중에 넷이니 가. (삼매에서) 깨어나 일어나게 함이다. 또한 손가락을 튕긴 것은 앞에서부터 뜻을 얻었으니 이른바 말을 잊음이요, 여기서 뜻을 얻은 것은 하여금 고요함에 지체하지 않게 함이다.

[鈔] 前來得旨者는 前則以定으로 爲門이요 此則以用으로 爲門이니 動寂無二가 眞入法界니라
● '앞에서부터 뜻을 얻는다'는 것은 앞은 삼매로 문을 삼았고, 여기서는 작용으로 문을 삼았으니, 움직이고 고요함에 둘이 없는 것이 진실로 법계에 들어가는 것이다.

나. 체성과 양상을 간략히 보이다[略示體相] (二法 15上10)

[疏] 二, 法性下는 略示體相이니 初句는 標요 此是下는 釋이라 所見之相은 從法智緣生이요 緣生故로 無自性이니 故云如是自性이 如幻夢等이라 悉不成就者는 結成上義니 從緣無性故로 事不成就요 無性從緣故로 理不成就요 由不守自性일새 故能從緣이라 成上之法하여 雖成이나 不離法性일새 故로 卽事하여 得云法性如是며 亦是性自具故니라

■ 나. 法性 아래는 체성과 양상을 간략히 보임이니, 가) 첫 구절은 표방함이요, 나) 此是 아래는 해석함이다. 볼 대상인 양상은 법과 지혜로부터 인연으로 생김이요, 인연으로 생긴 연고로 자체 성품이 없나니 그러므로 '이러한 성품이 환술과 같고 꿈과 같은 등'이라 말하였다. '모두 성취하지 못한다'는 것은 위의 뜻을 결론함이니 인연으로부터 생겨서 성품이 없는 연고로 현상을 성취하지 못함이요, 성품이 없이 인연을 따르는 연고로 이치를 성취하지 못함이요, 자체 성품을 고집하지 않는 연고로 능히 인연을 따르는 것이다. 위의 법을 성취하여 비록 성취하였지만 법의 성품을 여의지 않는 연고로 현상과 합치하여 '법의 성품이 이러하다'고 말하였으며, 또한 이런 성품에 자연히 갖추어진 까닭이다.

[鈔] 從法智者는 疏中에 以初法智爲緣으로 釋이라 如是自性已下는 經文이 明自性如幻이 是所現相이요 以後悉不成就로 結成自性이 如幻夢等이라 初之一對는 是約依他니 卽三論意니 緣生故로 無性이요 無性故로 從緣이라 從由不守自性下의 一對는 約眞實性辨이니 卽法性宗의 眞如不變隨緣之義라 上釋悉不成就하여 明性相雙寂하고 今云, 亦是性自具者[38]는 恒沙性德이 本來具足이요 非今新成일새 云不成就니라

● '법과 지혜를 따름'이란 소문 중에 처음의 법과 지혜로 인연을 삼아서 해석하였다. 如是自性 아래는 경문이 자성이 환술과 같음이 나타날 대상인 모습임을 밝힘이요, 뒤의 '모두 성취하지 못함'으로 자성이 환술이나 꿈과 같다고 결론한 등이다. 처음 한 대구는 의타성을 잡았

---

38) 者는 南續金本無라 하다.

으니 곧 삼론종(三論宗)의 주장이다. 인연으로 생긴 연고로 성품이 없고, 성품이 없는 연고로 인연을 따른다. 由不守自性부터 아래 한 대구는 진실한 성품을 잡아 밝혔으니 곧 법성종(法性宗)의 진여는 변하지 않고 인연을 따른다는 뜻이다. 위에서 모두 성취하지 않음을 해석하여 성품과 양상이 함께 고요함을 밝히고, 지금은 '또한 성품에 자연히 갖춘다'고 말한 것은 항하 모래 같은 성품의 공덕이 본래로 구족한 것이요, 지금에 새로 성취하지 않음을 '성취하지 못한다'고 말하였다.

다. 종지를 얻고서 삼매에서 일어나다[得旨而起] (三爾 16上2)

[疏] 三, 爾時下는 得旨而起요
■ 다. 爾時 아래는 종지를 얻고서 삼매에서 일어남이요,

라. 볼 대상을 질문과 대답으로 밝히다[問答所見] 2.
가) 질문하다[問] (四彌 16上2)
나) 대답하다[答] (答中)

彌勒이 告言하시되 善男子여 汝住菩薩의 不可思議自在解脫하여 受諸菩薩의 三昧喜樂하여 能見菩薩의 神力所持와 助道所流와 願智所現인 種種上妙莊嚴宮殿하며 見菩薩行하며 聞菩薩法하며 知菩薩德하며 了如來願인가 善財가 白言하되 唯然聖者여 是善知識의 加被憶念威神之力이니이다

미륵보살이 말하였다. "착한 남자여, 그대가 보살의 부사의
하게 자재한 해탈에 머물러 보살들의 삼매의 기쁨을 받았
으므로 보살의 신통한 힘으로 가지하고, 도를 돕는 데서 흘
러나오고 원과 지혜로 나타난 여러 가지 훌륭하게 장엄한
궁전을 보았으며, 보살의 행을 보고 보살의 법을 듣고 보살
의 덕을 알고 여래의 원을 마치었느니라." 선재동자가 말하
였다. "그러하외다. 거룩하신 이여, 이는 선지식의 가피하
시고 생각하여 주신 위덕과 신통의 힘이니이다.

[疏] 四, 彌勒告下는 問答所見이니 約問親證하여 推之在因일새 云住不思
議요 答中에는 謙敬하여 推之在緣일새 云善友力이라 師資互推는 反
常情也니라

■ 라. 彌勒告 아래는 질문과 대답으로 보게 된 것이니, 가) 질문함으로
몸소 증득하여 인행에 있다고 미룸을 잡았으므로 '부사의하게 (자재
한 해탈에) 머문다'고 말하였다. 나) 대답함 중에 겸양하고 공경하여
인연에 있다고 미루는 연고로 '선지식의 힘'이라 하였다. 스승과 제자
에게 번갈아 미루는 것은 일반의 생각과 반대인 것이다.

2) 해탈법의 명칭을 밝히다[顯法名] 2.
(1) 선재동자의 질문[問] (第二 16上9)

聖者여 此解脫門이 其名何等이니잇고 彌勒이 告言하시되
善男子여 此解脫門이 名入三世一切境界不忘念智莊嚴
藏이니라 善男子여 此解脫門中에 有不可說不可說解脫

門하니 一生菩薩之所能得이니라

거룩하신 이여, 이 해탈문의 이름은 무엇이옵니까?" 미륵보살이 말하였다. "착한 남자여, 이 해탈문의 이름은 세 세상의 모든 경계에 들어가서 잊지 않고 기억하는 지혜로 장엄한 갈무리니라. 착한 남자여, 이 해탈문 가운데 말할 수 없이 말할 수 없는 해탈문이 있으니, 일생보처 보살이라야 얻는 것이니라."

[疏] 第二, 聖者下는 顯法名이라 先은 問이요 後는 答이라
- 2) 聖者 아래는 해탈법의 명칭을 밝힘이다. (1) 선재동자의 질문이요, (2) 미륵보살의 대답이다.

(2) 미륵보살의 대답[答] 2.
가. 주된 해탈문을 말하다[主門] (答中 16上9)
나. 권속 해탈문[眷屬] (後善)

[疏] 答中에 先, 明主門이요 後, 善男子下는 眷屬이라 前中에 三世一切境界者는 即此所入所見之境이요 不忘念智者는 即能入能現之智라 良以三世가 一如故로 念劫圓融하여 隨一世中하여 現三際之境이요 智入三世하여 了法空寂하여 與如冥契일새 故로 一念之中에 無所不見이라 莊嚴藏者는 有二義하니 一, 以法性으로 嚴故로 一莊嚴中에 包含出生無盡嚴具니 如一閣中에 見多閣等이요 二, 以無礙智로 契圓融境하여 嚴如來藏이니 則本具諸法이라 故로 上에 云, 法性如是니 非是新成이라할새 故此門中에 具不可說解脫이니라

■ (2) 미륵보살의 대답 중에 가. 주된 해탈문을 말함이요, 나. 善男子 아래는 권속 해탈문이다. 가. 중에 '세 세상의 모든 경계'는 곧 여기의 들어갈 대상과 볼 대상인 경계일 것이요, '잊지 않고 기억하는 지혜'란 곧 들어가는 주체와 나타내는 주체의 지혜이다. 진실로 삼세의 진여가 한결같은 연고로 찰나와 겁이 원융해서 한 세상 중간을 따라서 삼제의 경계를 나타냄이요, 지혜로 세 세상에 들어가서 법이 공적함을 알아서 진여와 그윽이 계합한 연고로 한 생각 가운데 보지 못한 대상이 없다. '장엄 갈무리'란 두 가지 뜻이 있으니 (1) 법성으로 장엄한 연고로 하나의 장엄 중에 끝없는 장엄거리를 출생함을 포함하였으니, 마치 하나의 누각에서 여러 누각을 보는 등과 같으며, (2) 걸림 없는 지혜로 원융한 경계에 계합하여 여래장을 장엄하나니 본래로 모든 법을 갖춘 것이다. 그러므로 위에서 이르되, "법성이 이와 같나니 새로 이룬 것이 아니다"라고 말한 연고로 이 문 가운데 말할 수 없는 해탈을 갖춘 것이다.

[鈔] 莊嚴藏者에서 前義39)는 約理融事니 已是事事無礙라 後에 更明心境互融일새 從故此門下는 仍上主門하여 釋眷屬也니라
● 장엄 갈무리에서 앞의 뜻은 이치를 잡아 현상을 융섭함이니 이미 현상과 현상이 걸림 없음이다. 뒤에는 마음과 경계가 번갈아 융섭함을 다시 밝혔으므로 故此門부터 아래는 위의 주된 해탈문으로 인하여 권속 해탈문을 해석한 내용이다.

3) 장엄하는 인행의 근원을 궁구하다[窮因源] 2.

---

39) 上七字는 南金本作者前.

(1) 그 돌아가는 처소를 궁구하다[窮其所歸] 2.
가. 선재동자의 질문[問] (第三 17上1)
나. 미륵보살의 대답[答] (答中)

善財가 問言하되 此莊嚴事가 何處去耶니잇고 彌勒이 答言하시되 於來處去니라
선재동자가 물었다. "이 장엄하였던 것이 어디로 갔나이까?" 미륵보살이 대답하였다. "왔던 데로 갔느니라."

[疏] 第三, 善財問言下는 窮嚴因之本源이라 於中에 有二問答하니 初番은 窮其所歸니 由上에 覯希奇러니 攝力之後에 忽然而失하니 故로 問其去處라 答中에 以從本流末일새 故로 來요 攝末歸本일새 故去나 去不異來일새 故로 引之於來하여 一時併答이니라

■ 3) 善財問言 아래는 인행을 장엄하는 근원을 궁구함이다. 그중에 두 가지 질문과 대답이 있나니, 첫 번째는 그 돌아가는 처소를 궁구함이니, 위에서 희유하고 기특함으로 인함이니 신력을 거둔 뒤에 홀연히 (기억을) 잃었으니, 그러므로 그 간 곳을 물은 것이다. 나. (미륵보살의) 대답 중에 본래로부터 끝까지 흘러온 연고로 왔으며, 지말을 거두어 근본으로 돌아온 연고로 간 것이지만 간 것이 온 것과 다르지 않으므로 이끌고 와서 일시에 함께 대답한 것이다.

(2) 본래로 일어난 곳을 살피다[審其本起] 2.
가. 질문하다[問] (後審 17下6)
나. 대답하다[答] 2.

가) 법으로 설하다[法] (答中)

曰從何處來니잇고 曰從菩薩智慧神力中來며 依菩薩智慧神力而住나 無有去處하며 亦無住處하여 非集非常이라 遠離一切니라
"어디서 왔었나이까?" "보살의 지혜의 신통한 힘으로부터 와서, 보살의 지혜의 신통한 힘을 의지하여 머무른 것이며, 간 곳도 없고 머무른 곳도 없고 모인 것도 아니고 항상한 것도 아니어서 모든 것을 멀리 여의었느니라."

[疏] 後番은 彰其本起라 於中에 先은 問이니 雖蒙引歸來處나 旣不究終歸커니 寧知本起리요 故復尋之라 答中에 先은 法이요

■ (2) 본래로 일어난 곳을 살펴봄이다. 그중에 가. 질문함이니 비록 이끌어 온 곳으로 돌아감을 입었지만 이미 마지막 돌아온 곳을 궁구하지는 않나니 어찌 본래 일어남을 아는 것이리오. 그러므로 다시 찾는 것이다. 나. 대답함 중에 가) 법으로 설함이요,

나) 비유로 밝히다[喩] 2.
(가) 용왕이 비 내리는 비유[龍王降雨喩] (後喩 18上5)
(나) 마술사가 환술을 나타내는 비유[幻師現幻喩] (後幻)

善男子여 如龍王이 降雨에 不從身出하며 不從心出하여 無有積集이로되 而非不見이라 但以龍王의 心念力故로 霈然洪霔하여 周徧天下하나니 如是境界가 不可思議인달

하여 善男子여 彼莊嚴事도 亦復如是하여 不住於內하며 亦不住外로되 而非不見이니 但由菩薩威神之力과 汝善根力하여 見如是事니라 善男子여 譬如幻師가 作諸幻事에 無所從來며 無所至去라 雖無來去나 以幻力故로 分明可見인달하여 彼莊嚴事도 亦復如是하여 無所從來며 亦無所去라 雖無來去나 然以慣習不可思議幻智力故며 及由往昔大願力故로 如是顯現이니라

(1) 착한 남자여, 마치 용왕의 비를 내리는 것이 몸에서 나오는 것도 아니고 마음에서 나오는 것도 아니고 모으는 일도 없지마는 보지 못하는 것도 아니니, 다만 용왕의 마음에 생각하는 힘으로 비가 줄줄 내려서 천하에 두루하는 것이며 이런 경계는 헤아릴 수 없느니라. 착한 남자여, 저 장엄하는 일도 그와 같아서 안에 머무는 것도 아니고 밖에 머무는 것도 아니지마는 보지 못하는 것이 아니니, 다만 보살의 위덕과 신통의 힘과 그대의 착한 뿌리의 힘으로 그런 일을 보는 것이니라. (2) 착한 남자여, 마치 요술쟁이가 환술을 만들 적에 오는 데도 없고 가는 데도 없어 오고 가는 일이 없지마는 요술의 힘으로 분명하게 보는 것이니, 저 장엄하는 일도 그와 같아서 오는 데도 없고 가는 데도 없어, 오고 가는 일이 없지마는 습관으로 부사의한 환술 같은 지혜의 힘과 지난 옛적에 세운 큰 서원의 힘으로 이렇게 나타나느니라."

[疏] 後는 喩라 法中에 先, 相이요 後, 性이라 謂智力緣作故로 來요 智力

緣加故로 住라 旣從緣來일새 則無來去니 故此嚴事가 非在閣中而住며 亦非別處에 持來라 從緣而來故로 非集이요 緣謝則滅故로 非常이라 若先定有來處[40]하면 則墮常過요 先有今無하면 則爲斷滅이라 旣離斷常커니 何有生滅一異等相이리요 故云遠離一切니라 後, 喩라 有二하니 先, 龍王降雨喩는 偏喩無來之來오 合中에 不住內者는 菩薩力故오 不住外者는 自善力故라 以內外因緣互奪이며 則內外兩亡이라 後, 幻師現幻喩니 雙喩來去가 則無來去니라

■ 나) 비유로 밝힘이다. 가) 법으로 설함 중에 (가) 양상이요, (나) 체성이다. 이른바 지혜의 힘은 인연으로 지은 연고로 온 것이요, 지혜의 힘은 인연을 더하는 연고로 머문 것이다. 이미 인연으로부터 왔으면 오고 감이 없으므로 이런 장엄한 일은 누각 중에 머무름이 아니며, 또한 다른 곳에서 가져 온 것도 아니다. 인연에서부터 온 연고로 모은 것이 아니요, 인연을 그만두면 곧 멸하는 연고로 항상하지 않음이요, 만일 먼저는 결정코 온 곳이 있으면 상견의 허물에 떨어짐이요, 먼저 있다가 지금은 없다면 단멸함이 된다. 이미 단견과 상견을 떠났는데 어찌해서 나고 멸함과 하나와 다른 등의 양상이 있겠는가? 그러므로 이르되, "모두를 멀리 떠난다"라 하였고, 나) 비유로 밝힘은 둘이 있으니 (가) 용왕이 비 내리는 비유는 옴이 없이 옴만 치우쳐 비유하였다. 다) 법과 비유를 합함 중에서 '안에 머물지 않음'은 보살의 힘 때문이다. '바깥에 머물지 않음'은 자신의 착한 뿌리의 힘 때문이다. 안과 밖의 인연을 번갈아 뺏으면 안과 밖이 함께 없음이요, (나) 마술사가 환술을 나타내는 비유이니 오고 감을 함께 비유한 것은 오고 감이 없다는 뜻이다.

---

40) 來處는 源甲南纂續金本作處所.

[鈔] 若先定有下는 上約順明이요 此下는 反釋이라 先有先無門은 會歸中
道요 從旣離下는 結釋經文이니라
● 若先定有 아래에서 위는 순리로 밝힘을 잡은 해석이요, 이 아래는 반
대로 해석함이다. '먼저 있음과 먼저 없는 문'은 중도로 회통하여 돌
아감이요, 旣離부터 아래는 결론하여 경문을 해석함이다.

4) 체성과 양상을 규명하다[覈性相] 2.

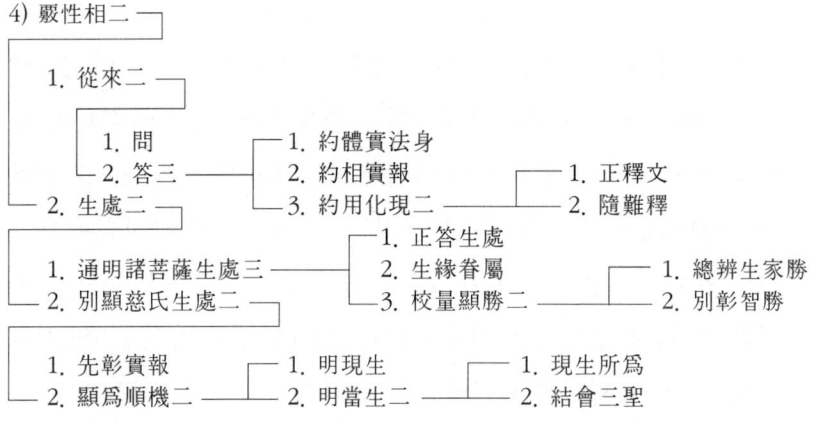

(1) 부터 온 곳을 규명하다[從來] 2.
가. 선재동자의 질문[問] (第四 19上5)

善財童子가 言하되 大聖은 從何處來니잇고 彌勒이 言하
시되 善男子여 諸菩薩이 無來無去라 如是而來며 無行無
住라 如是而來며 無處無着하며 不沒不生하며 不住不遷

하며 不動不起하며 無戀無着하며 無業無報하며 無起無滅하며 不斷不常이라 如是而來니라

善男子여 菩薩이 從大悲處來니 爲欲調伏諸衆生故며 從大慈處來니 爲欲救護諸衆生故며 從淨界處來니 隨其所樂하여 而受生故며 從大願處來니 往昔願力之所持故며 從神通處來니 於一切處에 隨樂現故며 從無動搖處來니 恒不捨離一切佛故며 從無取捨處來니 不役身心하여 使往來故며 從智慧方便處來니 隨順一切諸衆生故며 從示現變化處來니 猶如影像하여 而化現故니라 然이나 善男子여 汝問於我從何處來者는 善男子여 我從生處摩羅提國하여 而來於此니라

善男子여 彼有聚落하니 名爲房舍요 有長者子하니 名瞿波羅니 爲化其人하여 令入佛法하여 而住於彼하며 又爲生處一切人民하여 隨所應化하여 而爲說法하며 亦爲父母와 及諸眷屬婆羅門等하여 演說大乘하여 令其趣入일새 故住於彼라가 而從彼來하라

선재동자가 말하였다. "성인께서는 어디서 오셨나이까?"
미륵보살이 대답하였다. "착한 남자여, 보살들은 (1) 오는 일도 없고 가는 일도 없이 그렇게 오느니라. (2) 다니는 일도 없고 머무는 일도 없이 그렇게 오느니라. (3) 처소도 없고 집착도 없고 (4) 없어지지도 않고 나지도 않고 (5) 머물지도 않고 옮기지도 않고 (6) 동하지도 않고 일어나지도 않고 (7) 연연함도 없고 애착함도 없고 (8) 업도 없고 과보도 없고 (9) 생기지도 않고 멸하지도 않고 (10) 아주 없지도 않

고 항상하지도 아니하여 그렇게 오느니라.

착한 남자여, 보살은 (1) 크게 가엾이 여기는 곳에서 오나니, 중생들을 조복하려는 연고라. (2) 크게 인자한 곳에서 오나니, 중생들을 구호하려는 연고라. (3) 깨끗한 곳에서 오나니, 좋아함을 따라서 태어나는 연고라. (4) 크게 서원한 곳에서 오나니, 옛날의 서원한 힘으로 유지하는 연고라. (5) 신통한 곳에서 오나니, 모든 곳에 좋아하는 대로 나타나는 연고라. (6) 동요함이 없는 데서 오나니, 모든 부처님을 항상 떠나지 않는 연고라. (7) 가지고 버림이 없는 데서 오나니, 몸과 마음을 시켜서 가고 오지 않는 연고라. (8) 지혜와 방편인 데서 오나니, 모든 중생을 따라 주는 연고라. (9) 변화를 나타내는 데서 오나니, 영상처럼 화하여 나타나는 연고라. 그러나 착한 남자여, 그대가 내게 묻기를 '어디서 왔느냐?' 하였으니, 착한 남자여, 나는 태어난 곳인 말라제국으로부터 여기 왔노라.

착한 남자여, 그곳에 방사라는 마을이 있고, 거기 장자가 있으니 이름이 구파라라. 그 사람을 교화하여 불법에 들어오게 하느라고 거기 있었으며, 또 태어난 곳에 있는 사람들로서 교화를 받을 이들에게 법을 말하고, 또 부모와 권속들과 바라문들에게 대승을 연설하여 들어가게 하느라고 저기 있다가 여기 왔느니라."

[疏] 第四, 善財童子言大聖下는 覈正報之性相이라 於中에 二니 先, 問從來요 後, 問生處라 前中에 先은 問이요 後는 答이라 問中에 上見慈

氏가 從餘處來하고 遽卽設敬問法하고 未遑咨問所從일새 故此因前
嚴事之來하여 便問來處라
- 4) 善財童子言大聖 아래는 (선지식) 정보의 체성과 양상을 규명함이
다. 그중에 둘이니 (1) 온 곳에 대해 물음이요, (2) 태어난 곳을 물음
이다. (1) 중에 가. 질문함이요, 나. 대답함이다. 가. 질문함 중에는
위에서 만난 자씨(慈氏)가 다른 곳에서 왔고, 거(遽)는 곧 공경을 표하
여 법을 묻고 겨를 없이 부터 온 곳을 물은 연고로 여기서 앞의 장엄
한 일이 온 곳으로 인하여 문득 온 곳에 대해 물은 것이다.

나. 미륵보살의 대답[答] 3.
가) 체성이 실다운 법신을 잡아 밝히다[約體實法身] (答中 19上8)
나) 모양이 실보토인 몸을 잡아 밝히다[約相實報] (二善)

[疏] 答中에 有三來處하니 一, 約體實法身인대 卽無來之來니 來卽無來
라 文有十對하니 思之니라 二, 善男子菩薩從大悲下는 約相實報인대
從萬行中來니 亦猶淨名에 從萬行道場來矣니라
- 나. 대답함 중에 세 번 온 곳이 있으니, 가) 체성이 실다운 법신을 잡
는다면 곧 옴이 없이 옴이니, 온 것이 곧 오지 않음이다. 경문에 열 가
지 대구가 있으니 생각해 보라. 나) 善男子菩薩從大悲 아래는 모양
이 실보토(實報土)인 몸을 잡는다면 만 가지 행법에서 왔으니 또한 『유
마경』의 '만행도량에서부터 왔다'는 것과 같다.

다) 작용을 잡아 화신으로 나타나다[約用化現] 2.
(가) 경문을 바로 해석하다[正釋文] (三汝 19下1)

[疏] 三, 汝問我下는 約用化現컨대 隨機熟處而來라 此三은 卽法報化身이며 亦體相用이요 亦理行事니라 又初는 唯理요 後는 唯事요 中一은 具理事니라

■ 다) 汝問我 아래는 작용하여 화현하는 몸을 잡아 밝힌다면 근기가 성숙한 곳을 따라 온 것이다. 여기의 셋은 곧 법신과 보신과 화신이며, 또한 체성과 모양과 작용이요, 또한 이치로 행하는 현상이다. 또한 처음은 오직 이치뿐이요, 뒤는 현상뿐이요, 중간의 하나는 이치와 현상을 갖춘 것이다.

[鈔] 此三卽法報化下는 結成上義니 都有四重이라 然이나 前之三重三段이 疏中에 一一具足하니 如初에 云, 一, 約體는 是第一義요 二, 實法身[41]은 是第二義요 三, 來卽無來는 是第三義니 約理也라하니라 次, 二段對三도 亦然이라 其第四에 云, 又初는 唯理者는 以義包含故요 言中一은 具事理者는 謂從大慈大悲等은 卽約事也요 從無動搖無取捨는 卽約理也니 以行兼事理故니라

● 此三卽法報化 아래는 위의 뜻을 결론함이니 모두 네 번 거듭함이 있다. 그러나 앞의 세 번 거듭함의 세 문단은 소문 중에 낱낱이 갖추었으니 처음과 같이 이르되, "(1) 체성을 잡은 해석이니 첫째 뜻이요, (2) 실법의 몸은 둘째 뜻이요, (3) 옴이 곧 오지 않음은 셋째 뜻이니 이치를 잡은 해석이다"라고 하였다. 다음에 두 문단으로 셋을 상대함도 마찬가지이다. 그 넷째에 이르되, '또한 처음은 이치뿐'이라 말한 것은 뜻으로 포함한 까닭이다. '중간의 하나는 현상과 이치를 갖추었다'고 말한 것은 이른바 '대자와 대비로부터' 등은 곧 현상을 잡

---

41) 實은 南續金本作覺誤.

은 해석이다. '동요가 없음과 취하고 버림이 없음부터'는 곧 이치를 잡은 해석이니 행법은 현상과 이치를 겸한 까닭이다.

(나) 힐난을 따라 해석하다[隨難釋] (摩羅 19下10)

[疏] 摩羅提者는 具云摩羅耶提數니 摩羅耶者는 此云鬘施니 卽山名也요 提數는 云中이니 謂其山이 在此國中故라 或國中이 近此山故라 瞿者는 地也요 波羅는 云守護니 卽守護土地와 及心地故니라
■ 마라제(摩羅提)는 갖추어는 마라야제수(摩羅耶提數)라 하였으니, 마라야(摩羅耶)는 '꽃다발로 보시함'이라 번역하나니 곧 산의 이름이요, 제수(提數)는 중간이라 말하나니, 이른바 그 산이 이 나라 중간에 있기 때문이다. 혹은 나라 중간이 이 산과 가깝기 때문이다. 구(瞿)란 땅이요, 바라(波羅)는 수호함이라 번역하나니, 곧 토지와 마음의 땅을 수호한다는 뜻이다.

[鈔] 摩羅提者는 隨難解釋이니 卽化用中也니라
● 마라제(摩羅提)는 (나) 힐난을 따라 해석함이니 곧 화신으로 작용하는 중간의 뜻이다.

(2) 보살이 태어난 곳에 대해 묻고 대답하다[生處] 2.
가. 모든 보살의 태어난 곳을 통틀어 밝히다[通明諸菩薩生處] 3.
가) 태어난 곳을 바로 대답하다[正答生處] (第二 20下3)

善財童子가 言하되 聖者여 何者가 是菩薩生處리잇고 答

言하시되 善男子여 菩薩이 有十種生處하니 何者爲十고 善男子여 菩提心이 是菩薩生處니 生菩薩家故며 深心이 是菩薩生處니 生善知識家故며 諸地가 是菩薩生處니 生波羅蜜家故며 大願이 是菩薩生處니 生妙行家故며 大悲가 是菩薩生處니 生四攝家故며 如理觀察이 是菩薩生處니 生般若波羅蜜家故며 大乘이 是菩薩生處니 生方便善巧家故며 敎化衆生이 是菩薩生處니 生佛家故며 智慧方便이 是菩薩生處니 生無生法忍家故며 修行一切法이 是菩薩生處니 生過現未來一切如來家故니라

선재동자가 말하였다. "거룩하신 이여, 어떤 것이 보살의 태어난 곳이옵니까?" 미륵보살이 대답하였다. "착한 남자여, 보살이 열 가지 태어나는 곳이 있느니라. 무엇이 열이냐? 착한 남자여, (1) 보리심이 보살의 나는 곳이니, 보살의 집에 나는 연고라. (2) 깊은 마음이 나는 곳이니, 선지식의 집에 나는 연고라. (3) 모든 지위가 보살의 나는 곳이니, 바라밀다 집에 나는 연고라. (4) 큰 원이 보살의 나는 곳이니, 묘한 행의 집에 나는 연고라. (5) 크게 가엾이 여김이 보살의 나는 곳이니, 네 가지 거두어 주는 집에 나는 연고라. (6) 이치대로 관찰함이 보살의 나는 곳이니, 반야바라밀다 집에 나는 연고라. (7) 대승이 보살의 나는 곳이니, 방편인 교묘한 집에 나는 연고라. (8) 중생을 교화함이 보살의 나는 곳이니, 부처님 가문에 나는 연고라. (9) 지혜와 방편이 보살의 나는 곳이니, 생사 없는 법의 지혜의 집에 나는 연고

라. (10) 모든 법을 수행함이 보살의 나는 곳이니, 과거·현재·미래의 모든 여래의 가문에 나는 연고라.

[疏] 第二, 善財下는 問答生處라 問中에 由前에 云, 從生處來일새 故今窮之니라 答中에 二니 先, 通明諸菩薩生處요 後, 別顯慈氏生處라 前中에 三이니 初, 正答生處요 次, 明生緣眷屬이요 後, 校量顯勝이니라 今初에 有十하니 皆上句는 爲能生之行이요 下句는 爲所生之家니 謂若發菩提心이면 卽是菩薩이니 名爲生家요 若有深心하면 則見善友요 若得諸地하면 則滿諸度요 敎化衆生이 卽是覺他요 有智慧故로 了法無生이요 有方便故로 不取無生之相이요 不滯二乘之寂故로 生無生忍家라 餘可思準이니라 又上句는 亦通所生이니 思之니라

■ (2) 善財 아래는 태어난 곳에 대해 묻고 대답함이다. 물음 중에 앞에서 이르되, "태어난 곳에서 온 연고로 지금 궁구한다"라 하였다. 대답함 중에 둘이니 가. 모든 보살의 태어난 곳을 통틀어 밝힘이요, 나. 미륵보살이 태어난 곳을 따로 밝힘이다. 가. 중에 셋이니 가) 태어난 곳을 바로 대답함이요, 나) 권속을 태어나게 한 인연을 밝힘이요, 다) 분량을 비교하여 뛰어남을 밝힘이다. 지금은 가)에 열이 있으니 모두 위 구절은 태어나는 주체의 행법이 되고, 아래 구절은 태어난 집이 된다. 이른바 만일 보리심을 내면 곧 보살이니 '집에 태어난다'고 이름한다. 만일 깊은 마음이 있으면 선지식을 만나고, 만일 여러 지위를 얻으면 모든 바라밀을 만족함이요, 중생을 교화함이 곧 다른 이를 깨우침이요, 지혜가 있는 연고로 법에 생사가 없음을 요달함이요, 방편이 있는 연고로 생사가 없는 모양을 취하지 않음이요, 이승의 고요에 지체하지 않는 연고로 무생법인의 집에 태어난 것이다. 나머지는

준하여 생각할 수 있다. 또한 위 구절도 역시 태어날 대상에 통하나니 생각해 보라.

[鈔] 餘可思準者는 疏唯釋五句는 以難見故요 餘五는 易了故니 故但例之니라 然此十句에 一, 行因이요 二, 行緣이요 三, 行相이니 此三은 疏已釋竟이라 四, 以願으로 扶行이니 應云, 若發大願하면 即生妙行이라 五, 化他니 謂若有悲心하면 即行四攝이요 六, 觀理니 謂若觀妙理하면 即成般若오 七, 隨事理니 謂若事理雙遊하면 是名大乘이니 即方便善巧요 八, 益物이니 故로 疏에 云, 教化衆生이 即是覺他라 九, 住果니 謂權實雙流하면 則證無生忍故니 從有智慧故下는 是也라 第十, 上順이니 謂具修萬行하여 合三世佛家니라 又上句는 亦通所生者는 翻將下句하여 爲能生行이니 謂上求下化를 名爲菩薩이니 即得生於菩提心家라 下經에 以菩提心으로 爲家故라 則前七은 可通二解요 後三은 必須依於前釋이니 故로 疏에 先明上句로 以爲能生之行하고 後方翻例耳니라

● '나머지는 생각으로 준할 수 있다'는 것은 소문에 오직 다섯 구절만 해석한 것은 보기 어려운 까닭이요, 나머지 다섯 구절은 알기 쉬운 까닭이요, 그러므로 단지 유례했을 뿐이다. 그런데 여기의 열 구절은 (1) 행법의 원인이요, (2) 행법의 인연이요, (3) 행법의 모양이다. 이런 셋은 소문에 이미 해석하여 마쳤다. (4) 원으로 행법을 도움이니 응당히 이르되, "만일 큰 원을 발하면 곧 묘한 행법이 생긴다"라 하였다. (5) 다른 이를 교화함이니 이른바 만일 자비심이 있으면 곧 사섭법을 행함이요, (6) 이치를 관함이니 이른바 만일 묘한 이치를 관하면 곧 반야를 이룸이요, (7) 현상과 이치를 따름이니 이른바 만일 현

상과 이치에 함께 노닌다면 대승이라 이름하나니 곧 방편이 교묘함이요, (8) 중생을 이익함이니 그러므로 소문에 이르되, "중생을 교화함은 곧 다른 이를 깨우침"이라 하였다. (9) 결과에 머무름이니 이른바 방편과 실법이 함께 흐르면 무생법인을 증득하는 까닭이니, 有智慧故부터 아래가 이것이다. (10) 위와 수순함이니 이른바 만 가지 행법을 갖추어 닦아서 세 세상 부처님 집과 합한다. 또한 위 구절은 또한 태어날 대상과 통하는 것은 바꾸어 아래 구절을 가져서 생기는 주체의 행이 되었다. 이른바 위로 구함과 아래로 교화함을 보살이라 이름하나니 곧 보리심의 집에 태어남을 얻는다. 아래 경문에 "보리심으로 집을 삼기 때문이다"라 한 까닭이니, 앞의 일곱 구절은 두 가지 이해와 통함이요, 뒤의 세 구절은 반드시 모름지기 앞의 해석에 의지하나니, 그러므로 소문에 먼저 위 구절로 생기는 주체의 행이 된다고 설명하고, 뒤에서 비로소 바꾸어 유례한 것일 뿐이다.

나) 권속을 태어나게 한 인연[生緣眷屬] (二善 22上1)

善男子여 菩薩摩訶薩이 以般若波羅蜜로 爲母하며 方便善巧로 爲父하며 檀波羅蜜로 爲乳母하며 尸波羅蜜로 爲養母하며 忍波羅蜜로 爲莊嚴具하며 勤波羅蜜로 爲養育者하며 禪波羅蜜로 爲浣濯人하며 善知識으로 爲敎授師하며 一切菩提分으로 爲伴侶하며 一切善法으로 爲眷屬하며 一切菩薩로 爲兄弟하며 菩提心으로 爲家하며 如理修行으로 爲家法하며 諸地로 爲家處하며 諸忍으로 爲家族하며 大願으로 爲家敎하며 滿足諸行으로 爲順家法하며

勸發大乘으로 爲紹家業하며 法水灌頂一生所繫菩薩로
爲王太子하며 成就菩提로 爲能淨家族이니라

착한 남자여, 보살마하살은 (1) 반야바라밀다로 어머니를 삼고, (2) 교묘한 방편으로 아버지를 삼고, (3) 단바라밀다는 유모가 되고, (4) 지계바라밀다는 양모가 되고, (5) 참는 바라밀다는 장엄거리가 되고, (6) 정진바라밀다는 양육하는 이가 되고, (7) 선정바라밀다는 빨래하는 사람이 되고, (8) 선지식은 가르치는 스승이 되고, (9) 여러 보리의 부분은 동무가 되고, (10) 모든 착한 법은 권속이 되고, (11) 모든 보살은 형제가 되고, (12) 보리심은 집이요, (13) 이치대로 수행함은 집안의 법도요, (14) 모든 지위는 집이 있는 곳이요, (15) 모든 지혜는 가족이요, (16) 큰 서원은 집안 교법이요, (17) 모든 행을 만족함은 집안의 법도를 순종함이요, (18) 대승심을 내도록 권함은 가업을 이음이요, (19) 법물을 정수리에 부어 일생보처가 되는 보살은 왕의 태자요, (20) 보리를 성취함은 가족을 깨끗이 함이니라.

[疏] 二, 善男子下는 明生緣眷屬이니 有二十句라 般若爲母하고 方便爲父者는 略有三義하니 一, 實智許凝하여 與陰으로 俱靜하고 權智流動하여 與陽으로 齊波故요 二, 親生法身이 實由般若니 若無方便하면 多共二乘이니 成菩薩種이 乃由方便故요 三者, 內解外濟함이 如父母故라 次, 檀以福資하고 尸以防護라 餘可思耳니라

■ 나) 善男子 아래는 권속을 태어나게 한 인연을 밝힘이니, 20구절이 있다. '반야는 어머니로 삼고 방편은 아버지로 삼음'은 간략히 세

가지 뜻이 있으니 (1) 실법 지혜가 응결함을 허락하여 모음과 함께 모두 고요함이요, 방편 지혜가 흐르고 동요하여 양과 함께 파도와 가지런한 까닭이다. (2) 몸소 법신을 태어남은 진실로 반야로 인함이니, 만일 방편이 없으면 대부분 이승과 함께함이니 보살의 종성을 이루어야만 비로소 방편으로 말미암은 까닭이다. (3) 안으로 알고 밖으로 구제함이 부모와 같은 까닭이다. 다음에 보시는 복으로 돕고 시라(尸羅)로 막고 보호하는 것이니, 나머지는 생각할 수 있을 뿐이다.

[鈔] 一實智等者는 此言에 本出莊子第五의 外篇天道章中이니 彼에 云, 故曰天樂者는 其生也가 天行이요 其死也가 物化라 靜而與陰同德하고 動而與陽同波라하니 故知天樂者는 無天怨하고 無人非하고 無物累하고 無鬼責이라 故로 曰, 其動也天이요 其靜也地라 一心이 定而王天下요 其鬼不祟하고 其魂不疲니 一心定而萬物이 服이라하고 言以虛靜으로 推於天地하여 通於萬物이라 此之謂天樂이라하니 今借其言하여 況父母之爲陰陽之儀라 故로 易에 云, 先有天地하고 然後에 有父母라하니라

● (1) 실법 지혜 등은 여기에 본래 『장자(莊子)』 제5권 외편 천도장(天道章) 중에서 나온 말이니, 저기에 이르되, "그러므로 말하되, '천락(天樂)을 아는 자는 살아 있을 때는 자연 그대로 행동하고, 죽을 때는 만물의 자연스러운 변화에 따른다. 고요히 있을 때는 음기(陰氣)와 덕을 같이 하고, 움직일 때는 양기(陽氣)와 그 움직임을 같이 한다'는 것이다. 그러므로 천락을 아는 자는 하늘의 원망을 사는 일이 없고, 남의 비난을 받는 일이 없으며, 만물에 얽매이는 일이 없고 귀신의 책

망을 듣는 일도 없다. 그러므로 말하되, '움직이는 것은 하늘과 같고, 고요히 있는 것은 땅과 같다. 마음을 하나로 안정시키면 그 정신은 피로하게 하였고, 마음을 하나로 안정시켜서 만물이 복종한다'고 하였고, '마음을 텅 비우고 고요함으로써 천지에 미루어 미치게 하고, 만물에 두루 통한다'고 말한 것이다. 이를 일러 천락이라고 한다"라 하였다. 지금은 그 말을 빌려서 부모의 음덕과 양기가 되는 모습에 비유한 연고로 『주역(周易)』에 이르되, "먼저 하늘과 땅이 있고 그런 뒤에 부모가 있다"라고 하였다.

다) 분량을 비교하여 뛰어남을 밝히다[校量顯勝] 2.
(가) 태어난 가문이 뛰어남을 총합하여 밝히다[總辨生家勝] (三善 23上7)
(나) 지혜가 뛰어남을 개별로 밝히다[別彰智勝] (後生)

善男子여 菩薩이 如是超凡夫地하여 入菩薩位하며 生如來家하여 住佛種性하며 能修諸行하여 不斷三寶하며 善能守護菩薩種族하여 淨菩薩種하며 生處尊勝하여 無諸過惡하여 一切世間天人魔梵沙門婆羅門이 恭敬讚歎이니라 善男子여 菩薩摩訶薩이 生於如是尊勝家已에 知一切法이 如影像故로 於諸世間에 無所惡賤이며 知一切法이 如變化故로 於諸有趣에 無所染着하며 知一切法이 無有我故로 敎化衆生하되 心無疲厭하며 以大慈悲로 爲體性故로 攝受衆生하되 不覺勞苦하며 了達生死가 猶如夢故로 經一切劫하되 而無怖畏하며 了知諸蘊이 皆如幻故로 示現受生하되 而無疲厭하며 知諸界處가 同法界故로

於諸境界에 無所壞滅하며 知一切想이 如陽焰故로 入於
諸趣하되 不生倒惑하며 達一切法이 皆如幻故로 入魔境
界하되 不起染着하며 知法身故로 一切煩惱가 不能欺誑
하며 得自在故로 於一切趣에 通達無礙니라

착한 남자여, 보살은 (1) 이렇게 범부에서 뛰어나 보살의 지위에 들며, (2) 여래의 가문에 나서 부처님의 종자에 머물며, (3) 모든 행을 닦아서 삼보를 끊이지 않게 하고, (4) 보살의 종족을 잘 수호하여 보살의 종자를 깨끗이 하며, (5) 태어난 곳이 높아서 허물이 없으므로 모든 세간의 하늘·사람·마·범천·사문·바라문들이 공경하고 찬탄하느니라.

착한 남자여, 보살마하살이 (6) 이렇게 훌륭한 집에 태어나서는 모든 법이 영상과 같음을 앎으로 세간에 싫어함이 없고, (7) 모든 법이 변화함과 같음을 앎으로 모든 존재의 길에 물들지 않고, (8) 모든 법이 내가 없음을 앎으로 중생을 교화하는 마음에 고달프지 않고, (9) 대자대비로 자체를 삼는 연고로 중생을 거두어 주는 데 괴로움을 느끼지 않으며, (10) 나고 죽음이 꿈과 같음을 아는 연고로 모든 겁을 지내어도 두려움이 없으며, (11) 모든 쌓임이 환술과 같음을 아는 연고로 일부러 태어나도 고달프지 않으며, (12) 18계와 12처가 법계와 같음을 아는 연고로 모든 경계에 망그러질 것이 없으며, (13) 모든 생각이 아지랑이 같음을 아는 연고로 모든 길에 들어가도 의혹하지 않으며, (14) 모든 법이 환술과 같음을 아는 연고로 마의 경계에 들어가도 물드는 생각을 내지 않으며, (15) 법의 몸을 아는 연고로 모든 번뇌에

속지 않으며, (16) 자유자재함을 얻은 연고로 모든 길에 통달하여 걸림이 없느니라.

[疏] 三, 善男子菩薩如是下는 校量顯勝이라 於中에 二니 先, 總辨生家勝이요 後, 生於如是尊勝家下는 別彰智勝이라
■ 다) 善男子菩薩如是 아래는 분량을 비교하여 뛰어남을 밝힘이다. 그중에 둘이니 (가) 태어난 가문이 뛰어남을 총합하여 밝힘이요, (나) 生於如是尊勝家 아래는 지혜가 뛰어남을 개별로 밝힘이다.

나. 미륵보살이 태어난 곳을 개별로 밝히다[別顯慈氏生處] 2.
가) 실보토를 먼저 밝히다[先彰實報] (二善 23下4)

善男子여 我身이 普生一切法界하되 等一切衆生의 差別色相하며 等一切衆生의 殊異言音하며 等一切衆生의 種種名號하며 等一切衆生의 所樂威儀하여 隨順世間하여 教化調伏하며 等一切淸淨衆生의 示現受生하며 等一切凡夫衆生의 所作事業하며 等一切衆生想하며 等一切菩薩願하여 而現其身하여 充滿法界하라
착한 남자여, 나의 몸은 모든 법계에 두루 나므로 모든 중생의 차별한 형상과 같고, 모든 중생의 갖가지 음성과 같고, 모든 중생의 갖가지 이름과 같고, 모든 중생의 좋아하는 거동과 같아서 세간을 따라 교화·조복하고, 모든 청정한 중생의 일부러 태어남과 같고, 모든 범부 중생의 짓는 사업과 같고, 모든 중생의 생각과 같고, 모든 보살의 서원과 같아

서, 몸을 나타내어 법계에 가득하니라.

[疏] 第二, 善男子我身下는 別顯慈氏生處라 於中에 二니 先, 彰實報等
周法界라 文有十句하니 初句는 總이요 次八은 別이요 後一은 結이니라
- 나. 善男子我身 아래는 미륵보살이 태어난 곳을 개별로 밝힘이다.
그중에 둘이니 가) 실보토 등이 법계에 두루함을 밝힘이다. 경문에
열 구절이 있으니 (가) 첫 구절은 총상이요, (나) 여덟 구절은 별상이
요, (다) 뒤의 한 구절은 결론함이다.

[鈔] 先彰實報等周法界는 亦同出現品의 無量三輪이니라
- 가) '실보토 등이 법계에 두루함을 밝힘'은 또한 제37. 여래출현품의
'한량없는 세 가지 바퀴(三輪, 풍륜·수륜·금륜)'와 같다.

나) 근기에 수순하기 위함을 밝히다[顯爲順機] 2.
(가) 현재의 생을 밝히다[明現生] (二我 24上3)

善男子여 我爲化度與我往昔에 同修諸行이라가 今時退
失菩提心者하며 亦爲敎化父母親屬하며 亦爲敎化諸婆
羅門하여 令其離於種族憍慢하고 得生如來種性之中하
여 而生於此閻浮提界摩羅提國拘吒聚落婆羅門家하노
라 善男子여 我住於此大樓閣中하여 隨諸衆生心之所樂
하여 種種方便으로 敎化調伏하노라

착한 남자여, 나는 옛적에 나와 함께 수행하다가 지금에는
보리심에서 퇴타한 이를 제도하고, 또 부모와 권속들을 교

화하고 또 여러 바라문을 교화하여, 종족에 대한 교만을 여의고, 여래의 종족 중에 나게 하기 위하여 이 염부제의 말라제국 구타 마을 바라문의 집에 태어났느니라. 착한 남자여, 나는 이 큰 누각에 있으면서 중생들의 좋아함을 따라 여러 가지 방편으로 교화하고 조복하느니라.

[疏] 二, 我爲化下는 顯爲順機하여 當現生殊라 於中에 先, 明現生이라 拘吒者는 此云樓閣이니 此聚落中에 多樓閣故라 或慈氏閣이 在此中故니라

■ 나) 我爲化 아래는 근기에 수순하기 위하여 현재의 생과 미래의 생이 다름을 밝힘이다. 그중에 (가) 현재의 생을 밝힘이다. 구타(拘吒)는 누각이라 번역하는데 이 취락 중에 누각이 많은 까닭이다. 혹은 자씨(慈氏) 미륵보살의 누각이 여기에 있는 까닭이다.

[鈔] 拘吒聚落은 此云樓閣은 乃是一義라 或云小舍며 或曰多家라 故로 上經에 自⁴²⁾譯爲房舍聚落하니 疏에 取一義耳니라

● 구타 마을은 누각이라 번역한 것은 비로소 한 가지 뜻이다. 혹은 '작은 집'이라고도 하고, '여러 집'이라 번역한다. 그러므로 위의 경문에서 자연히 방사와 부락이라 번역하나니 소가는 한 가지 뜻만 취했을 뿐이다.

(나) 미래의 생을 밝히다[明當生] 2.
ㄱ. 현재 생의 할 일[現生所爲] (後我 24下5)

---

42) 自는 南續金本作同.

善男子여 我爲隨順衆生心故며 我爲成熟兜率天中同行
天故며 我爲示現菩薩의 福智變化莊嚴이 超過一切諸欲
界故며 令其捨離諸欲樂故며 令知有爲가 皆無常故며
令知諸天이 盛必衰故며 爲欲示現將降生時에 大智法門
을 與一生菩薩로 共談論故며 爲欲攝化諸同行故며 爲
欲敎化釋迦如來의 所遣來者하여 令如蓮華悉開悟故로
於此命終하여 生兜率天하노라

착한 남자여, 나는 중생들의 마음을 따라 주기 위하여, 나는
도솔천에서 함께 수행하던 하늘을 성숙하게 하기 위하여,
나는 보살의 복과 지혜와 변화와 장엄이 모든 욕심 세계보
다 뛰어남을 보이기 위하여, 그들로 하여금 모든 욕락을 버
리게 하려고, 함이 있는 법이 무상함을 알게 하려고, 모든
천인들도 성하면 반드시 쇠함을 알게 하려고, 장차 내려올
적에 큰 지혜의 법문을 일생보처 보살과 함께 토론하려고,
같이 수행하는 이를 거두어 교화하려고, 석가여래께서 보
내시는 이를 교화하여 연꽃처럼 깨닫게 하려고, 여기서 목
숨을 마치고는 도솔천에 태어나느니라.

[疏] 後, 我爲隨順下는 明當生이라 於中에 先은 正顯當生所爲라 如蓮華
者는 有三義하니 一, 釋迦下種할새 彼華開故요 二, 昔因含果가 如
華未開라가 因亡果現일새 故如蓮華開요 三, 聞熏含實이 如蓮未開
라가 見實亡言일새 故云開悟니라 智論에 云, 菩薩善根이 不遇如來
智慧日光하면 翳死無疑라하니 通證前義니라

■ (나) 我爲隨順 아래는 미래의 생을 밝힘이다. 그중에 ㄱ. 미래의 생에

할 일이 연꽃과 같음을 바로 밝힌 것은 세 가지 뜻이 있으니 (1) 석가 부처님이 씨를 뿌려서 저 꽃이 핀 연고요, (2) 예전 인행에 과덕을 함유한 것이 마치 꽃이 아직 피지 않다가 원인은 없는데 결과가 나옴과 같은 연고로 마치 연꽃이 핀 것과 같음이요, (3) 듣고 훈습하여 실법을 함유함이 마치 연꽃이 피지 않다가 열매를 보고 말을 잊어버림과 같은 연고로 '열어 깨닫는다'고 말하였다.『대지도론』에 이르되, "보살의 선근은 여래의 지혜인 태양 빛을 만나지 못하면 죽음을 가리거나 의심이 없다"고 하였으니, 앞을 증득한 뜻과 통한다.

[鈔] 如蓮華者는 初一은 生行解요 次一은 成果요 後義는 見理니 皆因聞敎하여 則敎理行果인 四法備矣니라 然이나 疏는 但釋蓮華之言이라 而經에 云, 爲欲敎化釋迦如來의 所遣來者는 今當說緣호리라 按觀彌勒菩薩上生兜率天經컨대 佛이 於舍衛國에 說하시니 優波離問커늘 佛答하시되 此人이 從今十二年後인 二月十五日에 上生兜率天하여 閻浮提歲數가 五十六億萬歲에 爾乃下生於閻浮提하리라 佛滅度後에 我諸弟子가 若有精勤하여 修諸功德하되 威儀不缺하고 掃塔塗地하고 以衆名香과 妙華供養하며 行衆三昧하여 深入正受하며 讀誦經典하며 如是等人이 應當至心하면 雖不斷結이나 如得六通하며 應當繫念하여 念佛形像하며 稱彌勒名하고 如是等輩가 若一念頃에 受八齋戒[43]하여 修諸淨業하며 發弘誓願하면 命終之後에 譬如壯士가 屈伸臂頃에 卽得往生兜率陀天하여 於蓮華上에 結跏趺坐이어든 百千天子가 作天伎樂하며 持天曼陀羅華와 摩訶曼陀羅華하여 以散其上하고 讚言, 善哉善哉라하리라

---

43) 齋戒는 經原本作戒齋, 南續金本作齋戒.

● '연꽃과 같다'는 것은 (1) 하나는 행법과 이해가 생겨남이요, (2) 하나는 결과를 이룸이다. (3) 뒤의 뜻은 이치를 봄이니 모두 교법을 들음으로 인하여 교법과 이치와 행법과 과덕인 네 가지 법이 갖추어진 것이다. 그러나 소문에 단지 연꽃이란 말만 해석하였다. 경문에, "석가여래가 보내어 와서 교화하려 한다"고 말한 것은 지금은 설법의 인연에 해당하리라. 『미륵보살이 도솔천에 올라가서 태어나는 경[彌勒菩薩上生兜率天經]』을 참고하건대, 부처님이 사위국에서 설하는데 우파리(優波離)가 질문할 적에, 부처님이 대답하시되 '이 사람이 지금부터 12년 뒤인 2월 15일에 도솔천에 올라가 태어나서 염부제의 햇수는 56억만 년 지나 그런 다음 염부제에 내려와 태어난다'고 하였고, 부처님 멸도하신 뒤에 나의 모든 제자가 만일 정근하여 여러 공덕을 닦되 위의가 이지러지지 않고 그곳을 쓸고 터를 닦고서 여러 이름난 향기 나는 묘한 꽃으로 공양 올리고, 여러 삼매를 행하여 바른 삼매에 깊이 들어가며 경전을 독송하며 이러한 등의 사람이 응당히 지극한 마음으로 하면 비록 맺은 것을 끊지 못하지만 마치 여섯 가지 신통을 얻음과 같으며 응당히 생각에 얽혀서 부처님 형상을 생각하며 미륵(彌勒)이란 이름을 부르고 이러한 무리들이 만일 1찰나경에 여덟 가지 재계[八齋戒][44]를 받아서 모든 깨끗한 업을 닦고 큰 서원 발하면 목숨을 마친 뒤에 비유하건대 장사가 팔을 굽혔다가 펴는 사이에 곧 도솔타천에 가서 연꽃 위에 가부좌를 맺고 태어남을 얻게 될 텐데 백천 명의 천자들이 하늘 음악을 지으며 하늘 만다라화와 마하만다라화를 가지고 그 위에 흩으는 칭찬하여 말하되, "착하고 착하다"고 하리라.

---

44) 八齋戒: 범어 aṣṭāṅgaśīla 八關齋戒라 한다. 재가자가 하루 밤 하루 낮 동안 받아 지키는 계율이니, (1) 살생하지 않기 (2) 남의 것을 훔치지 않기 (3) 음행하지 않기 (4) 거짓말하지 않기 (5) 술을 먹지 않기 (6) 향과 꽃, 꽃다발을 좋아하거나 노래하고 춤추지 않기 (7) 높고 넓은 평상에 앉지 말기 (8) 때를 넘긴 때 먹지 않기이니, 이 가운데 제8 不非時食은 齋이고, 나머지 일곱 가지는 戒이다. (불교학대사전 p.1610 홍법원 간)

又 言하시되 如是等衆生이 若淨諸業하여 行六事法하면 必定無疑하면 當得生於兜率天上하여 値遇彌勒하고 亦隨彌勒하여 下閻浮提하여 第一聞法하면 於未來世에 値遇賢劫一切諸佛이라하시되 又云하시되 得聞彌勒名者는 聞已歡喜하여 恭敬禮拜하면 此人命終에 如彈指頃 卽得往生이라하니라 又云하시되 善男子와 善女人이 犯諸禁戒하여 造衆惡業이라가 聞是菩薩大悲名字하고 五體投地하여 誠心懺悔하면 是諸惡業이 速得淸淨하며 未來世中에 諸衆生等이 聞是菩薩의 大悲名稱하고 造立形像하고 香花衣服과 繒蓋幢幡으로 禮拜繫念하면 此人은 命欲終時에 彌勒菩薩이 放眉間白毫大人相光하여 與諸天子로 持天曼陀羅華하여 來迎此人하리니 此人은 須臾에 卽得往生하여 値遇彌勒하고 頭面禮敬하여 便得聞法하여 於無上道에 得不退轉하며 於未來世에 得値恒河沙等諸佛如來라하리라

● 또 말하되, "이러한 중생들은 만일 모든 업을 깨끗이 하여 여섯 가지 일을 행하면 반드시 의심이 없이 안정되면 미래에 도솔천 위에 태어나 미륵보살을 만나고 또한 미륵을 따라서 염부제에 하생하여 가장 먼저 법을 들으면 미래세에 현겁의 모든 부처님을 만난다"라고 하였다. 또 말하되, "미륵이란 이름을 들은 이는 듣고 나서 환희하여 공경히 예배하면 이런 사람이 목숨을 마칠 적에 손가락 퉁기는 사이에 바로 왕생함을 얻는다"라 하였다. 또 말하되, "착한 남자와 착한 여인이 모든 금계를 범하여 여러 가지 악업을 지었다가 이런 보살의 크게 어여삐 여기는 명자를 들고 오체를 땅에 던져서 성실한 마음으로 참회하면 이런 모든 악업이 신속히 청정해지며 미래세 중에 모든 중생들이 이런 보살의 크게 어여삐 여기는 명칭을 듣고서 형상을 세우고 향기 나는 꽃과 의복, 비단 우산과 당번으로 예배하고 생각을 매어 가면

이런 사람이 목숨을 마치려 할 때에 미륵보살이 미간의 흰 터럭에서 대인상의 광명을 놓아서 모든 천자들과 함께 하늘 만다라화를 가지고 이 사람을 와서 맞이할 것이니, 이런 사람은 잠깐 사이에 곧 왕생함을 얻어서 미륵보살을 만나고 머리로 예경하여 문득 법을 듣고서 위없는 도에서 물러나지 않음을 얻으며 미래세에 항하 모래 같은 모든 부처님 여래를 만나게 되리라"고 하였다.

釋曰, 此亦釋迦의 所遣來者니 以行釋迦敎故라 若彌勒下生經인대 羅什法師의 譯이니 無如是我聞하고 直云, 大智舍利弗이 問佛에 佛이 誠聽爲說하소서하니 云, 舍利弗이여 四大海水가 以漸減少三千由旬하면 時에 閻浮提地가 長十千由旬이요 廣八千由旬이라 平坦如鏡하고 名華軟草가 徧覆其地하여 廣說莊嚴等이라하니 華藏品에 已引하니라 次에 云, 城中에 有大婆羅門主하니 名曰妙梵이요 婆羅門女는 名摩提婆[45]니 彌勒託生하여 爲父母요 身紫金色이며 三十二相이요 身長千尺이요 胸廣三十丈이요 面長이 十二丈四尺이요 肉眼淸淨[46]하여 見千由旬하며 常光四照호대 面百由旬이언마는 穰佉王이 奉七寶臺하면 彌勒受已[47]에 施諸婆羅門하고 彌勒[48]이 見其毁壞하고 修無常想하여 出家學道하여 於龍華菩提樹下에 樹莖枝葉이 高五十里어든 卽以出家日에 得阿耨多羅三藐三菩提하리니 有無量人이 發心하여 出家學道하리라 爾時에 彌勒이 見諸大衆하고 作是念言하되 今諸人等이 不以生天樂故며 亦復不爲今世樂故로 來至我所라 但爲得涅槃常樂因緣하니 是諸人等은 皆於佛法中에 種諸善根일새 釋迦牟尼佛이

---

45) 摩提婆는 續本作梵摩提婆 原本作梵摩波提 與經合. 南金本作摩提婆.
46) 淸淨은 南金本無, 經原續本有.
47) 受已는 南金本無, 經原續本有.
48) 彌勒은 南續金本作婆羅門, 原本作彌勒 與經合.

遣來付我하시니 是故로 今來⁴⁹⁾에 皆至我所니 我今受之하리라 是諸人等이 或以讀誦分別決定修姤路와 毘奈耶와 阿毘達磨하여 修諸功德하고 來至我所며 廣敍布施持戒와 忍辱精進이라하며

- 해석하자면 이것도 역시 석가여래가 보내어 온 것이니 석가의 교법을 유행하기 위한 까닭이다. 저『미륵하생경』이라면 라집법사가 번역하였는데 여시아문(如是我聞)이 없고 바로 말하되, "큰 지혜 가진 사리불이 부처님께 묻되 '부처님이 훈계하여 설법하심을 허락하소서'라 말하니, (부처님이) 이르시되, '사리불이여, 네 가지 큰 바다의 물이 점차 삼천 유순을 감소하면 그때에 염부제의 땅의 길이는 10천 유순이요, 넓이는 8천 유순이다. 평탄함이 거울과 같고 이름난 꽃과 부드러운 꽃이 그 땅을 두루 덮어서 장엄함을 널리 말한다'는 등이다"라고 하였으니 화장세계품에 이미 인용하였다. 다음에 이르되, "성 중에 큰 바라문인 주인이 있으니 이름이 묘범(妙梵)이요, 바라문의 딸의 이름은 범마바제(梵摩波提)이니, 미륵보살에 의탁하여 태어나서 (범마바제는) 부모가 되고 몸이 자금색이며 32가지 대인상이요, 몸 길이가 천자[千尺]요, 가슴 넓이는 30길[丈]이요, 얼굴 크기는 12길 4자요, 육안이 청정하여 천 유순을 보며 항상 비추는 광명이 사면을 비추되 얼굴은 백 유순이었는데 양거왕(穰佉王)이 칠보대를 받들어 공양하면 미륵이 받고 나서 모든 바라문에게 보시하고 미륵이 그 훼손되어 무너짐을 보고 무상하다는 생각을 닦아서 출가하여 도를 배우며 수행하여 용화보리수 아래에 나무 줄기와 나뭇가지와 잎은 높이가 50리인데 곧 출가하는 날에 아뇩다라삼약삼보디를 얻을 것이니 한량없는 사람이 발심하여 출가하고 도를 배우리라. 그때에 미륵이 모든 대중을

---

49) 來는 經本作者라 하다.

보고 이렇게 생각하여 말하되, '지금 여러 사람들이 천상에 태어남이 즐겁지 않은 까닭이며, 또한 다시 지금은 세간의 즐거움이 되지 않는 연고로 나의 처소로 왔다. 단지 열반의 항상하고 즐거운 인연을 얻기 위함이니, 이런 모든 사람들이 모두 불법 가운데 모든 선근을 심었으므로 석가모니 부처님이 보내어 와서 나에게 부촉하였다. 이런 연고로 지금 이래로 모두 나의 처소에 왔으니 내가 지금 받으리라. 이런 모든 사람들이 혹은 수투로(修妬路)와 비나야(毘奈耶)와 아비달마(阿毘達磨)를 독송하고 분별하여 결정하고 모든 공덕을 수행하고 나의 처소에 왔으며 널리 보시와 지계와 인욕과 정진을 밝혔다'고 하였다.

結云하시되 善哉라 釋迦牟尼佛이 善敎化如是等百千萬億衆生하사 今至我所로다 彌勒이 如是三稱讚釋迦如來하시고 然後說法하시되 言 汝等衆生은 能爲難事라 於彼惡世에 貪欲瞋恚하며 愚癡迷惑하며 短命人中에 能持戒行하여 作諸功德하니 甚爲希有로다 善哉라 釋迦牟尼佛이 以大悲心으로 能於苦惱衆生之中에 說誠實語하사 示我當來에 度脫汝等이라 如是之師는 甚爲難遇니라 深心으로 憐愍惡世衆生하사 救濟苦惱하여 令得安隱케하시니 釋迦牟尼佛如來가 爲汝等故로 以頭布施하시고 割截耳鼻와 手足支體하사 受諸苦惱하사 以利汝等이로다 彌勒이 如是廣安慰已코 然後說法하시니라 其龍華樹園의 縱廣이 一百由旬이어든 大衆滿中이라 初會說法에 九十六億人이 得阿羅漢하고 第二會說法에 九十四億人이며 第三會에 九十二億人이라하니라 更有諸本經이나 大同小異하니 可以意得이라 此經이 正明釋迦遣來니라

● 결론하여 이르되, "거룩하다, 석가모니 부처님이 이러한 등 백천만억

중생을 잘 교화하시어 지금 나의 처소에 왔도다. 미륵보살이 이렇게 세 번 석가여래를 칭찬하고 그런 뒤에 법을 설하여 말하되, '너희들 중생은 능히 어려운 일을 하였으니, 저 악한 세상에 탐욕과 성냄과 어리석고 미혹하며 목숨이 짧은 사람 중에서 능히 계행을 지켜서 모든 공덕을 지었으니 매우 희유한 일이로다. 거룩하다, 석가모니 부처님이 크게 어여삐 여기는 마음으로 능히 고뇌하는 중생 중에 성실한 말씀을 하시어 내가 미래에 너희들을 제도하여 해탈함을 보여 주었구나! 이러한 스승은 만나기가 매우 어렵나니, 깊은 마음으로 악한 세상의 중생을 어여삐 여겨서 고뇌에서 구제하여 하여금 안온케 하셨으니, 석가모니 부처님이 너희들을 위한 연고로 머리로 보시하고 귀와 코, 손발과 사지를 끊어서 모든 고뇌를 받으시면서 너희들을 이롭게 하시었도다. 미륵보살이 이렇게 널리 위로하고 나서 그런 뒤에 법을 설하시었다. 그 용화(龍華)의 나무 동산은 길이와 넓이가 1백 유순인데 대중이 그 속에 가득하니 첫 번째 모임에서 법을 설할 적에 96억 인이 아라한과를 얻었고, 제2회에 법을 설할 적에 94억 인을 제도하였으며, 제3회에 92억 인을 제도하시었다' "고 하였다. 다시 여러 본의 경전이 있으나 크게는 같고 작게는 다르니 생각해 보면 알 수 있다. 본경에는 석가모니가 보내 온 것을 바로 밝힌 내용이다.

ㄴ. 세 분 성인을 결론하여 회통하다[結會三聖] (後我 27下10)

善男子여 我願滿足하여 成一切智하여 得菩提時에 汝及文殊가 俱得見我하리라
착한 남자여, 내 서원이 만족하고 온갖 지혜를 이루어 보리

를 얻을 때에는 그대가 문수보살과 함께 나를 보게 되리라.

[疏] 後, 我願滿下는 結會三聖이라 言俱見我者는 亦有三意하니 一, 俱助化故요 二, 善財는 表行이요 文殊는 信智니 成正覺時에 俱證此故요 三者, 文殊는 古佛이요 善財는 當佛이요 慈氏는 現佛이니 三世圓融하여 浩然大均일새 故云俱見이니라

■ ㄴ. 我願滿 아래는 세 분 성인을 결론하여 회통함이다. '함께 나를 보게 된다'고 말한 것은 또한 세 가지 의미가 있으니 (1) 함께 화현함을 돕기 때문이요, (2) 선재는 행함을 표함이요, 문수는 믿음과 지혜이니 바른 깨달음을 이룰 때에 함께 이것을 증득하기 때문이요, (3) 문수는 옛 부처요, 선재는 미래의 부처요, 자씨는 현재의 부처이니, 삼세에 원융하여 넓고 크게 균등한 연고로 '함께 본다'고 말하였다.

제4. 다음 선지식을 지시하다[指示後友] 3.

1. 가서 가르치고 묻기를 권하다[勸往敎問] (第四 28上8)

善男子여 汝當往詣文殊師利善知識所하여 而問之言하되 菩薩이 云何學菩薩行이며 云何而入普賢行門이며 云何成就며 云何廣大며 云何隨順이며 云何淸淨이며 云何圓滿이리잇고하라 善男子여 彼當爲汝하여 分別演說하리라
착한 남자여, 그대는 문수사리 선지식에게 가서 묻기를 '보살이 어떻게 보살의 행을 배우며, 어떻게 보현의 수행하는 문에 들어가며, 어떻게 성취하며, 어떻게 광대하게 하며, 어

떻게 따르며, 어떻게 청정하게 하며, 어떻게 원만하는가?'
라고 하라. 착한 남자여, 그는 그대에게 분별하여 연설하
리라.

[疏] 第四, 善男子汝當下는 指示後友라 中에 三이니 初, 勸往敎問이요
次, 何以下는 釋勸所由요 三, 是故善男子下는 結勸重釋이라 初中
에 令往文殊者는 因位將極일새 令反照心源故니라

■ 제4. 善男子汝當 아래는 다음 선지식을 지시함이다. 그중에 셋이니
1. 가서 가르치고 묻기를 권함이요, 2. 何以 아래는 권하는 이유를
해석함이요, 3. 是故善男子 아래는 권함을 결론하여 거듭 해석함이
다. 1. 중에 문수사리에게 가게 함은 인행 지위가 궁극에 가려 함이
니, 마음의 근원을 돌이켜 비추게 하는 까닭이다.

2. 권하는 이유를 해석하다[釋勸所由] 2.

1) 질문하다[徵] (二中 29上3)
2) 해석하다[釋] 2.
(1) 수행이 광대함을 밝히다[明行廣] (於中)
(2) 인연이 깊음을 밝히다[顯緣深] (後是)

何以故오 文殊師利의 所有大願은 非餘無量百千億那由
他菩薩之所能有니라 善男子여 文殊師利童子는 其行廣
大하며 其願無邊하여 出生一切菩薩功德하여 無有休息
이니라 善男子여 文殊師利는 常爲無量百千億那由他諸

佛母하여 常爲無量百千億那由他菩薩師하며 敎化成熟
一切衆生하며 名稱普聞十方世界하며 常於一切諸佛衆
中에 爲說法師하며 一切如來之所讚歎이며 住甚深智하
여 能如實見一切諸法하며 通達一切解脫境界하며 究竟
普賢所行諸行이니라 善男子여 文殊師利童子는 是汝善知
識이니 令汝得生如來家하며 長養一切諸善根하며 發起一
切助道法하며 値遇眞實善知識하며 令汝修一切功德하며
入一切願網하며 住一切大願하며 爲汝說一切菩薩秘密法하
며 現一切菩薩難思行하며 與汝往昔에 同生同行이니라

무슨 까닭이냐? 문수사리의 가진 서원을 다른 한량없는 백천억 나유타 보살은 가지지 못하였느니라. 착한 남자여, (1) 문수사리동자는 그 수행이 광대하고 그 서원이 그지없어서 모든 보살의 공덕을 내기를 쉬지 아니하느니라. 착한 남자여, 문수사리는 (2) 항상 한량없는 백천억 나유타 부처님의 어머니가 되며, (3) 한량없는 백천억 나유타 보살의 스승이 되며, (4) 모든 중생을 교화하고 성취하여 시방세계에 소문이 났으며, (5) 모든 부처님 대중 가운데서 법을 연설하는 법사가 되어 모든 여래의 찬탄하는 바이며, (6) 깊은 지혜에 머물러 있어 모든 법을 사실대로 보고, (7) 모든 해탈의 경계를 통달하고, (8) 보현의 행하는 행을 끝까지 마치었느니라. 착한 남자여, 문수사리동자는 그대의 선지식이니, (9) 그대로 하여금 여래의 가문에 나게 하였고, (10) 모든 착한 뿌리를 자라게 하였고, (11) 모든 도를 돕는 법을 일으키게 하였고 (12) 진실한 선지식을 만나게 하였으며, (13) 그대로 하여금 모든 공덕을 닦게 하고, (14) 모든 서원의 그물에 들어가게 하고, (15) 모든 원에 머물게 하며, (16) 그대를 위하여 모든 보살의 비밀한 법을 말하고 (17) 모든 보살의 부사의한 행을 나타내었으며, (18) 그대로 더불어 옛적에 함께 나고 함께 행하였느니라.

[疏] 二中에 先, 徵이니 意에 云, 文殊를 已見이어늘 何爲勸往고 釋意에 云, 彼德深廣하고 宿緣重故라 於中에 二니 先, 明行廣이요 後, 顯緣深이라 今初에 出生菩薩功德者는 主信法門이니 長養一切善故오 爲佛母者는 主般若門하여 住甚深智하여 見法實故오 爲菩薩師者는 具善巧智하여 通達解脫하여 究竟普賢行故니라 後, 是汝善知識下는 顯其緣深하여 已多成益이라

■ 2. (권하는 이유를 해석함) 중에 1) 질문함이니, 의미를 말하되, "문수보살은 이미 만났는데 어찌하여 가 보라고 권하였는가?" 의미를 해석하여 말하되, "저 공덕이 깊고 광대하여 숙세의 인연이 무겁기 때문이다"라고 하였다. 그중에 둘이니 (1) 수행이 광대함을 밝힘이요, (2) 인연이 깊음을 밝힘이다. 지금은 (1)에 '보살의 공덕에서 나온 것'이란 믿음의 법문을 주로 하여 온갖 선근을 기르는 까닭이요, '부처의 어미가 됨'은 반야문을 주로 하여 매우 깊은 지혜에 머물러서 법이 진실함을 보는 까닭이요, '보살의 스승이 됨'은 공교한 지혜를 갖추고 해탈의 경계를 통달하여 보현의 행을 완성하는 까닭이다. (2) 是汝善知識 아래는 인연이 깊음을 밝혀서 이미 성취한 이익이 많음을 뜻한다.

3. 권함을 결론하여 거듭 해석하다[結勸重釋] 3.
1) 권함을 결론하다[結勸] (三結 29下3)

是故로 善男子여 汝應往詣文殊之所요 莫生疲厭이어다 文殊師利가 當爲汝說一切功德하리라 何以故오 汝先所見諸善知識에 聞菩薩行하고 入解脫門하여 滿足大願이 皆是文殊威神之力이니 文殊師利가 於一切處에 咸得究竟이시니라

그러므로 착한 남자여, 그대는 마땅히 문수사리에게 가야 하나니, 고달픈 생각을 내지 말라. 문수사리는 그대에게 모든 공덕을 말하리니, 왜냐하면 그대가 먼저 선지식을 만나고, 보살의 행을 듣고 해탈문에 들어가고 큰 원을 만족한 것은 모두 문수사리의 위덕과 신통의 힘이니라. 문수사리는 모든 곳에서 구경까지 얻게 하느니라."

[疏] 三, 結勸重釋이라 中에 三이니 初, 結勸이니 具上二義일새 應往勿疲니라 次, 徵釋이니

■ 3. 권함을 결론하여 거듭 해석함이다. 그중에 셋이니 1) 권함을 결론함이니, 위의 두 가지 뜻을 갖추고 응하여 가면 피곤하지 않음이요, 2) 묻고 해석함이다.

2) 묻고 해석하다[徵釋] 2.
(1) 질문하다[徵] (先徵 29下4)
(2) 해석하다[釋] (後釋)

[疏] 先, 徵이라 意에 云, 何以的知具前二義오 後, 釋이라 意에 云, 以所成益이 皆是彼力이라 故知德深緣衆이니 若當見者면 獲益尤增이라하니라
- (1) 질문함이다. 의미를 말하면, "어떻게 앞의 두 가지 뜻을 갖춘 것을 정확하게 알았는가?" (2) 해석함이다. 의미를 말하면, "성취한 이익은 모두 저런 힘 때문이다. 그러므로 덕이 깊고 인연이 많은 줄 아는 것이니, 만일 미래에 만난다면 얻은 이익이 더욱 늘어나리라"고 말하였다.

3) 덕을 결론하다[結德] (後文 29下6)

[疏] 後, 文殊下는 結德究竟이니 前, 見은 爲信之首요 後, 見은 爲智之終이니 故云一切究竟이니라
- 3) 文殊 아래는 덕이 완성됨을 결론함이다. (1) 만나 봄은 믿음의 우두머리가 되고, (2) 만나 봄은 지혜의 끝이 되나니, 그러므로 '모든 곳에서 구경까지 얻게 한다'고 하였다.

제5. 덕을 사모하여 예배하고 물러가다[戀德禮辭] (第五 29下10)

時에 善財童子가 頂禮其足하며 遶無量帀하며 殷勤瞻仰하고 辭退而去하니라
그때 선재동자는 그의 발에 엎드려 절하고 수없이 돌고 은근하게 앙모하면서 하직하고 물러갔다.

[疏] 第五, 爾時善財下는 戀德禮辭라
- 제5. 爾時善財 아래는 덕을 사모하여 예배하고 물러감이다.

[官字卷中 終]

大方廣佛華嚴經 제80권
大方廣佛華嚴經疏鈔 제80권 官字卷下
제39 入法界品 ㉑

제39. 법계에 증득해 들어가는 품[入法界品] ㉑

제53. 두 번째 문수보살을 만나[再見文殊]서는 제4. 지혜로 둘이 없음을 비추는 모양[智照無二相]이니 선재동자는 다시 문수보살을 찾아간다. 이것은 수행에 나선 중생이 불법의 본원에 가까워진 것을 상징하는 것이니, 곧 '일생보처 보살의 지위'에 오른 것을 뜻하며, 시각(始覺)이 본각(本覺)과 같아짐을 밝힌 것이요, 제53. 보현보살 선지식은 제5. 인행이 광대함을 밝힌 모양[顯因廣大相]이니 곧 묘각의 지위이다. 깨닫는 장면에 이르되,

"또 보니, 보현보살의 몸에 있는 낱낱 털구멍에서 모든 세계의 티끌 수 광명 구름을 내어 법계와 허공계의 모든 세계에 두루하며, 모든 중생의 괴로움과 근심을 멸하여 보살들을 매우 환희하게 하였다. 또 낱낱 털구멍에서 모든 세계의 티끌 수 같은 갖가지 빛 향 불꽃 구름을 내어, 법계와 허공계에 있는 모든 부처님의 대중이 모인 도량에 두루하여 널리 풍김을 보았다. … 보현보살의 모공에 들어가 한 털구멍에 한 걸음씩 나아가 말할 수 없는 세계를 지나 보현보살과 같아지고 부처님과 같아지며 세상과 같아지고 행이 같아지고 해탈과 자재함도 모두 같아져서 다름이 없었다."

> 大方廣佛華嚴經 제80권
>
> 大方廣佛華嚴經疏鈔 제80권 官字卷下

제39. 법계에 증득해 들어가는 품[入法界品] ㉑

제4절. 지혜로 둘이 없음을 비추는 모양[智照無二相]
– 두 번째 문수보살을 만나다[再見文殊菩薩] 2.

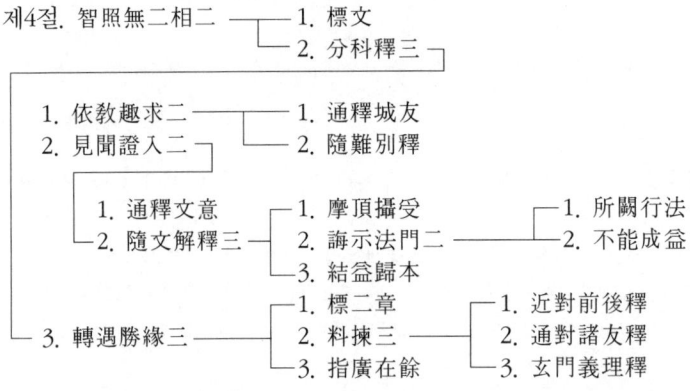

제1. 경문으로 표방하다[標文] (自下 1上8)

爾時에 善財童子가 依彌勒菩薩摩訶薩敎하여 漸次而行하여 經由一百一十餘城已하고 到普門國蘇摩那城하여 住其門所하여 思惟文殊師利하여 隨順觀察하며 周旋求覓하여 希欲奉覲하나라

이때 선재동자는 미륵보살마하살이 가르친 대로 점점 나아가 1백 10여 성을 지나서 보문국의 소마나성에 이르러서, 문에 머물러 있으면서 문수사리를 생각하고 따라 관찰하고 두루 찾으며 뵈옵기를 희망하였다.

[疏] 自下大文은 第四, 明智照無二相이니 顯前因法生果가 體無分別이며 絶境智等諸二相故라 又善財가 障盡惑除하여 未始動念일새 是故로 反照가 唯是初心이요 更無異也니 卽信智無二니라

■ 여기부터 아래는 큰 문단으로 제4절. 지혜로 둘이 없음을 비추는 모양이다. 앞에서 법을 인하여 과덕이 생겨남이 체성을 분별할 수 없음을 밝혔는데, 경계와 지혜 등 모든 두 가지 모양이 끊어진 까닭이다. 또한 선재가 장애가 다하고 미혹이 제하여 아직 동요하는 마음을 시작하지 않으니, 이런 연고로 돌이켜 비춤이 오로지 처음 마음뿐이지 다시 다름이 없나니, 곧 '믿음과 지혜가 둘이 없다[信智無二]'는 뜻이다.

[鈔] 第四智照無二相이니 絶境智等者는 謂一은 境智無二요 二는 始末無二도 亦信智無二요 三은 染淨無二요 四는 智斷無二요 五는 理事無二니 由證理事無二義故로 染淨兩亡[50]하여 惑性智性이 一性平等이요 始末無差며 能所齊融이요 亦不生二不二分別이라 故로 前經에 云, 心不稱量諸二法하고 但恒了達法無二하니 諸法若二와 若不二를 於中에 畢竟無所着이라하나니 方爲眞不二耳니라

● 제4절. 지혜와 비춤이 둘이 없는 모양이니 '경계와 지혜가 끊어짐 등' 이란 이른바 (1) 경계와 지혜가 둘이 없음이요, (2) 처음과 마지막이

---

50) 兩亡은 南續金本作無二.

둘이 없음도 또한 믿음과 지혜가 둘이 없다는 뜻이요, (3) 염오와 청정이 둘이 없음이요, (4) 지혜와 끊음이 둘이 없음이요, (5) 이치와 현상이 둘이 없음이니, 이치와 현상이 둘이 없는 이치를 증득함으로 말미암은 연고로 염오와 청정이 둘 다 없어서 미혹한 성품과 지혜의 성품이 한 가지 체성으로 평등함이요, 처음과 마지막이 차별이 없으며, 주체와 대상이 똑같이 융섭함이요, 또한 둘이 생겨나지 않으며, 두 가지로 분별하지 않는 것이다. 그러므로 앞의 경문(십회향품)에 이르되, "마음으로 두 가지 법 일컫지 않고 언제나 둘 아닌 법 밝게 통달해 모든 법이 둘이거나 둘 아니거나 그 가운데 끝까지 집착 않는다"라 하였으니 비로소 참된 둘이 아닌 도리가 되었을 따름이다.

제2. 과목 나누고 해석하다[分科釋] 3.
1. 가르침에 의지하여 나아가 구하다[依敎趣求] 2.

1) 주성신(主城神) 선지식을 통틀어 해석하다[通釋城友] (文但 1下8)

[疏] 文但有三이니 第一, 依敎趣求요 第二, 見聞證入이요 第三, 轉遇勝緣이라 今初에 言經遊百一十餘城已者는 百一十義는 已見上文이라 然此遊城이 復有二義하니 一, 但從彌勒하여 至於文殊히 自經百一十城이라 非連取前이요 二者, 加前百一十友일새 故云餘城이니 卽通取前友하고 普收諸法하여 歸一照故라 若爾인대 前友와 此城이 豈得同耶리요 亦有二義하니 一者는 友必依城이니 則一城一友요 二者는 或於一城에 値於多友며 或求一友에 歷於多城이나 而要具一百一十은 以順表法故니라

■ 경문에는 단지 셋만 있으니 1. 선지식의 가르침에 의지하여 나아가 구함이요, 2. 보고 들음으로 증득해 들어감이요, 3. 전전이 뛰어난 인연을 만남이다. 지금은 1.에서 '1백 10여 성을 지나서'라 말한 것은 110의 뜻이니 이미 위의 경문에서 본 내용이다. 그러나 '성을 지남'에 다시 두 가지 뜻이 있으니 (1) 단지 미륵보살로부터 문수보살에까지 자연히 110개 성을 지나는 것이니 연결하여 앞을 취한 것은 아니요, (2) 앞의 110분 선지식을 더한 연고로 '나머지 성'이라 하였으니, 곧 앞의 선지식을 모두 취하고 모든 법을 널리 거두어서 하나로 돌아가 비추는 까닭이다. 만일 그렇다면 앞의 선지식과 이런 성이 어찌 같겠는가? 또한 두 가지 뜻이 있으니, 하나는 선지식은 반드시 성을 의지하나니 한 성에 한 선지식이요, 둘째는 혹은 한 성에서 여러 선지식을 만나기도 하며, 혹은 한 선지식을 구하려면 여러 성을 지나기도 하지만 그러나 중요한 것은 110을 갖춘 것이니 수순하여 법을 표한 까닭이다.

[鈔] 或於一城者는 如諸夜神이 多在佛會라 言或求一友에 歷於多城者는 如解脫處에 經十二年하고 求於普眼에 經歷多城等이니 此義勝前이니라

● '혹은 하나의 성'이란 마치 여러 야신(夜神)이 대부분 부처님 처소의 모임에 있다. '혹은 한 선지식을 구하려면 여러 성을 지난다'고 말한 것은 마치 제6. 해탈장자의 처소에서 12년을 지나고 제17. 보안장자를 찾을 적에 여러 성을 거침과 같은 등이니 이런 뜻은 앞보다 뛰어나다.

2) 힐난을 따라 개별로 해석하다[隨難別釋] (到蘇 2上9)

[疏] 到蘇摩那者는 此云悅意니 卽華名也라 謂智照一性하여 悅本心故니 卽德生城이라 有本[51]에 云, 至普門國이라하니 顯攝諸差別하여 歸無二相이니 卽普門故라 言住其門所者는 顯解心已極에 將入般若無二之門故니라

■ '소마나성에 이른다'는 것은 '기쁜 생각'이라 번역하나니 곧 꽃 이름이다. 이른바 지혜와 비춤이 한 가지 성품이어서 본래 마음을 기쁘게 하는 까닭이니 곧 제51. 덕생(德生)동자가 사는 성이다. 어떤 본에는 이르되, '보문국에 이른다'고 하였으니, 모든 차별을 섭수하여 둘이 없는 모양에 돌아감을 밝혔으니 곧 넓은 문인 까닭이다. '문에 머물러 있다'고 말한 것은 이해하는 마음이 이미 지극하면 장차 반야의 둘이 없는 문에 들어감을 밝히는 까닭이다.

2. 보고 들음으로 증득해 들어가다[見聞證入] 2.
1) 경문의 의미를 통틀어 해석하다[通釋文意] (第二 2下5)

是時에 文殊師利가 遙伸右手하사 過一百一十由旬하여 按善財頂하시니라
이때 문수사리는 멀리서 오른손을 펴서 1백 10유순을 지나와서, 선재동자의 정수리를 만지면서

[疏] 第二, 是時文殊下는 見聞證入이라 此下는 卽是所漏脫文이니 義如

---

51) 有本은 源本作晉本中, 案晉譯云到普門城邊 無蘇摩那 貞元譯云詣蘇摩那城 無普門國 疑疏主所譯唐譯本 無普門國三字 與貞元譯同 故疏牒經 但云到蘇摩那; 復別指異本有云 至普門國者 而釋普門之義.

前說이라 然以極照無二하여 心境兩亡일새 故略無敬問이요 信解雙絶일새 故不見現身이요 而反照오 未移信心일새 故申右手라 又不見이 乃爲眞見이니 但了自心空般若故라

■ 2. 是時文殊 아래는 보고 들음으로 증득해 들어감이다. 이 아래는 곧 빠진 경문이니 뜻은 앞에서 설명한 내용과 같다. 그러나 둘이 없는 도리를 끝까지 비추어 마음과 경계가 둘이 없는 연고로 공경히 법을 물음은 생략되어 없고, 믿음과 이해함이 함께 끊어진 연고로 몸이 나타남을 보지 못하고 '돌이켜 비춤'이요, 믿는 마음을 옮겨 놓지 않은 연고로 '오른손을 펼친 것'이다. 또한 보지 못함이 바야흐로 진실로 봄이 되나니, 단지 자기 마음이 공한 반야를 알았기 때문이다.

❖ 문수보살이 선재동자를 다시 만나 마정수기 주는 장면 변상도(제80권)

2) 경문을 따라 해석하다[隨文解釋] 3.
(1) 정수리를 만지며 섭수하다[摩頂攝受] (文中 2下8)

[疏] 文中에 三이니 一, 摩頂攝受라 過百一十由旬者는 徹過前位故라 始信이 該於極果일새 故曰遙申이요 隨順行成일새 故曰右手라 然이나 過城은 約超封域이요 由旬은 明超數量이니라 又前越諸位는 斷德이요 後越諸位는 智地오 按頂은 表於攝受라 亦以普法으로 置心頂故며 信至極故니라

■ 경문 중에 셋이니 (1) 정수리를 만지며 섭수함이다. '110유순을 지난다'는 것은 앞의 지위를 사무쳐 지나간 까닭이요, 처음의 믿음이 궁극의 결과를 포섭하는 연고로 '멀리서 펼친다'고 말함이요, 수순하여 행법을 완성하는 연고로 '오른손'이라 하였다. 그러나 성을 지남은 막은 영역 뛰어넘음을 잡은 해석이요, 유순(由旬)은 수량이 초월했음을 밝힘이다. 또한 앞에서 모든 지위를 뛰어넘은 것은 단덕(斷德)이요, 뒤에서 모든 지위를 뛰어넘은 것은 지혜의 자리[智地]요, 정수리를 어루만짐은 섭수함을 표한 것이다. 또한 넓은 법으로 마음의 꼭대기에 둔 연고며, 믿음이 끝까지 이른 까닭이다.

(2) 법문을 가르쳐 보이다[誨示法門] 2.
가. 빠진 행법[所闕行法] (二作 3下1)

作如是言하시되 善哉善哉라 善男子여 若離信根이런들 心劣憂悔하며 功行不具하며 退失精勤하며 於一善根에 心生住着하며 於少功德에 便以爲足하며 不能善巧로 發

起行願하며 不爲善知識之所攝護하며 不爲如來之所憶念하며
不能了知如是法性과 如是理趣와 如是法門과 如是所行과 如是境界하며 若周徧知와 若種種知와 若盡源底와 若解了와 若趣入과 若解說과 若分別과 若證知와 若獲得을 皆悉不能이라하니라52)

이렇게 말하였다. "착하고 착하다. 착한 남자여, (1) 만일 믿는 뿌리를 여의었던들 (2) 마음이 용렬하고 후회하여 (3) 공 닦는 행이 갖추지 못하고 (4) 정근에서 퇴타하여 (5) 한 착한 뿌리에도 집착하고 (6) 조그만 공덕에도 만족한다 하여 (7) 교묘하게 행과 원을 일으키지 못하며, (8) 선지식의 거두어 주고 보호함도 받지 못하며, (9) 여래의 생각하심도 되지 못했을 것이며,

① 이러한 법의 성품 ② 이러한 이치 ③ 이러한 법문 ④ 이러한 수행 ⑤ 이러한 경계를 알지 못하고 ⑥ 두루 앎과 ⑦ 가지가지 앎과 ⑧ 근원까지 지극함과 ⑨ 분명하게 이해함과 ⑩ 들어감과 ⑪ 해탈함과 ⑫ 분별함과 ⑬ 증득함과 ⑭ 얻는 것을 모두 할 수 없었으리라."

[疏] 二, 作如是言下는 誨示法門이니 卽擧失顯得이라 謂若離信根等과 不了法性等은 反顯善財의 有信根等과 能了法性等이라 於中에 先, 列所闕行法이 文有九句하니 前七은 闕因이니 一, 闕行本故요 二, 求小故로 心劣하여 處生死而憂悔요 三, 橫不具요 四, 竪不進이요 五,

---

52) '便以爲足'의 以는 宋元明清源綱杭鼓纂續金本作已, 準唐永隆補晉譯 應從麗合本作以; '若解說'의 說은 卍合綱續金本作脫, 準唐永隆補晉譯 應從麗宋元明清徑合綱杭鼓纂本作說.

滯一善이요 六, 不廣求요 七, 不起無住行願이라 後二는 闕緣이니라
- (2) 作如是言 아래는 법문을 가르쳐 보임이니, 곧 잃음을 거론하여 얻음을 밝힘이다. 이른바 만일 믿음의 뿌리를 여읜 등과 법의 성품을 요달하지 못한다는 등은 선재가 믿음의 뿌리가 있어서 능히 법의 성품을 요달한다는 등을 반대로 밝혔다. 그중에 가. 빠진 행법을 나열한 경문이 아홉 구절이 있으니 가) 앞의 일곱 구절은 인행을 빠뜨림이다. (1) 빠뜨린 행법의 근본인 연고요, (2) 소승을 구하는 연고로 마음이 하열하여 생사에 처하여 근심하고 후회함이요, (3) 가로로 갖추지 못함이요, (4) 세로로 나아가지 못함이요, (5) 한 가지 선행에 지체함이요, (6) 널리 구하지 않음이요, (7) 머무름 없는 행과 원을 일으키지 못함이다. 나) 뒤의 두 구절[不爲善知-, 不爲如來-]은 인연을 빠뜨림이다.

나. 능히 이루지 못할 이익[不能成益] (後不 3下6)

[疏] 後, 不能了下는 不能成益이라 中에 有十四[53]句하니 前五는 約所知理事요 後九[54]는 約能知分齊니 例前諸文思之니라 又前九中에 初一, 信根은 是所闕因이요 餘는 皆不能成益이라 約法에 功歸於信이요 約人에 前友之法이 皆由文殊니라

- 나. 不能了 아래는 능히 이루지 못할 이익이다. 그중에 14구절이 있으니 가) 다섯 구절은 알 대상인 이치와 현상을 잡은 해석이요, 나) 아홉 구절은 아는 주체의 영역을 잡은 해석이니 앞의 모든 경문과 유례하여 생각해 보라. 또한 앞의 나) 아홉 구절 중에 (가) 한 구절[⑥ 若周徧知]은 믿음의 뿌리가 빠진 원인이요, (나) 나머지 구절[⑦ 若種種

---

53) 四는 源原南纂續金本作五, 綱本作四.
54) 九는 源甲南續金本作十.

知~⑭ 若獲得]은 모두 능히 이루지 못할 이익이다. 법을 잡을 적에 공이 믿음으로 돌아감이요, 사람을 잡을 적에 앞의 선지식의 법이 모두 문수로부터 유래한다는 뜻이다.

(3) 이익을 결론하여 근본으로 돌아가다[結益歸本] (三是 4上5)

是時에 文殊師利가 宣說此法의 示敎利喜하사 令善財童子로 成就阿僧祇法門하며 具足無量大智光明하여 令得菩薩無邊際陀羅尼와 無邊際願과 無邊際三昧와 無邊際神通과 無邊際智하며 令入普賢行道場하며 及置善財自所住處하시고 文殊師利가 還攝不現이시니라

이때 문수사리는 이 법을 말하여 (1) 보여 주고 가르쳐서 이익하여 기쁘게 하며, 선재동자로 하여금 (2) 아승지 법문을 성취하고 (3) 한량없는 큰 지혜의 광명을 구족하여, (4) 보살의 그지없는 다라니와 (5) 그지없는 원과 (6) 그지없는 삼매와 (7) 그지없는 신통과 (8) 그지없는 지혜를 얻게 하고, (9) 보현의 도량에 들어가게 하였다가, (10) 선재를 도로 자기의 머무른 곳에 두고는, 문수사리가 작용을 거두고 나타나지 않았다.

[疏] 三, 是時文殊下는 結益歸本이라 於中十句에 前九는 結益甚深이니 初一은 總이요 餘八은 別이라 前, 智光明은 卽般若方便이요 後, 無邊智는 卽智波羅密이라 普賢行道場者는 擧足下足이 皆與普賢行으로 相應故라

自所住處者는 卽是法界니 是文殊大智로 無住住故니라 又普賢道場은 卽法界理요 自所住處는 卽文殊智니 此亦義同하고 示於後友普賢之境이니라 後一句는 攝用歸本이니 所作竟故라 信窮智境에 信相便亡일새 故云不現이니라

- (3) 是時文殊 아래는 이익을 결론하여 근본으로 돌아감이다. 그중에 열 구절에서 가. 아홉 구절은 이익이 매우 깊음으로 결론함이니 가) 한 구절은 총상이요, 나) 나머지 여덟 구절은 별상이다. 앞의 (3) 지혜 광명은 곧 반야와 방편바라밀이요, (8) 그지없는 지혜는 곧 지혜바라밀이다. (9) 보현행의 도량이란 발을 들고 내릴 적에 모두 보현행과 함께 서로 응하는 까닭이다. '자기의 머무른 곳'이란 곧 법계이니 문수보살의 큰 지혜로 머무름 없이 머무는 까닭이다. 또한 보현의 도량은 곧 법계의 이치요, 자기가 머무른 곳은 곧 문수보살의 지혜이니, 이것도 역시 뜻이 같고 다음 선지식인 보현보살의 경계를 보인 것이다. 다) 뒤의 한 구절[文殊師利還攝不現]은 작용을 거두어 근본으로 돌아감이니 지을 것이 끝이 난 까닭이다. 믿음으로 지혜 경계를 궁구하면 믿는 모양이 문득 없으므로 '나타나지 않는다'고 하였다.

[鈔] 初一總者에서 總은 卽示教利喜라 示는 謂顯示法門이요 教는 謂勸令修行이요 利는 謂覺悟成益이요 喜는 謂稱根令悅이라 經從具足無量下는 別句니 疏隨難釋에 先出初句는 異於第六이요 二三四五는 並皆不釋하고 後, 釋七八二句는 而有二意하니 一, 當句釋에 屬於二人이요 二, 相合釋에 文殊는 能住요 普賢道場은 是所住故니라 此亦義同者는 亦55)安普賢行道場故니 文無正示일새 故云義同이니라

---

55) 亦은 南續金本作以.

● 가) 한 구절은 총상에서 총상은 곧 보이고 가르쳐 이익하고 기쁘게 함이다. 보임은 법문을 나타내 보임이요, 가르침은 이른바 권하여 수행하게 함이요, 이익은 이른바 깨달아 이룬 이익이요, 기쁨은 이른바 감관과 칭합하여 기쁘게 함이다. 경문의 具足無量부터 아래는 나) 별상 구절이니, 소에서 힐난을 따라 해석할 적에 먼저 첫 구절[(1)示教利喜]이 나옴은 여섯째[(6)無邊際三昧]와 다른 것이요, 둘째 셋째 넷째 다섯째 구절[(2)成就阿僧祇法門 (3)具足無量大智光明 (4)令得菩薩無邊際陀羅尼 (5)無邊際願]은 아울러 모두 해석하지 않았고, 다) 일곱째와 여덟째 두 구절[(7)無邊際神通 (8)無邊際智]은 두 가지 의미가 있으니 (1) 해당 구절을 해석하면 두 사람에게 소속됨이요, (2) 서로 합하여 해석하면 문수보살이 머무는 주체요, 보현도량은 머무는 곳이기 때문이다. '이것도 역시 뜻이 같음'은 또한 보현행을 하는 도량에 두는 까닭이니, 경문에는 없고 바로 보이므로 '뜻이 같다'고 말하였다.

3. 전전이 뛰어난 인연을 만나다[轉遇勝緣] 3.
1) 두 가름을 표방하다[標二章] (第三 5上2)

於是에 善財가 思惟觀察하여 一心願見文殊師利러니 及見三千大千世界微塵數諸善知識하고 悉皆親近하여 恭敬承事하며 受行其教하여 無有違逆하니라
이에 선재동자는 생각하고 관찰하면서 일심으로 문수사리를 뵈오려 하다가, 삼천대천세계의 티끌 수 선지식을 보고 모두 친근하여 공경하며 받들어 섬기고 그들의 가르침을 받고 거스르지 아니하였다.

[疏] 第三, 於是善財下는 轉遇勝緣하여 修行敬事라

- 3. 於是善財 아래는 전전이 뛰어난 인연을 만나서 공경하는 일을 수행함이다.

2) 구분하다[料揀] 3.
(1) 가깝게 앞뒤와 상대하여 해석하다[近對前後釋] (然此 5上2)
(2) 모든 선지식을 전체로 상대하여 해석하다[通對諸友釋] (又通)
(3) 십현문의 뜻과 이치로 해석하다[玄門義理釋] (又前)

[疏] 然此諸友와 及後普賢이 皆無指授者는 表證法界하여 離此彼相故라 此三千友는 乃有多義하니 一者는 成前이니 尙是文殊之益이요 二者는 順後니 爲入理方便이니라 又通論諸友에 更分三分이니 初, 文殊一人은 爲信心之始요 次, 至後文殊는 爲智滿之終이니 故此總見三千等友요 後之普賢은 理智無二니라 又前諸友를 一一各逢은 卽是純門이요 此中의 諸友를 一時頓見은 卽顯雜門이요 後, 普賢一人에 具前諸友는 卽純雜無礙니라

- 그러나 이런 모든 선지식과 뒤의 보현보살은 모두 지시하거나 (법을) 설해 줌이 없는 것은 법계를 증득하여 이런저런 모양을 여읨을 표한 까닭이다. 여기의 삼천세계의 선지식은 비로소 많은 뜻이 있으니 첫째, 앞을 성취함이니 문수보살의 이익임을 숭상함이요, 둘째, 뒤와 수순함이니 이치에 들어가는 방편이 된다. 또한 모든 선지식을 통틀어 논하면 다시 세 부분으로 나누리라. (1) 문수보살 한 사람은 믿는 마음의 시작이요, (2) 뒤의 문수보살에게 이르러 온 것은 지혜가 만족한 끝이 되었으니, 그러므로 여기는 삼천세계 등의 선지식을 총합

하여 봄이요, 뒤의 보현보살은 이치와 지혜가 둘이 없음의 뜻이다. 또한 앞의 모든 선지식을 낱낱이 각기 만남은 곧 순수한 문이요, 이 가운데 모든 선지식을 일시에 단박 만난 것은 곧 잡된 문을 밝힘이요, (3) 보현보살 한 사람에게 앞의 모든 선지식을 갖춘 것은 곧 순수와 잡됨에 걸림 없는 문이다.

3) 자세한 것은 나머지에 있다고 지적하다[指廣在餘] (又此 5上9)

[疏] 又此諸友에 所得法門과 受行各別이나 文所不具라 結廣從略일새 故總云三千耳니라
■ 또한 여기의 모든 선지식에게서 얻은 법문과 받아 행함이 각기 다르지만 경문에 갖추지 못하였다. 자세함은 간략함에서 나옴을 결론한 연고로 총상으로 '삼천 가지'라고 말한 것일 뿐이다.

[鈔] 轉遇勝緣하여 修行敬事者는 疏文이 分三하니 初, 標二章이요 二, 然此諸友下는 料揀이요 三, 又此諸友所得下는 指廣在餘라 二中에 三이니 一, 近對前後釋이요 二, 又通論下는 通對諸友釋이요 三, 又前諸友下는 玄門義理釋이니라
● 3. 전전이 뛰어난 인연을 만나서 공경하는 일을 수행함은 소문을 셋으로 나누리니 1) 두 가름을 표방함이요, 2) 然此諸友 아래는 구분함이요, 3) 又此諸友所得 아래는 자세한 것은 나머지에 있다고 지적함이다. 2) 중에 셋이니 (1) 앞뒤를 가깝게 상대하여 해석함이요, (2) 又通論 아래는 여러 선지식을 전체적으로 상대하여 해석함이요, (3) 又前諸友 아래는 십현문의 뜻과 이치로 해석함이다.

제5절. 인행이 광대한 모양을 밝히다[顯因廣大相] - 妙覺의 지위
- 제53. 보현보살 선지식[普賢菩薩] 2.

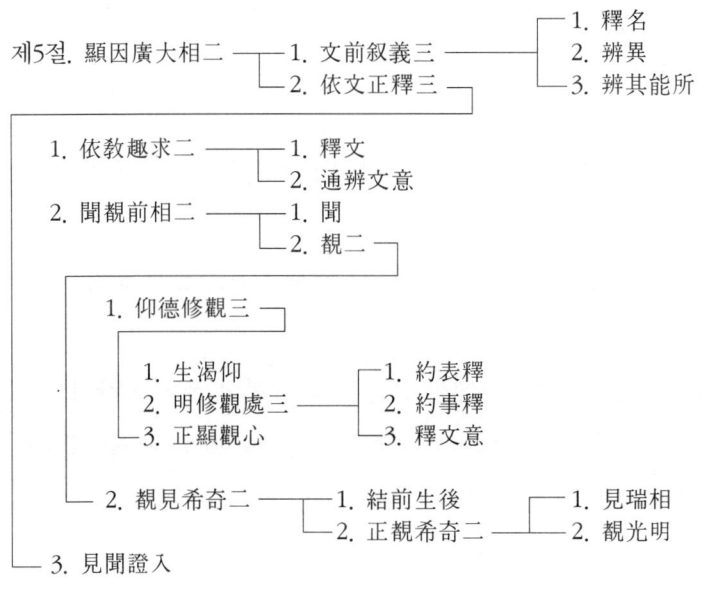

제1. 경문 앞에 뜻을 말하다[文前敍義] 3.

1. 명칭 해석[釋名] (大文 5下2)
2. 다른 점을 밝히다[辨異] (故文)
3. 그 주체와 대상을 밝히다[辨其能所] (若以)

[疏] 大文第五, 增長趣求下는 顯因廣大相이니 以前에 照理無二하여 顯其甚深하야사 方堪成佛廣大之因이니 以隨一一因하여 皆稱法性故

라 文殊般若는 卽攝相歸體요 普賢法界는 卽秘密重重이니 若以二聖으로 相對하면 則文殊는 爲能證이요 若以二聖으로 對善財하면 則文殊는 亦爲所證이니 未得般若라가 今證得故니라

■ 큰 문단으로 增長趣求 아래는 제5절. 인행이 광대함을 밝히는 모양이다. 앞에서는 비춤과 이치가 둘이 없어서 그 매우 깊음을 밝혀야만 비로소 부처를 이룬 광대한 인행을 감당하는 것이니, 낱낱의 인행을 따라서 모두 법의 성품과 칭합하는 까닭이다. 문수보살의 반야는 곧 모양을 거두어 체성으로 돌아감이요, 보현보살의 법계는 곧 비밀이 거듭거듭 함이다. 만일 두 성인으로 상대하면 문수는 증득하는 주체가 될 것이요, 만일 두 성인으로 선재와 상대하면 문수보살도 또한 증득할 대상이 될 것이니, 반야를 아직 얻지 못하다가 지금에 증득하는 까닭이다.

[鈔] 大文第五顯因廣大相은 先, 釋名이니 言以隨一一因하여 皆稱法性者는 釋廣大義니 異前의 攝德成因이 未說一一稱法界故라 又前은 但因이요 今에 明因徹果海故라 文殊下는 對前辨異라 攝相歸性은 事理無礙요 秘密重重은 事事無礙라 若以二聖下는 後, 三聖相望하여 辨其能所니라

● 큰 문단으로 제5절. 인행이 광대함을 밝히는 모양이니, 1. 명칭 해석이다. '낱낱의 인행을 따라서 모두 법의 성품과 칭합한다'고 말한 것은 광대한 뜻을 해석함이다. 앞의 덕을 섭수하여 인행을 성취함이 낱낱이 법계와 칭합함을 말하지 않음과 다른 까닭이다. 또한 앞에는 다만 인행뿐이요, 지금에 인행이 과덕 바다를 사무치는 까닭이다. 2. 文殊 아래는 앞과 상대하여 다른 점을 밝힘이다. 모양을 거두어 체

성으로 돌아감은 현상과 이치가 걸림 없음이요, 비밀함이 거듭거듭함은 현상과 현상이 걸림 없음이다. 3. 若以二聖 아래는 세 분 성인이 서로 바라보고 그 주체와 대상을 밝힌 부분이다.

❖ 선재동자가 보현보살의 모공에 들어가 깨달음 얻는 모습 변상도(제80권)

제2. 경문에 의지해 바로 해석하다[依文正釋] 3.

1. 가르침에 의지해 나아가 구하다[依敎趣求] 2.
1) 경문 해석[釋文] (文中 6下2)

增長趣求一切智慧하며 廣大悲海하며 益大慈雲하며 普

觀衆生하여 生大歡喜하며 安住菩薩寂靜法門하며 普緣
一切廣大境界하며 學一切佛廣大功德하며 入一切佛決
定知見하며 增一切智助道之法하며 善修一切菩薩深心
하며 知三世佛出興次第하며 入一切法海하며 轉一切法
輪하며 生一切世間하며 入於一切菩薩願海하며 住一切
劫하여 修菩薩行하며 照明一切如來境界하며 長養一切
菩薩諸根하며 獲一切智淸淨光明하며 普照十方하여 除
諸暗障하며 智周法界하며 於一切佛刹一切諸有에 普現
其身하여 靡不周徧하며 摧一切障하며 入無礙法하며 住
於法界平等之地하며 觀察普賢解脫境界하니라

(1) 온갖 지혜를 나아가 구하며 (2) 증장하는 데 크게 가엾이 여기는 바다를 넓히고 (3) 크게 인자한 구름을 더하고 (4) 중생을 두루 살피며 매우 환희하고 (5) 보살의 고요한 법문에 편안히 머물렀으며 (6) 모든 광대한 경계를 널리 반연하고 (7) 모든 부처님의 광대한 공덕을 배우며 (8) 모든 부처님의 결정하게 알고 보는 데 들어가서 (9) 온갖 지혜와 도를 돕는 법을 늘리며 (10) 모든 보살의 깊은 마음을 닦아 (11) 세 세상 부처님의 나시는 차례를 알며 (12) 모든 법 바다에 들어가 (13) 모든 법륜을 굴리고 (14) 모든 세간에 태어나며, (15) 모든 보살의 서원 바다에 들어가 (16) 모든 겁 동안에 머물면서 보살의 행을 닦고, (17) 모든 여래의 경계를 밝게 비추고, (18) 모든 보살의 근기를 기르며, (19) 온갖 지혜의 청정한 광명을 얻고 (20) 시방을 두루 비추어 어두움을 제하며, (21) 지혜가 법계에 두루하여 (22) 모든 세

계의 모든 존재에 몸을 널리 나타내어 두루하지 않는 데 없으며, (23) 모든 장애를 부수고 (24) 걸림 없는 법에 들어가 (25) 법계의 평등한 경지에 머물러서, (26) 보현의 해탈 경계를 관찰하였다.

[疏] 文中에 分三이니 初, 依敎趣求요 二, 聞覩前相이요 三, 見聞證入이라 今初에 有二十六句하니 初一은 標求佛果요 後一은 總觀圓因이오 中間諸句는 義通前後니 皆是趣佛之因이며 並是普賢解脫境故라 就中間하여 攝爲十對니 初四는 四等普周니 寂靜卽捨故라 次二는 福智無外니 緣境是智故라 次二는 入正增助요 次二는 修因知果요 次三은 入法現生이요 次二는 證願修行이요 次二는 照上增下오 次二는 得實照權이요 次二는 智周身徧이요 後三은 摧障入理니 其入無礙法이 向上에 成無二礙요 向下에 卽成無礙法界라 其住平等地는 卽前文殊의 自所住處라 後, 總句니 觀普賢境이 卽前普賢行道場이니

■ 경문 중에 셋으로 나누리니 1. 가르침에 의지해 나아가 구함이요, 2. 앞의 양상을 듣고 봄이요, 3. 보고 들어서 증득하여 들어감이다. 지금은 1.에 26구절이 있나니, 1) 처음 한 구절은 부처의 과덕 구함을 표방함이요, 3) 뒤의 한 구절[(26)觀察普賢解脫境界]은 원만한 인행을 총합하여 관찰함이요, 중간의 모든 구절은 뜻이 앞과 뒤로 통하나니 모두 부처로 향해 가는 인행이며 아울러 보현보살의 해탈경계인 까닭이다. 2) 중간에 입각하여 열 가지 대구를 섭수하나니 (1) 네 구절[(2)廣大悲海 (3)益大慈雲 (4)普觀衆生 (5)生大歡喜]은 사무량심이 널리 두루함이니 고요함이 곧 버림인 연고요, (2) 두 구절[(6)安住菩薩寂靜法門 (7)普緣一切廣大境界]은 복과 지혜가 바깥이 없나니 경계를 반연함이 바

로 지혜인 까닭이다. (3) 두 구절[(8)學一切佛廣大功德 (9)入一切佛決定知見]은 (여덟 가지) 바른 도에 들어가 조도법을 증가함이요, (4) 두 구절 [(10)增一切智助道之法 (11)善修一切菩薩深心]은 인행을 닦고 과덕을 앎이요, (5) 세 구절[(12)知三世佛出興次第 (13)入一切法海 (14)轉一切法輪]은 법에 들어가 생을 나타냄이요, (6) 두 구절[(15)生一切世間 入於一切菩薩願海 (16)住一切劫 修菩薩行]은 원력으로 수행함을 증명함이요, (7) 두 구절[(17)照明一切如來境界 (18)長養一切菩薩諸根]은 위를 비추고 아래를 더함이요, (8) 두 구절[(19)獲一切智淸淨光明 (20)普照十方 除諸暗障]은 실법을 얻고 방편을 비춤이요, (9) 두 구절[(21)智周法界 (22)於一切佛刹一切諸有 普現其身靡不周徧]은 지혜가 두루하고 몸도 두루함이요, (10) 세 구절[(23)摧一切障 (24)入無礙法 (25)住於法界平等之地]은 장애를 꺾고 이치에 들어감이니, 그 걸림 없는 법에 들어감은 위로 향하면 두 가지 장애 없음을 성취함이요, 아래로 향하면 걸림 없는 법계를 성취함이요, 그 평등함에 머무는 지위는 곧 앞의 문수보살이 스스로 머무는 곳이다. 뒤는 총상 구절이니 보현보살의 경계를 관찰함이 곧 보현행을 하는 도량이란 뜻이다.

2) 경문의 의미를 통틀어 밝히다[通辨文意] (以是 7上1)

[疏] 以是顯因廣大相故라 文殊는 通指하시고 善財는 普觀하니 不同前文에 一友가 指於一友니 良以普觀이라야 方見普賢故니라
- 인행이 광대함을 밝히는 모양인 까닭이다. 문수보살은 통틀어 지시하고, 선재가 널리 관찰하나니 앞의 경문에 한 선지식이 (뒤의) 한 선지식을 가리킴과는 같지 않나니, 진실로 널리 관찰해야만 비로소 보

현보살을 만나게 되는 까닭이다.

[鈔] 文中에 分三初依下는 先, 釋文이요 後, 以是顯因下는 通辨文意니라
● 경문 중에 分三初依 아래는 1) 경문 해석이요, 2) 以是顯因 아래는 경문의 의미를 통틀어 밝힘이다.

2. 앞의 양상을 듣고 보다[聞覩前相] 2.

1) 양상을 듣다[聞] (第二 7上7)
2) 양상을 보다[覩] 2.
(1) 덕을 우러러 관법을 닦다[仰德修觀] 3.
가. 갈앙심을 일으키다[生渴仰] (二渴 7下6)

卽聞普賢菩薩摩訶薩의 名字와 行願과 助道와 正道와 諸地와 地方便과 地入과 地勝進과 地住와 地修習과 地境界와 地威力과 地同住하고 渴仰欲見普賢菩薩하니라
즉시에 (1) 보현보살의 이름과 (2) 행과 원과 (3) 도를 돕는 것·(4) 바른 도·(5) 모든 지위·(6) 지위의 방편·(7) 지의 들어감·(8) 지의 더 나아감·(9) 지의 머무름·(10) 지의 닦아 익힘·(11) 지의 경계·(12) 지의 위력·(13) 지의 함께 머무름을 듣고, 갈망하여 보현보살을 뵈오려 하였다.

[疏] 第二, 卽聞普賢下는 聞覩前相이라 於中에 先은 聞이요 後는 覩라 今初에 有十三句하니 初一은 聞人名이요 後十二는 聞行位라 卽聞二字

는 貫下諸句라 此中의 聞者는 非從一人과 多人하여 聞之요 卽稱法界하여 而聞耳라 諸地者는 普賢位中에 自行依地와 及圓融所攝地也니 此句는 總이요 下八은 別이라 一, 地方便者는 卽加行也요 二, 卽入心이요 三, 出心이요 四, 住心이요 五, 卽修施戒等이요 六, 卽徧行眞如等이니 爲所證境이요 亦是所得分齊之境이라 七, 卽神通作用이니 摧邪攝生等이요 八, 卽同依佛智而住니라 二, 渴仰欲見下는 明覩라 於中에 二니 先, 仰德修觀이요 後, 覩見希奇라 今初니 初는 聞前人法故로 生渴仰이요

■ 2. 卽聞普賢 아래는 앞의 양상을 듣고 봄이다. 그중에 1) 양상을 들음이요, 2) 양상을 봄이다. 지금은 1)에 13구절이 있으니 (1) 한 구절[①普賢菩薩摩訶薩名字]은 사람 이름을 들음이요, (2) 12구절은 ② 행법과 ⑤ 지위를 들음은 곧 行地 두 글자를 들어서 아래 모든 구절에 관통한다. 이 가운데 들음[聞]은 한 사람이나 여러 사람으로부터 들은 것이 아니니, 곧 '법계와 칭합하게 들었다[稱法界而聞]'는 것일 뿐이다. ⑤ 모든 지위는 보현보살의 지위 중에 자행문(自行門)으로 지위를 의지함과 원융문(圓融門)으로 지위를 포섭함의 뜻이다. 이 ② 행과 원의 구절은 총상이요, 아래 여덟 구절[③ 助道 ④ 正道 ⑤ 諸地 ⑥ 地方便 ⑦ 地入 ⑧ 地勝進 ⑨ 地住 ⑩ 地修習]은 별상이다. ⑥ 지위의 방편은 곧 가행방편이니 곧 (1) 들어가는 마음과 (2) 나오는 마음과 (3) 머무는 마음이다. ⑦ 지에 들어감은 곧 보시와 지계를 닦는 등이요, ⑧ 지의 나아감은 곧 변행진여 등은 증득할 경계이며, 또한 얻을 영역의 경계요, ⑨ 지의 머무름은 곧 신통한 작용이니 삿됨을 꺾고 중생을 섭수하는 등이요, ⑩ 지의 닦아 익힘은 곧 부처님 지혜에 함께 의지하여 머무는 것이다.

2) 渴仰欲見 아래는 양상을 봄이다. 그중에 둘이니 (1) 덕을 우러러 관법을 닦음이요, (2) 희유하고 기특함을 봄이다. 지금은 (1)이니 가. 앞의 사람과 법을 들은 연고로 갈앙심을 낸다는 뜻이요,

[鈔] 今初에 初聞前人法等者는 疏文有三하니 初, 生渴仰이요 二, 明修處요 三, 正修觀이라
● 지금은 (1)에 처음으로 앞의 사람과 법을 듣는 등은 소문에 셋이 있으니, 가. 갈망하는 마음을 냄이요, 나. (관법을) 닦는 도량을 밝힘이요, 다. 관법을 바로 닦음이다.

나. 관법을 닦는 도량을 밝히다[明修觀處] 3.
가) 표함을 잡은 해석[約表釋] (次卽 7下10)
나) 현상을 잡은 해석[約事釋] (約事)

即於此金剛藏菩提場의 毘盧遮那如來師子座前一切寶蓮華藏座上에
곧 이 금강장 보리도량에서 비로자나여래의 사자좌 앞에 있는 모든 보배 연화장 자리 위에 앉아서,

[疏] 次, 卽於下는 修觀이라 菩提場者는 是所觀處라 金剛藏者는 約表컨대 卽於本所信自心佛果菩提體中의 金剛智內에 起一切因陀羅網의 普賢心觀이요 約事컨대 卽前의 其地金剛이니 而蘊德具嚴일새 故名爲藏이라
■ 나. 卽於 아래는 관법을 닦음이다. '보리의 도량'이란 관찰할 대상인

곳이요, 금강장(金剛藏)이란 표함을 잡으면 곧 본래 믿을 대상인 자기 마음속 부처님 과덕인 보리의 체성 중에 금강 같은 지혜 속에 온갖 인드라망 같은 보현보살의 마음으로 관찰함을 일으킨다는 뜻이요, 현상을 잡으면 곧 앞의 그 땅이 금강과 같다는 뜻이니, 그러나 덕을 쌓고 장엄을 갖춘 연고로 장(藏)이라 이름한 것이다.

다) 경문의 의미를 해석하다[釋文意] (然此 8上3)

[疏] 然此經體勢가 應具十會하여 以順無盡이라 又始起覺場일새 義應歸本故니라 今且依文하여 對前本末二會컨대 卽是攝末歸本之義라 是以로 善財가 不假別指하고 便於初會始成之處인 如來座前에 而起觀求니라

■ 그러나 이 경문의 체성과 세력이 응당히 열 번 법회를 갖추어서 그지없음에 수순한다. 또한 처음 보리도량에서 시작하고 뜻으로 응당히 근본으로 돌아간 까닭이다. 지금은 우선 경문을 의지하여 앞의 근본법회와 지말법회의 두 번과 상대하면 곧 지말을 거두어 근본으로 돌아간다는 뜻이다. 이런 연고로 선재가 개별로 지적함을 빌리지 않고 문득 제1. 적멸도량법회에서 처음 성불한 곳인 (보리도량의) 여래의 자리 앞에서 관법으로 구하기를 시작하였다.

[鈔] 二中에 分三이니 初는 約表釋이요 二는 約事釋이요 三, 然此經下는 總釋文意라 謂所以卻就金剛場하여 起觀者는 何오 於中에 有二하니 先, 繫表出意니 謂華嚴一切가 皆悉具十하니 會亦應然이라 合有第十의 攝末歸本하여 重會覺場이라 謂菩提場은 是根本會요 起於中八

은 名爲末會니 謂第十會에 攝前八會하여 歸於初會니 無不從此法界所流며 無不還歸此法界故니라 後, 今且依文者하여 明其無十故로 就第九하여 以明此三이니 一者는 本會요 二者는 末會요 三은 自普賢하여 以爲攝末歸本之會라 本有二種하니 逝多는 乃是此會之本이요 今歸覺場은 是諸會本이니라

● 다) 중에 셋으로 나누리니 가) 표함을 잡은 해석이요, 나) 현상을 잡은 해석이다. 다) 然此經 아래는 경문의 의미를 총합하여 해석함이다. 이른바 금강도량을 도리어 입각하여 관법을 일으킨 것은 무엇인가? 그중에 둘이 있나니 (가) 표함을 매달아 의미를 내보임이니 이른바 화엄의 모든 것이 모두 열 가지를 갖추나니, 법회도 역시 응당히 그러하다. 합하여 제10. 지말을 거두어 근본으로 돌아와서 거듭하여 보리도량에 모였다. 이른바 보리도량은 근본법회요, 중간에 일으키는 여덟 번은 지말법회라 이름한다. 말하자면 제10. 보현행원법회에서 앞의 여덟 번 법회를 거두어 제1. 적멸도량법회로 돌아가나니, 여기의 법계에서부터 흘러나오지 않은 것이 없으며, 이런 법계로 다시 돌아오지 않은 것이 없는 까닭이다. (나) 지금은 우선 경문을 의지한 것이어서 그 열 번이 없음을 밝힌 연고로 제9. 서다원림법회에 입각하여 이런 셋을 밝힌 것이다. ㄱ. 근본법회요, ㄴ. 지말법회요, ㄷ. 보현행원법회로부터 지말을 거두어 근본으로 돌아가는 법회가 된다. 본래 두 종류가 있으니 서다림(逝多林)은 비로소 이 법회의 근본이요, 지금은 적멸법회의 보리도량으로 돌아감은 모든 법회의 근본이 된다는 뜻이다.

다. 마음을 관찰함에 대해 바로 밝히다[正顯觀心] (後起 9上1)

起等虛空界廣大心과 捨一切刹離一切着無礙心과 普行一切無礙法無礙心과 徧入一切十方海無礙心과 普入一切智境界淸淨心과 觀道場莊嚴明了心과 入一切佛法海廣大心과 化一切衆生界周徧心과 淨一切國土無量心과 住一切劫無盡心과 趣如來十力究竟心하니라

(1) 허공계와 같으려는 광대한 마음 · (2) 모든 세계를 버리고 모든 애착을 여의려는 걸림 없는 마음 · (3) 모든 걸림 없는 법에 두루 행하려는 걸림 없는 마음 · (4) 모든 시방 바다에 두루 들어가려는 걸림 없는 마음 · (5) 모든 지혜의 경계에 널리 들어가려는 청정한 마음 · (6) 도량의 장엄을 보려는 분명한 마음 · (7) 모든 부처님 법 바다에 들어가려는 광대한 마음 · (8) 모든 중생 세계를 교화하려는 두루한 마음 · (9) 모든 국토를 깨끗이 하려는 한량없는 마음 · (10) 모든 겁에 머물려는 끝없는 마음 · (11) 여래의 열 가지 힘에 나아가려는 구경의 마음을 일으켰다.

[疏] 後, 起等下는 正顯觀心이라 有十一句하니 皆稱普賢境하여 而起於心일새 故後得見이니라

■ 다. 起等 아래는 마음을 관찰함에 대해 바로 밝힘이다. 11구절이 있으니, 모두 보현의 경계와 칭합하여 마음을 일으키는 연고로 뒤에 보게 된 것이다.

(2) 희유하고 기특함을 보다[覩見希奇] 2.

가. 앞을 결론하고 뒤를 시작하다[結前生後] (二善 9上5)
나. 희유하고 기특함을 바로 보다[正觀希奇] 2.
가) 열 가지 상서로운 형상을 보다[見瑞相] (後見)

善財童子가 起如是心時에 由自善根力과 一切如來所加被力과 普賢菩薩同善根力故로 見十種瑞相하니 何等爲十고 所謂見一切佛刹淸淨에 一切如來가 成等正覺하며 見一切佛刹淸淨에 無諸惡道하며 見一切佛刹淸淨에 衆妙蓮華로 以爲嚴飾하며 見一切佛刹淸淨에 一切衆生의 身心淸淨하며 見一切佛刹淸淨에 種種衆寶之所莊嚴하며 見一切佛刹淸淨에 一切衆生이 諸相嚴身하며 見一切佛刹淸淨에 諸莊嚴雲으로 以覆其上하며 見一切佛刹淸淨에 一切衆生이 互起慈心하여 遞相利益하여 不爲惱害하며 見一切佛刹淸淨에 道場莊嚴하며 見一切佛刹淸淨에 一切衆生이 心常念佛이니 是爲十이니라

선재동자가 이런 마음을 일으킬 적에 자기의 착한 뿌리의 힘과 모든 여래의 가피하신 힘과 보현보살의 같이 착한 뿌리를 심는 힘으로 열 가지 상서로운 모양을 보았다. 무엇이 열인가? 이른바 (1) 모든 세계가 청정하여 모든 여래의 정등각 이룸을 보고, (2) 모든 세계가 청정하여 나쁜 길이 없음을 보고, (3) 모든 세계가 청정하여 여러 가지 묘한 연꽃으로 장엄함을 보고, (4) 모든 세계가 청정하여 모든 중생의 몸과 마음이 청정함을 보고, (5) 모든 세계가 청정하여 여러 가지 보배로 장엄함을 보았으며, (6) 모든 세계가 청정하여

모든 중생이 여러 가지 모습으로 몸을 장엄함을 보고, (7) 모든 세계가 청정하여 여러 장엄 구름이 위에 덮인 것을 보고, (8) 모든 세계가 청정하여 중생들이 인자한 마음을 내어 서로서로 이익하게 하며 해롭게 하지 않음을 보고, (9) 모든 세계가 청정하여 도량의 장엄함을 보고, (10) 모든 세계가 청정하여 중생들이 부처님을 항상 생각함을 보았으니 이것이 열이다.

[疏] 二, 善財下는 覩見希奇라 於中에 二니 先, 結前生後하고 兼顯見因이요 後, 見十種下는 正覩希奇라 於中에 二니 一, 見瑞相이요 十句五對니 各先은 所依淨土요 後, 住處衆生이니라

■ (2) 善財 아래는 희유하고 기특함을 봄이다. 그중에 둘이니 가. 앞을 결론하고 뒤를 시작함이니 보는 원인을 겸하여 밝힌 것이다. 나. 見十種 아래는 희유하고 기특함을 바로 봄이다. 그중에 둘이니 가) 상서로운 형상을 봄이요, 열 구절이 다섯 대구이니, 각기 (가) 의지할 대상인 정토요, (나) 머무는 곳의 중생이다.

[鈔] 一見瑞相者는 然其十句가 皆是淨土나 而其[56]後句는 意在衆生이니 如初對에 云, 見一切佛刹淸淨에 一切如來成正覺은 即屬淨土오 二云, 見一切佛刹淸淨하여 無諸惡道라하니 無諸惡道는 即是住處衆生이라 五對가 皆然이니라

● 가) '상서로운 형상을 본다'는 것은 그런데 그 열 구절은 모두 정토이지만 그 뒷구절은 의미가 중생에게 있으니, 첫 대구에 이르되,

---

56) 其는 甲南續金本作具誤.

"온갖 부처님 국토가 청정하여 모든 여래가 정각을 이룸을 보는 것"은 곧 정토에 속하고, 둘째 대구에 이르되, "모든 부처님 국토가 청정하여 모든 나쁜 길이 없음을 본다"라 하였으니, 모든 나쁜 길이 없음은 곧 머무는 곳의 중생을 뜻한다. 다섯 대구가 모두 그러하다.

나) 열 가지 광명을 보다[覩光明] (二覩 10下6)

又見十種光明相하니 何等爲十고 所謂見一切世界所有微塵의 一一塵中에 出一切世界微塵數佛光明網雲하여 周徧照耀하며 一一塵中에 出一切世界微塵數佛光明輪雲하여 種種色相이 周徧法界하며 一一塵中에 出一切世界微塵數佛色像寶雲하여 周徧法界하며 一一塵中에 出一切世界微塵數佛光焰輪雲하여 周徧法界하며 一一塵中에 出一切世界微塵數衆妙香雲하여 周徧十方하여 稱讚普賢一切行願大功德海하며 一一塵中에 出一切世界微塵數日月星宿雲하여 皆放普賢菩薩光明하여 徧照法界하며 一一塵中에 出一切世界微塵數一切衆生身色像雲하여 放佛光明하여 徧照法界하며 一一塵中에 出一切世界微塵數一切佛色像摩尼雲하여 周徧法界하며 一一塵中에 出一切世界微塵數菩薩身色像雲하여 充滿法界하여 令一切衆生으로 皆得出離하여 所願滿足하며 一一塵中에 出一切世界微塵數如來身色像雲하여 說一切佛廣大誓願하여 周徧法界니 是爲十이니라

또 열 가지 광명한 모양을 보았으니, 무엇이 열인가? 이른바 모든 세계에 가는 티끌이 있는데, (1) 낱낱 티끌 속에서 모든 세계의 티끌 수 같은 부처님의 광명 그물 구름을 내어, 두루 비침을 보았다. (2) 낱낱 티끌 속에서 모든 세계의 티끌 수 같은 부처님의 광명 바퀴 구름을 내어, 갖가지 빛깔이 법계에 두루함을 보았다. (3) 낱낱 티끌 속에서 모든 세계의 티끌 수 같은 부처님의 형상 보배 구름을 내어, 법계에 두루함을 보았다. (4) 낱낱 티끌 속에서 모든 세계의 티끌 수 같은 부처님의 불꽃 바퀴 구름을 내어, 법계에 두루함을 보았다. (5) 낱낱 티끌 속에서 모든 세계의 티끌 수 같은 묘한 향 구름을 내어, 시방에 두루하여 보현의 모든 행과 원과 큰 공덕 바다를 칭찬함을 보았다. (6) 낱낱 티끌 속에서 모든 세계의 티끌 수 같은 일월성신 구름을 내는데, 모두 보현보살의 광명을 놓아 법계에 두루 비침을 보았다. (7) 낱낱 티끌 속에서 모든 세계의 티끌 수 같은 중생들의 몸 형상 구름을 내는데 부처님 광명을 놓아 법계에 두루 비침을 보았다. (8) 낱낱 티끌 속에서 모든 세계의 티끌 수 같은 여러 부처님 형상 마니 구름을 내어, 법계에 가득함을 보았다. (9) 낱낱 티끌 속에서 모든 세계의 티끌 수 같은 보살의 몸 형상 구름을 내어, 법계에 가득하며, 중생들로 하여금 모두 뛰어나서 소원이 만족하게 함을 보았다. (10) 낱낱 티끌 속에서 모든 세계의 티끌 수 같은 여래의 몸 형상 구름을 내며 여러 부처님의 광대한 서원을 말하여 법계에 두루함을 보았다. 이것이 열이다.

[疏] 二, 觀光明이라 前瑞則直見一重淨刹이요 此明重見이라 又前은 麤요 此는 細며 前은 體相이요 此는 業用이라 然이나 皆是普賢依報之刹이니라

■ 나) (열 가지) 광명을 봄이니 앞의 상서는 바로 한 겹의 청정한 국토를 봄이요, 이것은 거듭하여 본 것을 밝힘이다. 또한 앞은 거칠고 여기는 미세하며, 앞은 체성과 모양이요, 여기는 업과 작용이다. 그러나 모두 보현보살의 의보인 국토이다.

[鈔] 又前麤者는 前에는 但云, 見一切佛刹이라하고 今에는 一一塵中에 出一切世界라하니 故此爲細라 言前體相此業用者는 前에는 但云見하고 今에는 塵中에 出故라하니라

● '또한 앞은 거칠다'는 것은 앞에서는 단지 "모든 부처님 국토를 본다"고만 말하였고, 지금에는 "하나하나의 티끌 중에서 모든 세계가 나왔다"고 하였으니 그러므로 여기는 미세함이 된다. '앞은 체성과 양상이요 여기는 업과 작용'이라 말한 것은 앞에는 단지 '본다'고만 말하였고, 지금은 '티끌 중에서 나온 때문이다'라고 하였다.

3. 보고 듣고서 증득해 들어가다[見聞證入] 3.
1) 앞을 결론하고 뒤를 시작하다[結前起後] (第三 11上4)

時에 善財童子가 見此十種光明相已하고 卽作是念하되 我今必見普賢菩薩하여 增益善根하며 見一切佛하여 於諸菩薩廣大境界에 生決定解하여 得一切智로다
이때 선재동자는 이 열 가지 광명한 모양을 보고 이렇게 생각하였다. '나는 이제 반드시 보현보살을 보고 착한 뿌리를

더할 것이며, 모든 부처님을 보고 여러 보살의 광대한 경지에 대하여 결정한 지혜를 내어 온갖 지혜를 얻을 것이다.'

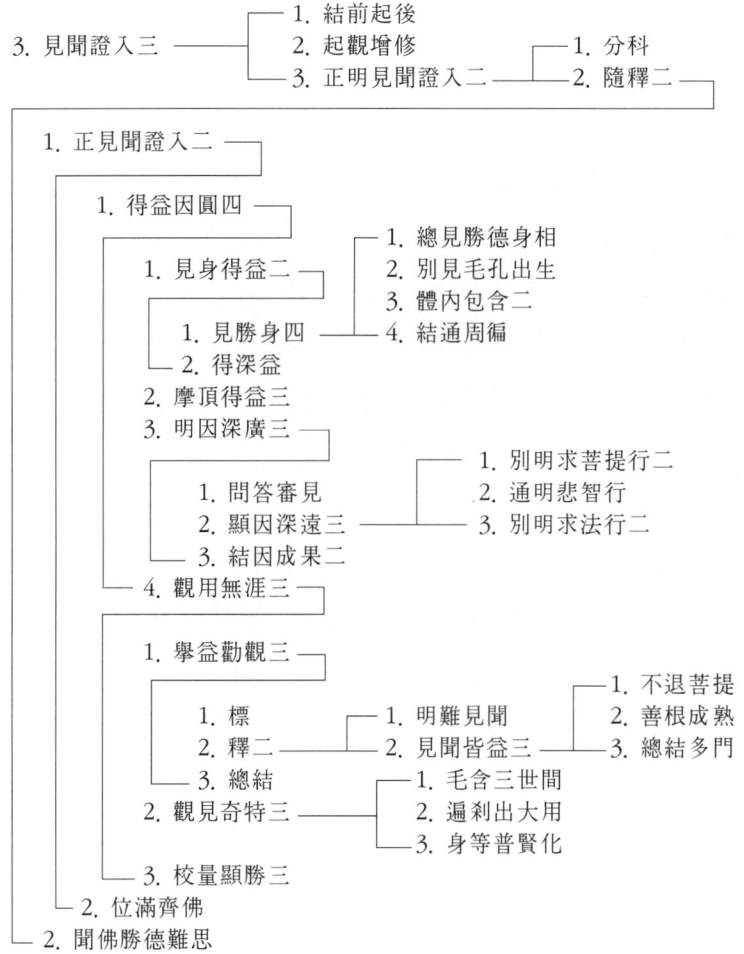

[疏] 第三, 時善財下는 見聞證入이라 於中에 三이니 初, 結前生後이니 由 覲前相하여 生必見心이라

■ 3. 時善財 아래는 보고 들어서 증득해 들어감이다. 그중에 셋이니 1) 앞을 결론하고 뒤를 시작함이니 앞의 모양을 봄으로 인해 반드시 마음을 보리라고 생각한 것이다.

2) 관법에서 일어나 수행을 더하다[起觀增修] (二於 11下2)

於時에 善財가 普攝諸根하여 一心求見普賢菩薩하되 起大精進하여 心無退轉하여 卽以普眼으로 觀察十方一切諸佛諸菩薩衆의 所見境界하고 皆作得見普賢之想하며 以智慧眼으로 觀普賢道하여 其心廣大가 猶如虛空하고 大悲堅固가 猶如金剛하며 願盡未來토록 常得隨逐普賢菩薩하여 念念隨順修普賢行하며 成就智慧하여 入如來境하고 住普賢地러니라

이때 선재동자는 (1) 여러 감관을 거두어 일심으로 보현보살을 보려고 크게 정진하며 (2) 마음이 물러나지 아니하였고, (3) 넓은 눈으로 시방의 모든 부처님과 여러 보살을 관찰하면서, (4) 보이는 것마다 보현보살을 뵈옵는 생각을 지었으며, (5) 지혜의 눈으로 보현의 도를 보니, (6) 마음이 광대하기 허공과 같았고, (7) 크게 가엾이 여김이 견고하기 금강과 같았으며, (8) 오는 세월이 끝나도록 보현보살을 따라다니면서 (9) 생각 생각마다 보현의 행을 순종하여 닦으려 하였고, (10) 지혜를 성취하고 여래의 경지에 들어 보현의 지위에 머물려 하였다.

[疏] 二, 於時善財普攝下는 起觀增修라 初, 攝散住定이요 次, 策勤無退요 次, 觀其體徧이니 以法界爲身故라 次, 悲智橫廣이요 次, 願行竪窮이요 後, 得果圓因이니 此乃總攝諸觀이라 行人欲見인대 當倣此修라 離此觀心하면 見亦非勝이니라

- 2) 於時善財普攝 아래는 관법에서 일어나 수행을 더함이다. (1) 산란함을 거두고 삼매에 머무름이요, (2) 부지런할 것을 경책하고 물러남이 없음이요, (3) 그 체성이 두루함을 관찰함이니 법계로 몸을 삼은 까닭이요, (4) 자비와 지혜를 가로로 넓힘이요, (5) 원력과 수행을 세로로 궁구함이요, (6) 과덕을 얻어 인행이 원만함이니 이렇게 되어야 비로소 모든 관법을 총합하여 포섭하게 된다. 수행인이 보려 한다면 당연히 이런 수행을 모방하게 된다. 이것을 여의고 마음을 관찰하면 보는 것도 또한 뛰어남은 아니다.

3) 보고 들어서 증득해 들어감을 바로 밝히다[正明見聞證入] 2.
(1) 과목 나누기[分科] (三時 11下10)

時에 善財童子가 卽見普賢菩薩이 在如來前衆會之中하사 坐寶蓮華師子之座하사 諸菩薩衆의 所共圍遶에 最爲殊特하여 世無與等하며 智慧境界가 無量無邊하고 難測難思하여 等三世佛하여 一切菩薩이 無能觀察하니라
이때 선재동자가 보니, 보현보살이 여래의 앞에 대중이 모인 가운데서 보배 연꽃 사자좌에 앉았는데, 모든 보살들이 함께 둘러 모셨으며, 가장 특수하여 세간에 짝할 이가 없으며, 지혜의 경지는 한량없고 그지없으며, 헤아리기 어렵고

생각하기 어려워 세 세상 부처님과 평등하며 모든 보살들이 살펴볼 수 없었다.

[疏] 三, 時善財下는 正明見聞證入이라 於中에 二니 先, 正見聞證入이요 後, 聞佛德難思라 前中에 亦二니 先, 顯得益圓因이요 後, 位滿齊佛이라 前中에 分四니 一, 見身得益이요 二, 摩頂得益이요 三, 顯因深廣이요 四, 觀用無涯라 初中에 二니 先, 見勝身이요 後, 得深益이라 前中에 四니 一, 總見勝德身相이요 二, 別見毛孔出生이요 三, 重觀體內包含이요 四, 結通周徧이라

- 3) 時善財 아래는 보고 들어서 증득해 들어감에 대해 바로 밝힘이다. 그중에 둘이니 가. 바로 보고 들어서 증득해 들어감이요, 나. 부처님 공덕은 불가사의하다고 들음이다. 가. 중에 또한 둘이니 가) 이익을 얻으니 인행이 원만함을 밝힘이요, 나) 지위가 만족하여 부처님과 같아짐이다. 가) 중에 넷으로 나누리니 (가) 몸을 보고 이익을 얻음이요, (나) 정수리를 만지고 이익을 얻음이요, (다) 인행이 깊고 광대함을 밝힘이요, (라) 작용이 끝없음을 관찰함이다. (가) 중에 둘이니 ㄱ. 뛰어난 몸을 봄이요, ㄴ. 깊은 이익을 얻음이다. ㄱ. 중에 넷이니 ㄱ) 뛰어난 공덕의 몸 형상을 총합하여 봄이요, ㄴ) 털구멍에서 출생함을 개별로 봄이요, ㄷ) 몸 안에 포함됨을 거듭 관찰함이요, ㄹ) 결론하고 주변과 통함이다.

(2) 과목에 따라 해석하다[隨釋] 2.
가. 바로 견문함으로 증득해 들어가다[正見聞證入] 2.

가) 인행이 원만한 이익을 얻다[得益因圓] 4.
(가) 몸을 보고 이익을 얻다[見身得益] 2.
ㄱ. 뛰어난 몸을 보다[見勝身] 4.
ㄱ) 뛰어난 공덕 가진 몸 형상을 총합하여 보다[總見勝德身相]

(今初 12上5)

ㄴ) 털구멍에서 출생함을 개별로 보다[別見毛孔出生] (二見)

見普賢身의 一一毛孔에 出一切世界微塵數光明雲하사 徧法界虛空界一切世界하여 除滅一切衆生苦患하사 令諸菩薩로 生大歡喜하며 見一一毛孔에 出一切佛刹微塵數種種色香焰雲하사 徧法界虛空界一切諸佛衆會道場하여 而以普熏하며 見一一毛孔에 出一切佛刹微塵數雜華雲하사 徧法界虛空界一切諸佛衆會道場하여 雨衆妙華하며 見一一毛孔에 出一切佛刹微塵數香樹雲하사 徧法界虛空界一切諸佛衆會道場하여 雨衆妙香하며 見一一毛孔에 出一切佛刹微塵數妙衣雲하사 徧法界虛空界一切諸佛衆會道場하여 雨衆妙衣하며 見一一毛孔에 出一切佛刹微塵數寶樹雲하사 徧法界虛空界一切諸佛衆會道場하여 雨摩尼寶하며 見一一毛孔에 出一切佛刹微塵數色界天身雲하사 充滿法界하여 歎菩提心하며 見一一毛孔에 出一切佛刹微塵數梵天身雲하사 勸諸如來하여 轉妙法輪하며 見一一毛孔에 出一切佛刹微塵數欲界天主身雲하사 護持一切如來法輪하며 見一一毛孔에 念念中出一切佛刹微塵數三世佛刹雲하사 徧法界虛空界

하여 爲諸衆生하여 無歸趣者에 爲作歸趣하고 無覆護者에 爲作覆護하고 無依止者에 爲作依止하며 見一一毛孔에 念念中出一切佛刹微塵數淸淨佛刹雲하사 徧法界虛空界하여 一切諸佛이 於中出世하사 菩薩衆會가 悉皆充滿하며 見一一毛孔에 念念中出一切佛刹微塵數淨不淨佛刹雲하사 徧法界虛空界하여 令雜染衆生으로 皆得淸淨하며 見一一毛孔에 念念中出一切佛刹微塵數不淨淨佛刹雲하사 徧法界虛空界하여 令雜染衆生으로 皆得淸淨하며 見一一毛孔에 念念中出一切佛刹微塵數不淨佛刹雲하사 徧法界虛空界하여 令純染衆生으로 皆得淸淨하며 見一一毛孔에 念念中出一切佛刹微塵數衆生身雲하사 徧法界虛空界하여 隨其所應하여 敎化衆生하사 皆令發阿耨多羅三藐三菩提心하며 見一一毛孔에 念念中出一切佛刹微塵數菩薩身雲하사 徧法界虛空界하여 稱揚種種諸佛名號하여 令諸衆生으로 增長善根하며 見一一毛孔에 念念中出一切佛刹微塵數菩薩身雲하사 徧法界虛空界一切佛刹하여 宣揚一切諸佛菩薩의 從初發意所生善根하며 見一一毛孔에 念念中出一切佛刹微塵數菩薩身雲하사 徧法界虛空界하여 於一切佛刹一一刹中에 宣揚一切菩薩願海와 及普賢菩薩淸淨妙行하며 見一一毛孔에 念念中出普賢菩薩行雲하사 令一切衆生으로 心得滿足하여 具足修習一切智道하며 見一一毛孔에 出一切佛刹微塵數正覺身雲하사 於一切佛刹에 現成正覺하여 令諸菩薩로 增長大法하여 成一切智하니라57)

또 보니, 보현보살의 몸에 있는 (1) 낱낱 털구멍에서 모든 세계의 티끌 수 광명 구름을 내어, 법계와 허공계의 모든 세계에 두루하며, 모든 중생의 괴롬과 근심을 멸하여 보살들을 매우 환희하게 하였다. (2) 또 낱낱 털구멍에서 모든 세계의 티끌 수 같은 갖가지 빛 향 불꽃 구름을 내어, 법계와 허공계에 있는 모든 부처님의 대중이 모인 도량에 두루하여 널리 풍김을 보았다. (3) 또 낱낱 털구멍에서 모든 세계의 티끌 수 같은 여러 가지 꽃 구름을 내어, 법계와 허공계에 있는 모든 부처님의 대중이 모인 도량에 두루하여 묘한 꽃들을 비 내림을 보았다. (4) 또 낱낱 털구멍에서 모든 세계의 티끌 수 향나무 구름을 내어, 법계와 허공계에 있는 모든 부처님의 대중이 모인 도량에 두루하여 여러 가지 묘한 향을 비 내림을 보았다. (5) 또 낱낱 털구멍에서 모든 세계의 티끌 수 옷 구름을 내어, 법계와 허공계에 있는 모든 부처님의 대중이 모인 도량에 두루하여 여러 가지 묘한 옷을 비 내림을 보았다. (6) 또 낱낱 털구멍에서 모든 세계의 티끌 수 보배 나무 구름을 내어, 법계와 허공계에 있는 모든 부처님의 대중이 모인 도량에 두루하여 마니보배를 비 내림을 보았다. (7) 또 낱낱 털구멍에서 모든 세계의 티끌 수 형상 세계 하늘의 몸 구름을 내어, 법계에 가득하여 보리심을 찬탄함을 보았다. (8) 또 낱낱 털구멍에서 모든 세계의 티끌 수 범천의 몸 구름을 내어, 여러 여래에게 묘한 법륜을 굴리도록 권함을 보았다. (9) 또 낱낱 털구멍에서 모든 세계

---

57) 微塵數欲界天主身雲의 主는 明淸合綱杭鼓纂本作王, 麗宋元南續金本作主; 微塵數不淨淨佛刹雲의 不淨淨은 金本作不淸淨誤 麗宋元明淸合綱杭鼓纂續本及晉譯貞元譯作不淨淨.

의 티끌 수 육십 세계 천왕의 몸 구름을 내어, 모든 여래의 법륜을 보호하고 유지함을 보았다. (10) 또 낱낱 털구멍에서 잠깐잠깐마다 모든 세계의 티끌 수 같은 세 세상 부처님 세계 구름을 내어, 법계와 허공계에 두루하여 모든 중생의 돌아갈 데 없는 이에게는 돌아갈 데를 지어 주고, 보호할 이 없는 이에게는 보호할 이를 지어 주고, 의지할 데 없는 이에게는 의지할 데를 지어 줌을 보았다. (11) 또 낱낱 털구멍에서 잠깐잠깐마다 모든 세계의 티끌수 같은 청정한 부처님 세계 구름을 내어, 법계와 허공계에 두루하거든 모든 부처님이 그 가운데 나시고 보살 대중이 가득함을 보았다. (12) 또 낱낱 털구멍에서 잠깐잠깐마다 모든 세계의 티끌 수 같이 깨끗하면서 부정한 부처님 세계 구름을 내어, 법계와 허공계에 두루하여 섞이고 물든 중생들을 모두 청정케 함을 보았다. (13) 또 낱낱 털구멍에서 잠깐잠깐마다 모든 세계의 티끌 수 같은 청정하지 못하면서 청정한 부처님 세계 구름을 내어, 법계와 허공계에 두루하여 섞여 물든 중생들을 청정케 함을 보았다. (14) 또 낱낱 털구멍에서 잠깐잠깐마다 모든 세계의 티끌 수 같은 부정한 부처님 세계 구름을 내어, 법계와 허공계에 두루하여 순전히 물든 중생들을 모두 청정케 함을 보았다. (15) 또 낱낱 털구멍에서 잠깐잠깐마다 모든 세계의 티끌 수 중생의 몸 구름을 내어, 법계와 허공계에 두루하여 교화받을 중생들을 따라서 다 아눗다라삼약삼보디심을 내게 함을 보았다. (16) 또 낱낱 털구멍에서 잠깐잠깐마다 모든 세계의 티끌 수 같은 보살의 몸 구름을 내어, 법계와 허공계에 두루하여 가지가지 부처님의 이름을 칭찬하여 중생들의 착한 뿌리를 증장케 함을 보았다. (17) 또 낱낱 털구멍에서 잠깐잠깐마다 모든 세계의 티끌 수 같은 보살의 몸 구름을 내어, 법계와 허공계에 두루하여 모든 세계에서 여러 부처님과 보살들이 처음 마음을 낸 때부터 생긴 착한 뿌리를 드날림을 보았다. (18) 또 낱낱 털구멍에서 잠깐잠깐마다 모든 세계의 티끌 수 같은 보살의 몸 구름을 내어, 법계와 허공계에 두루하여 모든 세계의 낱낱 세계에서 여러 보살의 서원 바다와 보현보살의 청정하고 묘한 행을 칭찬하여 드날림을 보았다. (19) 또 낱낱 털구멍에서 잠깐잠깐마다 보현보살의 수행 구름을 내어, 모든 중생의 마음을 만족하게 하고 온갖 지혜의 도를 갖추 닦아 익힘을 보았다. (20) 또 낱낱 털구멍에서 잠깐잠깐마다 모든 세계의 티끌 수 같은 바로 깨달은 몸 구름을 내어, 온갖 세계에서 바른 깨달음을 이루며 보살들로 하여금 큰 법을 증장케 하고 온갖 지혜를 이루게 함을 보았다.

[疏] 今初는 由前於菩提場의 師子座前에 起勝想故니라 二, 見普賢身下는 別見毛孔出生이 廣徧法界라 實則重重無盡이나 略顯二十重이요 亦對前善財渴仰所起인 十一心故라 其初等虛空廣大等五心은 徧此諸句요 餘之六心은 別生諸句니 且除初一句하고 次之五句는 由前觀道場明了心일새 故出雲等이며 皆嚴58)道場이니라 次, 歎菩提心下의 三句는 由前入佛法海心이요 次一句와 及最初一句는 由化衆

---

58) 嚴은 甲續金本作言, 源原南本作嚴.

生界心이요 次四는 由前淨一切國土心이며 亦兼化衆生心이요 後六句는 由前住一切劫과 及趣如來十力究竟心이니 並如文思之라 是知各由自心所見分齊니라

■ 지금은 ㄱ)이니 앞의 보리도량의 사자좌 앞에서 뛰어난 모양을 일으킴을 말미암은 까닭이다. ㄴ) 見普賢身 아래는 털구멍에서 나온 것이 널리 법계에 두루함을 별상으로 봄이다. 실제로는 거듭거듭 그지없지만 20번 거듭함을 간략히 밝힘이요, 또한 앞에서 선재가 갈앙하여 일으킨 11가지 마음과 상대하는 까닭이다. (ㄱ) 그 첫째 마음이 광대하여 허공과 같은 등의 다섯 가지 마음은 이런 모든 구절에 두루함이요, (ㄴ) 나머지 여섯 가지 마음은 별상으로 모든 구절이 생겨났으니, a. 우선 처음 한 구절[(1)出一切世界微塵數光明雲-]을 제외하고 다음의 다섯 구절[(2)出一切佛刹微塵數 ~ (6)出一切佛刹微塵數寶樹雲]은 앞의 도량을 관찰하는 명료한 마음을 관찰함을 말미암은 연고로 구름 등을 내었으며, 모두 도량을 장엄한 것이다. b. 歎菩提心 아래 세 구절[(7)出一切佛刹微塵數色界天身雲 ~ (9)出一切佛刹微塵數欲界天主身雲]은 앞에서 불법 바다에 들어가는 마음 때문이요, c. 한 구절[(10)念念中出一切佛刹微塵數三世佛刹雲]과 최초 한 구절[(1)出一切世界微塵數光明雲]은 중생계를 교화하는 마음 때문이요, d. 네 구절[(11)念念中出一切佛刹微塵數淸淨佛刹雲 ~ (14)念念中出一切佛刹微塵數不淨佛刹雲]은 앞의 온갖 국토를 청정케 하는 마음 때문임도 역시 중생을 교화하는 마음을 겸한 것이요, e. 여섯 구절[(15)念念中出一切佛刹微塵數衆生身雲 ~ (20)出一切佛刹微塵數正覺身雲-]은 앞의 온갖 겁에 머무름과 여래의 십력을 완성한 마음에 나아감이니 아울러 경문과 같이 생각하면 이로써 각기 자기 마음으로 말미암아 볼 대상의 영역인 줄 알 수 있다.

[鈔] 然毛孔出生等은 廣如玄中이어니와 今更略示하리라 謂彼普賢이 遊入十方함이 略有十門하니 一, 入世界니 法界緣起가 互卽入故요 二, 入衆生界니 生界佛界가 無二體故요 三, 明供養이니 一一供具가 皆稱眞故요 四, 明請法이니 窮法界智가 無時不請이며 諸佛이 無時不雨法故요 五, 大智攝生이니 了生迷倒나 而無衆生일새 不礙化故요 六, 明現通이니 十方塵刹에 互入重重하여 震動現相하여 而無息故요 七, 常寂定이니 未曾一念有起動故요 八, 廣出生이니 念念毛孔에 出現諸境이 無窮盡故요 九者, 說法이니 念念에 常雨無邊法雨하사 雨一切故요 十, 明總說이니 上之九義가 擧一全收코 無前後故로 廣說難盡이라 餘廣如文이니라

● 그런데 '털구멍에서 나옴' 등은 자세한 내용은 현담(玄談)과 같나니, 지금 다시 간략히 보이리라. 이른바 저 보현보살이 유희하며 시방에 들어감이 대략 열 가지 문이 있다. (1) 세계에 들어감이니 법계연기(法界緣起)가 번갈아 (서로) 합치하고 (서로) 들어가는 연고요, (2) 중생계에 들어감이니 중생 세계와 부처 세계가 체성이 둘이 없는 연고요, (3) 공양에 대해 밝힘이니 낱낱의 공양거리가 모두 진여와 칭합하는 연고요, (4) 법문 청함을 밝힘이니 법계를 궁구하는 지혜는 청하지 않을 때가 없으며, 모든 부처님은 법을 비 내리지 않을 때가 없는 연고요, (5) 큰 지혜로 중생을 섭수함이니 중생이 미혹하여 뒤바뀜을 알았지만 어떤 중생도 교화함에 걸리지 않는 연고요, (6) 신통을 나툼에 대해 밝힘이니 시방의 티끌 수 국토가 번갈아 거듭거듭 함에 들어가서 진동하면서 형상을 나타내어 쉼이 없는 연고요, (7) 항상 고요한 선정이니 일찍이 한 생각도 동요함을 일으킴이 있지 않은 연고요, (8) 널리 출생함이니 생각 생각에 털구멍에서 모든 경계를 나타낸 것이

궁극까지 다함이 없는 연고요, (9) 법을 설함이니 생각 생각에 항상 그지없는 법 비를 내려서 온갖 곳에 비 내리는 연고요, (10) 총합하여 설함을 밝힘이니 위의 아홉 가지 뜻은 하나를 들어서 전체를 거두고 앞과 뒤가 없는 연고로 널리 설하여 다하기 어렵다. 나머지 자세한 것은 경문과 같다.

ㄷ) 몸 안에 포함된 것을 거듭 관찰하다[體內包含] 2.
(ㄱ) 앞을 결론하고 뒤를 시작하다[結前生後] (三爾 15上7)

爾時에 善財童子가 見普賢菩薩의 如是自在神通境界하고 身心徧喜하여 踊躍無量하니라
이때 선재동자는 보현보살의 이렇게 자유자재하고 신통한 경계를 보고는 몸과 마음이 두루 기뻐서 한량없이 뛰놀았다.

[疏] 三, 爾時善財下는 重觀體內包含이라 於中에 二니 初, 結前生後요
■ ㄷ) 爾時善財 아래는 몸 안에 포함된 것을 거듭 관찰함이다. 그중에 둘이니 (ㄱ) 앞을 결론하고 뒤를 시작함이요,

(ㄴ) 포함된 것을 바로 밝히다[正顯包含] 2.
a. 삼천대천세계를 보다[見三千大千] (後重 15下7)
b. 시방과 삼제를 유례하여 통하다[類通十方三際] (後如)

重觀普賢의 一一身分과 一一毛孔에 悉有三千大千世界 風輪水輪地輪火輪과 大海江河와 及諸寶山須彌鐵圍와

村營城邑과 宮殿園苑과 一切地獄餓鬼畜生과 閻羅王界와 天龍八部와 人與非人과 欲界色界無色界處와 日月星宿와 風雲雷電과 晝夜月時와 及以年劫과 諸佛出世와 菩薩衆會와 道場莊嚴하여 如是等事를 悉皆明見하니 如見此世界하여 十方所有一切世界를 悉如是見하며 如見現在十方世界하여 前際後際一切世界도 亦如是見하여 各各差別이 不相雜亂하나라

보현보살의 (1) 몸의 부분마다 낱낱 털구멍에, 모두 삼천대천세계의 바람 둘레·물 둘레·땅 둘레·불 둘레와 바다와 강과 보배 산인 수미산·철위산과, 마을·영문·도시와 궁전, 동산과 지옥·아귀·축생·염마왕 세계와 하늘·용 8부와, 사람과 사람 아닌 이와, 욕심 세계·형상 세계·무형 세계와, 해·달·별·바람·구름·우레·번개들이 있음을 거듭거듭 보며, (2) 낮과 밤과 달과 시간과, 해와 겁에 부처님이 세상에 나심과 보살의 모임과 도량의 장엄과 이런 일을 모두 분명하게 보았다. (3) 이 세계를 보는 것처럼 시방에 있는 모든 세계도 그렇게 보고, (4) 현재의 시방세계를 보는 것처럼 과거와 미래의 모든 세계를 그렇게 보는데 제각기 다른 것이 서로 섞이거나 어지럽지 아니하였다.

[疏] 後, 重觀下는 正顯이라 於中에 亦二니 先, 見三千이요 後, 如見此下는 類通十方三際라

- (ㄴ) 重觀 아래는 (포함된 것을) 바로 밝힘이다. 그중에 또한 둘이니 a. 삼천대천세계를 봄이요, b. 如見此 아래는 시방과 삼제를 유례하여

통함이다.

ㄹ) 결론하고 주변과 통하다[結通周編] (四如 16上9)

如於此毘盧遮那如來所에 示現如是神通之力하여 於東方蓮華德世界賢首佛所에 現神通力도 亦復如是하며 如賢首佛所하여 如是東方一切世界와 如東方하여 南西北方四維上下의 一切世界諸如來所에 現神通力도 當知悉爾하며 如十方一切世界하여 如是十方一切佛刹一一塵中에 皆有法界諸佛衆會어든 一一佛所에 普賢菩薩이 坐寶蓮華師子座上하사 現神通力도 悉亦如是하여 彼一一普賢身中에 皆現三世一切境界와 一切佛刹과 一切衆生과 一切佛出現과 一切菩薩衆하며 及聞一切衆生言音과 一切佛言音과 一切如來所轉法輪과 一切菩薩所成諸行과 一切如來遊戲神通하니라

이 비로자나여래의 처소에서 이렇게 신통한 힘을 나타내는 것과 같이 (5) 동방 연화덕 세계의 현수 부처님 처소에서 신통한 힘을 나타내는 것도 그러하였으며, (6) 현수 부처님의 처소에서와 같이 동방의 모든 세계에서도 그러하고, (7) 동방에서와 같이 남방·서방·북방과 네 간방과 상방·하방의 모든 세계의 여래의 처소에서 신통한 힘을 나타냄도 모두 그러한 줄을 알 것이다. (8) 시방의 모든 세계와 같이 시방의 모든 세계의 낱낱 티끌 속에도 모두 법계의 여러 부처님 대중이 있고, 낱낱 부처님 처소에서 보현보살이 보배 연

꽃 사자좌에 앉아서 신통한 힘을 나타냄도 모두 그러하였
으며, (9) 저 낱낱 보현보살의 몸에는 세 세상의 모든 경계
와 모든 부처님 세계와 모든 중생과 모든 부처님의 나타나
심과 모든 보살 대중을 나타냈으며, (10) 또 모든 중생의 음
성과 모든 부처님의 음성과 모든 여래의 굴리시는 법륜과
모든 보살의 이루는 행과 모든 여래의 신통에 유희함을 들
었다.

[疏] 四, 如於此毘盧下는 結通周徧이라 文有四重擧類하고 末⁵⁹⁾結塵中
普賢하니 是知前則身中에 包含法界하여 廣無邊故로 顯其普義요 今
則全此含法界身이 潛入塵中하여 調柔無礙로 明其賢義니 內外周徧
하여 限量斯盡일새 故名普賢이니라

■ ㄹ) 如於此毘盧 아래는 결론하고 주변과 통함이다. 경문에 네 겹의
부류를 거론함이 있고 마지막에 티끌 속의 보현을 결론하였으니 이
로써 알라. (ㄱ) 몸속에 법계를 포함하여 넓이가 가이없는 연고로 그
넓다는 뜻을 밝힘이요, 지금은 전체가 이렇게 법계의 몸에 포함된 것
이 잠겨서 티끌 속에 들어가고, 부드럽게 조화하여 걸림 없음으로 그
현명한 뜻을 밝혔으니 안과 밖이 두루 변만하여 한계의 분량이 여기
서 다한 연고로 '보현'이라 이름하였다.

ㄴ. 깊은 이익을 얻다[得深益] (二善 17上5)

善財童子가 見普賢菩薩의 如是無量不可思議大神通力

---

59) 末은 原本作未誤, 南纂續金本作末; 案末結 源本作末句總結.

하고 卽得十種智波羅蜜하니 何等爲十고 所謂於念念中에 悉能周徧一切佛刹智波羅蜜과 於念念中에 悉能往詣一切佛所에 智波羅蜜과 於念念中에 悉能供養一切如來智波羅蜜과 於念念中에 普於一切諸如來所에 聞法受持智波羅蜜과 於念念中에 思惟一切如來法輪智波羅蜜과 於念念中에 知一切佛不可思議大神通事智波羅蜜과 於念念中에 說一句法하여 盡未來際토록 辯才無盡智波羅蜜과 於念念中에 以深般若로 觀一切法智波羅蜜과 於念念中에 入一切法界實相海智波羅蜜과 於念念中에 知一切衆生心智波羅蜜과 於念念中에 普賢慧行이 皆現在前智波羅蜜이니라

선재동자는 보현보살의 이렇게 한량없고 부사의한 큰 신통의 힘을 보고 곧 열 가지 지혜 바라밀다를 얻었다. 무엇이 열인가? 이른바 (1) 잠깐잠깐 동안에 모든 부처님 세계에 두루하는 지혜바라밀다와, (2) 잠깐잠깐 동안에 모든 부처님 처소에 나아가는 지혜바라밀다와, (3) 잠깐잠깐 동안에 모든 여래께 공양하는 지혜바라밀다와, (4) 잠깐잠깐 동안에 모든 여래의 계신 데서 법을 듣고 받아 가지는 지혜바라밀다와, (5) 잠깐잠깐 동안에 모든 여래의 법륜을 생각하는 지혜바라밀다와, (6) 잠깐잠깐 동안에 모든 부처님의 부사의한 큰 신통한 일을 아는 지혜바라밀다와, (7) 잠깐잠깐 동안에 한 구절 법을 말하시는데 오는 세상이 끝나도록 변재가 다하지 않는 지혜바라밀다와, (8) 잠깐잠깐 동안에 깊은 반야로 모든 법을 관찰하는 지혜바라밀다와, (9) 잠깐잠깐

동안에 모든 법계와 실상 바다에 들어가는 지혜바라밀다와, (10) 잠깐잠깐 동안에 모든 중생의 마음을 아는 지혜바라밀다와, (11) 잠깐잠깐 동안에 보현보살의 지혜와 행이 모두 앞에 나타나는 지혜바라밀다이니라.

[疏] 二, 善財童子見下는 明得深益이라 旣得智度에 已彰地滿이온 況十表無盡耶아
- ㄴ. 善財童子見 아래는 깊은 이익을 얻음을 밝힘이다. 이미 지혜바라밀다를 얻었으면 이미 십지가 만족함을 밝혔을 텐데 (어떻게) 열 가지로 끝없음을 표함과 견주겠는가?

(나) 정수리를 만지고 이익을 얻다[摩頂得益] 3.
ㄱ. 보현보살이 정수리를 만지다[摩頂] (第二 17下10)
ㄴ. 이익을 얻다[得益] (次旣)
ㄷ. 결론하고 (주변과) 통하다[結通] (後如)

善財童子가 旣得是已에 普賢菩薩이 卽伸右手하사 摩觸其頂하사 旣摩頂已하신대 善財가 卽得一切佛刹微塵數三昧門이 各以一切佛刹微塵數三昧로 而爲眷屬하여 一一三昧에 悉見昔所未見一切佛刹微塵數佛大海하며 集一切佛刹微塵數一切智助道具하며 生一切佛刹微塵數一切智上妙法하며 發一切佛刹微塵數一切智大誓願하며 入一切佛刹微塵數大願海하며 住一切佛刹微塵數一切智出要道하며 修一切佛刹微塵數諸菩薩所修行하며

起一切佛刹微塵數一切智大精進하며 得一切佛刹微塵數一切智淨光明하니 如此娑婆世界毘盧遮那佛所에 普賢菩薩이 摩善財頂하여 如是十方所有世界와 及彼世界一一塵中一切世界一切佛所에 普賢菩薩도 悉亦如是하여 摩善財頂하며 所得法門도 亦皆同等하니라

선재동자가 이것을 얻은 뒤에는 (1) 보현보살이 오른손을 펴서 그 정수리를 만졌고, (2) 정수리를 만진 뒤에는 선재가 곧 모든 세계의 티끌 수 삼매문을 얻었는데, (3) 각각 모든 세계의 티끌 수 삼매로 권속을 삼았다. (4) 낱낱 삼매에서 옛날에 보지 못하던 모든 세계의 티끌 수와 같은 부처님의 큰 바다를 보았고, (5) 모든 세계의 티끌 수와 같은 온갖 지혜의 도를 돕는 기구를 모았고, (6) 모든 세계의 티끌 수와 같은 온갖 지혜의 가장 묘한 법을 내었고, (7) 모든 세계의 티끌 수와 같은 온갖 지혜의 큰 서원을 세웠고, (8) 모든 세계의 티끌 수와 같은 큰 서원의 바다에 들어갔고, (9) 모든 세계의 티끌 수와 같은 온갖 지혜의 뛰어나는 요긴한 길에 머물렀고, (10) 모든 세계의 티끌 수와 같은 보살들의 닦는 행을 닦았고, (11) 모든 세계의 티끌 수와 같은 온갖 지혜의 큰 정진을 일으키었고, (12) 모든 세계의 티끌 수와 같은 온갖 지혜의 깨끗한 광명을 얻었다. 이 사바세계의 비로자나 부처님 처소에서 보현보살이 선재동자의 정수리를 만진 것처럼 시방에 있는 세계들과 저 세계의 낱낱 티끌 속에 있는 모든 세계의 모든 부처님 처소에 있는 보현보살도 모두 이와 같이 선재동자의 정수리를 만졌고, 얻은 법문도 또한 같

았다.

[疏] 第二, 善財童子旣得下는 明摩頂得益이라 於中에 三이니 初, 摩頂이요 次, 旣摩下는 得益이니 前向外觀故로 得智度요 此는 摩頂親證일새 故得三昧라 後, 如此娑婆下는 結通이니 良以善財가 等普賢故니라

■ (나) 善財童子旣得 아래는 정수리를 만지고 이익 얻음을 밝힘이다. 그중에 셋이니 ㄱ. 보현보살이 정수리를 만짐이요, ㄴ. 旣摩 아래는 이익을 얻음이니, 앞에서 바깥을 향하여 관찰한 연고로 지혜바라밀다를 얻음이요, 여기는 정수리를 만지고 몸소 증득하는 연고로 삼매를 얻은 것이다. ㄷ. 如此娑婆 아래는 결론하고 (주변과) 통함이니 진실로 선재와 보현보살이 평등해진 까닭이다.

(다) 인행이 깊고 광대함을 밝히다[明因深廣] 3.
ㄱ. 질문과 대답으로 살펴보다[問答審見] (第三 18上7)

爾時에 普賢菩薩摩訶薩이 告善財言하시되 善男子여 汝見我此神通力不아 唯然已見이니이다 大聖이여 此不思議大神通事는 唯是如來之所能知로소이다

이때 보현보살마하살이 선재동자에게 말하였다. "착한 남자여, 그대는 나의 신통한 힘을 보았는가?" "그러합니다. 보았나이다. 큰 성인이시여, 이 부사의한 큰 신통의 일은 오직 여래께서만 알겠나이다."

[疏] 第三, 爾時普賢下는 明因深廣이니 因深則果厚故라 文分爲三이니

初, 問答審見이요 二, 顯因深遠이요 三, 結因成果라

- (다) 爾時普賢 아래는 인행이 깊고 광대함을 밝힘이니, 인행이 깊으면 과덕이 두터운 까닭이다. 경문을 셋으로 나누리니 ㄱ. 질문과 대답으로 살펴봄이요, ㄴ. 인행이 깊고 원대함을 밝힘이요, ㄷ. 인행으로 이룬 과덕을 결론함이다.

ㄴ. 인행이 깊고 원대함을 밝히다[顯因深遠] 3.

ㄱ) 보리를 구하는 행법을 따로 밝히다[別明求菩提行] 2.
(ㄱ) 행할 바를 순리로 밝히다[順顯所行] (二中 19上7)
(ㄴ) 허물을 여의고 덕을 이루다[離過成德] (後善)

普賢告言하시되 善男子여 我於過去不可說不可說佛刹微塵數劫에 行菩薩行하여 求一切智할새 一一劫中에 爲欲淸淨菩提心故로 承事不可說不可說佛刹微塵數佛하며 一一劫中에 爲集一切智福德具故로 設不可說不可說佛刹微塵數廣大施會하여 一切世間에 咸使聞知하여 凡有所求를 悉令滿足하며 一一劫中에 爲求一切智法故로 以不可說不可說佛刹微塵數財物로 布施하며 一一劫中에 爲求佛智故로 以不可說不可說佛刹微塵數城邑聚落과 國土王位와 妻子眷屬과 眼耳鼻舌과 身肉手足과 乃至身命으로 而爲布施하며 一一劫中에 爲求一切智首故로 以不可說不可說佛刹微塵數頭로 而爲布施하며 一一劫中에 爲求一切智故로 於不可說不可說佛刹微塵數諸

如來所에 恭敬尊重하며 承事供養하여 衣服臥具와 飮食湯藥과 一切所須를 悉皆奉施하고 於其法中에 出家學道하여 修行佛法하며 護持正敎하노라 善男子여 我於爾所劫海中에 自憶未曾於一念間도 不順佛敎하며 於一念間도 生瞋害心과 我我所心과 自他差別心과 遠離菩提心과 於生死中起疲厭心과 懶憜心과 障礙心과 迷惑心하고 唯住無上不可沮壞集一切智助道之法大菩提心하노라

보현보살이 말하였다. "착한 남자여, 나는 (1) 과거의 말할 수 없이 말할 수 없는 세계의 티끌 수 겁에 보살의 행을 행하며 온갖 지혜를 구하였노라. (2) 낱낱 겁 동안에 보리심을 청정케 하려고 말할 수 없이 말할 수 없는 세계의 티끌 수 부처님을 받들어 섬겼노라. (3) 낱낱 겁 동안에 온갖 지혜와 복덕거리를 모으려고, 말할 수 없이 말할 수 없는 세계의 티끌 수와 같은 널리 보시하는 모임을 마련하고 모든 세간이 다 듣고 알게 하였으며, 무릇 구하는 것을 다 만족하게 하였노라. (4) 낱낱 겁 동안에 온갖 지혜의 법을 구하려고 말할 수 없이 말할 수 없는 세계의 티끌 수 재물로 보시하였노라. (5) 낱낱 겁 동안에 부처님 지혜를 구하려고 말할 수 없이 말할 수 없는 세계의 티끌 수 도시와 마을과 국토와 왕의 지위와 처자·권속과 눈·귀·코·혀·몸·살·손·발과 목숨까지도 보시하였노라. (6) 낱낱 겁 동안에 온갖 지혜의 머리를 구하려고 말할 수 없이 말할 수 없는 세계의 티끌 수 머리로 보시하였노라. (7) 낱낱 겁 동안에 온갖 지혜를 구하려고 말할 수 없이 말할 수 없는 세계의 티끌 수 여래의 계

신 데서 공경하고 존중하고 받들어 섬기고 공양하며, 의복·방석·음식·탕약 등 필요한 것을 모두 보시하였고, (8) 그 법 가운데서 출가하여 도를 배우고 불법을 수행하고 바른 교법을 보호하였노라.

착한 남자여, 나는 생각하니 (9) 그러한 겁 바다에서 잠깐 동안 부처님 교법을 순종치 않았거나 잠깐 동안 성내는 마음·나와 내 것이란 마음·나와 남을 차별하는 마음·보리심을 여의는 마음을 내거나, 생사하는 가운데 고달픈 마음·게으른 마음·장애하는 마음·미혹한 마음을 일으키지 않았고, (10) 다만 위가 없고 무너뜨릴 수 없고 온갖 지혜를 모으는 도를 돕는 법인 큰 보리심에 머물렀노라.

[疏] 二中에 三이니 一, 別明求菩提行이라 於中에 二니 先, 順顯所行이요 後, 善男子我於下는 結離過成德이라

■ ㄴ. 중에 셋이니 ㄱ) 보리를 구하는 행법을 따로 밝힘이다. 그중에 둘이니 (ㄱ) 행할 바를 순리로 밝힘이요, (ㄴ) 善男子我於 아래는 허물을 여의고 덕을 이룸을 결론함이다.

ㄴ) 자비와 지혜의 행법을 통틀어 밝히다[通明悲智行] (二我 19下3)

善男子여 我莊嚴佛土하여 以大悲心으로 救護衆生하여 敎化成就하며 供養諸佛하고 事善知識하며 爲求正法하여 弘宣護持하며 一切內外를 悉皆能捨하며 乃至身命도 亦無所悋하니 一切劫海에 說其因緣컨댄 劫海可盡이어니

와 此無有盡이니라

착한 남자여, 나는 부처님 국토를 장엄하되, 크게 가엾이 여기는 마음으로 중생을 구호하고 교화하여 성취하며, 부처님께 공양하고 선지식을 섬기며, 바른 법을 구하여 널리 선전하고 보호하며 유지하기 위하여 모든 안의 것과 밖의 것을 모두 버리고 신명까지도 아끼지 않았으며 모든 겁 바다에서 인연을 말하였노니, 겁 바다는 다할지언정 이 일은 다함이 없느니라.

[疏] 二, 我莊嚴下는 通明悲智行이요
■ ㄴ) 我莊嚴 아래는 자비와 지혜의 행법을 통틀어 밝힘이요,

ㄷ) 법을 구하는 행법을 따로 밝히다[別明求法行] 2.
(ㄱ) 버리는 주체를 반대로 밝히다[反顯能捨] (三我 20上1)
(ㄴ) 구해서 할 일을 밝히다[顯求所爲] (後我)

善男子여 我法海中엔 無有一文과 無有一句도 非是捨施轉輪王位하여 而求得者며 非是捨施一切所有하여 而求得者하라 善男子여 我所求法은 皆爲救護一切衆生이라 一心思惟하여 願諸衆生이 得聞是法하며 願以智光으로 普照世間하며 願爲開示出世間智하며 願令衆生으로 悉得安樂하며 願普稱讚一切諸佛所有功德이니 我如是等往昔因緣을 於不可說不可說佛刹微塵數劫海에 說不可盡이니라

착한 남자여, 나의 법 바다에는 한 글자나 한 글귀도 전륜왕의 지위를 버려서 구하지 않은 것이 없으며, 온갖 소유를 버려서 얻지 않은 것이 없느니라. 착한 남자여, 내가 법을 구한 것은 모든 중생을 구호하기 위한 것이니, 한결같은 마음으로 생각하기를 '(1) 모든 중생이 이 법을 들어지이다. (2) 지혜의 광명으로 세간을 두루 비추어지이다. (3) 출세간의 지혜를 열어 보여지이다. (4) 중생들이 모두 안락함을 얻어지이다. (5) 모든 부처님의 가지신 공덕을 두루 칭찬하여지이다' 하였노라. 나의 이러한 과거의 인연은 말할 수 없이 말할 수 없는 세계의 티끌 수 겁 동안에 말하여도 다할 수 없느니라.

[疏] 三, 我法海中下는 別明求法行이라 於中에 先, 反顯無不能捨라 一文에도 尙無所不捨온 況全部耶아 以一文이 卽一切之一이 如海一滴故니라 後, 我所求法下는 顯求所爲하여 結說無盡이니라

■ ㄷ) 我法海中 아래는 법을 구하는 행법을 따로 밝힘이다. 그중에 (ㄱ) 버리는 주체 아님이 없음을 반대로 밝힘이다. 하나의 문장도 오히려 버리지 않음이 없는데 하물며 전부이겠는가? 한 문장이 곧 온갖 것 가운데 하나가 바다의 한 물방울과 같은 까닭이다. (ㄴ) 我所求法 아래는 구해서 할 일을 밝혀서 설법이 끝없음을 결론함이다.

ㄷ. 인행으로 이룬 과덕을 결론하다[結因成果] 2.
ㄱ) 인행을 결론하다[結因] (第三 20下1)

ㄴ) 과덕을 성취하다[成果] (後得)

是故로 善男子여 我以如是助道法力과 諸善根力과 大
志樂力과 修功德力과 如實思惟一切法力과 智慧眼力과
佛威神力과 大慈悲力과 淨神通力과 善知識力故로 得
此究竟三世平等淸淨法身하며 復得淸淨無上色身하여
超諸世間이나 隨諸衆生心之所樂하여 而爲現形하여 入
一切刹하고 徧一切處하며 於諸世界에 廣現神通하여 令
其見者로 靡不欣樂케하라

그러므로 착한 남자여, 나는 이러한 도를 돕는 법의 힘과 착
한 뿌리의 힘과 크게 좋아하는 힘과 공덕을 닦는 힘과 모든
법을 사실대로 생각한 힘과 지혜 눈의 힘과 부처님의 위덕
과 신통의 힘과 크게 자비한 힘과 깨끗한 신통의 힘과 선지
식의 힘으로써, 이것이 최고요 세 세상에 평등하고 청정한
법의 몸을 얻고 청정하고 위가 없는 육신을 얻어서 세간을
초월하고 중생의 좋아하는 마음을 따라서 형상을 나타내며,
모든 세계에 들어가고 온갖 곳에 두루하여, 여러 세계에서
신통을 나타내어 보는 이로 하여금 모두 기쁘게 하노라.

[疏] 第三, 是故善男子我以如是下는 結因成果라 於中에 先, 結因이니
以有成果之功일새 故云力也라 文有十句하니 初四는 緣因이요 次二
는 了因이요 後四는 通於緣了라 後, 得此下는 成果니 謂由了因故로
得法身果하고 由緣因故로 得色身果니라

■ ㄷ. 是故善男子我以如是 아래는 인행으로 이룬 과덕을 결론함이다.

그중에 ㄱ) 인행을 결론함이니, 과덕을 이룬 공이 있는 연고로 '힘'이라 하였다. 경문에 열 구절이 있으니 (ㄱ) 처음 네 구절[助道法力 ~ 修功德力]은 반연하는 원인이요, (ㄴ) 두 구절[如實思惟一切法力-]은 요달하는 원인이요, (ㄷ) 뒤의 네 구절[佛威神力 ~ 善知識力]은 인연되는 원인과 요달하는 원인에 통한다. ㄴ) 得此 아래는 과덕을 성취함이니, 말하자면 요달하는 원인으로 말미암아 법신의 과덕을 얻고, 반연되는 원인으로 말미암아 육신의 과덕을 얻는다.

(라) 끝없는 작용을 관찰하다[觀用無涯] 3.

ㄱ. 이익을 거론하여 관찰하기를 권하다[擧益勸觀] 3.
ㄱ) 표방하다[標] (第四 20下6)
ㄴ) 해석하다[釋] 2.
(ㄱ) 보고 듣기 어려움을 밝히다[明難見聞] (二我)

善男子여 汝且觀我如是色身하라 我此色身은 無邊劫海之所成就니 無量千億那由他劫에 難見難聞이니라 善男子여 若有衆生이 未種善根이어나 及種少善根한 聲聞菩薩도 猶尚不得聞我名字어든 況見我身가 善男子여 若有衆生이 得聞我名이면 於阿耨多羅三藐三菩提에 不復退轉하며 若見若觸이어나 若迎若送이어나 若暫隨逐이어나 乃至夢中에 見聞我者도 皆亦如是하며 或有衆生이 一日一夜에 憶念於我하여 則得成熟하며 或七日七夜와 半月一月과 半年一年과 百年千年과 一劫百劫과 乃至不可

說不可說佛刹微塵數劫에 憶念於我하여 而成熟者며 或 一生과 或百生과 乃至不可說不可說佛刹微塵數生에 憶 念於我하여 而成熟者며 或見我放大光明하며 或見我震 動佛刹하고 或生怖畏하며 或生歡喜라도 皆得成熟이니라 善男子여 我以如是等佛刹微塵數方便門으로 令諸眾生 으로 於阿耨多羅三藐三菩提에 得不退轉케하라 善男子 여 若有眾生이 見聞於我清淨刹者면 必得生此清淨刹中 하며 若有眾生이 見聞於我清淨身者면 必得生我清淨身 中하나니라

착한 남자여, 그대는 나의 이 육신을 보라. (1) 이 육신은 그지없는 겁 바다에서 이루어진 것이니, 한량없는 천억 나유타 겁에도 보기 어렵고 듣기 어려우니라. 착한 남자여, (2) 만일 중생이 착한 뿌리를 심지 못하거나 착한 뿌리를 조금 심은 성문이나 보살들로는 나의 이름도 듣지 못하려든 하물며 나의 몸을 볼 수 있겠느냐? 착한 남자여, (3) 만일 중생이 내 이름을 듣기만 하여도 아뇩다라삼먁삼보디에서 물러나지 않을 것이며, 만일 나를 보거나 접촉하거나 맞이하거나 보내거나 잠깐 동안 따라다니거나, 꿈에 나를 보거나 들은 이도 역시 그러하리라. (4) 어떤 중생이 하루 낮 하룻밤 동안 나를 생각하고 곧 성숙할 이도 있고, (5) 혹 7일·7야·보름·한 달·반 년·1년·백 년·천 년·한 겁·백 겁, 내지 말할 수 없이 말할 수 없는 세계의 티끌 수 겁에 나를 생각하고 성숙할 이도 있으며, (6) 혹 1생·백 생, 내지 말할 수 없이 말할 수 없는 세계의 티끌 수 생 동안 나를 생

각하고 성숙할 이도 있으며, (7) 혹 나의 광명 놓은 것을 보거나 내가 세계를 진동하는 것을 보고 무서워하거나 즐거워한 이들도 모두 성숙하게 되리라. 착한 남자여, (8) 나는 이러한 세계의 티끌 수 방편문으로써 모든 중생들을 아눗다라삼먁삼보리에서 물러나지 않게 하노라. 착한 남자여, (9) 만일 중생이 나의 청정한 세계를 보고 들은 이는 반드시 이 청정한 세계에 날 것이요, (10) 만일 중생이 나의 청정한 몸을 보고 들은 이는 반드시 나의 청정한 몸 가운데 날 것이니라.

[疏] 第四, 善男子汝且觀下는 觀用無涯라 於中에 三이니 初, 擧益勸觀이요 次, 觀見奇特이요 後, 校量顯勝이라 今初에 有標와 釋과 結하니 初, 標는 可知니라 二, 我此下는 釋이라 中에 二니 一, 明難見聞이요

■ (라) 善男子汝且觀 아래는 작용이 끝없음을 관찰함이다. 그중에 셋이니 ㄱ. 이익을 거론하여 관하기를 권함이요, ㄴ. 보는 것이 기특함을 관찰함이요, ㄷ. 분량을 비교하여 뛰어남을 밝힘이다. 지금은 ㄱ.에 ㄱ) 표방함과 ㄴ) 해석함과 ㄷ) 결론함이 있으니 ㄱ) 표방함은 알 수 있으리라. ㄴ) 我此 아래는 해석함이다. 그중에 둘이니 (ㄱ) 보고 듣기 어려움을 밝힘이요,

(ㄴ) 보고 들음이 모두 이익이다[見聞皆益] 3.
a. 보리에서 물러나지 않는 이익[不退菩提] (二若 21下4)
b. 선근이 성숙한 이익[善根成熟] (次或)
c. 여러 문을 총합하여 결론하다[總結多門] (後我)

[疏] 二, 若有衆生下는 明見聞皆益이라 於中에 三이니 初, 明不退菩提益이요 次, 或有衆生下는 善根成熟益이요 後, 我以如是下는 總結多門이니 皆不退成熟이라 於中에 先, 多門皆不退요 後, 若有衆生見聞下는 種種皆成熟이라 淨刹은 可生이어니와 身云何生고 此有二義하니 一, 約法性身刹에는 則與刹로 爲體가 名淸淨刹이요 與身으로 爲體를 名淸淨身이니 從能依有殊나 欲顯所依體一일새 故言生身이니라 二, 約相用인대 淨刹은 是所依之刹이요 淨身은 則身內之刹이라 欲顯身土互融일새 故言生淨身耳니라

- (ㄴ) 若有衆生 아래는 보고 들음이 모두 이익됨이다. 그중에 셋이니 a. 보리에서 물러나지 않는 이익이요, b. 或有衆生 아래는 선근이 성숙한 이익이요, c. 我以如是 아래는 여러 문을 총합하여 결론함이니 모두 보리에서 물러나지 않음과 선근이 성숙함이니 그중에 (1) 여러 문이 모두 보리에서 물러나지 않는 성숙함이요, (2) 若有衆生見聞 아래는 갖가지가 모두 선근이 성숙함이다. 청정한 국토에는 태어날 수 있거니와 몸이 어떻게 태어나는가? 여기에 두 가지 뜻이 있으니 ① 법성신의 국토를 잡으면 국토와 함께함으로 체성이 된 것을 '청정한 국토'라 이름하고, 몸과 함께함이 체성을 삼으면 이름을 '청정한 몸'이라 한다. 의지할 주체로부터 다름이 있지만 의지할 대상의 체성이 하나임을 밝히는 연고로 '몸이 태어난다'고 말하였다. ② 모양과 작용을 잡으면 청정한 국토는 의지할 국토요, 청정한 몸은 몸 안의 국토이다. 몸과 국토가 서로 융섭함을 밝히려는 연고로 '청정한 몸으로 태어난다'고 말했을 뿐이다.

ㄷ) 총합하여 결론하다[總結] (後汝 22上4)

善男子여 汝應觀我此淸淨身이어다
착한 남자여, 그대는 마땅히 나의 청정한 몸을 보아야 하느니라."

[疏] 後, 汝應觀下는 總結이니라
- ㄷ) 汝應觀 아래는 총합하여 결론함이다.

ㄴ. 관법으로 기특함을 보다[觀見奇特] 3.
ㄱ) 터럭에 삼세간을 포함함을 보다[毛含三世間] (第二 22下4)
ㄴ) 모든 국토 속에서 큰 작용이 나옴을 보다[遍刹出大用] (次又)
ㄷ) 자신의 몸이 보현보살의 화신과 같다[身等普賢化] (後時)

爾時에 善財童子가 觀普賢菩薩身相好肢節의 一一毛孔中에 皆有不可說不可說佛刹海어든 一一刹海에 皆有諸佛이 出興於世하사 大菩薩衆의 所共圍遶하며 又復見彼一切刹海의 種種建立과 種種形狀과 種種莊嚴과 種種大山이 周帀圍遶와 種種色雲이 彌覆虛空과 種種佛興하사 演種種法하는 如是等事가 各各不同하니라 又見普賢이 於一一世界海中에 出一切佛刹微塵數佛化身雲하사 周徧十方一切世界하여 敎化衆生하사 令向阿耨多羅三藐三菩提하니라
時에 善財童子가 又見自身이 在普賢身內十方一切諸世界中하여 敎化衆生하니라
ㄱ) 이때 선재동자는 보현보살의 몸을 보니 잘 생긴 모습과

사지 골절의 낱낱 털구멍에 말할 수 없이 말할 수 없는 부처님 세계 바다가 있고, 낱낱 세계 바다에 부처님이 세상에 나시는데, 큰 보살들이 둘러 모시었다. ㄴ) 또 보니, 모든 세계 바다가 가지가지로 건립되고 가지가지 형상이요, 가지가지로 장엄하고 가지가지 큰 산이 두루 둘리었으며, 가지가지 빛 구름이 허공에 덮이고 가지가지 부처님이 나시어서 가지가지 법을 연설하시는 일들이 제각기 같지 아니하였다. 또 보니, 보현보살이 낱낱 세계 바다에서 모든 세계의 티끌 수 나툰 몸 구름을 내어 시방의 모든 세계에 가득하고 중생들을 교화하여 아눗다라삼약삼보디로 향하게 하며, ㄷ) 그때 선재동자는 또 자기의 몸이 보현보살의 몸속에 있는 시방의 모든 세계에 있어서 중생을 교화함을 보았다.

[疏] 第二, 爾時善財下는 觀見奇特이라 於中에 三이니 初, 見毛內에 含三世間이요 次, 又見普賢下는 見普賢身이 徧諸刹中하사 出生大用이요 後, 時善財童子下는 自見己身이 等普賢化니라

■ ㄴ. 爾時善財 아래는 관법으로 기특함을 봄이다. 그중에 셋이니 ㄱ) 터럭 속에 삼세간을 포함함을 봄이요, ㄴ) 又見普賢 아래는 보현보살의 몸속의 모든 국토 속에 두루하여 큰 작용이 나옴을 봄이요, ㄷ) 時善財童子 아래는 스스로 자신의 몸이 보현보살의 화신과 같음을 봄이다.

ㄷ. 분량을 비교하여 뛰어남을 밝히다[校量顯勝] 3.
ㄱ) 분량을 선근과 비교하다[校量善根] (第三 23下8)

ㄴ) 들어간 국토를 분량으로 비교하다[校量入刹] (二從)

又善財童子가 親近佛刹微塵數諸善知識하여 所得善根
智慧光明을 比見普賢菩薩所得善根컨댄 百分에 不及一
이며 千分에 不及一이며 百千分에 不及一이며 百千億分
과 乃至算數譬喩도 亦不能及이니라 是善財童子가 從初
發心으로 乃至得見普賢菩薩히 於其中間所入一切諸佛
刹海는 今於普賢一毛孔中一念所入諸佛刹海가 過前不
可說不可說佛刹微塵數倍하니 如一毛孔하여 一切毛孔
도 悉亦如是하니라

ㄱ) 또 선재동자가 세계의 티끌 수 선지식을 친근하여서 얻은 이러한 뿌리의 지혜 광명을 보현보살이 얻은 착한 뿌리에 비하면, 백분의 일도 미치지 못하고 천분의 일도 미치지 못하고, 백천분의 일에도 미치지 못하며, 백천억분의 일, 내지 산수와 비유로도 미치지 못하였다. 이 선재동자가 ㄴ) 처음 마음을 낼 때부터 보현보살을 보던 때까지 그 중간에 들어갔던 모든 부처님 세계 바다에 대하여, 지금 보현보살의 한 털구멍 속에서 잠깐 동안에 들어간 부처님 세계 바다는 앞의 것보다 말할 수 없이 말할 수 없는 세계의 티끌 수 배가 지나며, 이 한 털구멍과 같이 모든 털구멍도 역시 그러하니라.

[疏] 第三, 又善財下는 校量顯勝이라 於中에 三이니 初, 校量善根이요 二,
從初發心下는 校量所入刹海요

■ ㄷ. 又善財 아래는 분량을 비교하여 뛰어남을 밝힘이다. 그중에 셋이니 ㄱ) 분량을 선근과 비교함이요, ㄴ) 初發心부터 아래는 들어간 국토 바다를 분량으로 비교함이요,

ㄷ) 초월하고 뛰어남을 함께 밝히다[雙顯超勝] 2.
(ㄱ) 세로와 가로로 깊고 광대함을 따로 밝히다[別明橫豎深廣]
(三善 23下9)
(ㄴ) 평등하고 두루함을 총합 결론하다[總結平等周徧] (後善)

善財童子가 於普賢菩薩毛孔刹中에 行一步하여 過不可說不可說佛刹微塵數世界하니 如是而行하여 盡未來劫이라도 猶不能知一毛孔中刹海次第와 刹海藏과 刹海差別과 刹海普入과 刹海成과 刹海壞와 刹海莊嚴의 所有邊際하며 亦不能知佛海次第와 佛海藏과 佛海差別과 佛海普入과 佛海生과 佛海滅의 所有邊際하며 亦不能知菩薩衆海次第와 菩薩衆海藏과 菩薩衆海差別과 菩薩衆海普入과 菩薩衆海集과 菩薩衆海散의 所有邊際하며 亦不能知入衆生界와 知衆生根과 敎化調伏諸衆生智와 菩薩所住甚深自在와 菩薩所入諸地諸道인 如是等海의 所有邊際니라

善財童子가 於普賢菩薩毛孔刹中에 或於一刹에 經於一劫토록 如是而行하며 乃至或有經不可說不可說佛刹微塵數劫토록 如是而行하되 亦不於此刹沒하여 於彼刹現하고 念念周徧無邊刹海하여 敎化衆生하여 令向阿耨多

羅三藐三菩提하니라

ㄷ) 선재동자가 보현보살의 털구멍에 있는 세계에서 한 걸음을 걸을 적에 말할 수 없이 말할 수 없는 세계의 티끌 수 세계를 지나가며, 이와 같이 걸어서 오는 세월이 끝나도록 걸어도 오히려 한 털구멍 속에 있는 세계 바다의 차례와 세계 바다의 갈무리와 세계 바다의 차별과 세계 바다의 두루 들어감과 세계 바다의 이루어짐과 세계 바다의 무너짐과 세계 바다의 장엄과 그 끝난 데를 알지 못하느니라. 또 부처 바다의 차례와 부처 바다의 갈무리와 부처 바다의 차별과 부처 바다의 두루 들어감과 부처 바다의 생김과 부처 바다의 없어짐과 그 끝난 데도 알지 못하느니라. 또 보살 대중 바다의 차례와 보살 대중 바다의 갈무리와 보살 대중 바다의 차별과 보살 대중 바다의 두루 들어감과 보살 대중 바다의 모임과 보살 대중 바다의 흩어짐과 그 끝난 데도 알지 못하느니라. 또 중생 세계에 들어가서 중생의 근성을 아는 일과 중생들을 교화하고 조복하는 지혜와 보살의 머무르는 깊은 자재함과 보살이 들어가는 여러 지위와 길과 이 바다들의 끝난 데도 알지 못하느니라.

선재동자가 보현보살의 털구멍 세계에 있어서 혹 한 세계에서 한 겁 동안을 지내면서 걷기도 하고 내지 말할 수 없이 말할 수 없는 세계의 티끌 수 겁 동안을 지내면서 걷기도 하며, 또 이 세계에서 없어지고 저 세계에 나타나지도 않으면서 잠깐잠깐 동안에 그지없는 세계 바다에 두루하여 중생들을 교화하여 아뇩다라삼약삼보디에 향하게 하였다.

[疏] 三, 善財童子於普賢下는 雙顯上二超勝之相이라 於中에 二니 先, 別明橫竪深廣이라 於中에 有三世間하니 一, 器世間이라 一步超過는 顯橫廣이요 盡未來劫은 明竪窮이요 猶不能知는 顯深遠이라 藏은 約包含이요 普入은 約廣徧이라 餘는 可知니라 後, 善財童子於下는 總結平等周徧이라 不於此沒彼現者는 以沒現相이 如法性故며 以此彼相이 相卽故也니라

■ ㄷ) 善財童子於普賢 아래는 위의 둘이 초월하고 뛰어난 모양을 함께 밝힘이다. 그중에 둘이니 (a) 세로와 가로로 깊고 광대함을 따로 밝힘이다. 그중에 삼세간이 있으니 (1) 기세간이니 한 걸음에 초과함이 가로로 광대함을 밝혔고, 세로로 미래 겁이 끝나도록 다함을 밝힘이요, 아직 능히 알지 못하며 깊고 원대함을 밝혔다. 장(藏)은 포함됨을 잡았고, '널리 들어감'은 널리 두루함을 잡은 해석이니, 나머지는 알 수 있으리라. (ㄴ) 善財童子於 아래는 평등하고 두루함을 총합 결론함이다. '이 세계에서 없어지고 저 세계에 나타나지도 않음'이란 나타난 모양을 없애는 것이 법의 성품과 같은 연고며, 이것과 저것의 모양이 서로 합치하는 까닭이다.

[鈔] 於中有下는 菩薩은 亦是衆生이요 亦爲正覺이라 餘二[60]는 可知니라 以沒現相者는 斯則沒而無沒이요 現而無現이니 眞法性中에 無出沒故라 此約事理無礙오 下句에 云, 以此彼相이 相卽故者는 卽事事無礙法界라 然이나 相卽有三하니 一, 約刹컨대 此刹이 卽彼刹이요 一刹이 卽多刹故요 二, 約人컨대 此身이 卽彼身이요 一步가 卽多步故요 三, 約劫인대 一念이 卽是無量劫故라 又此彼相이 炳然具故며 秘密

---

60) 二는 南本作三, 金本無라 하다.

과 隱顯이 俱時成 故며 此彼와 時處가 互相在故며 帝網重重이 同時具足이나 皆不動故니라

- 於中有 아래는 보살도 또한 중생이요, 또한 바른 깨달음이 된다. 나머지 둘은 알 수 있으리라. '없어지고 나타나는 모양'에서 이것은 없어져도 없어짐이 아니요, 나타나도 나타남이 없나니 진여법성 가운데는 나오고 없어짐이 없는 까닭이니 이것은 '현상과 이치가 무애함[事理無礙]'을 잡은 해석이다. 아래 구절에 이르되, "이것과 저것의 모양은 서로 합치하는 까닭"이라 말함은 곧 '현상과 현상이 무애한 법계[事事無礙法界]'이다. 그러나 서로 합치함에 셋이 있으니 (1) 국토를 잡는다면 이 국토는 저 국토와 합치함이요, 한 국토가 많은 국토와 합치하는 까닭이다. (2) 사람을 잡는다면 이 몸이 저 몸과 합치함이요, 한 걸음이 여러 걸음과 합치하는 까닭이다. (3) 겁을 잡는다면 한 생각이 곧 한량없는 겁인 까닭이다. 또한 이런저런 모양이 뚜렷하게 갖춘 연고며, 비밀함과 숨고 나타남이 동시에 이루어지는 연고며, 이런저런 것과 때와 장소가 번갈아 서로 존재하는 연고며, 인드라망처럼 거듭거듭 함이 동시에 구족하지만 모두를 동요하지 않는 까닭이다.

나) 지위가 만족하여 부처님과 같아지다[位滿齊佛] (第二 24下9)

當是之時하여 善財童子가 則次第得普賢菩薩의 諸行願海하여 與普賢等하며 與諸佛等하며 一身이 充滿一切世界하여 刹等하며 行等하며 正覺等하며 神通等하며 法輪等하며 辯才等하며 言辭等하며 音聲等하며 力無畏等하며 佛所住等하며 大慈悲等하며 不可思議解脫自在가 悉皆

同等하니라

이때를 당하여 선재동자는 (1) 차례로 보현보살의 행과 원의 바다를 믿어서 (2) 보현보살과 평등하고 (3) 부처님들과 평등하며, (4) 한 몸이 모든 세계에 가득하여 (5) 세계가 평등하고 (6) 행이 평등하고 (7) 바르게 깨달음이 평등하고 (8) 신통이 평등하고 (9) 법륜이 평등하고 (10) 변재가 평등하고 (11) 말씀이 평등하고 (12) 음성이 평등하고 (13) 힘과 두려움 없음이 평등하고 (14) 부처님의 머무심이 평등하고 (15) 대자대비가 평등하고 (16) 부사의한 해탈과 자재함이 모두 평등하였다.

[疏] 第二, 當是之時下는 明位滿齊佛이라 於中에 初句는 明自得이요 餘皆等上이니 初一은 等因圓이요 次一은 等果滿이라 一身下는 別顯等相이니 此卽義當等覺이라 因位旣滿하여 更無所修일새 故但說等이요 不辨更求라 此則一生頓成이요 行布도 亦足이니 非唯但約理觀이면 初後圓融이니라 上에 明見聞證入은 竟하다

■ 나) 當是之時 아래는 지위가 만족하여 부처님과 같아짐에 대해 밝힘이다. 그중에 첫 구절은 스스로 얻음을 밝힘이요, 나머지 구절은 모두 위와 평등하나니 (가) 한 구절[次第得普賢菩薩諸行願海]은 인행과 평등하여 원만함이요, (나) 다음 한 구절[與普賢等-]은 과덕과 평등하여 원만함이요, (다) 一身 아래는 평등한 모양을 개별로 밝힘이니, 이것은 곧 뜻이 등각(等覺)에 해당하나니 인행 지위가 이미 만족하여 다시 닦을 것이 없는 연고로 단지 '평등하다'고만 말하였고, '다시 구함'은 밝히지 않았다. 이렇다면 한 생에 단박 성취함이요, 항포문(行布門)으로도 또

한 만족하나니 오직 단지 이치의 관법만 잡는다면 처음과 뒤가 원융문(圓融門)일 뿐이다. 여기까지 가. 보고 들어서 증득해 들어감은 마친다.

나. 부처님의 불가사의하고 뛰어난 공덕을 듣다[聞佛勝德難思] 3.

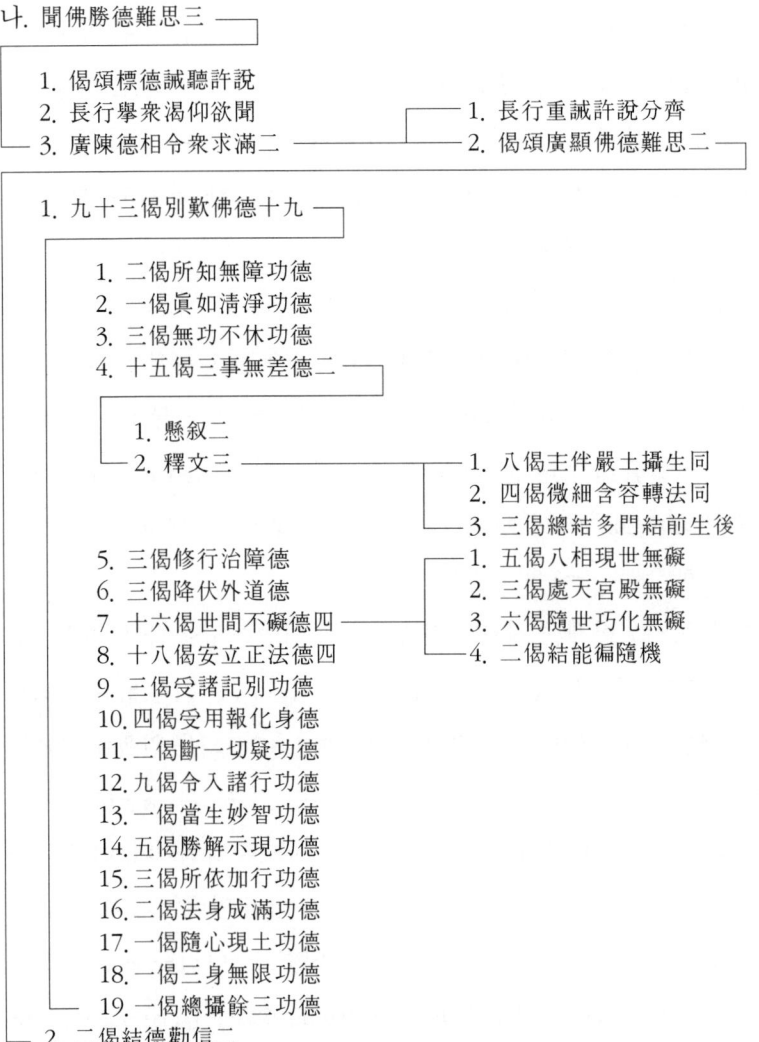

가) 게송으로 덕을 표방하여 들을 것을 훈계하면서 설법을 허락하다
　[偈頌標德誡聽許說] (第二 25下3)

爾時에 普賢菩薩摩訶薩이 卽說頌言하시되
이때 보현보살마하살이 게송을 말하였다.

1　汝等應除諸惑垢하고　　　　一心不亂而諦聽하라
　　我說如來具諸度한　　　　　一切解脫眞實道하리라
　　너희들 번뇌의 때 털어 버리고
　　한 맘으로 정신 차려 자세히 들으라.
　　여래께서 바라밀다 구족하시고
　　해탈의 참된 길을 내가 말하리.

2　出世調柔勝丈夫가　　　　　其心淸淨如虛空하여
　　恒放智日大光明하사　　　　普使群生滅癡暗이로다
　　세상 떠나 부드럽고 훌륭한 장부
　　그 마음 깨끗하기 허공과 같고
　　지혜 해의 큰 광명 항상 놓아서
　　중생의 어리석은 어둠 없애네.

3　如來難可得見聞이어늘　　　無量億劫今乃値하니
　　如優曇花時一現이라　　　　是故應聽佛功德이어다
　　여래는 보고 듣기 어렵삽거늘
　　한량없는 억겁에 이제 만나니

우담바라 좋은 꽃 어쩌다 핀 듯
그러므로 부처 공덕 들어야 하고

4 　隨順世間諸所作이　　　　譬如幻士現衆業이니
　　但爲悅可衆生心이언정　　未曾分別起想念이로다
　　세간을 따라 주며 지으시는 일
　　요술쟁이 모든 일을 나타내는 듯
　　중생 마음 기쁘도록 하심이언정
　　분별하여 여러 생각 내지 않았네.

[疏] 第二, 從爾時下는 明聞佛勝德難思라 前에 長行은 但顯因圓하고 此偈에 方陳果用이요 非頌前文이라 然이나 有二意하니 一, 對普賢이니 普賢意에 云, 上에 見我難思는 尙是因位니 今示汝果가 尤更甚深이오 二, 對善財니 善財等佛이 但是因圓이요 以果海는 離言일새 故不說成佛이라 今寄現佛之德하여 以顯善財果相일새 故로 長行과 偈文이 因果綺互니라 文中에 三이니 初, 偈頌標德하사 誡聽許說이라

■ 나. 爾時부터 아래는 부처님의 불가사의하고 뛰어난 공덕을 들음에 대해 밝힘이다. 앞의 장항은 단지 인행이 원만함만 밝혔고, 여기 게송에는 비로소 과덕의 작용을 진술한 것이요, 앞의 경문을 (거듭) 노래한 것이 아니다. 그런데 두 가지 의미가 있으니 (1) 보현보살과 상대함이니 보현보살의 의미를 말하면, "위에서 내가 불가사의함을 본 것은 오히려 인행 지위이니, 지금은 너의 과덕이 더욱더 깊은 뜻을 보임이요"라고 하였고, (2) 선재동자를 상대함이니 선재가 부처님과 평등함은 단지 인행이 원만한 것일 뿐이요, 과덕의 바다는 말을 여읜 연고

로 성불이라 말하지 않는다. 지금은 부처로 나타난 덕에 의탁하여 선재의 과덕의 모양을 밝힌 연고로 장항과 게송 문장이 인행과 과덕으로 번갈아 아름다운 것이다. 경문 중에 셋이니 가) 게송은 덕을 표방하여 들을 것을 훈계하고 설법을 허락함이다.

[鈔] 故長行者는 長行은 顯普賢因이요 偈頌은 顯善財果니 故云綺互[61]니라
- '그러므로 장항'이란 장항은 보현보살의 인행을 밝혔고, 게송은 선재의 과덕을 밝힌 연고로 '번갈아 아름답다'고 말하였다.

나) 장항으로 대중이 들으려고 갈망함을 거론하다[長行擧衆渴仰欲聞]

(二爾 26上5)

爾時에 諸菩薩이 聞此說已하고 一心渴仰하여 唯願得聞 如來世尊의 眞實功德하여 咸作是念하되 普賢菩薩이 具修諸行하사 體性淸淨하며 所有言說이 皆悉不虛하시니 一切如來의 共所稱歎이라하여 作是念已하고 深生渴仰하니라

그때 보살들은 이 게송을 듣고 일심으로 갈망하며, 여래 세존의 진실한 공덕을 듣잡기 위하여 이렇게 생각하였다. '보현보살은 모든 행을 갖추어 닦으시고, 성품이 청정하시며, 하시는 말씀이 헛되지 않으시니 모든 여래께서 칭찬하시도다.' 이 생각을 하고는 갈망하는 마음이 더욱 간절하였다.

---

61) 互下에 南續金本有故字.

[疏] 二, 爾時下는 長行擧衆하사 渴仰欲聞이라
- 나) 爾時 아래는 장항으로 대중을 거론하여 갈망하여 우러러 들으려 함이다.

다) 덕스러운 모양을 널리 진술하여 대중이 만족을 구하게 하다
　[廣陳德相令衆求滿] 2.
(가) 장항으로 거듭 훈계하여 설법을 허락하다[長行重誡許說分齊]
(三爾 26上9)

爾時普賢菩薩이 功德智慧로 具足莊嚴을 猶如蓮華하여 不着三界一切塵垢러니 告諸菩薩言하시되 汝等은 諦聽하라 我今欲說佛功德海一滴之相이로라하고 卽說頌言하시니라
이때 보현보살은 공덕과 지혜를 갖춰 장엄하시니, 마치 연꽃이 세 세계의 모든 티끌에 묻지 않는 듯하여서, 여러 보살에게 말하였다. "그대들은 자세히 들으라. 내가 이제 부처님의 공덕 바다에서 한 방울만큼 말하려 하노라." 곧 게송을 말하였다.

[疏] 三, 爾時普賢下는 廣陳德相하사 令衆으로 求滿이라 於中에 二니 先, 長行重誡하사 許說分齊라
- 다) 爾時普賢 아래는 덕스러운 모양을 널리 진술하여 대중이 만족을 구하게 함이다. 그중에 둘이니 (가) 장항으로 거듭 훈계하여 설법을 허락하는 부분이다.

(나) (95개 게송은) 게송으로 불공덕이 불가사의함을 자세히 밝히다
  [偈頌廣顯佛德難思] 2.

ㄱ. 93개 게송은 부처님 공덕을 개별로 찬탄하다[九十三偈別歎佛德] 19.
① 두 게송은 알 대상에 장애 없는 공덕[二偈所知無障功德] (後偈 26下5)

1   佛智廣大同虛空하사   普徧一切衆生心하사
    悉了世間諸妄想하시되   不起種種異分別이로다
    부처 지혜 크고 넓기 허공 같아서
    중생들의 마음에 두루하시고
    세간의 헛된 생각 모두 알지만
    갖가지 다른 분별 내지 않으며

2   一念悉知三世法하며   亦了一切衆生根하시니
    譬如善巧大幻師가   念念示現無邊事로다
    한 생각에 세 세상 법 모두 다 알고
    중생들의 근성도 잘 아시나니
    비유하면 교묘한 요술쟁이가
    잠깐잠깐 모든 일을 나타내는 듯

[疏] 後, 偈頌으로 廣顯佛德難思라 九十五偈를 分二니 先, 九十三偈는 別歎佛德이요 後, 二偈는 結德無盡하사 勸信勿疑라 前中에 前, 八十偈는 法說이요 後, 十三偈는 喩明이라 然이나 通讚毘盧遮那의 十身圓滿하신 二十一種殊勝功德이라 實即應分二十一段이나 且爲十

九니 後三이 合故⁶²⁾라 初有二偈는 卽於所知에 一向無障轉功德이니 謂佛無障礙智가 於一切事의 品類差別에 無着無礙⁶³⁾故니라

■ (나) 게송으로 불공덕이 불가사의함을 자세히 밝힘이다. 95개 게송을 둘로 나누리니 ㄱ. 93개 게송은 불공덕을 개별로 찬탄함이요, ㄴ. 두 게송은 불공덕이 그지없음을 결론하여 믿고 의심하지 말 것을 권유함이다. ㄱ. 중에 ㄱ) 80개 게송은 법으로 설함이요, ㄴ) 13개 게송은 비유로 밝힘이다. 그러나 비로자나 부처님의 열 가지 몸이 원만한 21가지 뛰어난 공덕을 통틀어 찬탄함이다. 실제로는 응당히 21문단으로 나누어야 하지만 우선 19문단으로 나누리니, 뒤의 세 구절은 (법과 비유를) 합한 까닭이다. ㄱ)에 있는 ① 두 게송은 곧 알 대상에 한결같이 장애하거나 바꿀 수 없는 공덕이니, 이른바 부처님의 장애 없는 지혜가 온갖 현상의 품류로 차별하면 집착도 없고 걸림도 없는 까닭이다.

[鈔] 然通讚者는 通有兩重하니 一者, 近通이니 通前法喩요 二者, 遠通이니 通⁶⁴⁾取此卷末의 結德無盡인 二偈經文이라 良以二偈도 亦是最後無盡德故라 其二十一德은 一經數節에 出其名義하니라 文有隱顯하니 欲彰如來無盡德故요 大體無異일새 故復出之라 昇兜率品에 已廣分別이어니와 今皆略指라 初有二偈者는 然此二偈가 含於總句妙悟皆滿이니 妙悟가 卽是妙覺智故라 以無着論下에 不釋總句일새 疏略不明이나 若欲明者인대 初偈가 當之요 今但顯別일새 卽當第一이라 然準上文에 二十一德이 皆有三節하니 一, 擧經의 名如此德이니 經

---

62) 上十六字는 原南續金本作卽分二十一段 玆從淨源疏注 與下疏合.
63) 礙는 南續金本作疑, 原本及無性釋作礙.
64) 通은 南續金本無라 하다.

卽二行永絶이요 二, 無着菩薩이 立功德名이니 卽今疏에 云, 於所知 一向無障轉功德이요 三, 引二釋論하여 解其本論이니 卽今疏에 云, 佛無礙智下文이 是也라 是는 無性意요 卽是智德이니 故로 經偈에 云, 佛智廣大나라 初之二句는 卽是德體요 三과 及後偈는 卽於所知 에 無障轉也니 謂卽於其極遠時處에 品類를 皆知일새 故無有知와 及 與不知之二相也라 第四句는 了俗이 由於證眞일새 故不起分別이요 亦是眞實離智障也라 若親光인대 釋不二現行云하되 謂凡夫와 二乘 의 現行二障이 世尊無故니 謂凡夫는 現行生死하여 起諸雜染하고 二 乘은 現行涅槃하여 棄利樂事라 今前偈는 唯了生死雜染이요 後偈는 唯證涅槃廣大利樂이니라

● 그러나 (비로자나 부처님의 열 가지 몸이 원만함을) 통틀어 찬탄함이란 통틀 어 두 겹이 있으니, 첫째, 가깝게 통함이니 앞의 법과 비유와 통함이 요, 둘째, 멀리서 통함이니 이 제80권 끝에 공덕이 그지없음을 결론 함은 두 게송의 경문을 통틀어 취하였다. 진실로 두 게송도 또한 마 지막의 그지없는 덕인 까닭이니, 그 21가지 공덕은 한 경문의 여러 과 목에서 그 이름과 뜻이 나온 것이다. 경문에 숨고 나타남이 있으니 여래의 그지없는 공덕을 밝히려는 연고요, 큰 체성으로는 다름이 없 으므로 다시 내보인 것이다. 제23. 승도솔천궁품에 이미 자세히 분 별하였는데 지금 모두 간략히 지적하였다. 'ㄱ)에 있는 두 게송'은 그 런데 이 두 게송은 총상 구절의 '묘한 깨달음이 모두 만족하다[妙悟皆 滿]'는 뜻을 함유하고 있으니, 묘한 깨달음은 곧 묘각(妙覺) 지위의 지 혜인 까닭이다. 무착(無着)보살의 논에는 총상 구절을 해석하지 않고 소문에도 생략하고 밝히지 않았지만 만일 밝히려 한다면 첫 게송[佛 智廣大同虛空-]이 해당할 것이요, 지금은 단지 별상만 밝히면 곧 첫째

에 해당한다. 그러나 위의 경문의 21가지 공덕에 준하면 모두 세 과목이 있으니 (1) 경문의 명칭인 이러한 공덕을 거론함이니 경문은 곧 '두 가지 행법이 영원히 끊어짐[二行永絶]'이요, (2) 무착보살이 공덕의 명칭을 세웠으니 곧 지금의 소문에 이르되, "알 대상에 한결같이 장애와 바꿈이 없는 공덕"이라 하였고, (3) 두 가지『섭대승론』의 해석을 인용하여 그 본론을 해석하였으니 곧 지금의 소문에 말한 佛無礙智 아래의 문장이 이것이다. 이것은 무성(無性)보살의 주장이요, 곧 지혜의 덕이니 그러므로 경문의 게송에 이르되, "부처님 지혜가 광대하다"고 말하였다. 처음 두 구절은 곧 공덕의 체성이요, 셋째 구절[悉了世間諸妄想]과 뒤 게송[一念悉知三世法-]은 곧 알 대상에 걸림과 바뀜이 없다는 뜻이다. 이른바 곧 그 지극히 먼 때와 장소에는 품류를 모두 알게 되는 연고로 아는 것과 알지 못하는 두 모양이 없다. 넷째 구절[不起種種異分別]은 속제를 깨달음이 진여를 증득함으로 말미암은 연고로 분별을 일으키지 않음이요, 또한 진실함은 지적인 장애를 여읜 것이다. 만일 친광(親光)법사의 주장은 '둘이 아닌 현행'을 해석하여 말하되, "이른바 범부와 이승은 두 가지 장애가 현행하지만 세존은 없기 때문이다. 이른바 범부는 생사가 현행하여 모든 잡염법을 일으키고, 이승은 열반이 현행하여 이롭고 즐거운 일을 버린다. 지금에 앞의 게송은 오직 생사하는 잡염법만 요달함이요, 뒤의 게송은 열반의 광대하게 이롭고 즐거움을 오로지 증득했을 뿐이다.

② 한 게송은 진여가 청정한 공덕[一偈眞如淸淨功德] (二有 28上2)

3 隨衆生心種種行하사　　　　　往昔諸業誓願力으로

令其所見各不同이나　　而佛本來無動念이요
중생들의 마음과 갖가지 행과
옛날에 지은 업과 소원을 따라
그들의 보는 것은 같지 않지만
부처님은 본래로 생각이 동하지 않고

[疏] 二, 有一偈는 明於有無에 無二相인 眞如最淸淨에 能入功德이니 謂了眞如無二일새 故無動念이니라

■ ② 한 게송은 유와 무에 둘이 없는 모양인 진여가 가장 청정하여 능히 들어가는 공덕을 밝힘이다. 이른바 진여가 둘이 없음을 깨달은 연고로 생각이 동함이 없는 것이다.

[鈔] 二有一偈者는 約經인대 卽達無相法⁶⁵⁾이라 疏中에 先, 引無着立名이요 後, 謂了眞如下는 卽無性釋意라 故無動念은 是疏以經帖이라 然이나 無性이 名此하여 爲無住涅槃이라 旣自入眞如일새 故不住生死며 亦令他入일새 故不住涅槃이라 今經三句는 卽不住涅槃이요 第四句는 是不住生死니라

● ② '한 게송이 있다'는 것은 ㉮ 경문을 잡으면 '모양 없는 법을 통달한다'는 구절이다. 소문 중에 무착(無着)보살의 섭론을 인용하여 명칭을 세운 것이요, ㉯ 謂了眞如 아래는 무성(無性)보살이 해석한 주장이다. 그러므로 생각이 동하지 않음은 소가가 경문을 따온 것이다. 그러나 무성보살이 이것을 이름하여 '머무름 없는 열반'이라 하였다. 이미 스스로 진여에 들어간 연고로 생사에 머물지 않으며, 또한 다른

---

65) 達은 佛地經作趣, 今經離世間品作達.

이로 하여금 들어오지 못하게 하는 연고로 열반에 머물지 않는다. 본경의 세 구절은 곧 열반에 머물지 않음이요, 넷째 구절[而佛本來無動念]은 생사에 머물지 않는다는 뜻이다.

③ 세 게송은 공용 없고 쉼 없는 공덕[三偈無功不休功德] (三有 28下5)

4 或有處處見佛坐하사 充滿十方諸世界하며
   或有其心不淸淨하여 無量劫中不見佛이로다
   어떤 이는 간 데마다 부처님께서
   온 세계에 가득함을 뵈옵지마는
   어떤 이는 마음이 깨끗지 못해
   무량겁에 부처님을 보지 못하며

5 或有信解離憍慢하여 發意卽得見如來하며
   或有諂誑不淨心으로 億劫尋求莫値遇로다
   어떤 이는 믿고 알아 교만이 없어
   생각대로 여래를 뵈옵지마는
   어떤 이는 아첨하고 마음이 부정하며
   억겁 동안 찾아도 만나지 못해

6 或一切處聞佛音에 其音美妙令心悅하며
   或有百千萬億劫이라도 心不淨故不聞者로다
   어떤 이는 간 데마다 부처님 음성
   아름답게 내 마음 기쁘게 하나

어떤 이는 백천만억 겁을 지내도
마음이 부정하여 듣지 못하며

[疏] 三, 有三偈니 卽無功用佛事不休息功德이니 謂住佛無住處하여 作
佛事不休息일새 故云 或見 等이니라

■ ③ 세 게송이니 곧 공용 없는 부처님 사업을 하되 휴식이 없는 공덕이
다. 이른바 부처님의 머무름 없는 데 머물러서[66] 부처님 사업을 하되
휴식이 없는 연고로 '혹은 본다' 등으로 말하였다.

[鈔] 三, 有三偈下는 約經인대 卽住於佛住라 疏中에 先依無着의 立功德
名이요 後, 謂住佛下는 卽無性釋이라 無性이 生起云, 爲欲得上無住
涅槃일새 故次明之니 卽是恩德이라 謂佛雖徧聖天梵住나 而空大悲
에 偏善安住하시니 由住空故로 不住生死하고 由住悲故로 不住涅槃
이라 一切時中에 觀所調伏일새 故隨物欲하사 或見不同이니라

● ③ 有三偈 아래는 경문을 잡으면 곧 부처님 머무는 데 머무름의 구
절이다. 소문 중에 ㉮ 무착보살의 섭론에 의지하여 공덕이란 명칭을
세웠고, ㉯ 謂住佛 아래는 무성보살의 해석이다. 무성보살이 시작하
면서 말하되, "위의 머무름 없는 열반을 얻으려 하는 연고로 다음에
밝혔으니 곧 은덕(恩德)이다. 이른바 비록 성인과 천상, 범천에 두루
머무르지만 공함과 크게 가엾이 여김에 치우쳐 편안하게 잘 머무르
나니, 공함에 머무름으로 인한 연고로 나고 죽음에 머물지 않고, 가
엾이 여김에 머무르는 연고로 열반에 머물지 않는다. 온갖 시간 중에
조복할 것을 관찰하는 연고로 중생의 욕심을 따라서 혹은 보는 것이

---

66) 여래명호품 경문에 云, "妙悟皆滿하시며 二行永絶하시며 達無相法하시며 住於佛住하시며 得佛平等하시며
到無障處와 不可轉法하시며 所行無礙하시며 立不思議하시며 普見三世하시니라"라 하였다.

같지는 않다.

④ 15개 게송은 세 가지 현상이 차별 없는 공덕[十五偈三事無差德] 2.
㉮ 현저하게 펼치다[懸敍] 2.
㉠ 일반적으로 간략히 해석하다[如常略釋] (四有 29上3)

[疏] 四, 有十五偈는 即於法身中의 所依意樂作事無差別功德이니 謂由諸佛의 所依智가 同하며 益生意樂이 同이시며 報化作用이 同이라 故로 前經에 云, 得佛平等이라하니 亦同攝論의 四種意趣中의 平等意趣라 故此廣列諸佛이 皆互相徧이니 此釋이 已妙니라

■ ④ 15개 게송은 곧 법신 중의 의지할 의요(意樂)로 일을 짓는 데 차별 없는 공덕이다. 이른바 모든 부처님이 의지할 대상인 지혜가 같으며, 중생을 이익하는 의요와 같으며, 보신과 화신의 작용함이 같음을 말미암는다. 그러므로 앞의 경문에 이르되, "부처님의 평등을 얻는다"라 하였으니, 또한 『섭대승론』의 네 가지 의취(意趣) 중의 '평등한 의취'와 같다. 그래서 여기서는 모든 부처님이 모두 서로 번갈아 두루 함을 자세히 열거하였으니, 이런 해석이 이미 묘하다는 뜻이다.

[鈔] 四有十五偈下는 約經컨대 即得佛平等이라 疏中에 分四니 一, 依無着의 立功德名이요 二, 謂由諸佛下는 即彼論釋의 諸佛이 有三事平等이니 即疏에 所引三同이 是也라 三, 故前經云下는 指經하면 即離世間品初也니 以彼具足二十一種功德名故라 四, 亦同攝論下는 引他論會釋이라 結云, 此釋已妙者는 古來諸德이 不知此即二十一德하며 亦不知此是佛平等하여 但云, 如來가 隨機隱顯일새 忽列諸佛이

라하나 莫知其由라 今에 云, 顯佛平等일새 故로 廣列諸佛이 皆相徧耳니 豈非妙耶아

- ④ 有十五偈 아래는 경문을 잡으면 곧 '부처님의 평등을 얻음'의 구절이다. 소문 중에 넷으로 나누리니 (1) 무착(無着)보살에 의지하여 공덕이란 명칭을 세움이요, (2) 謂由諸佛 아래는 저 논의 해석인 모든 부처님에게 세 가지 일이 평등함이 있나니, 곧 소문 중의 인용한 바 세 가지 같음이 이것이다. (3) 故前經云 아래는 경문을 지적하면 곧 이세간품의 첫 부분이니, 저기에 21가지 공덕이란 명칭을 갖춘 까닭이다. (4) 亦同攝論 아래는 저 섭론을 인용하여 회통하여 해석함이다. 결론하여 "여기의 해석이 이미 묘하다"고 말한 것은 예로부터 모든 대덕이 이것이 곧 21가지 공덕인 것을 알지 못하며, 또한 이것을 알지 못함이 바로 부처님의 평등함이어서 단지 말하되, "여래가 근기를 따라 숨고 나타나다가 홀연히 모든 부처님을 열거한다"라고 하였지만, 그 이유를 알지 못한다. 지금은 "부처님의 평등을 나타낸다"고 말한 연고로 모든 부처님이 모두 서로 두루함을 자세히 열거했을 뿐이니 어찌 묘함이 아니겠는가?

ⓛ 분신에 대해 개별로 밝히다[別顯分身] 8.
ⓐ 큰 의미를 총합하여 표방하다[總標大意] (今更 29下5)
ⓑ 경문을 인용하여 성립하다[引經成立] (謂此)

[疏] 今更以文理로 證此諸佛이 皆遮那之身이라 謂此文에 言此三千界에 阿閦在中이라하니 阿閦은 本在東方이어늘 今云, 在此라하니 明不異此로다 又無量壽佛과 月覺如來가 皆徧十方커니 豈容隔此리요 又皆言

或見이라하니 則知一佛이 隨見不同이로다
- 지금에 다시 경문의 이치로 이런 모든 부처님은 모두 비로자나의 몸인 것을 증명하였다. 이른바 이 경문에 "이런 삼천 세계에 아촉불(阿閦佛)이 중간에 있다"고 하였으니, 아촉불은 본래 동방에 있는데 지금은 '여기에 있다'고 하였으니 이것과 다르지 않음을 밝혔다. 또한 무량수 부처님과 월각(月覺) 여래가 모두 시방에 두루한데 이것과 현격히 다름을 어찌 용납하겠는가? 또한 모두에 '혹은 본다'고 하였으니 한 부처님도 소견을 따라 같지 않은 줄 알겠다.

[鈔] 今更下는 卽就佛平等中하여 顯實是本師互徧[67]이니 更過平等之意趣耳라 於中文前에 有八하니 一, 總擧大意요 二, 謂此文言下는 引此經文하여 質成正義요 三, 若言別讚下는 遮其欲救코 彰其謬解요 四, 況華藏下는 引前經文하여 成屬我師요 五, 法華央掘下는 引他經文하여 成立今義요 六, 故知法藏下는 遮其引難하여 爲決他經이요 七, 以理推下는 結成正義反質하여 令見이요 八, 然此段下는 辨其包含하여 重成本義라 二中에 自有三義하니 一, 東方之佛을 云在此者는 明阿閦이 卽是本師요 二, 阿彌陀가 充滿十方하니 亦合徧此하여 同於本方이니 卽釋迦矣니라 三, 通取컨대 或見이 明是本師며 或有見 爲阿閦과 彌陀諸佛이 異耳니라

- ㉡ 今更 아래는 곧 부처님의 평등함 중에 입각하여 실로 본사가 번갈아 두루함을 밝힘이니, 평등한 의취보다 더욱 뛰어날 뿐이다. 그중에 경문 앞에 여덟 과목이 있으니 ⓐ 큰 의미를 총합하여 표방함이요, ⓑ 謂此文言 아래는 이런 경문을 인용하여 바른 뜻을 질문하여 성취

---

67) 互徧은 南續金本無라 하다.

함이요, ⓒ 若言別讚 아래는 그 구제하려고 함을 막고 그 잘못 이해한 것을 밝힘이요, ⓓ 況華藏 아래는 앞의 경문을 인용하여 나의 스승에 속함을 이룸이요, ⓔ 法華央掘 아래는 다른 경문을 인용하여 본경의 뜻을 성립함이요, ⓕ 故知法藏 아래는 그 인용한 힐난을 막아서 다른 경문을 결정하기 위함이요, ⓖ 以理推 아래는 바른 이치를 결론하고 반대로 질문하여 보게 함이요, ⓗ 然此段 아래는 그 겸하여 포함한 것을 밝혀서 거듭 본래 뜻을 이루었다. ⓛ 중에 자연히 세 가지 뜻이 있으니 (1) 동방의 부처님을 '이곳에 있다'고 말한 것은 아촉이 곧 본래 부처님인 것을 밝힘이요, (2) 아미타가 시방에 충만하니 또한 합하여 여기에 두루하여 본래 방위와 같나니 곧 석가(釋迦)이다. (3) 통틀어 취한다면 혹은 보는 것이 본래 스승임이 분명하며, 혹은 어떤 이가 아촉 부처님과 아미타 부처님과 모든 부처님을 본 것이 다를 뿐이다.

ⓒ 그 잘못 이해함을 차단하다[遮其謬解] (若言 30上6)
ⓓ 앞을 인용하여 증명을 이루다[引前成證] (況華)

[疏] 若言別讚餘佛하여 直言阿閦在此라하면 何成讚德이리요 況華藏刹海가 皆遮那化境이요 無量壽等도 未出刹種之中이어니 豈非是此佛耶아

■ 만일 '나머지 부처님을 개별로 찬탄한다'고 말하여 바로 '아촉불이 이곳에 있다'고 말하면 어떻게 덕을 칭찬함을 이루겠는가? 하물며 화장찰해가 모두 비로자나가 교화하는 경계이며, 무량수 등도 국토종에서 나오지 않았는데 어찌 이 부처님이 아니겠는가?

[鈔] 若言別下는 三, 遮救라 中에 恐外救云호대 今明阿閦과 彌陀가 徧等하니 自是別讚彌陀阿閦이어늘 何得引是本師佛耶아할새 故로 今遮云하되 若如此者인대 普賢이 本讚本師釋迦如來어늘 今云東西의 諸佛이 徧此라하면 何成讚我本師耶아 四中에 引華藏者[68]는 娑婆는 當中刹海種內의 第十三層이요 而有十三佛刹塵數世界가 圍繞어늘 無量壽佛國은 但言從此西方으로 過十萬億佛土라하니 尙未能滿一合之塵이온 況於一刹塵數며 況十三佛刹塵數아 其十三重內가 皆是化境이오 況華藏世界刹海에 有十不可說佛刹微塵數世界種이며 一一種中에 有不可說佛刹微塵數世界아 皆是本師之所嚴淨이요 其中은 皆是遮那如來가 分身化徃이라 安養은 近在十重之內어니 何得非是本師釋迦리요 故云, 豈非是此佛耶아하니라

● ⓒ 若言別 아래는 (그 잘못 이해함을) 막고 구제함이다. 그중에 외부에서 구제함을 두려워하여 말하되, "지금 아촉불과 아미타불이 두루함 등을 밝혔으니, 자연히 아미타와 아촉불을 따로 찬탄하는데 어찌 본래 스승인 부처님을 인용하였겠는가?"라 하니 그러므로 지금 차단하여 말하되, "만일 이와 같다면 보현보살이 본래 본사인 석가여래를 칭찬한다"라 하였는데, 지금은 이르되, "동쪽과 서쪽의 모든 부처님이 이곳에 두루하다"고 하면 어찌 나의 본사를 칭찬함이 되겠는가? ⓓ 중에 화장세계를 인용한 것에서 사바(娑婆)는 중간의 국토 바다와 국토종 안의 제13층에 해당함이요, 그러나 13분 부처님의 국토 티끌 수 세계가 둘러쌈이 있는데, 무량수 부처님 국토는 단지 말하되 "여기서부터 서방으로 10만억 불국토를 지난다"고 하였으니 오히려 능히 일합상이 티끌을 채우지 못할 것인데 하물며 한 국토의 티끌 숫자

---

68) 上六字는 南續金本作華藏下 四,引前經文 成屬本師, 華上 南本有況字.

일 것이며, 하물며 13분의 부처님 티끌 수이겠는가? 그 13층 안이 모두 교화할 경계이며, 하물며 화장세계 국토 바다에 열 개의 말할 수 없는 불국토 티끌 수 세계종이 있으며, 낱낱 국토종 중에 말할 수 없는 불국토 티끌 수 세계가 있겠는가? 모두 본사가 깨끗이 장엄한 곳이요, 그 가운데는 모두 비로자나여래의 분신으로 화현하여 간 곳이다. 안양국(安養國)이 가깝게는 10층 안에 있는데 어찌 본사인 석가가 아니겠는가? 그러므로 말하되, "어찌 이곳의 부처님이 아니겠는가?"라고 하였다.

ⓔ 다른 경전을 인용하여 증명하다[引他經證] (法華 31上2)
ⓕ 막고 구제함에 대해 결정하여 해석하다[遮救決釋] (故知)

[疏] 法華와 央掘에 並說十方分身하시니 故知法藏의 別緣과 十六王子는 皆方便說이로다
■ 『법화경』과 『앙굴마라경(央掘摩羅經)』에도 아울러 시방의 분신(分身)을 말하였나니, 그러므로 법장(法藏)비구의 개별 인연과 16왕자가 모두 방편으로 말함인 줄 알겠다.

[鈔] 法華下는 五, 引他經하여 成立中에 二經의 分身은 已如前引이라 旣十方中이 皆是釋迦分身之佛이어니 何得彌陀와 阿閦佛等이 近而非耶아 故知法藏下는 六, 遮其引難者는 謂外引二經[69]하니 一, 引淸淨平等覺經에 說法藏比丘라 然이나 大寶積의 第十七無量壽如來會에는 說名法處比丘라 佛在耆闍崛山說이라할새 阿難이 起問白佛言호

---

69) 上六字는 甲南續金本作爲決他經.

대 大德世尊이 身色과 諸根이 悉皆淸淨하여 威光赫奕이 如融金聚하시며 又如明鏡에 凝照光輝니다 從昔已來로 初未曾見이어니 喜得瞻仰하여 生希有心이니다 世尊이 今者에 入大寂定하사 行如來行이 皆悉圓滿하시며 善能建立大丈夫行하사 思惟現在去來諸佛하시니 世尊이 何故로 住斯念耶닛가 佛讚聖知하시고 便爲說하사대 往昔에 過無邊阿僧祇無數大劫하여 有佛出現하시니 號曰然燈이라 此前에 展轉復擧諸佛하시고 最後에 乃云, 世主佛前無邊數劫에 有佛出世하시니 號世間自在王이요 彼佛法中에 有一比丘하니 名曰法處라 有殊勝願하사 詣如來所하여 以偈讚佛하시니 旣讚佛已에 佛爲說二十一億인 淸淨佛土가 具足莊嚴이어늘 彼比丘가 悉皆攝受하니라 攝已에 滿足五劫토록 思惟修習하고 便向彼佛하여 發四十八願하다 發願已後70)에 經多劫修行하여 成就功德하여 乃至成佛하니라 後에 阿難問호대 此法處比丘의 成佛이 爲過去耶닛가 未來耶닛가 爲今現在닛가 佛告阿難하시되 西方으로 去此十萬億佛刹에 彼有世界하니 名曰極樂이라 法處比丘가 在彼成佛하사 號無量壽오 今現在說法이라하시고 然後에 廣說其土莊嚴하시니라 釋曰, 旣如來가 說他昔因今果어니 何得判爲卽本師耶아

- ⓔ 法華 아래는 다른 경전을 인용하여 (증명이) 성립함이다. 그중에 두 경전의 분신은 이미 앞에서 인용함과 같다. 이미 시방 중에 모두 석가의 분신 부처님일 텐데 어찌 아미타와 아촉 부처님을 얻는 등이 가까운 것만은 아니겠는가? ⓕ 故知法藏 아래는 그 인용하여 힐난함을 막는 것은 이른바 밖으로 두 경문을 인용하였으니 (1)『청정평등각경(淸淨平等覺經)』71)에서 법장(法藏)비구를 말한 것을 인용하였다. 그러

---

70) 後下에 南續金本有更字.

나 『대보적경』 제17권의 무량수여래의 법회에는 이름을 법처(法處)비구라 하고 부처님이 기사굴산에서 설하신 것을 말하였다. 아난이 질문함으로 시작하여 부처님께 사뢰어 말하되, "대덕 세존은 몸 형색과 모든 감관이 모두 다 청정하니 위덕광명이 빛나고 밝은 것이 금덩이를 녹인 것과 같으시며, 또한 밝은 거울에 광명이 응결되어 비춤과 같다. 예로부터 처음에 일찍이 보지 못하는데 기쁘게 우러러보고 희유한 마음을 일으켰다. 세존이시여, 지금에 크게 고요한 선정에 들어가서 여래의 행을 행함이 모두 원만하시며, 대장부의 행을 잘 건립하여 현재와 미래의 모든 부처님을 사유하시니 세존이시여, 무슨 연고로 이런 생각에 머무르십니까? 부처님이 성인이 아는 것을 찬탄하지 않으시고 문득 위하여 설하시되, 그지없는 아승지의 헤아릴 수 없는 대겁을 지나서 부처님이 출현함이 있으니 연등(燃燈)이라 이름한다. 이전에 전전이 다시 모든 부처님을 거론하시고 최후에 비로소 말하되, "세주인 부처님 앞인 그지없는 수의 겁에 부처님이 출세하였으니 이름을 세간자재왕이라 부른다. 저 불법 가운데 한 비구가 있으니 법처(法處)라 이름한다. 수승한 원이 있어서 여래의 처소에 참예하여 게송으로 부처님을 찬탄하시니 이미 부처님을 찬탄하고 나서 부처님이 21억의 청정한 불국토를 위하여 설하고 구족히 장엄하였다. 저 비구가 모두 다 섭수하였다. 섭수한 뒤 5겁이 다하도록 사유하고 수습하고는 문득 저 부처님을 향하여 48가지 대원을 발하였다. 발원한 이후에 오랜 겁을 지나 수행하여 공덕을 성취하고 나아가 성불하였다. 뒤에 아난이 묻되, 이 법처비구가 성불한 것이 과거가 되는가, 미래가 되는가, 아니면 지금 현재인가? 부처님이 아난에게 고하시되 "서방은

---

71) 『무량청정평등각경(無量淸淨平等覺經)』 전 4권이니 K-24, T-361. 후한(後漢)시대에 지루가참(支婁迦讖, Lokaksema)이 147년에서 186년 사이에 낙양(洛陽)에서 번역하였다. 이역본으로 『무량수경』이 있다.

이곳에서 떨어진 지 10만억 불국토에 저기에 세계가 있으니 이름이 극락(極樂)이다. 법처비구가 저곳에서 성불하여 무량수(無量壽)라 이름하며 지금 현재에 설법하신다"라 하였고, 그런 뒤에 그 국토의 장엄을 널리 설하였다. 해석하자면 이미 여래가 저 예전의 원인과 지금의 결과를 설하였는데 어떻게 본래 스승이라 판단하겠는가?

二, 引法華經十六王子니 卽第三大通智勝佛이라 經에 云, 彼佛의 弟子十六沙彌가 今皆得阿耨多羅三藐三菩提하여 於十方國土에 現在說法하시니 有無量百千萬億菩薩과 聲聞이 以爲眷屬이라 其二沙彌는 東方作佛하니 一名阿閦이니 在歡喜國이요 二名須彌頂이니라 東南方二佛은 一名師子音이요 二名師子相이니라 南方二佛은 一名虛空住요 二名常滅이니라 西南方二佛은 一名帝相이요 二名梵相이니라 西方二佛은 一名阿彌陀요 二名度一切世間苦惱니라 西北方二佛은 一名多摩羅跋栴檀香이요 二名須彌相이니라 北方二佛은 一名雲自在요 二名雲自在王이니라 東北方佛은 名壞一切世間怖畏요 第十六은 我釋迦牟尼佛이 於娑婆國土에 成阿耨多羅三藐三菩提라하니라 釋曰, 旣第一佛이 名曰阿閦이요 第九王子가 卽爲彌陀요 十六은 釋迦라 本因이 旣殊하고 得佛은 又別이어니 云何渾亂하여 言皆本師리요 할새 故로 疏에 釋云하되 皆是方便이라하니라

- (2)『법화경』의 16왕자는 곧 제3권의 대통지승 부처님을 인용한 부분이다. 경문에 이르되, "저 부처님의 제자 16사미는 지금 모두 아뇩다라삼약삼보디를 얻어서 시방의 국토에서 현재에 설법하시니 한량없는 백천만억 보살과 성문이 권속이 되었다. 그 가운데 두 사미는 동방에서 성불하니, 첫째 이름은 아촉(阿閦)으로 환희국에 계시고, 둘

째 이름은 수미정이니라. 동남방의 두 부처님은 그 첫째 이름은 사자음이고, 둘째 이름은 사자상이며, 남방에 계시는 두 부처님은 첫째 이름이 허공주요, 둘째 이름은 상멸이며, 서남방의 두 부처님은 첫째 이름이 제상이요, 둘째 이름은 범상이며, 서방의 두 부처님은 첫째 이름은 아미타요, 둘째 이름은 도일체세간고뇌이며, 서북방의 두 부처님은 첫째 이름은 다마라발전단향신통이요, 둘째 이름은 수미상이며, 북방의 두 부처님은 그 첫째 이름이 운자재요, 둘째 이름은 운자재왕이며, 동북방의 부처님 이름은 괴일체세간포외며, 열여섯째 부처는 나 석가모니불이니, 이 사바세계에서 아눗다라삼약삼보디를 성취하였느니라"고 하였다. 해석하자면 이미 첫째 부처님은 아촉이라 이름하였고, 아홉째 왕자는 아미타요, 16번째는 석가이다. 본래 원인은 이미 다르고 부처를 얻음은 또 다른데, 어떻게 흐리고 산란하여 모두 본래 스승이라 말하겠는가 할 것이므로, 소문에 해석하기를, 모두 방편이라 하였다.

復更[72]問言호대 豈法華經을 判爲方便이리요할새 今當還引法華하여 答之하리라 法華壽量品에 云, 於是中間에 我說然燈佛等이라하며 又復言其入於涅槃은 如是가 皆以方便으로 分別이라하니라 則等言이 已等十六王子니라 復應問言호대 然燈의 去今이 方一僧祇니 可爲方便이어니와 自在王佛과 大通智勝은 已經無量無邊不可思議阿僧祇劫이 豈爲方便이라할새 故應答言호대 云, 然燈은 雖已久矣나 比[73]之壽量하면 劫數不多오 謂說大通하사대 但磨三千大千地種하여 以爲其墨하여 過於東方千國土하여 即下一點하다 以爲校量이라가 彼佛滅

---

72) 更은 南續金本作應.
73) 非는 續金本作此.

度가 但過是數가 無量無邊百千阿僧祇劫이니 豈同壽量說成佛遠이리요 經에 云, 譬如五百萬億那由他阿僧祇三千大千世界를 假使有人이 末爲微塵하여 過於東方五百千萬億那由他阿僧祇國하여 乃下一塵호대 如是東行하여 盡是微塵하며 是諸世界에 若着微塵과 及不着者를 盡以爲塵하여 一塵一劫이라하여도 我成佛以來는 復過於此百千萬億那由他阿僧祇劫이라하니라 釋曰, 以此之喩로 方之大通의 三千墨點컨대 非可類矣라 自此劫來가 皆是方便일새 故로 然燈等言이 無不該也니라 是以로 昔人이 云, 十六王子가 尙掩成道之初라하니 斯言愜當이라 則知彌陀와 阿閦佛等이 皆是本師의 成佛後事가 義無惑矣로다 自在王佛의 展轉多劫도 但以數로 明劫이어니 豈如末塵으로 爲劫耶아

● 또다시 질문하여 말하되, "어찌 『법화경』을 방편교라 판단하겠는가?" 하므로 지금 당연히 도리어 법화경을 인용하여 대답하리라. 『법화경』 여래수량품에 이르되, "이 중간에서 내가 연등불 등을 설하였다"고 하였으며, 또 다시 말하되, "그의 열반을 설하였으나, 이와 같은 것은 모두 방편으로 분별함이니라"고 하였다. 등(等)이란 말은 이미 16왕자와 같다. 다시 응당히 질문하여 말하되, "연등은 여기와 떨어진 것이 사방이 1아승지이니 방편이 되거니와, 자재왕 부처님과 대통지승 부처님은 이미 한량없고 그지없는 불가사의한 아승지겁을 지난 것이니 어찌 방편이 되었는가?"라고 말한 연고로 응하여 대답하여 말하되, "연등은 비록 이미 오래되었지만 수명을 비교하면 겁 수가 많지 않다." 이른바 대통지승불을 설명하기를, "단지 삼천대천세계 땅을 갈아서 먹을 삼아서 동방으로 천 국토를 지나서 곧 점 하나 떨어뜨리고 이로써 분량을 비교하다가 저 부처님 멸도하심에 단지 이런

수를 지난 것이 한량없고 그지없는 백천 아승지겁이니, 어떻게 목숨 분량보다 성불함이 먼 것을 설하겠는가?" 경문에 이르되, "비유하건대 5백만억 나유타 아승지의 삼천대천세계에 가령 어떤 사람이 티끌을 가루로 만들어 동방으로 1천 국토를 지나 티끌만 하게 한 점 떨어뜨리며, 이와 같이 동쪽으로 가면서 먹을 다하며, 이 여러 나라를, 점이 떨어진 국토나 아니 떨어진 국토를 다 합쳐 모아 티끌로 만들어서 그 한 티끌을 1겁이라 하더라도, 내가 성불한 이래로 다시 이런 백천만억 나유타 아승지겁을 지난다"고 하였다. 해석하자면 이런 비유로 사방으로 대통지승 부처님의 3천 점 먹물을 떨어뜨린다면 유례하여 알 수가 없다. 이 겁으로부터 이래로 모두 방편인 연고로 연등이란 등의 말은 포함되지 않은 것이 없다. 이런 연고로 옛 사람이 말하되, "16왕자가 오히려 성도한 처음을 가린다"고 하였으니 이런 말이 합당하다. 아미타와 아촉 부처님 등이 모두 본사가 성불한 뒤의 일인 줄 아는 것이니 뜻에 의혹이 없다. 자재왕 부처님이 오랜 겁을 전전한 것도 단지 숫자로 겁을 밝혔는데 어떻게 티끌을 갈아서 겁을 삼는 것과 같겠는가?

ⓖ 바른 이치를 결론하다[結成正義] (以理 33下9)
ⓗ 그 겸하여 포함함을 밝히다[辨其兼含] (然此)

[疏] 以理推之컨대 皆是如來의 海印所現이니 何緣으로 不說自所現佛하고 而說他耶아 故知賢首佛等이 皆本師矣로다 然이나 此段文은 亦兼顯 第十七의 隨其勝解하여 示現差別佛土功德이니라

■ 이치로 미루어 보면 모두 여래의 해인삼매(海印三昧)로 나타낸 바이니,

무슨 인연으로 스스로 나타낸 부처를 말하지 않고 다른 것을 말하겠는가? 그러므로 현수(賢首) 부처님 등이 모두 본래 스승인 줄 알겠다. 그러나 이 문단의 경문도 또한 제17층에서 그 뛰어난 이해를 따라 나타내 보여서 불국토의 공덕을 차별한 것이다.

[鈔] 以理推下는 第七, 結成正義라 十方諸佛이 皆我本師의 海印頓現이요 且法華의 分身이 有多淨土커니 如來가 何不指已淨土하시고 而令別往彌陀와 妙喜아 思之니라 故知賢首와 彌陀等佛이 皆本師矣라 復何怪哉아 言賢首者는 卽壽量品中에 過百萬阿僧祇剎하여 最後勝蓮華世界之如來也라 經中偈에 云, 或見蓮華勝妙刹에 賢首如來가 住其中이라하니 若此가 不是歎本師者인대 說他如來가 在他國土가 爲何用耶아 且如總持敎中에 亦說三十七尊이 皆是遮那一佛所現하시니 謂毘盧遮那如來內心에 證自受用하사 成於五智할새 從四智하여 流四方如來하니 謂大圓鏡智에 流出東方阿閦如來하시고 平等性智에 流出南方寶生如來하시고 妙觀察智에 流出西方無量壽如來하시며 成所作智에 流出北方不空成就如來하시고 法界淸淨智는 卽自當毘盧遮那如來니라

● ⑧ 以理推 아래는 바른 이치를 결론함이다. 시방의 모든 부처님이 모두 나의 본사(本師)라는 것이 해인삼매로 단박에 나타남이요, 우선 『법화경』의 분신(分身)은 많은 정토가 있는데 여래가 어찌 정토를 지적하지 않고도 아미타불이 묘희(妙喜)세계에 가심을 구별하게 하였는가? 생각해 보라. 그러므로 현수(賢首)불과 아미타불 등이 모두 본사(本師)임을 알았는데 다시 무엇이 이상하겠는가? 현수(賢首)라 말한 것은 여래수량품 중에서 백만 아승지 국토를 지나서 최후에 승연화

(勝蓮華)세계의 여래가 된 것이다. 경문 중에 게송으로 말하되, "혹은 연화세계의 승묘한 국토를 보면 현수여래가 그 안에 머무신다"고 하였으니, 만일 이것이 본사를 찬탄한 것이 아니라면 저 여래가 다른 국토에 계심을 말한 것이니 무슨 작용이 되겠는가? 우선 총지교(總持教) 중에 또한 37분 세존이 모두 비로자나인 한 부처님이 나타나신 것과 같나니, 이른바 비로자나 여래의 속마음으로 자수용신(自受用身)임을 증명하여 다섯 가지 지혜를 성취한 것이니 네 가지 지혜로부터 사방의 여래가 유행하신다. 말하자면 대원경지는 동방의 아축(阿閦)여래에게서 흘러나오고, 평등성지는 남방의 보생(寶生)여래에게서 흘러나오고, 묘관찰지는 서방의 무량수(無量壽)여래에게서 흘러나오고, 성소작지는 북방의 불공성취(不空成就)여래에게서 흘러나오고, 법계가 청정한 지혜는 곧 자신인 비로자나여래에 해당한다.

言三十七者는 五方如來에 各有四大菩薩이 在於左右하여 復成二十이니 謂中方의 毘盧遮那如來의 四大菩薩者는 一, 金剛波羅密菩薩이요 二, 寶波羅密菩薩이요 三, 法波羅密菩薩이요 四, 羯磨波羅密菩薩이니라 東方阿閦如來의 四菩薩者는 一, 金剛薩埵菩薩이요 二, 金剛王菩薩이요 三, 金剛愛菩薩이요 四, 金剛善哉菩薩이니라 南方寶生如來의 四菩薩者는 一, 金剛寶요 二, 金剛威光이요 三, 金剛幢이요 四, 金剛笑니라 西方의 無量壽如來는 亦名觀自在王如來니 四菩薩者는 一, 金剛法이요 二, 金剛利요 三, 金剛因이요 四, 金剛語니라 北方의 不空成就如來의 四菩薩者는 一, 金剛業[74]이요 二, 金剛法이요 三, 金剛藥叉요 四, 金剛拳이라 已上에 總有二十五也오 及四

---

74) 業은 南續金本作葉誤.

攝八供養일새 故三十七이라 言四攝者는 即鉤, 索, 鎖, 鈴이요 八供養者는 即香, 華, 燈, 塗와 戲, 鬘, 歌, 舞니 皆上에 有金剛하고 下有菩薩이라 然此三十七尊에 各有種子하니 皆是本師智用의 流出이라 與今經中의 海印頓現으로 大意同也니라 問이라 若依此義인대 豈不違於平等意趣아 平等意趣에 云, 言即我者는 依於平等意趣而說이 어니와 非即我身을 如何皆說爲本師耶아 答이라 平等之言도 乃是一義라 唯識에 尙說一切衆生中에 有屬多佛이나 多佛이 共化하여 以爲一佛이니 若屬一佛인대 一佛이 能示現하여 以爲多身이요 十方如來도 一一皆爾라 今正一佛이 能爲多身이어니 依此而讚이라야 方讚本師니라

● 37분이라 말한 것은 오방여래에게 각기 사대보살이 왼쪽과 오른쪽에 있으면서 다시 20분을 이루나니 이른바 중방은 비로자나여래의 사대 보살이란 (1) 금강바라밀(波羅蜜)보살이요, (2) 금강보(寶)바라밀보살이요, (3) 금강법(法)바라밀보살이요, (4) 금강갈마(羯磨)바라밀보살이다. 동방 아촉여래의 사대 보살은 (1) 금강살타(薩埵)보살 (2) 금강왕보살 (3) 금강애(愛)보살 (4) 금강선재(善哉)보살이다. 남방의 보생(寶生)여래의 사대 보살은 (1) 금강보(寶)보살 (2) 금강위광보살 (3) 금강당보살 (4) 금강소(笑)보살이다. 서방의 무량수여래는 또한 관자재왕(觀自在王)여래라 이름하나니 네 보살은 (1) 금강법보살 (2) 금강리(利)보살 (3) 금강인보살 (4) 금강어보살이다. 북방 불공성취(不空成就)여래의 네 보살은 (1) 금강업보살 (2) 금강법보살 (3) 금강야차보살 (4) 금강권(拳)보살이다. 이상에 총합하여 25분이 있다. 네 가지 섭수하는 법과 여덟 가지 공양에 미치는 연고로 37분이다. '네 가지 섭수하는 법'이라 말한 것은 곧 갈구리와 새끼, 쇠사

슬, 방울이요, '여덟 가지 공양'이란 곧 향과 꽃, 등불, 도향, 유희, 꽃다발, 노래와 춤이니, 모두 위에 금강이 있고 아래에 보살이 있다. 그러나 여기의 37분 세존은 각기 종자가 있으니 모두 본사의 지혜와 작용에서 유출된 것이다.

본경 중의 해인삼매(海印三昧)로 단박에 나타났으니 큰 의미는 같다. 묻는다. "만일 이런 뜻에 의지한다면 어찌 평등한 의취(意趣)에 위배되지 않겠는가? 평등한 의취에 이르되, '곧 나이다'라고 말한 것은 평등한 의취에 의지하여 설한 것이지만 곧 나의 몸이 아닌데, 어떻게 모두에 본사가 된다고 말하겠는가?" 대답한다. "평등하다는 말도 비로소 한 가지 뜻이요, 유식론에는 오히려 일체중생 가운데 많은 부처님에 속함이 있지만 여러 부처님이 함께 교화함으로 한 부처를 삼았으니, 만일 한 부처님께 속한다면 한 부처님이 능히 나타내 보여서 많은 몸이 된 것이요, 시방 여래에게도 낱낱이 모두 그러하니 지금은 바로 한 부처님이 능히 많은 몸이 되나니, 이것에 의지하여 칭찬하여야 비로소 본사를 칭찬함이 된다."

然此段下는 第八, 辨其兼含이라 此含第十七德이니 故至下文하야 說相則少라 所以此中에 兼此德者는 有二意故니 一, 爲類例에 義相似故로 不欲繁文일새 故現妙喜와 極樂等土요 二者, 以第十七이 成於此段이라 全是本師가 由差別土나 皆是本師一佛이 現故라 不見此意하면 豈知經旨리요 勿輕爾也니라

● ⓗ 然此段 아래는 그 겸하여 포함함을 밝힘이다. 여기에 17번째 덕을 포함하였으니 그러므로 아래 경문에 가서는 모양을 말하면 적다. 그러므로 이 가운데 이런 공덕을 겸한 것은 두 가지 의미가 있는 까

닭이다. (1) 부류로 유례하면 뜻이 비슷한 연고로 경문이 번거롭지 않게 하지 않으려고 묘희(妙喜) 세계 극락과 같은 땅을 나타냄이요, (2) 17번째에 이런 문단을 성취하나니 온전히 본래 스승이 국토를 차별함으로 말미암아 모두 본사인 한 부처님이 나타난 까닭이다. 이런 의미를 보지 않으면 어찌 본경의 종지인 줄 알겠는가? 가볍지 않고 그런 줄 알리오!

㉯ 경문 해석[釋文] 3.
㉠ 여덟 게송은 주인과 반려로 국토를 장엄하고 중생을 섭수함이 같다
 [八偈主伴嚴土攝生同] (文中 37下1)

7 或見淸淨大菩薩이 充滿三千大千界하여
   皆已具足普賢行이어든 如來於中儼然坐로다
   어떤 이는 청정한 큰 보살들이
   삼천대천세계에 가득 차 있어
   보현의 온갖 행을 갖춘 가운데
   여래께서 의젓하게 앉음을 보며

8 或見此界妙無比하니 佛無量劫所嚴淨이라
   毘盧遮那最勝尊이 於中覺悟成菩提로다
   이 세계가 미묘하기 짝이 없음은
   오랜 세월 부처님이 장엄하신 것
   비로자나 거룩하신 부처님께서
   이 안에서 깨달아 보리 이루고

9 　或見蓮華勝妙刹에　　　　賢首如來住在中이어든
　　無量菩薩衆圍遶하여　　　皆悉勤修普賢行이로다
　　혹은 보니 아름다운 연꽃 세계에
　　현수여래 그 가운데 앉아 계신데
　　한량없는 보살 대중 둘러 모시고
　　보현행을 부지런히 닦기도 하며

10 　或有見佛無量壽는　　　　觀自在等所圍遶니
　　悉已住於灌頂地하여　　　充滿十方諸世界로다
　　혹은 보니 무량수불 계시는 곳에
　　관자재보살들이 둘러 모시고
　　정수리에 물 붓는 지위에 있어
　　시방의 온 세계에 가득 찼으며

11 　或有見此三千界가　　　　種種莊嚴如妙喜하여
　　阿閦如來住在中과　　　　及如香象諸菩薩이로다
　　어떤 이는 삼천대천 이 세계들이
　　여러 장엄 묘희 세계 비슷하온데
　　아촉여래 그 가운데 앉아 계시고
　　향상과 같은 보살 모두 다 보며

12 　或見月覺大名稱이　　　　與金剛幢菩薩等으로
　　住如圓鏡妙莊嚴하사　　　普徧十方淸淨刹이로다
　　어떤 이는 소문 높은 월각 부처님

금강당보살님과 함께 하시어
　　　거울 같은 묘한 장엄 머물러 있어
　　　깨끗한 시방세계 찼음을 보며

13　或見日藏世所尊이　　　　住善光明淸淨土하사
　　及與灌頂諸菩薩로　　　　充徧十方而說法이로다
　　혹은 보니 일장세존 부처님께서
　　좋은 광명 청정한 국토에 계셔
　　정수리에 물 부은 보살과 함께
　　시방에 가득하여 법을 말하고

14　或見金剛大焰佛이　　　　而與智幢菩薩俱하사
　　周行一切廣大刹하여　　　說法除滅衆生瞖로다
　　혹은 보니 금강불꽃 큰 부처님이
　　지혜당기보살과 함께 하시어
　　광대한 모든 세계 두루 다니며
　　법을 말해 중생의 눈병 없애고

[疏] 文中에 三이니 初八은 主伴嚴土攝生同이요
■ 경문 중에 셋이니 ㉠ 여덟 게송은 주인과 반려로 국토를 장엄하고 중생을 섭수함이 같음을 노래함이다.

㉡ 네 게송은 미세하게 함유하여 용납하고 법을 굴림이 같다
　　[四偈微細含容轉法同] (次四 37下1)

15 一一毛端不可說 　　　　　　諸佛具相三十二어든
　　菩薩眷屬共圍遶하여 　　　　種種說法度衆生이로다
　　하나하나 털끝마다 말할 수 없는
　　부처님이 32상 구족하시고
　　여러 보살 권속에게 호위되어서
　　가지가지 법을 말해 중생을 제도

16 或有觀見一毛孔의 　　　　　　具足莊嚴廣大刹에
　　無量如來悉在中하고 　　　　　清淨佛子皆充滿이로다
　　어떤 이는 한 터럭 구멍을 보니
　　구족하게 장엄한 넓은 세계에
　　한량없는 여래가 가운데 있고
　　청정한 불자들이 가득 찼으며

17 或有見一微塵內에 　　　　　　具有恒沙佛國土어든
　　無量菩薩悉充滿하여 　　　　　不可說劫修諸行이로다
　　혹은 보니 조그만 한 티끌 속에
　　항하사 모래 수의 국토가 있고
　　한량없는 보살이 가득 차 있어
　　말할 수 없는 겁에 행을 닦으며

18 或有見一毛端處에 　　　　　　無量塵沙諸刹海가
　　種種業起各差別이어든 　　　　毘盧遮那轉法輪이로다
　　혹은 보니 한 터럭 끝만 한 곳에

한량없는 티끌 수 세계가 있어
가지가지 짓는 업이 각각 다른데
비로자나 부처님 법륜을 굴리고

[疏] 次四는 微細含容轉法同이요
■ ㉡ 네 게송은 미세하게 함유하여 용납하고 법을 굴림이 같음을 노래
함이요.

㉢ 세 게송은 여러 문을 총합 섭수하여 앞을 결론하고 뒤를 시작하다
[三偈總攝多門結前生後] (後三 37下2)

19 或見世界不淸淨하며   或見淸淨寶所成이어든
    如來住壽無量時와   乃至涅槃諸所現이로다
    혹은 보니 어떤 세계 깨끗지 않고
    어떤 세계 깨끗한 보배로 되어
    여래께서 한량없이 오래 사시며
    열반하실 때까지 모두 나타내

20 普徧十方諸世界하사   種種示現不思議라
    隨諸衆生心智業하여   靡不化度令淸淨이로다
    시방의 모든 세계 두루하여서
    갖가지로 부사의한 일을 보이고
    중생들의 말과 지혜 업을 따라서
    교화하여 모두 다 깨끗하게 하며

21 如是無上大導師가　　　　充滿十方諸國土하사
　　示現種種神通力을　　　　我說少分汝當聽이어다
　　이와 같이 위없는 대도사들이
　　시방의 모든 국토 가득 차 있어
　　가지가지 신통한 힘 나타내심을
　　조금만 말하리니 그대 들으라.

[疏] 後三은 總攝多門하여 結前生後라
■ ㉢ 세 게송은 여러 문을 총합 섭수하여 앞을 결론하고 뒤를 시작함이요,

[鈔] 文中에 有三하니 前二, 云同者는 順功德中의 平等德故니라
● 경문 중에 셋이 있으니 앞의 둘에 '함께한다'고 말한 것은 공덕 중의 평등한 공덕에 수순하는 까닭이다.

⑤ 세 게송은 수행으로 장애를 다스리는 공덕[三偈修行治障德]
(五或 37下10)

22 或見釋迦成佛道가　　　　已經不可思議劫하며
　　或見今始爲菩薩하사　　　十方利益諸衆生이로다
　　혹은 보니 석가여래 부처 되신 지
　　부사의한 많은 겁을 이미 지냈고
　　혹은 이제 처음으로 보살이 되어
　　시방에서 모든 중생 이익하시며

23 或有見此釋師子가 供養諸佛修行道하며
或見人中最勝尊이 現種種力神通事로다
혹은 보니 석가모니 사자님께서
부처님께 공양하며 도를 행하고
혹은 보니 사람 중에 가장 높은 이
가지가지 힘과 신통 나타내시며

24 或見布施或持戒와 或忍或進或諸禪과
般若方便願力智로 隨衆生心皆示現이로다
보시도 행하시고 계율도 갖고
욕도 참고 정진하고 선정도 하며
반야·방편·원과 힘과 지혜를 닦아
중생의 마음 따라 나타내시며

[疏] 五, 或見釋迦下의 三偈는 卽修一切障對治功德이니 謂一切時에 常 修覺慧하사 治六蔽等故라 旣云, 已經多劫하면 則不定始成이라하니라
⑤ 或見釋迦 아래의 세 게송은 온갖 장애를 수행하여 다스리는 공덕 이다. 이른바 모든 시간에 항상 깨달음의 지혜를 수행하여 여섯 가지 폐단을 다스리는 등인 까닭이다. 이미 말하되 "이미 오랜 겁을 지나 면 처음 성취함을 정할 수 없다"고 말하였다.

[鈔] 五或見下는 約經컨대 卽到無障礙處니 疏中에 先, 引無着의 立功德 名하고 後, 謂一切時下는 將75)釋論意하여 以會經文이니 彼論에 具

―――
75) 將은 南纂續金本作謂.

云, 謂已慣習一切煩惱와 及所知障對治聖道라하니 卽一切智와 及
定自性으로 以爲能治라 故로 無着論에 名爲修治라 又已到於永離
一切障處일새 故로 經名爲到無障處라 經中에는 別說일새 但明十度
하고 而偈에 總云, 供養諸佛修行道라하시니 則無所不具일새 疏有等
言이니라

● ⑤ 或見 아래는 경문을 잡으면 곧 장애가 없는 곳에 도달한다는 구
절이다. 소문 중에 ㉮ 무착론을 인용하여 공덕이란 명칭을 세움이요,
㉯ 謂一切時 아래는 석론의 의미를 가져서 경문과 회통함이다. 저 논
에 갖추어 말하면, "이른바 이미 온갖 번뇌와 소지장을 익숙하게 익
혀서 성인의 도를 다스린다"고 하였으니, 곧 온갖 지혜와 삼매의 자
성으로 다스리는 주체를 삼은 연고로 무착론(無着論)에서는 '수행하
여 다스림'이라 이름하였다. 또한 이미 온갖 장애를 영원히 여의는 곳
에 도달한 연고로 경문에는 '장애 없는 곳에 도달한다'고 이름하였
다. 경문 중에 따로 설하면서 단지 십바라밀을 밝혔는데, 게송에 총
합하여 말하되, "부처님께 공양하며 도를 행한다"고 하였으니 갖추
지 못할 바가 없으므로 소에서 '등이 있다'고 말한다.

旣云已經者는 卽此段初半偈니 經에 云, 或見釋迦成佛道가 已經不
可思議劫이라하니라 所以로 疏中에 牒此言者는 遮天台師之謬釋也니
謂彼學者가 多云호대 華嚴이 雖則玄妙나 而有二事가 不如法華라
一, 兼別義니 是故로 不說聲聞作佛이오 二, 說如來의 始成正覺하시
고 不說本師의 壽量久成이라할새 故로 疏中에 指此經文이니 卽是此
經에 說久成處라 若以此後가 不得該前하면 則法華의 壽量이 不能
該於我가 始坐道場하여 於三七日을 思惟等迹이리라 然이나 彼師가

以久成으로 爲本하고 始成으로 爲迹이라 今經之本은 則非古非今이오 若就迹門하면 則能今能久니라 生公이 亦云호대 是以로 極設長壽하여 言伽耶是一이나 若伽耶是者인대 非復伽耶오 伽耶旣非인대 彼長安[76]獨是乎아 長短斯非일새 則所以長短이 存焉[77]이라하시니 誠爲妙悟로다 不說聲聞이 得作佛者는 約不共義라 旣不厭捨커니 曾何棄之리오 況一成에 一切成이오 無一衆生이 不具佛智아 善須得意하고 勿雜釋經이니라

● 이미 지났다고 말한 것은 곧 이 문단의 처음 반의 게송이니 경문에 이르되, "혹은 보니 석가여래가 부처 되신 지 부사의한 많은 겁을 이미 지냈고"라 하였다. 그러므로 소문 중에 이런 말을 따온 것은 천태(天台)대사가 잘못 해석한 것을 막았으니, 이른바 저 학자가 대부분 이르되, "화엄경이 비록 현묘하지만 그러나 두 가지 일이 법화경과 같지 않다. (1) 별교(別敎)의 이치를 겸하나니 이런 연고로 성문이 부처가 되지 못한다고 말한 것인가? (2) 여래가 비로소 정각을 이루었다[始成正覺]고 말하고 본사(本師, 석가)의 수명이 오래전에 성불했다고는 말하지 않는 연고로 소문 중에서 이 경문을 지적하였으니 곧 이 본경에서 오래전에 성불한 곳이라 말한다"고 하였다.

만일 이 뒤가 앞을 포섭하지 않는다면『법화경』의 여래수량품을 능히 내가 처음 도량에 앉아서 3·7일에 사유한 등의 행적은 포섭하지 않는다. 그러나 저 본사가 오래전에 이룸으로 본(本)을 삼고 처음 이룸으로 적(迹)을 삼는다. 본경의 근본은 옛도 아니고 지금도 아니다. 만일 적문(迹門)에 입각하면 현재에 가능하고 오래전에도 가능한 것이

---

76) 安은 續本作壽라 하다.
77) 案嘉祥法華義疏卷十引生公云 言彼長者 卽伽耶是也 伽倻是者 卽非復伽耶 伽耶旣非 彼長者何獨是乎 然則長短斯忘 長短存焉 又法華玄論卷九引此大同 但初云 極決彼長壽 則伽耶是也 末云 欲顯不長不短 長短斯忘 然後久近適化也.

다. 도생(道生)법사가 또한 말하되, "이런 연고로 오래 장수(長壽)함을 극적으로 설정하여, 가야(伽耶)는 하나라 말하지만 만일 가야가 맞다면 다시 가야가 어찌 아니리오! 가야가 이미 아니라 한다면 저 장안(長安)만 어찌 유독 옳겠는가? 길고 짧은 것이 이미 아니라면 이런 연고로 길고 짧은 것을 두었다"라 하였으니, 진실로 묘한 깨달음을 얻은 것이다. '성문이 부처가 됨을 얻는다고 말하지 못한다'고 말한 것은 함께하지 않는 뜻을 잡는다. 이미 버릴 것을 싫어하지 않는데 일찍이 무엇을 버렸으리오. 하물며 하나를 이룰 적에 모두를 이루고, 한 중생도 부처님 지혜를 갖추지 못함이 없고, 모름지기 의미를 잘 얻어야지 경문을 섞어서 해석하지 말지니라.

⑥ 세 게송은 외도를 항복받는 공덕[三偈降伏外道德] (六有 39上9)

25 或見究竟波羅蜜하며   或見安住於諸地하사
    總持三昧神通智를   如是悉現無不盡이로다
    바라밀다 끝까지 닦기도 하고
    모든 지위에 편안히 있기도 하며
    다라니와 삼매와 신통과 지혜
    이런 것을 나타내어 다함이 없고

26 或現修行無量劫하여   住於菩薩堪忍位하며
    或現住於不退地하며   或現法水灌其頂이로다
    한량없는 겁 동안에 수행도 하고
    보살의 참는 자리 있기도 하며

물러가지 않는 곳에 머물기도
　　정수리에 법의 물을 붓기도 하며

27 或現梵釋護世身하며　　　或現刹利婆羅門하니
　　種種色相所莊嚴이　　　　猶如幻師現衆像이로다
　　범왕·제석·사천왕의 몸 나타내기도 하고
　　찰제리·바라문도 나타내어서
　　가지가지 모양으로 장엄하는 일
　　요술쟁이 여러 형상 만들어 내듯

[疏] 六, 有三偈는 卽降伏一切外道功德이라 於中에 初二는 卽敎證二道요 後一은 現所摧同類之身이라

■ ⑥ 세 게송은 온갖 외도를 항복받는 공덕이다. 그중에 ㉮ 두 게송은 교도와 증도의 둘을 노래함이요, ㉯ 한 게송은 꺾을 대상인 같은 종류의 몸을 나타냄이다.

[鈔] 六有三偈下는 卽經不可轉法이라 疏中에 先, 引論立名하고 後, 於中下는 便以論意로 釋經이라 彼論에 具云, 由有上德일새 故他不能轉이요 利有情事일새 故次明之라하니라 謂敎證二法이 皆不爲他所轉動故로 無有餘法이 勝過此故라 言初二는 卽敎證二道者는 二偈之中에 各含敎證하니 初句는 證道요 次諸地句는 含於敎證이오 次半偈는 唯敎요 後偈之中에 堪忍不退는 皆是證道요 餘卽敎道니라

● ⑥ 有三偈 아래는 곧 경문의 굴릴 수 없는 법의 구절이다. 소문 중에 ㉮ 논을 인용하여 이름을 세움이요, ㉯ 於中 아래는 문득 논의 의미

로 경문을 해석함이다. 저 논에 갖추어 말하면, "뛰어난 덕이 있음으로 말미암아 저들이 중생을 이롭게 하는 일을 능히 바꾸지 못하는 연고로 다음에 밝힌다"라고 하였다. 이른바 교도와 증도의 두 가지 법은 모두 저가 바꾸고 움직이는 것이 아닌 연고로 나머지 법은 이것보다 뛰어난 까닭이다. '처음의 둘은 곧 교도와 증도의 둘이다'라고 말한 것은 두 게송 중에 각기 교도와 증도를 포함하였는데 첫 구절은 증도요, 다음 모든 지위의 구절은 교도와 증도를 포함한 것이요, 다음 반의 게송은 교도뿐이요, 뒤의 게송 중에 감인하여 물러나지 않음이 모두 증도요, 나머지는 곧 교도이다.

㉦ 16개 게송은 세간에 장애되지 않는 공덕[十六偈世間不礙德] 4.
㉮ 다섯 게송은 팔상으로 세간에 나타남이 무애하다
[五偈八相現世無礙] (七或 41上10)

28 或現兜率始降神하며　　　或見宮中受嬪御하며
   或見棄捨諸榮樂하고　　　出家離俗行學道로다
   도솔천에서 처음으로 내려오기도
   궁중에서 시녀들이 맞아들이며
   어떤 때는 모든 향락 죄다 버리고
   출가하여 세속 떠나 도를 배우며

29 或見始生或見滅하며　　　或見出家學異行하며
   或見坐於菩提樹하사　　　降伏魔軍成正覺이로다
   혹은 처음 태어나고 혹은 멸하고

출가하여 이상한 행을 배우고
혹은 보니 보리수 아래 앉아서
마군을 항복받고 정각 이루며

30 或有見佛始涅槃하며　　　或見起塔徧世間하며
或見塔中立佛像하니　　　以知時故如是現이로다
부처님이 처음으로 열반도 하고
높고 묘한 탑을 쌓아 세간에 가득
탑 가운데 부처 형상 모시기도 해
때를 알아 이렇게 나타내시며

31 或見如來無量壽가　　　與諸菩薩授尊記하사
而成無上大導師하여　　　次補住於安樂刹이로다
혹은 보니 무량수 부처님께서
청정한 보살들께 수기 주시되
위없는 대도사가 되리라 하여
보처불로 극락세계 있기도 하며

32 或見無量億千劫에　　　作佛事已入涅槃하며
或見今始成菩提하며　　　或見正修諸妙行이로다
어떤 이는 한량없는 억천 겁 동안
부처님 일 지으시고 열반에 들며
혹은 보니 이제 처음 보리 이루고
어떤 이는 묘한 행을 닦기도 하며

[疏] 七, 或現兜率下의 十六偈는 卽生在世間하시되 不爲世法所礙하는 功德이라 於中에 初五는 八相現世無礙요

- ⑦ 或現兜率 아래의 16개 게송은 생과 합치하여 세간에 있으면서 세간법에 장애하여 얻은 공덕이 되지 않는다. 그중에 ㉮ 다섯 게송은 팔상(八相)으로 세간에 나타남이 무애함이다.

㉯ 세 게송은 범천궁전에 머무는 데 무애하다[三偈處天宮殿無礙]

(次三 41下1)

33 或見如來淸淨月이　　　　在於梵世及魔宮과
　　自在天宮化樂宮하사　　　示現種種諸神變이로다
　　혹은 보니 여래의 청정한 달이
　　범천왕의 세상과 마의 궁전과
　　자재천궁·화락천에 있기도 하여
　　가지가지 신통변화 나타내시며

34 或見在於兜率宮하사　　　無量諸天共圍遶어든
　　爲彼說法令歡喜하여　　　悉共發心供養佛이로다
　　혹은 보니 도솔천 궁전에
　　한량없는 천인이 둘러 모시고
　　그들에게 법을 말해 환희케 하며
　　마음 내어 부처님께 공양도 하고

35 或見住在夜摩天과　　　　忉利護世龍神處의

　　　　如是一切諸宮殿하사　　　　莫不於中現其像이로다
　　　　혹은 보니 야마천 궁전과
　　　　도리천·사천왕과 용왕의 궁전
　　　　이러한 여러 가지 궁전에 있어
　　　　그 안에서 형상을 나타내시며

[疏] 次三은 處天宮殿無礙요
■ ㉯ 세 게송은 범천의 궁전에 머무는 데 무애함이요,

㉰ 여섯 게송은 세간을 따라 잘 교화함이 무애하다[六偈隨世巧化無礙]
　　　　　　　　　　　　　　　　　　(次六 41下2)

36　於彼然燈世尊所에　　　　散華布髮爲供養하고
　　從是了知深妙法하사　　　恒以此道化群生이로다
　　연등불 세존님께 꽃을 흩으며
　　머리카락 땅에 깔아 공양하시고
　　그로부터 묘한 법 깊이 깨달아
　　언제나 이 길로써 중생을 교화

37　或有見佛久涅槃하며　　　或見初始成菩提하며
　　或見住於無量劫하며　　　或見須臾卽滅度로다78)
　　오래전에 열반하신 부처도 있고
　　어떤 이는 처음으로 보리 이루며

---

78) 或見住於無量劫의 見住는 麗本作有住, 宋元明宮合綱杭鼓纂續金本及貞元譯作見住.

어떤 이는 한량없는 겁에 사시고
어떤 이는 잠깐만에 열반도 하며

38   身相光明與壽命과　　　　智慧菩提及涅槃과
　　　衆會所化威儀聲이　　　　如是一一皆無數로다
　　　모습이나 광명이나 사는 수명과
　　　지혜로나 보리나 열반하는 일
　　　회중이나 교화받는 위의와 음성
　　　이런 것이 낱낱이 수가 없으며

39   或現其身極廣大가　　　　譬如須彌大寶山하며
　　　或見跏趺不動搖하며　　　充滿無邊諸世界로다
　　　어떤 때는 엄청난 몸을 나투어
　　　비유하면 큰 보배 수미산 같고
　　　혹은 보니 가부하여 움직이지 않아
　　　그지없는 세계가 충만하시며

40   或見圓光一尋量하며　　　或見千萬億由旬하며
　　　或見照於無量土하며　　　或見充滿一切刹이로다
　　　혹은 보니 둥근 광명 한 길도 되고
　　　어떤 이는 천만억 유순도 되며
　　　한량없는 국토에 비추다가도
　　　어떤 때는 온 세계에 가득 차시고

41 或見佛壽八十年하며　　　或壽百千萬億歲하며
　　或住不可思議劫하사　　　如是展轉倍過此로다
　　혹은 보니 부처님 80년 살고
　　백천만억 세월을 살기도 하며
　　헤아릴 수 없는 겁을 살기도 하여
　　이렇게 몇 갑절을 더 지나가고

[疏] 次六은 隨世巧化無礙요
■ ㉔ 여섯 게송은 세간을 따라 잘 교화함이 무애함이요,

㉕ 두 게송은 두루 근기를 따르는 주체를 결론하다
　　[二偈結能徧隨機] (後二 41下2)

42 佛智通達淨無礙하사　　　一念普知三世法이
　　皆從心識因緣起라　　　　生滅無常無自性이로다
　　부처 지혜 깨끗하고 걸림이 없어
　　한 생각에 세 세상법 두루 다 알되
　　마음의 인연으로 생긴 것이매
　　생멸이 덧없어서 제 성품 없고

43 於一刹中成正覺하사　　　一切刹處悉亦成하며
　　一切入一一亦爾하여　　　隨衆生心皆示現이로다
　　한 세계 가운데서 정각 이루고
　　모든 세계 곳곳마다 이루시는 일

모든 것 하나 되고 하나도 그래
중생의 마음 따라 나타내시며

[疏] 後二는 結無礙之智能徧隨機니라
- ㉔ 두 게송은 걸림 없는 지혜가 두루 근기를 따르는 주체를 결론함의 뜻이다.

[鈔] 七或現下는 約經컨대 卽所行無礙라 疏中에 先, 出功德名이요 後, 於中下는 科文解釋이라 彼論에 具云, 顯示如來가 於所化之中에 無高下礙일새 故次明之니 謂世法八風이 不能拘礙故라하니라 八風은 卽利, 衰, 毁, 譽, 稱, 譏, 苦, 樂이니 降神處宮은 卽是利也요 棄榮離俗은 卽是衰也요 若生若滅은 有苦樂也요 學異行者는 兼於苦樂이니 多明苦也오 坐道樹下示降魔는 毁也오 正覺은 譽也요 涅槃起塔은 亦爲衰也라
次三, 處天은 多明四順이요 次六, 巧化는 義兼逆順이니라

- ⑦ 或現 아래는 경문을 잡으면 곧 행하는 바가 걸림 없음의 구절이다. 소문 중에 ㉮ 공덕이란 명칭을 내보임이다. ㉯ 於中 아래는 과목으로 해석함이다. 저 논에 갖추어 말하면, "여래가 교화할 대상 중에 높고 낮음에 걸림 없음을 밝혀 보인 연고로 다음에 밝혔으니, 이른바 세간법의 여덟 가지 바람에 능히 잡아서 걸리지 않는 까닭이다"라고 하였다. '여덟 가지 바람'은 (1) 이로움 (2) 쇠잔함 (3) 훼손함 (4) 명예로움 (5) 칭찬함 (6) 나무람 (7) 괴로움 (8) 즐거움이다. 천신이 궁전에 내려와 사는 것은 곧 (1) 이로움이요, 영화를 버리고 세속을 떠나는 것이 (2) 쇠잔함이요, 나고 멸함에 (7) 괴로움과 (8) 즐거움이

있다. 다른 행을 배운 것은 괴로움과 즐거움을 겸하지만 대부분 괴로움을 밝혔다. 도의 나무 아래 앉을 적에 마군을 항복받음을 보인 것은 (3) 훼손함이요, 바른 깨달음은 (4) 명예로움이요, 열반한 곳에 탑을 세움은 또한 (2) 쇠잔함이 된다.

㉣ 다음의 세 게송은 하늘에 사는 것은 대부분 네 가지에 따름을 밝힘이요, ㉤ 다음의 여섯 게송은 교묘하게 교화함은 뜻이 역과 순을 겸하였다.

⑧ 18개 게송은 정법을 안립하는 공덕[十八偈安立正法德] 4.
㉮ 네 게송은 삼승법륜으로 업과 작용을 겸하다

[四偈三乘法輪兼業用] (八如 43下7)

44　如來住於無上道하사　　　成就十力四無畏하며
　　具足智慧無所礙하사　　　轉於十二行法輪이로다
　　여래는 위가 없는 도에 계시어
　　열 가지 힘과 네 가지 두려움 없음을 성취하여
　　지혜를 구족하고 걸림 없으사
　　열두 가지 법륜을 굴리시나니

45　了知苦集及滅道하며　　　分別十二因緣法하며
　　法義樂說辭無礙여　　　　以是四辯廣開演이로다
　　네 가지 참된 이치 분명히 알고
　　열두 가지 인연법 분별하시며
　　법과 뜻과 듣기 좋고 걸림 없는 말

네 가지 변재로써 연설하시며

46　諸法無我無有相하며　　　　業性不起亦無失하여
　　一切遠離如虛空을　　　　　佛以方便而分別이로다
　　모든 법은 내가 없고 모양도 없고
　　업의 성품 일지 않고 잃지도 않아
　　모든 일 여의어서 허공 같으나
　　부처님 방편으로 분별하시며

47　如來如是轉法輪에　　　　普震十方諸國土하시니
　　宮殿山河悉搖動이나　　　　不使衆生有驚怖로다
　　여래께서 이렇게 법륜 굴리어
　　시방의 모든 국토 진동하시니
　　궁전과 산과 강이 흔들리지만
　　중생들을 조금도 놀라게 않고

[疏] 八, 如來住下에 有十八偈는 明安立正法功德이라 於中에 初, 四偈는 立三乘法輪코 兼顯業用이요

■ ⑧ 如來住 아래에 있는 18개 게송은 정법을 안립하는 공덕을 밝힘이다. 그중에 ㉮ 네 게송은 삼승법륜을 건립하고 업과 작용을 겸하여 밝힘이요,

㉯ 세 게송은 육바라밀과 조도품으로 다스리는 법
　[三偈六度道品對治法] (次三 43下8)

48 如來普演廣大音하사 隨其根欲皆令解하여
悉使發心除惑垢나 而佛未始生心念이로다
여래께서 광대한 소리로 연설하여
근성과 욕망 따라 이해케 하며
마음 내어 의혹을 덜게 하시나
부처님은 처음부터 마음 안 내며

49 或聞施戒忍精進과 禪定般若方便智하며
或聞慈悲及喜捨에 種種音辭各差別이로다[79]
보시하고 계행 갖고 참음과 정진
선정과 반야이며 방편과 지혜
대자·대비·대희·대사 듣기도 하여
가지가지 음성이 각각 다르고

50 或聞四念四正勤과 神足根力及覺道와
諸念神通止觀等과 無量方便諸法門이로다
네 가지 생각함과 네 가지 정근
신통과 신족 뿌리·힘과 깨닫는 길과
모든 생각·신통과 선정·지혜의
한량없는 방편 법문 듣기도 하고

[疏] 次三은 明立六度道品對治法이요
■ ⑭ 세 게송은 육바라밀과 조도품으로 다스리는 법을 건립함에 대해

---

79) 種種音辭의 音은 嘉淸綱杭鼓纂弘昭本作言, 普合大續金本作音; 案貞元譯作種種言辭差別聲.

밝힘이요,

㈣ 일곱 게송은 한 음성으로 부류를 따름을 밝히다[次七偈明一音隨類]

(次七 43下9)

51 龍神八部人非人과   梵釋護世諸天衆을
    佛以一音爲說法하사   隨其品類皆令解로다
    용과 신의 8부중과 사람과 비인
    범천·제석·사천왕의 하늘 무리들
    부처님의 한 음성 법을 말하여
    그들의 종류 따라 다 알게 하고

52 若有貪欲瞋恚癡와   忿覆慳嫉及憍諂과
    八萬四千煩惱異라도   皆令聞說彼治法이로다
    탐욕 많고 성 잘 내고 어리석음과
    분하고 가리고 질투와 교만
    8만4천 번뇌가 각각 다르나
    제각기 다스리는 법문을 듣고

53 若未具修白淨法이면   令其聞說十戒行하며
    已能布施調伏人이면   令聞寂滅涅槃音이로다
    희고도 깨끗한 법 닦지 못한 이
    열 가지 계행 말해 듣게 하시고
    벌써부터 보시하며 조복한 이는

고요한 열반 법문 들려주시며

54 若人志劣無慈愍하여　　　厭惡生死自求離하면
　令其聞說三脫門하여　　　使得出苦涅槃樂이로다
　어떤 사람 용렬하고 자비가 없어
　생사를 싫어하고 떠나려 하면
　세 가지 해탈 법문 말해 들려줘
　괴로움 없는 열반락을 얻게 해 주고

55 若有自性少諸欲하여　　　厭背三有求寂靜이면
　令其聞說諸緣起하여　　　依獨覺乘而出離로다
　어떤 사람 본 성품이 욕심이 적어
　세 세계를 등지고 고요하려면
　인연으로 생기는 법 말해 주어서
　독각승을 의지하여 여의게 하고

56 若有淸淨廣大心으로　　　具足施戒諸功德하여
　親近如來具慈愍이면　　　令其聞說大乘音이로다
　어떤 이가 청정하고 마음이 커서
　보시·계율 모든 공덕 갖추어 행하며
　여래를 친근하여 자비한 이는
　대승법을 말하여 듣게 하시고

57 或有國土聞一乘하며　　　或二或三或四五로

如是乃至無有量하니　　　悉是如來方便力이로다
　　　어떠한 국토에선 1승법 듣고
　　　2승과 3승이며 4승·5승과
　　　내지 한량없는 승을 듣게 하나니
　　　이런 것이 모두 다 여래의 방편

[疏] 次七은 明一音이 隨類에 聞法不同하여 乃至無量이요
■　㉓ 일곱 게송은 한 음성으로 부류를 따름을 밝힐 적에 법을 들음이 같지 않고 나아가 한량없음까지이다.

㉔ 네 게송은 평등한 어업을 밝히다[四偈明平等語業] (後四 43下10)

58　涅槃寂靜未曾異나　　　智行勝劣有差別하니
　　譬如虛空體性一이나　　　鳥飛遠近各不同이로다
　　열반의 고요함은 다르잖으나
　　지혜와 행 낫고 못해 차별 있나니
　　마치 허공 성품은 하나이지만
　　나는 새가 멀고 가까움이 같지 않은 듯

59　佛體音聲亦如是하사　　　普徧一切虛空界나
　　隨諸衆生心智殊하여　　　所聞所見各差別이로다
　　부처님의 음성도 그와 같아서
　　모든 법계 허공에 두루하거든

중생들의 마음과 지혜를 따라
듣는 바와 보는 바가 각각 다르다.

60　佛以過去修諸行으로　　　能隨所樂演妙音하시되
　　無心計念此與彼하여　　　我爲誰說誰不說이로다
　　부처님이 지난 세월 모든 행 닦고
　　좋아하는 마음 따라 법을 말하나
　　이것 저것 계교하는 마음 없나니
　　누구에게 말하고 누구에겐 안 하리.

61　如來面門放大光하사　　　具足八萬四千數하시니
　　所說法門亦如是하여　　　普照世界除煩惱로다
　　여래의 얼굴에서 큰 광명 놓아
　　8만4천 가지가 구족하시니
　　말씀하는 법문도 그와 같아서
　　세계에 두루 비춰 번뇌 없애며

[疏] 後四는 明平等語業이 而應一切니라
■　㉣ 네 게송은 평등한 어업으로 모두에 응함을 밝힘이다.

[鈔] 八如來住下는 卽經立不思議라 疏中에 先, 依論立名이요 後, 科文釋義라 論에 云, 由依前方便하여 能作利益之事일새 故次明之니 謂十二分教가 名所安立이요 由深廣故로 不可思議라하니라 釋經은 可知니라

● ⑧ 如來住 아래는 (정법을 안립하는 공덕)이니 곧 경문의 불가사의함을 세움의 구절이다. 소문 중에 ㉠ 논에 의지하여 명칭을 건립함이요, ㉡ 과목 나눈 문장으로 뜻을 해석함이다. 논에 이르되, "앞의 방편을 의지하여 능히 이익되는 일을 짓는 연고로 다음에 밝힌 것이다. 이른바 12분교는 명칭으로 안립할 대상이요, 깊고 광대함으로 말미암아 불가사의한 것이다"라고 하였다. 경문을 해석함은 알 수 있으리라.

⑨ 세 게송은 여러 수기를 받는 공덕[三偈受諸記別功德] (九具 44上10)

62　具足清淨功德智하사　　　而常隨順三世間하시니80)
　　譬如虛空無染着이나　　　爲衆生故而出現이로다
　　청정하온 공덕과 지혜 갖추고
　　세 가지 세간들을 항상 따르나
　　비유하면 허공이 물들지 않듯
　　중생을 위하여서 나타나시며

63　示有生老病死苦하며　　　亦示住壽處於世하시니
　　雖順世間如是現이나　　　體性清淨同虛空이로다
　　나고 늙고 병들어 죽는 괴로움 보이며
　　세상에서 장수함도 보이시나니
　　세간 사람 따라서 나타내시나
　　성품은 청정하여 허공과 같고

---

80) 三世間의 間은 宮普卍綱本作佛, 麗明清合平綱杭鼓纂續金本 及 貞元譯作間, 宋元準弘昭本作間 準大正作佛.

64 一切國土無有邊하며　　　　衆生根欲亦無量이어늘
　　如來智眼皆明見하사　　　　隨所應化示佛道로다
　　법계의 모든 국토 끝간 데 없고
　　중생의 근성·욕망 한량없으나
　　여래의 지혜 눈이 분명히 보고
　　교화할 정도 따라 길을 보이며

[疏] 九, 具足下의 三偈는 明授記功德이니 謂記別過未가 如現在일새 故 云悉明見이니라

■ ⑨ 具足 아래의 세 게송은 여러 수기를 받는 공덕을 밝힘이다. 이른바 기별로 과거와 미래가 현재와 같은 연고로 '모두 분명히 본다'고 하였다.

[鈔] 九具足下는 卽經의 普見三世라 疏中에 初, 依論立名이요 次, 謂記別下는 是指論解니 論에 云, 以上加行利有情事가 三世諸佛이 悉皆平等일새 故次明之리하니라 謂於三世平等性中에 能隨解了하사 過去未來의 曾當轉事를 皆如現在而授記故니라 後, 從故로 云, 皆悉明見矣는 是擧經帖이니라

● ⑨ 具足 아래는 곧 경문의 널리 세 세상을 본다는 구절이다. 소문 중에 ㉮ 논에 의지하여 명칭을 건립함이요, ㉯ 謂記別 아래는 논의 해석을 지적함이다. 논에 이르되, "이상에서 중생을 이익하고 가행하는 일이 세 세상 모든 부처님이 모두 다 평등한 연고로 다음에 밝힌다"고 말하였다. 이른바 세 세상이 평등한 성품 중에 능히 아는 것을 따라 깨달아서 과거와 미래에 일찍이 마땅히 바꿀 일을 모두 현재와 같

이 수기받는 까닭이다. 뒤는 옛을 따라 '모두 다 밝게 본다'고 말한 것은 경문에서 따온 것을 거론한 내용이다.

⑩ 네 게송은 수용신과 변화신을 보이고 나타낸 공덕
[四偈示現受用變化身德] (十有 45上5)

65 究竟虛空十方界하여　　　　所有人天大衆中에
　　隨其形相各不同하여　　　　佛現其身亦如是로다
　　허공과 시방 세계 끝간 데 없고
　　거기 있는 천상·인간 많은 대중들
　　그들의 생김새가 같지 않거든
　　부처님 몸 나투심도 그와 같나니

66 若在沙門大衆會면　　　　　剃除鬚髮服袈裟하며
　　執持衣鉢護諸根하사　　　　令其歡喜息煩惱로다
　　사문들이 모인 속에 있을 적에는
　　머리와 수염 깎고 가사 수하고
　　가사와 발우 가지고 몸 보호하면
　　그들이 즐거워서 번뇌를 쉬고

67 若時親近婆羅門이면　　　　卽爲示現羸瘦身이
　　執杖持甁恒潔淨하여　　　　具足智慧巧談說이로다
　　어떤 때에 바라문을 친근할 적엔
　　그들 위해 여윈 몸 나타내어서

지팡이와 물병 들고 항상 깨끗해
지혜를 구족하여 변론 잘하고

68　吐故納新自充飽하며　　　吸風飮露無異食하며
　　若坐若立不動搖하여　　　現斯苦行摧異道로다
　　옛것 뱉고 새것 삼켜 배를 채우고
　　바람 먹고 이슬 마셔 먹지 않으며
　　앉았거나 섰거나 꼼짝 않나니
　　이러한 고행으로 외도를 굴복.

[疏] 十, 有四偈는 明示現受用變化身功德이라
- ⑩ 네 게송이 있으니 수용신과 변화신을 보이고 나타낸 공덕을 밝힘이다.

[鈔] 十有四偈者는 約經컨대 卽身恒充滿一切世間[81]이라 疏中에 但出功德之名耳라 無性에 名云, 顯上利益이 一切頓徧하사 非次第作일새 故次明之라하니라 經中에 多分說變化身하고 略無受用이니라
- ⑩ '네 게송이 있다'는 것은 경문을 잡으면 곧 '몸이 항상 온갖 세간에 충만함'의 구절이다. 소문 중에 단지 공덕이란 명칭이 나왔을 뿐이다. 무성(無性)보살이 이름하여 말하되, "위의 이익은 모두가 단박에 두루하여 순서대로 짓는 것이 아님을 밝힌 연고로 다음에 밝힌다"고 말하였다. 경문 중에는 대부분 변화신을 말하였고 수용신은 생략해서 없다.

---

81) 案離世間品云 身恒充徧一切國土.

⑪ 두 게송은 온갖 의심을 단절하는 공덕[二偈斷一切疑功德]

(十一 45下3)

69 或持彼戒爲世師하여　　善達醫方等諸論하며
　　書數天文地衆相과　　　及身休咎無不了로다
　　세상의 계행 가져 스승도 되고
　　의학을 통달하고 언론 잘하며
　　글씨나 수학이나 천문과 지리
　　이 몸의 길흉·화복 모두 잘 알고

70 深入諸禪及解脫과　　　三昧神通智慧行하시되
　　言談諷詠共嬉戱하여　　方便皆令住佛道로다
　　모든 선정 해탈문에 깊이 들었고
　　삼매와 신통변화 지혜 행하며
　　말 잘하고 시 잘하고 놀기도 잘해
　　방편으로 불도에 들게 하나니

[疏] 十一, 或持下의 二偈는 明斷一切疑功德이니 謂於一切境에 善決定故로 能斷他疑니라

■ ⑪ 或持 아래 두 게송은 온갖 의심을 단절하는 공덕을 밝힘이다. 이른바 온갖 경계에 잘 결정하는 연고로 다른 이의 의심을 능히 끊는다는 뜻이다.

[鈔] 十一等者는 約經컨대 卽智恒明達一切諸法이라 無性이 釋云하되 以

於上十方彼彼之處에 作斷疑事일새 故次明之라하니라 疏中에 先, 出功德名이요 後, 於一切下는 論釋이라 於一切境에 善決定故는 欲斷他疑인대 要須自斷하여야 方能斷他라 經中에 旣爲世師하사 內外兼了일새 故能斷疑니라

● ⑪ 등이란 경문을 잡으면 곧 지혜로 항상 온갖 모든 법을 밝게 요달함의 구절이다. 무성보살이 해석하여 말하되, "위에서 시방의 저곳과 저곳에 의심을 끊는 일을 짓는 연고로 다음에 밝힌다"고 말하였다. 소문 중에 ㉮ 공덕에서 나온 명칭이요, ㉯ 於一切 아래는 논의 해석이다. '온갖 경계에서 잘 결정하는 까닭'은 다른 이의 의심을 끊으려 한다면 모름지기 자신이 끊을 것을 요구해야 비로소 능히 다른 이의 의심을 끊게 된다. 경문 중에 이미 세상의 스승이 되어서 안과 밖을 겸하여 요달한 연고로 능히 의심을 끊는 것이다.

⑫ 아홉 게송은 모든 행법에 들어가게 하는 공덕

[九偈令入諸行功德] (十二 46下7)

71　或現上服以嚴身하며　　首戴華冠蔭高蓋하며
　　四兵前後共圍遶하여　　誓衆宣威伏小王이로다82)
　　훌륭한 옷을 입어 몸치레하고
　　머리에는 화관 쓰고 일산을 받고
　　병사들이 앞뒤에서 호위하면서
　　군중에게 위엄 펴서 작은 왕 굴복

---

82) 誓衆의 誓는 明宮清卍綱枕鼓本作警, 麗宋元合平綱纂續金本及貞元譯作誓.

72 或爲聽訟斷獄官하여　　　善解世間諸法務하며
　　所有與奪皆明審하여　　　令其一切悉欣伏이로다
　　어느 때는 재판하는 법관이 되어
　　세간의 모든 법률 분명히 알고
　　잘하고 잘못한 것 밝게 살피어
　　모든 사람 기뻐서 복종케 하며

73 或作大臣專弼輔하여　　　善用諸王治正法하시니83)
　　十方利益皆周徧이나　　　一切衆生莫了知로다
　　어떤 때는 제왕의 보필이 되어
　　임금의 정치하는 법을 잘 쓰니
　　시방이 이익 얻어 두루하지만
　　모든 중생 웬일인지 알지 못하며

74 或爲粟散諸小王하며　　　或作飛行轉輪帝하사
　　令諸王子婇女衆으로　　　悉皆受化無能測이로다84)
　　어떤 때는 좁쌀 같은 임금도 되고
　　날아서 다니시는 전륜왕 되어
　　왕자들과 시녀와 모든 권속들
　　교화를 받지마는 알지 못하고

75 或作護世四天王하여　　　統領諸龍夜叉等하사

---

83) 臣專은 續金本作王專, 大作臣事, 宮普嘉淸合綱杭鼓纂弘昭本作臣專.
84) 受化의 受는 麗本作授, 宋元明宮淸合綱杭鼓纂續金本作受; 貞元譯麗藏及仁和寺本作授, 明本作受.

爲其衆會而說法하여　　　一切皆令大欣慶이로다
세상을 보호하는 사천왕 되어
왕과 용과 야차들을 통솔도 하고
그들에게 묘한 법을 연설하여서
모두들 기뻐하며 복되게 하고

76 或爲忉利大天王하여　　　住善法堂歡喜園하사
　　首戴華冠說妙法하시니　　諸天觀仰莫能測이로다
어떤 때는 도리천 천왕이 되어
선법당 환희원에 머무르면서
머리에 화관 쓰고 법을 말하니
천인들이 쳐다보고 측량 못하며

77 或住夜摩兜率天과　　　化樂自在魔王所하사
　　居處摩尼寶宮殿하여　　說眞實行令調伏이로다
야마천·도솔천에도 있고
화락천·자재천과 마왕의 처소
마니보배 궁전에 거처하면서
진실한 행을 말해 조복하게 하고

78 或至梵天衆會中하사　　　說四無量諸禪道하여
　　普令歡喜便捨去하시되　　而莫知其往來相이로다
범천들이 모인 데 가기도 하여
한량없는 네 마음과 선정 말하며

환희케 하고서는 떠나가지만
오고 가는 형상을 알지 못하고

79 或至阿迦尼吒天하사　　　　爲說覺分諸寶華와
及餘無量聖功德하시고　　　然後捨去無知者로다
아가니타 하늘에 이르러서는
깨달음의 부분인 보배 꽃들과
한량없는 공덕을 말하여 주고
버리고 가지마는 아는 이 없고

[疏] 十二, 有九偈는 令入種種行功德이니 謂徧了一切有情性行하사 隨根令入故니라

■ ⑫ 아홉 게송이 있으니 갖가지 행법에 들어가게 하는 공덕이다. 이른바 온갖 유정의 성품과 행법을 두루 요달하여 감관을 따라 들어가게 하는 까닭이다.

[鈔] 十二等者는 約經컨대 了一切行이니 疏中에 先, 出功德名이요 後, 謂徧了下는 論釋이라 無性이 生起云, 由所化生이 性[85]有差別일새 故次明之라하니라 離世間品에는 但名了一切行이라하고 若深密等에는 云, 於一切行에 成就大覺이라하시며 無性이 云, 入種種行法하여 皆成大覺이라하니라 故로 經文中에 隨其心行하여 現種種形하여 說種種法하며 乃至爲說覺分諸寶華諸聖功德이 即是皆成大覺義也니라

● ⑫ 등이란 경문을 잡으면 '온갖 행을 안다'는 구절이니 소문 중에 ㉮

85) 性은 南續金本無, 原本及昇兜率品疏有; 案無性釋論云 所化有情 種性別故.

공덕에서 나온 명칭이요, ⑭ 謂徧了 아래는 논의 해석이다. 무성보살이 시작하면서 이르되, "교화할 중생이 성품에 차별이 있음으로 인해 다음에 밝힌다"고 하였다. 제38. 이세간품에는 단지 '온갖 행을 요달함'이라고만 이름하였고, 저『해심밀경』등에 이르되, "일체 행에서 대각을 성취한다"라 하였고, 무성보살이 이르되, "갖가지 행법에 들어가서 모두 큰 깨달음을 성취한다"라고 말하였다. 그러므로 경문 중에 그 마음이 감을 따라서 갖가지 형상을 나타내어 갖가지 법을 설하며 나아가 각분(覺分)의 모든 보배 꽃의 모든 성스러운 공덕을 설하려 함이 곧 모두 대각(大覺)의 이치를 성취한 것이다.

⑬ 한 게송은 묘한 지혜를 미래에 생겨나게 하는 공덕[一偈當生妙智功德]

(十三 47上7)

80 如來無礙智所見인　　　其中一切諸衆生을
　　悉以無邊方便門으로　　種種敎化令成熟로다86)
　　여래의 걸림 없는 지혜로 보는
　　그 가운데 살고 있는 여러 중생들
　　모두 다 그지없는 방편문으로
　　갖가지로 교화하여 성취케 하며

[疏] 十三, 如來無礙智의 一偈는 卽當來에 生妙智功德이니 謂佛知久遠故니라
■ ⑬ '여래의 걸림 없는 지혜'라는 한 게송은 곧 미래에 묘한 지혜가 생겨

---

86) 令成熟의 熟은 元明宮淸合綱杭鼓纂續金本作就, 麗本及貞元譯作熟 與鈔合.

나게 한 공덕이니 이른바 부처님은 오래고 먼 것까지 아는 까닭이다.

[鈔] 十三如來下는 約經컨대 盡一切疑니 十一은 是斷自疑요 此斷他疑라 疏中에 先, 出功德名이요 後, 謂佛知[87]下는 解釋이라 彼論에 具云, 由卽於前所化에 有能善巧別知니 故次辨之라하니라 謂聖聲聞言호대 此人은 全無少分善根일새 如來가 知彼善法이 當發現證이니 過去의 微少善根種子의 所隨故라하니라 故로 經文中에 無礙智로 見一切衆生하시고 以無邊門으로 皆令成熟이라하니라

● ⑬ 如來 아래는 경문을 잡으면 '온갖 의심을 다함'의 구절이니 ⑪은 자기 의심을 끊음이요, 여기는 다른 이의 의심을 끊음이다. 소문 중에서 ㉮ 공덕에서 나온 명칭이요, ㉯ 謂佛知 아래는 해석함이다. 저 논에 갖추어 말하되, "곧 앞에서 교화할 바로 인해 능히 교묘하게 잘 차별하여 앎이 있으므로 다음에 밝힌다"라고 말하였다. 성스러운 성문에게 일러 말하되, "이런 사람이 적은 부분의 착한 뿌리도 완전히 없으므로 여래가 저 착한 법이 미래에 발하고 현재에 증득함을 아나니 과거의 작은 선근의 종자에서 따라온 것인 까닭이다"라 하였다. 그러므로 경문 중에 "걸림 없는 지혜로 일체중생을 보고 그지없는 문으로 모두 성숙하게 한다"라고 하였다.

⑭ 다섯 게송은 뛰어난 이해를 따라 나타내 보이는 공덕
[五偈勝解示現功德] (十四 48上4)

81 譬如幻師善幻術에   現作種種諸幻事인달하여

---

87) 知는 原南本作智, 續金本知 與疏合.

佛化衆生亦如是하사　　　　爲其示現種種身이로다
요술쟁이 이상한 요술을 부려
여러 가지 환술을 만들어 내듯
부처님의 중생 교화 그와 같아서
그들에게 여러 가지 몸을 보이며

82　譬如淨月在虛空에　　　　令世衆生見增減하며
　　一切河池現影像에　　　　所有星宿奪光色인달하여
　　비유컨대 깨끗한 달 허공에 있어
　　중생들이 초생·보름 보게 되거든
　　수많은 강과 못에 영상이 비쳐
　　크고 작은 별의 빛을 뺏어 버리듯

83　如來智月出世間에　　　　亦以方便示增減하며
　　菩薩心水現其影에　　　　聲聞星宿無光色이로다
　　여래의 지혜 달도 세간에 떠서
　　둥글고 이지러짐 보여 주는데
　　보살의 마음 물엔 영상 있지만
　　성문들의 별빛은 광명이 없고

84　譬如大海寶充滿에　　　　淸淨無濁無有量이라
　　四洲所有諸衆生이　　　　一切於中現其像인달하여
　　비유컨대 바다에 보배가 가득
　　청정하여 흐리잖고 한량없거든

사주 세계 중생과 모든 것들의
영상이 그 가운데 나타나나니

85 佛身功德海亦爾하여   無垢無濁無邊際하사
    乃至法界諸衆生이   靡不於中現其影이로다
    부처님 몸 공덕 바다 그와 같아서
    때 없고 흐리잖고 가이없어서
    법계에 살고 있는 모든 중생들
    형상이 나타나지 않는 것 없어

[疏] 十四, 有五偈는 隨其勝解하여 示現功德이니 謂隨解現身故니라
- ⑭ 다섯 게송이 있으니 그 뛰어난 이해를 따라 나타내 보이는 공덕이니 이른바 이해를 따라 몸을 나타내는 까닭이다.

[鈔] 十四下는 卽經의 無能測身이라 疏中에 先, 立功德名이요 後, 謂隨解하여 現身故는 卽論釋也라 若解深密인대 云, 凡所現身이 不可分別이라하니 不可分別이 卽無能測이라 無性이 生起云, 由上에 云, 善巧別知일새 故로 此에 次云, 於前所化邪正과 及俱行中에 無有分別이라하니라 故로 今經中에 情與非情과 萬類皆現하며 乃至云, 佛身功德海도 亦爾하사 無垢無濁하고 無邊際等이라하니라
- ⑭ 아래는 곧 경문의 '능히 헤아릴 수 없는 몸'이란 구절이다. 소문 중에 ㉮ 공덕이란 명칭을 세움이요, ㉯ '아는 것을 따라 몸을 나타낸 까닭'이라 말한 것은 곧 논의 해석이다. 저 『해심밀경』이라면 이르되, "대개 나타난 몸은 분별할 수 없다"고 하였으니, 분별할 수 없음은

곧 능히 측량하지 못한다는 뜻이다. 무성보살이 시작하면서 이르되, "위로 말미암아 '잘 교묘하게 분별하여 안다'고 말한 연고로 여기서 다음에 이르되, "앞에서 교화할 대상이 삿되고 바름과 함께 행함 중에 분별함이 없다"고 말한다. 그러므로 본경 중에서 유정과 유정 아닌 것이 만 가지 부류를 모두 나타내며 나아가 말하되, "부처 몸의 공덕 바다도 또한 그러해서 때가 없고 탁함도 없고 가의 경계가 없다"는 등이라 말하였다.

⑮ 세 게송은 의지할 가행으로 이루는 공덕[三偈所依加行功德]
(十五 48下7)

86 譬如淨日放千光에　　　不動本處照十方인달하여
　　佛日光明亦如是하사　　無去無來除世暗이로다
　　비유컨대 밝은 해가 광명 놓으면
　　본 고장 떠나잖고 시방 비추니
　　부처님 해 광명도 그와 같아서
　　가고 옴이 없어도 어둠을 없애

87 譬如龍王降大雨에　　　不從身出及心出하되
　　而能霑洽悉周徧하여　　滌除炎熱使淸涼인달하여
　　비유컨대 용왕이 큰비 내릴 때
　　몸에서나 마음에서 나지 않지만
　　넓은 땅을 두루 적셔 흡족하게 하고
　　찌는 더움 씻어서 서늘하게 하니

88 如來法雨亦復然하사　　　不從於佛身心出하되
　　而能開悟一切衆하여　　　普使滅除三毒火로다
　　부처님의 법 비도 그와 같아서
　　부처 몸과 마음에서 나지 않지만
　　여러 많은 중생을 깨우쳐 주어
　　세 가지 독한 불을 꺼 버리시며

[疏] 十五, 有三偈는 卽無量所依하니 謂伏有情하는 加行功德이라 意云, 佛智가 爲無量菩薩의 調伏衆生하는 加行之所依故니라

■ ⑮ 세 게송이 있으니 곧 한량없이 의지할 대상이란 구절이다. 이른바 중생을 조복하는 가행공덕을 말한다. 의미를 말하면 부처님 지혜가 한량없이 보살이 중생을 조복하는 가행의 의지할 대상이 되는 까닭이다.

[鈔] 十五下는 卽一切菩薩等所求智라 疏中에 先, 出功德名이요 後, 意云下는 以論意釋이니 具足論에 云, 爲欲引發不定種性인 聲聞과 菩薩하여 唯讚大乘일새 故次明之라하니라 言等所求者는 無不求故니라

● ⑮ 아래는 '온갖 보살 등이 구할 대상인 지혜'라는 구절이다. 소문 중에 ㉠ 공덕이란 명칭을 내보임이요, ㉡ 意云 아래는 논으로 의미를 해석함이다. 논을 갖추어 이르되, "부정종성인 성문과 보살을 이끌어 내기 위하여 오직 대승만을 칭찬한 연고로 다음에 밝힌다"고 말하였다. '똑같이 구할 대상'이라 말한 것은 구하지 못할 것이 없기 때문이다.

⑯ 두 게송은 법신을 성만하는 공덕[二偈法身成滿功德] (十六 49上7)

89 如來淸淨妙法身이　　　　一切三界無倫匹하사
　　以出世間言語道하시니　　其性非有非無故로다
　　여래의 청정하고 묘한 법의 몸
　　온 누리 세 세계에 짝이 없으며
　　세간의 말로써는 형용 못하니
　　그 성품 있지도 않고 없지도 않은 탓

90 雖無所依無不住하며　　　雖無不至而不去함이
　　如空中畫夢所見하니　　 當於佛體如是觀이어다
　　의지한 데 없으나 어디나 있고
　　안 가는 데 없으나 가지 않나니
　　허공에 그린 그림과 꿈에 본 것과 같이
　　부처님의 성품도 이렇게 보라.

[疏] 十六, 如來淸淨下의 二偈는 明平等法身이 波羅密多를 成滿功德이니 然同攝論에 法身이 具五種相이라 初句는 白法으로 爲相이니 以是 極果가 圓滿自在故오 次二句는 不思議相이니 次一은 是無二相이요 次一은 無依相이요 次句는 常住相이라 次句二喩者는 空畫는 喩無依요 夢은 喩非有無二相이라 餘는 不可喩오 或略不喩니라

■ ⑯ 如來淸淨 아래의 두 게송은 평등한 법신이 바라밀다를 대부분 성만하는 공덕을 밝힘이니, 그런데 섭론에서 법신이 다섯 가지 모양을 갖춤과 같다. 첫 구절[如來淸淨妙法身]은 밝은 법으로 모양을 삼았으

니 이런 마지막 과덕이 원만하고 자재한 까닭이다. 다음 두 구절[一切三界無倫匹 以出世間言語道]은 불가사의한 모양이니, 다음 한 구절[其性非有非無故]은 둘이 없는 모양이요, 다음 한 구절[雖無所依無不住]은 의지함 없는 모양이요, 다음 구절[雖無不至而不去]은 항상 머무는 모양이다. 다음 구절의 두 가지 비유[如空中畵夢所見 : 허공 안의 그림, 꿈에 본 모양]에서 허공의 그림은 의지함 없음에 비유하고, 꿈에 본 모양은 유와 무의 둘이 아닌 모양에 비유하였다. 나머지는 비유할 수 없거나 혹은 생략하여 비유하지 않았다.

[鈔] 十六如來下는 約經컨대 即到佛無二究竟彼岸이니 疏中에 先, 依論立名이요 後, 釋經法身相이라 今初에 無性이 釋云하되 爲遮所化가 於大師所[88]에 疑一切智가 非一切智라할새 故次明之라하니 由滿諸度가 是一切智니라 論에 云, 平等이 釋經無二라 平等이 有二하니 一, 法[89] 身平等이니 於法身中에 滿諸度故요 二, 果位諸度가 無增減故로 名爲平等이라 親光則以住於法身이 即是彼岸이라하고 無着則以彼岸이 是於法身所有라하니 二義俱通이라

- ⑯ 如來 아래는 경문을 잡으면 곧 '부처님이 둘이 없는 마지막 저 언덕에 도달함'의 구절이다. 소문 중에 ㉮ 논에 의지해 명칭을 세움이요, ㉯ 경문의 법신의 모양을 해석함이다. 지금은 ㉮이니 무성보살이 해석하여 말하되, "교화할 대상을 막기 위하여 대사의 처소에서 온갖 지혜가 온갖 지혜가 아니라고 의심한다고 말했으므로 다음에 밝힌다"라고 하였다. 모든 바라밀을 만족함으로 인한 것이 곧 온갖 지혜이다. 논에 이르되, "평등함은 경문의 둘이 없음을 해석함이다. 평등

---

88) 所는 南續金本無, 論原有.
89) 法은 南續金本無, 原本及昇兜率品疏有.

함에 둘이 있으니 (1) 법신이 평등함이니 법신 중에 모든 바라밀을 만족한 연고요, (2) 과덕 지위의 모든 바라밀이 늘고 줄어듦이 없는 연고로 평등함이라 이름한다." 친광법사는 "법신에 머무름이 곧 저 언덕이다"라 하였고, 무착보살은 저 언덕이 바로 법신의 소유라 하였으니, 두 가지 뜻이 모두 통한다.

然同下는 二, 釋法身相이니 卽第九論이라 彼果[90]分中이니 論에 云, 諸佛法身이 以何爲相고 應知法身이 略有五相하니 一, 轉依로 爲相이니 謂轉滅一切障하는 雜染分依他起性故로 轉得解脫一切障하여 於法에 自在하사 轉現[91]前淨分依他起性故라하니 故로 經에 云, 雖無所依는 滅染依故也오 無不住는 得淨分也니라 二, 白法所成으로 爲相이니 謂六波羅密圓滿하여 得十自在故라 故로 疏에 云圓滿自在니라 三, 無二로 爲相이니 謂有無無二로 爲相은 由一切가 無所有故요 空所顯相은 是實有故라 有爲와 無爲가 無[92]二로 爲相은 業煩惱盡하나니 非所爲故오 自在示現은 有爲相故니라 異一性이 無二로 爲相은 由一切佛의 所依[93]無差別故며 無量相續하사 現等覺故라 故로 經에 云, 其性이 非有非無故라하시니 正是初意니라 四, 常住로 爲相이니 謂眞如의 淸淨相故며 本願所引故며 所應作事가 無竟期故라 此有三身常義故니 經의 雖無不至는 卽應化普周하시고 受用廣徧하신 二身常義요 而不去者는 自性身常이니 不去는 卽不變常이요 無不至는 卽相續不斷常耳니라 五, 不思議相이니 謂眞如淸淨을 自內證故며 無有世間喩로 能喩故며 非諸尋思의 所行處故라 故로 經에 云, 一切

---

90) 果는 南續金本作相誤, 案下所引見釋論卷九彼果智分.
91) 前은 南續金本作爲現, 論原本作現.
92) 上四字는 原南續金本作卽爲, 玆據論改正.
93) 依는 南續金本無, 論原本有.

三界에 無倫匹은 卽無喩能喩요 以出世間言語道故는 非尋思所行이라 而五相이 相融하여 爲法身體니라 疏에 但略配일새 故鈔에 委出이니라

● ㉴ 然同 아래는 경문의 법신의 양상을 해석함이니, 곧 아홉째 논이다. 저 과덕 부분 중이니 논[94]에 이르되, "모든 부처님의 법신이 무엇으로 모양이 되었는가? 응당히 알라. 법신에 간략히 다섯 가지 모양이 있다. (1) '전의(轉依)'로 모양을 삼았으니 이른바 온갖 장애를 전전이 없애는 잡염분 의타성인 연고로 전전이 온갖 장애에서 해탈함을 얻어서 법에 자재하여 전전이 앞의 청정분의 의타성을 나타내는 까닭이다"라고 하였다. 그러므로 경문에 이르되, "비록 의지할 대상이 없지만 잡염분 의타성을 없앤 까닭이다. 머물지 않음이 없음은 청정분을 얻는 것이다"라고 하였다. (2) '청정한 법[白法]'으로 이룰 대상으로 모양을 삼았으니, 말하자면 육바라밀이 원만하면 열 가지 자재함을 얻은 까닭이다. 그러므로 소문에, '원만하고 자재하다'고 말하였다. (3) '둘이 없음[無二]'으로 모양을 삼았으니 이른바 존재[有]와 비존재[無]의 둘이 없음을 모양으로 삼은 것은 온갖 것이 가진 바가 없음으로 말미암은 연고요, '공에서 나타난 바의 양상[空所顯相]'은 참 존재[實有]이기 때문에, 유위법과 무위법의 두 가지의 없음을 모양으로 삼은 것은 업과 번뇌가 다하나니 할 바가 아닌 연고요, 자재하게 보이고 나타남은 함이 있는 모양인 까닭이다. 한 성품이 둘이 없음과 다름으로 모양을 삼은 것은 모든 부처님의 의지처는 차별이 없기

---

94) 논이란 無着造 玄奘譯의 『3권섭대승론』 하권의 내용이다. 攝大乘論本 彼果智分 제11에 云, "諸佛法身以何爲相. 應知法身略有五相. 一轉依爲相. 謂轉滅一切障雜染分依他起性故. 轉得解脫一切障於法自在. 轉現前清淨分依他起性故. 二白法所成爲相. 謂六波羅蜜多圓滿得十自在故. 此中壽自在心自在衆具自在. 由施波羅蜜多圓滿故. 業自在生自在. 由戒波羅蜜多圓滿故. 勝解自在. 由忍波羅蜜多圓滿故. 願自在. 由精進波羅蜜多圓滿故. 神力自在五通所攝. 由靜慮波羅蜜多圓滿故. 智自在法自在. 由般若波羅蜜多圓滿故. 一"

때문이고, 한량없이 상속하여 등각을 나타내는 까닭이다. [95] 그러므로 경문에, "그 성품이 유도 아니고 무도 아닌 까닭이다"라 말하였으니 바로 첫째 의미요, (4) '항상 머무름[常住]'으로 모양을 삼았으니 이른바 진여가 청정한 모양인 연고며, 본래 서원으로 이끌어 온 바인 연고며, 응하여 지을 일은 끝날 기약이 없는 까닭이다. 여기에 세 가지 몸이 항상한 뜻이 있기 때문이니, 경문의 비록 이르지 않음이 없음은 곧 응신과 화신은 널리 두루하고, 수용신은 널리 변만한 두 가지 몸이 항상한 뜻이요, '가지 않는 것'은 자성의 몸이 항상함이니, 가지 않음은 곧 변하지 않는 항상함이요, 이르지 않음이 없음은 곧 상속하여 단견과 상견을 끊었을 뿐이다. (5) '불가사의함[不可思議]'으로 모양을 삼는다. 이른바 진여가 청정함으로 스스로 내면에서 증득하기 때문이고, 세간의 비유로 능히 비유할 수 없기 때문이며, 모든 심사(尋思)로 작용하는 곳이 아니기 때문이다. 그러므로 경문에서, "온 누리 세 세계에 짝이 없으며"라 하였으니, 곧 비유로 능히 비유할 수 없으며, "세간의 말로써는 형용 못한다고 한 까닭"은 심사(尋思)로 행할 대상이 아니다. 다섯 가지 모양[1.전의(轉依) 2.청정법[白法] 3.두 가지가 없음[無二] 4.상주(常住) 5.불가사의(不可思議)]이 서로 융섭하여 법신의 체성이 되었다. 소문에는 단지 생략하여 배대만 한 연고로 초문에서 자세히 내보였다.

或略不喩者는 以按文釋컨대 空中之畫를 若準新經하면 乃有三喩하니 謂如空白[96]日이며 亦如夢이라 則空은 可喩二니 謂無所依와 及常

---
95) 이 내용은 "三無二爲相, 謂有無無二爲相, 由一切法無所有故. 空所顯相 是實有故. 有爲無爲無二爲相, 由業煩惱非所爲故. 自在示現有爲相故. 異性一性無二爲相, 由一切佛所依無差別故. 無量相續現等覺故."(위의 논 하권의 내용이다. 攝大乘論本 彼果智分 제11)
96) 白은 貞元譯作如.

住相이오 如白日喩는 喩白法으로 爲相이요 如夢一喩는 喩無二相이니 欲言其有나 覺竟無實이요 欲言其無나 夢境歷然일새 故非有無며 爲無二相이라 其不思議는 後偈에 顯之니라

● '혹은 생략하여 비유하지 않음'이란 경문을 참고하여 해석한다면 허공중의 그림을 만일 새로 번역한 경문에 준하면 비로소 세 가지 비유가 있다. 이른바 허공과 같이 밝은 태양도 또한 꿈과 같다면 공으로 둘을 비유할 수 있다. 말하자면 의지할 대상이 없음과 항상 머무는 모양이요, 마치 밝은 태양의 비유는 청정한 법으로 모양을 삼은 것에 비유함과 같고, 마치 꿈이란 한 가지 비유로 둘이 없는 모양에 비유하였으니, 그것이 있다고 말하려 하지만 깨달음은 마침내 실법이 없으며, 그것이 없다고 말하려 하지만 꿈의 경계가 역력하므로 유와 무가 아니며 둘이 없는 모양이 되었다. 그 불가사의함은 뒤 게송에 밝히겠다.

⑰ 한 게송은 마음을 따라 국토를 나타내는 공덕[一偈隨心現土功德]
(十七 51上5)

91 三界有無一切法이   不能與佛爲譬喩니
    譬如山林鳥獸等이   無有依空而住者로다
    세 세계에 있고 없는 모든 법들을
    부처님께 비유는 할 수 없나니
    산림 속에 살고 있는 새와 짐승들
    허공을 의지하여 사는 것 없고

[疏] 十七, 有一偈는 明隨勝解하여 示現差別佛土功德이라 既隨解而現일새 故로 不可喩라 此偈는 亦總拂前喩니 如山等이 必不依空하여 有等이 必不能喩佛이니라

- ⑰ 한 게송은 뛰어난 이해를 따라 차별한 국토를 나타내 보이는 공덕을 밝힘이다. 이미 이해를 따라 나타난 연고로 비유할 수 없다. 이 게송도 또한 앞의 비유를 총합하여 떨어냄이니, 산 따위가 반드시 공에 의지하지 않음과 같아서 있는 등은 반드시 능히 부처를 비유하지 못한다.

[鈔] 十七下는 約經컨대 即具足如來平等解脫이라 疏中에 先, 立名이요 後, 既隨解而現下는 釋經이라 論에 云, 以外人이 聞上平等하고 謂同一性일새 故로 次說言不相間雜이라하니 謂一切如來의 十身體用이 各各別故가 猶如冥室千光이라 結此一段이요 差別佛土는 上第四門에 已兼明竟일새 故此但略顯이라 不思議故로 不可爲喩니라

- ⑰ 아래는 경문을 잡으면 곧 '여래의 평등한 해탈을 갖춤'이란 구절이다. 소문 중에 ㉮ 명칭을 세움이요, ㉯ 既隨解而現 아래는 경문을 해석함이다. 논에 이르되, "바깥사람이 위의 평등함을 들은 까닭이다. 이른바 동일한 성품인 연고로 다음에 '서로 사이사이 섞이지 않는다'고 말하였다. 이른바 모든 여래의 열 가지 몸의 체성과 작용이 각기 다른 연고로 마치 어두운 방에 천 개의 광명과 같다. 이 한 문단을 결론하여 불국토를 차별함은 위의 넷째 문에 이미 겸하여 밝힘을 끝낸 것이다. 그래서 여기서 다만 간략히 밝혔으니 불가사의한 연고로 비유할 수 없는 것이다.

⑱ 한 게송은 세 가지 몸이 한정이 없는 공덕[一偈三身無限功德]

(十八 51下5)

92 　大海摩尼無量色이라　　　佛身差別亦復然이니
　　如來非色非非色일새　　　隨應而現無所住로다
　　바다 속에 마니보배 한량없는 빛
　　부처님 몸 차별도 그와 같아서
　　여래는 빛 아니고 빛 아님도 아니니
　　응하여서 나타나고 있는 데 없어

[疏] 十八, 一偈는 明三種佛身이 方處에 無分限功德이라
■ ⑱ 한 게송은 세 가지 부처님 몸이 방위인 곳에 한계가 없는 공덕을 밝혔다.

[鈔] 十八下는 即經論의 無中邊佛平等地이니 疏中에는 但出功德名耳라 無性이 云, 由疑上의 如來妙智究竟이 非一非異하여 其相云何오할새 故次明此無中邊等이니 常無常等이 皆二邊相이라하니라 論의 立名中에 言方處者는 謂諸世界요 無分限者는 釋無中邊이라 無中邊言이 略有四義하니 一, 虛空無中邊이니 佛德이 如彼하사 無有分限이요 二, 世界無中邊이니 諸佛十身이 即於其中에 稱世界量하사 平等徧滿이요 三, 此法身이 等於佛地中하사 平等徧滿하여 無中無邊하여 無有分限이요 四, 此法身이 等徧一切處하여 爲諸衆生하여 現作饒益이라 然이나 非自性이 無中邊故로 經中에 明身如摩尼하사 具無量色은 即第二充徧一切요 然非色非非色이 爲無中邊은 即第三과 四義요 其

隨現無住도 亦第三義와 及第一義니 無分限故라 親光이 名此하여 爲
眞如相殊勝功德이 義亦全同하니 以其雙非며 復無住故니라

- ⑱ 아래는 곧 경론의 '중간도 가도 없는 부처님의 평등한 경지'인 구절이다. 소문 중에 단지 공덕이란 명칭만 내보였을 뿐이다. 무성보살이 이르되, "위의 여래의 묘한 지혜가 끝까지 하나도 아니요, 다른 것도 아니라고 의심함으로 말미암았으니 그 모양은 어떠한가라 하므로 다음에 이것은 중간도 가도 없다는 등을 밝혔으니, 항상하고 무상함 등은 모두 두 변두리 견해의 모양이다"라고 하였다. 논에서 중간이란 명칭을 세운 것에서 '방위와 처소'라 말한 것은 이른바 모든 세계가 분한이 없다는 것은 중간도 가도 없음[無中邊]을 해석함이다. 중간도 가도 없다는 말에 간략히 네 가지 뜻이 있으니 (1) 허공은 중간도 가도 없나니 부처님 공덕이 저와 같이 분한이 없으며, (2) 세계가 중간도 가도 없나니 모든 부처님의 열 가지 몸이 곧 그 가운데 세계와 분량이 칭합하여 평등하고 두루 가득함이요, (3) 이런 법신 등이 부처님 지위 중에 평등하고 두루 가득하여 중간도 없고 가도 없고 분한이 없으며, (4) 이런 법신이 온갖 곳에 똑같이 두루하여 모든 중생을 위해 현재에 요익하는 행을 짓는다. 그러나 자체 성품은 중간도 가도 없는 것이 아닌 연고로 경문 중에 몸이 마니와 같아서 한량없는 형색을 갖춘다고 밝힌 것은 곧 두 번째 '모두에 두루 변만함'의 뜻이요, 그러나 형색도 아니요 형색 아님도 아닌 것은 중간도 가도 없음이 된 것은 곧 세 번째와 네 번째 뜻이요, 그 나타남을 따라 머무름이 없음도 또한 셋째 뜻과 첫째 뜻이니 분한이 없는 까닭이다. 친광(親光)법사가 이것을 이름하여 '진여 모양의 수승한 공덕[眞如相殊勝功德]'이라 한 것은 뜻이 역시 완전히 같음이 되었으니 그 함께 부정한 것이

며 다시 머무름이 없기 때문이다.

⑲ 한 게송은 나머지 셋을 총합하여 섭수하는 공덕[一偈總攝餘三功德]
(十九 52下1)

93 虛空眞如及實際와　　　　　涅槃法性寂滅等이여
唯有如是眞實法하여　　　　可以顯示於如來로다
허공이나 진여나 실제이거나
열반과 법의 성품 적멸 따위나
이와 같이 진실한 법으로만이
여래를 드러내어 보일 수 있다.

[疏] 十九, 一偈는 攝三種功德이라 同法性等은 卽窮生死際의 常現利樂一切有情인 功德이요 等虛空은 卽無盡功德이요 等實際等은 卽究竟功德이니 以如實際之際가 窮未來際故니라

■ ⑲ 한 게송은 세 가지를 섭수하는 공덕이다. '법의 성품과 같다'는 등은 곧 생사의 경계를 다함이 항상 온갖 중생을 이롭고 즐겁게 하는 공덕을 나타냄이요, '허공과 같음'은 곧 그지없는 공덕이요, '실제와 같다'는 등은 곧 구경의 공덕이니 실제의 경계가 미래제가 다함과 같은 까닭이다.

[鈔] 十九下는 約經컨대 卽極於法界하며 等虛空界하며 窮未來際를 配三德名이니 疏文에 具之니라 以實際로 配於經中의 窮未來際라 然이나 第十九功德을 無性이 云, 以上에 言無中邊相은 云何無相고할새 故

次明之라 極於法界는 謂此法界가 最淸淨故로 離諸戲論이요 是法界最淸淨相이 能起等流利益之事하여 極此法界하여 無有盡期라하니라 第二十은 等虛空界無盡功德이니 無性이 云, 謂上作利樂이 皆無盡故라하니 此約自利가 無盡故라 論에 云, 謂如虛空이 經成壞劫이나 性常無盡하여 如來一切眞實功德도 亦復如是한 其窮未來際라하니라 云究竟功德者는 論에 云, 如未來際가 無有盡期하여 如來利他功德도 亦復如是하여 究竟無盡이라하니라 然上二句를 無着은 但云無盡功德等이라하고 不言開合하고 無性은 開二故로 但第二十初에 有一生起니라

⑲ 아래는 경문을 잡으면 곧 '법계를 다하며 허공계와 평등하며 미래제가 다함'이란 세 가지 공덕이란 명칭으로 배대하였으니 소문에 갖추어 있다. 실제로 경문 중의 미래제가 다함에 배대하였다. 그러나 19번째 공덕은 무성보살이 이르되, "위에서 중간도 가도 없는 모양은 어찌하여 모양이 없는가?"라 하므로 그래서 다음에 밝힌 것이다. '법계에 다함'은 이른바 이런 법계가 가장 청정한 연고로 모든 희론을 여읜 것이며, 바로 법계가 가장 청정한 모양이 능히 등류인(等流因)의 이익되는 일을 일으켜서 '이런 법계를 끝까지 다할 기약이 없다'고 하였다. 20번째, 허공계와 같은 그지없는 공덕이니, 무성보살이 이르되, "이른바 위에서 이롭고 즐거움을 지음이 모두 그지없는 까닭이다"라고 하였으니, 여기는 자리행이 그지없음을 잡은 까닭이다. 논에 이르되, "이른바 허공이 이루고 무너뜨리는 겁을 지나지만 성품이 항상 그지없음과 같아서 여래의 온갖 진실한 공덕도 마찬가지인 그 미래제를 다한다"고 말하였다. '구경의 공덕'이라 말한 것은 논에 이르되, "미래제가 다하는 기약이 없음과 같아서 여래의 이타행의 공덕

도 마찬가지로 끝까지 다함이 없다"고 하였다. 그러나 위의 두 구절을 무착보살은 단지 이르되, '그지없는 공덕 등'이라고만 말하고 열어서 합한다고는 말하지 않았고, 무성보살은 둘로 전개한 연고로 단지 제20권 첫 부분에 하나로 생겨서 일어남이 있는 것이다.

ㄴ. 두 게송은 공덕을 결론하여 믿기를 권하다[二偈結德勸信] 2.
ㄱ) 한 게송은 공덕을 결론하다[一偈結德] (後二 53上10)

94　刹塵心念可數知하고　　　大海中水可飮盡하며
　　虛空可量風可繫라도　　　無能盡說佛功德이로다
　　세계 티끌 같은 마음 헤아려 알고
　　큰 바다 물이라도 마셔 다하고
　　허공을 측량하고 바람을 얽어매어도
　　부처님의 공덕은 말로 다할 수 없네.

ㄴ) 한 게송은 믿기를 권하다[一偈勸信] (後偈)

95　若有聞斯功德海하고　　　而生歡喜信解心이면
　　如所稱揚悉當獲하리니　　愼勿於此懷疑念이어다
　　이러한 공덕 바다 누가 듣고서
　　기뻐하며 믿는 마음 내는 이들은
　　위에 말한 공덕을 얻게 되리니
　　여기에서 의심을 내지 말아라.

[疏] 後, 二偈는 結德無盡이며 亦是別顯無盡功德이라 雖是總結이나 卽當別文이라 於中에 前偈는 結德이요 後偈는 勸信이라 古德이 亦有將此二偈하여 爲一部流通하니 已如前說이니라

- ㄴ. 두 게송은 공덕이 그지없음을 결론함이며, 또한 그지없는 공덕을 개별로 밝힘이다. 비록 총합하여 결론하였지만 곧 개별 문장에 해당하나니 그중에 앞의 게송은 공덕을 결론함이요, ㄴ) 한 게송은 믿기를 권함이다. 고덕도 또한 이런 두 게송을 가져서 일부를 유통함이 되었으니 이미 앞에 설명한 내용과 같다.

[鈔] 上來에 且欲將後二偈하여 以爲總結일새 故配三德이나 理實後二는 正是等虛空界며 窮未來際인 無盡功德이라 故로 疏에 云, 亦是別顯無盡功德[97]이라하니라

(全疏大科로 爲四이니 中에 第三, 開章釋文이요 一大科目의 玄談第二卷은 第十三葉이니 將釋經義四字起라가 至此方竟이라 言四大科者는 一, 總序名意니 終於玄談第一卷이요 二, 歸敬請加니 終於玄談第二卷十二張이요 三, 開章釋文이니 該括七十六本半이요 後一科는 卽謙讚廻向이라)

- 여기까지 우선 뒤의 두 게송을 가져서 총합 결론함을 삼은 연고로 세 가지 공덕에 배대하였지만 이치의 실법인 뒤의 두 게송은 바로 허공계와 같으며 미래제가 다하도록 그지없는 공덕이다. 그러므로 소문에 이르되, "또한 그지없는 공덕을 개별로 밝힌다"라고 말하였다. (전체 소문의 큰 과목이 네 개가 되었으니 그중에 제3과. 가름을 열고 경문을 해석함이요, 하나의 큰 과목인 현담 제2권은 제13의 잎의 과목이니, 장석경의(將釋經義)인 네 글자로 시작하다가 이 방소에 이르러 끝난다. '네 큰 과목'이라 말한 것은 제1과. 명칭의 의미

---

97) 案上來疏科第三, 開章釋文 自玄談釋經十門至此竟 第四,謙讚廻向 卽後廻向偈.

를 총합하여 차례함이니 현담 제1권에서 마치고, 제2과. 공경하게 귀의하고 가피를 청함이니 현담 제2권 12장에서 마치고, 제3과. 가름을 열고 경문을 해석함이니 제76권의 반에까지 포괄함이요, 뒤의 한 과목은 곧 제4과. 겸양하여 찬탄하고 회향함이다.)

제4과. 겸양하여 찬탄하고 회향하다[謙讚廻向] (法性 54上1)

[疏] 法性深廣難思議어늘　　我已隨分略開解하니
　　 願斯功德同實際하여　　普令含識으로 證菩提케하여지이다[98]

■ 법성의 깊고 넓고 생각하기 어려움을
　 내가 이제 분수 따라 간략히 말하였지만
　 원컨대 이 공덕 실제와 같아져
　 널리 중생들과 함께 깨달아지이다.

[鈔] 法性深廣下는 卽大文의 第四, 謙讚廻向이라 上半은 謙讚이니 上句는 讚이요 下句는 謙이라 下半은 廻向三處니 初句는 廻向實際요 後二는 廻向衆生과 及廻向菩提라 然이나 廻向菩提가 復有二意하니 一, 自成佛菩提요 二, 令他成이라 令他成者는 義同廻向衆生이니 菩薩發心이 不期自爲하고 卽以向他로 爲自益耳라 故令含識으로 同證菩提니라 賢首法師의 發願偈에 云, 誓願見聞修習此하고 圓融無礙普賢法하여 乃至失命終不離하며 盡未來際願相應하여 以此善根으로 等法性하며 普潤無盡衆生界하며 一念多劫에 修普行하여 盡成無上佛菩提라하니라 此入行半도 亦鈔에 例同玄談이라

(是卷也는 經已竟乎九會하고 疏亦畢夫四科라 雖終始之循環이라도 無端히 自該因

---

98) 此二偈도 亦疏에 例同玄談이라

徹果라 然이나 函軸之卷舒有盡이나 當廣攝하여 兼收願祈福과 及涓流權이니 以已
爲領袖人으로 不拘其品類物이니 且曁夫鱗蟲하고 或使其見聞爲種이요 或令不思議로
受薰盡觸遮那之光하고 咸歸法界之海라 功勳은 則恒沙之數요 難悉姓字면 則音釋
之니 後備詳이라)

● 法性深廣 아래는 곧 큰 문단으로 제4과. 겸양하여 찬탄하고 회향함
이다. 위의 반의 게송은 제1분. 겸양하여 찬탄함이니 제1. 위 구절은
찬탄함이요, 제2. 아래 구절은 겸양함이다. 아래 반의 게송은 제2분.
세 곳에 회향함이다. 제1. 첫 구절은 실제회향이요, 제2. 뒤의 두 구
절은 중생에게 회향함과 제3. 보리에 회향함이다. 그러나 제3. 보리
에 회향함은 다시 두 가지 의미가 있으니 一. 스스로 부처의 보리를
이룸이요, 二. 다른 이를 성불하게 함이다. 二. 다른 이를 성불하게
함이란 뜻이 중생에게 회향함과 같음이요, 보살이 발심함은 자신의
역할을 기약하지 않는다. 곧 다른 이에게 향하여 스스로 이익되게 할
뿐이다. 그러므로 의식을 함유한 분으로 하여금 함께 보리를 증득하
게 함이다. 현수(賢首)법사의 발원하는 게송에 이르되, "서원컨대 보
고 듣고 이것을 닦고 익혀서 원융하게 보현의 법에 걸림 없음으로 나
아가 목숨 잃을 때까지 끝까지 여의지 않고 미래가 다하도록 서로 응
하기를 원함이요, 이런 선근으로 법의 성품과 같게 하고 그지없는 중
생계를 널리 윤택하게 하여 한 생각에 오랜 겁을 닦아서 널리 수행하
여 모두 위없는 부처의 보리를 이루게 한다"라고 하였다. (이것으로 한
줄 반에 들어감도 또한 초문과 유례하면 현담과 같다.)

- 이 권에는 경문으로는 이미 아홉 번 법회가 끝나고 소문도 역시 저
네 과목을 다 마쳤다. 비록 끝과 처음까지 순환하더라도 부질없이
자연히 인행을 포섭하고 과덕에 사무침이다. 그러나 상자와 두루마

리로 펴고 거둠이 끝이 있지만 널리 포섭함에 해당하며, 겸하여 원을 거두고 복을 기원함과 방편을 시내처럼 흘리나니 이미 우두머리인 사람으로 그 품류의 물건을 잡지는 않게 하였으니, 우선 비늘 속의 벌레에 미치고 혹은 그 보고 들음으로 종자가 되게 함이요, 혹은 불가사의함으로 하여금 훈습을 받아 비로자나의 광명을 감촉하고 법계바다에 모두 돌아가게 된다. 공과 훈은 항하 모래의 숫자와 같아서 성씨는 알기 어려워서 음성으로 해석하였으니 나중에 자세한 것을 갖추려 한다.

제39. 입법계품(入法界品) 終

❖ 53선지식 참방 순서와 법문 요약

번호	지위		선지식명	설법장소	설법내용	비 고
1	十信	十信位	文殊菩薩	福城善住樓閣	普照法界修多羅法門	
2		發心住	德雲比丘	勝樂國妙峰山憶念	一切諸佛境界智慧光明普見法門	功德雲比丘
3		治地住	海雲比丘	海門國	諸菩薩行光明普眼法門	
4		修行住	善住比丘	海岸聚落	普速迭供養諸佛成就衆生無礙″	
5		生貴住	彌伽長者	達里鼻多國自在城	菩薩妙音陀羅尼光明法門	
6	十住	具足方便住	解脫長者	住林聚落	如來無礙莊嚴解脫門	
7		正心住	海幢比丘	摩利伽羅國	般若波羅蜜三昧光明解脫門	
8		不退住	休捨優婆夷	般若波羅蜜三昧光明幢	離憂安隱幢解脫門	
9		童眞住	毘目瞿沙仙人	那羅素國	菩薩無勝幢解脫門毘	毘目多羅仙人
10		法王子住	勝劣婆羅門	伊沙那聚落	菩薩無盡輪解脫門	
11		灌頂住	慈行童女	師子頻申城	般若波羅蜜普莊嚴門	彌陀羅尼童女
12		歡喜行	善見比丘	三眼國	菩薩隨順燈解脫門	
13		饒益行	自在主童子	名聞國	一切工巧大神通智光明法門	釋天主童子
14		無違逆行	具足優婆夷	海住城	無盡福德藏解脫門	自在優婆夷
15		無屈撓行	明智居士	大興國	隨意出生福德藏解脫門	甘露頂長者
16	十行	無癡亂行	法寶髻長者	師子宮城	菩薩無量福德寶藏解脫門	法寶周羅長者
17		善現行	普眼長者	藤根國普門城	令一切衆生普見諸佛歡喜法門	普眼妙香長者
18		無着行	無厭足王	多羅幢城	如幻解脫門	滿足王
19		難得行	大光王	妙光城	菩薩大慈爲首隨順世間解脫門	
20		善法行	不動優婆夷	安住都城	求一切法無厭足三昧光明解脫門	
21		眞實行	徧行外道	無量都薩羅城	至一切處菩薩行門	隨順一切衆生外道
22		救護衆生離衆生相″	鬻香長者	廣大國	調和香法解脫門	靑蓮華香長者
23		不壞廻向	婆施羅船師	樓閣城	大悲幢行解脫門	自在海師
24		等一切諸佛廻向	無上勝長者	可樂城	至一切處修菩薩行淸淨法門	
25		至一切處廻向	師子頻申尼	輸那國迦陵迦林城	成就一切智解脫門	
26	十廻向	無盡功德藏廻向	婆須蜜多女	險難國寶莊嚴城	菩薩離貪際解脫門	
27		入一切平等善根廻向	鞞瑟胝羅居士	善度城	不般涅槃際解脫門	安住長者
28		等隨順一切衆生廻向	觀自在菩薩	補陀洛迦山	菩薩大悲行解脫門	
29		眞如相廻向	正趣菩薩	輪圍山頂	菩薩普迭行解脫門	
30		無縛無着解脫廻向	大天神	墮羅鉢底城	雲網菩薩解脫門	大王天神
31		入法界無量廻向	安住道場神	菩提道場	不可壞智慧藏法門	

번호	보살지위	선지식명	설법장소	설법내용	비 고
32	十地	歡喜地	婆珊婆演底主夜神	菩提道場	破一切衆生暗法光明解脫門	婆娑婆陀夜神
33		離垢地	普德淨光主夜神	菩提道場	寂靜禪定樂普遊步解脫門	甚深妙德離垢光明 "
34		發光地	喜目觀察衆生夜神	菩提道場	大勢力普喜幢解脫門	
35		焰慧地	普救衆生妙德夜神	菩提道場	普現一切世間調伏衆生解脫	妙德救護衆生 "
36		難勝地	寂靜音海主夜神	菩提道場	念念出生廣大喜莊嚴解脫門	
37		現前地	守護一切城主夜神	菩提道場	甚深自在妙音解脫門	妙德守護諸城夜神
38		遠行地	開敷樹華主夜神	菩提道場	出生廣大喜光明解脫門	
39		不動地	一切衆生主夜神	菩提道場	敎化衆生令生善根解脫門	願勇光明守護衆生 "
40		善慧地	嵐毘尼主林神	嵐毘尼林	於無量劫徧一切處受生自在 "	
41		法雲地	釋種女瞿波	迦毘羅城	觀察菩薩三昧解脫門	瞿夷女
42	等覺	等覺	摩耶夫人	迦毘羅城	菩薩大願智幻解脫門	
43		等覺	天主光女	33天正念城	無礙念淸淨解脫門	
44		等覺	徧友童子의스승	迦毘羅城	별도로 설법하지 않음	
45		等覺	知衆藝童子	迦毘羅城	善知衆藝菩薩解脫門	善知衆藝동자
46		等覺	賢勝優婆夷	婆咀那城	無依處道場解脫門	
47		等覺	堅固解脫長者	沃田城	菩薩無著念解脫門	
48		等覺	妙月長者	沃田城	菩薩智光明解脫門	
49		等覺	無勝軍長者	出生城	菩薩無盡相解脫門	
50		等覺	寂靜婆羅門	爲法聚落	誠願語解脫門	尸毘最勝婆羅門
51		等覺	德生童子, 有德童女	妙意華門城	幻住解脫門	
52	妙覺	妙覺	彌勒菩薩	善住樓閣	攝德成因相法門	
53		妙覺	再見文殊菩薩	普門國蘇摩那城	智照無二相法門	
54		妙覺	普賢菩薩	金剛藏菩提道場	顯因廣大相法門	

화엄경청량소 제34권

| 초판 1쇄 발행_ 2020년 9월 1일

| 저_ 청량징관
| 역주_ 석반산

| 펴낸이_ 오세룡
| 편집_ 손미숙 박성화 김정은 김영미
| 기획_ 최은영 곽은영
| 디자인_ 김효선 고혜정 장혜정
| 홍보 마케팅_ 이주하
| 펴낸곳_ 담앤북스
　　　　서울특별시 종로구 새문안로3길 23 경희궁의 아침 4단지 805호
　　　　대표전화 02)765-1251 전송 02)764-1251 전자우편 damnbooks@hanmail.net
　　　　출판등록 제300-2011-115호
| ISBN 979-11-6201-235-2　04220

정가 30,000원